Laura S. Palú.

GW00535735

Obras completas
Sigmund Freud

Volumen 6

Obras completas

Sigmund Freud

Ordenamiento, comentarios y notas de James Strachey
con la colaboración de Anna Freud,
asistidos por Alix Strachey y Alan Tyson

Traducción directa del alemán de José L. Etcheverry

Volumen 6 (1901)

Psicopatología de la vida cotidiana

Amorrortu editores

Índice general

Advertencia sobre la edición en castellano

El presente libro forma parte de las *Obras completas* de Sigmund Freud, edición en 24 volúmenes que ha sido publicada entre los años 1978 y 1985. En un opúsculo que acompaña a esta colección (titulado *Sobre la versión castellana*) se exponen los criterios generales con que fue abordada esta nueva versión y se fundamenta la terminología adoptada. Aquí sólo haremos un breve resumen de las fuentes utilizadas, del contenido de la edición y de ciertos datos relativos a su aparato crítico.

La primera recopilación de los escritos de Freud fueron los *Gesammelte Schriften*,[1] publicados aún en vida del autor; luego de su muerte, ocurrida en 1939, y durante un lapso de doce años, aparecieron las *Gesammelte Werke*,[2] edición ordenada, no con un criterio temático, como la anterior, sino cronológico. En 1948, el Instituto de Psicoanálisis de Londres encargó a James B. Strachey la preparación de lo que se denominaría *The Standard Edition of the Complete Psychological Works of Sigmund Freud*, cuyos primeros 23 volúmenes vieron la luz entre 1953 y 1966, y el 24º (índices y bibliografía general, amén de una fe de erratas), en 1974.[3]

La *Standard Edition*, ordenada también, en líneas generales, cronológicamente, incluyó además de los textos de Freud el siguiente material: 1) Comentarios de Strachey previos a cada escrito (titulados a veces *«Note»*, otras *«Introducción»*).

[1] Viena: Internationaler Psychoanalytischer Verlag, 12 vols., 1924-34. La edición castellana traducida por Luis López-Ballesteros (Madrid: Biblioteca Nueva, 17 vols., 1922-34) fue, como puede verse, contemporánea de aquella, y fue también la primera recopilación en un idioma extranjero; se anticipó así a la primera colección inglesa, que terminó de publicarse en 1950 (*Collected Papers*, Londres: The Hogarth Press, 5 vols., 1924-50).

[2] Londres: Imago Publishing Co., 17 vols., 1940-52; el vol. 18 (índices y bibliografía general) se publicó en Francfort del Meno: S. Fischer Verlag, 1968.

[3] Londres: The Hogarth Press, 24 vols., 1953-74. Para otros detalles sobre el plan de la *Standard Edition*, los manuscritos utilizados por Strachey y los criterios aplicados en su traducción, véase su «General Preface», vol. 1, págs. xiii-xxii (traducido, en lo que no se refiere específicamente a la lengua inglesa, en la presente edición como «Prólogo general», vol. 1, págs. xv-xxv).

2) Notas numeradas de pie de página que figuran entre corchetes para diferenciarlas de las de Freud; en ellas se indican variantes en las diversas ediciones alemanas de un mismo texto; se explican ciertas referencias geográficas, históricas, literarias, etc.; se consignan problemas de la traducción al inglés, y se incluyen gran número de remisiones internas a otras obras de Freud. 3) Intercalaciones entre corchetes en el cuerpo principal del texto, que corresponden también a remisiones internas o a breves apostillas que Strachey estimó indispensables para su correcta comprensión. 4) Bibliografía general, al final de cada volumen, de todos los libros, artículos, etc., en él mencionados. 5) Indice alfabético de autores y temas, a los que se le suman en ciertos casos algunos índices especiales (p.ej., «Indice de sueños», «Indice de operaciones fallidas», etc.).

El rigor y exhaustividad con que Strachey encaró esta aproximación a una edición crítica de la obra de Freud, así como su excelente traducción, dieron a la *Standard Edition* justo renombre e hicieron de ella una obra de consulta indispensable.

La presente edición castellana, traducida directamente del alemán,[4] ha sido cotejada con la *Standard Edition*, abarca los mismos trabajos y su división en volúmenes se corresponde con la de esta. Con la sola excepción de algunas notas sobre problemas de traducción al inglés, irrelevantes en este caso, se ha recogido todo el material crítico de Strachey, el cual, como queda dicho, aparece siempre entre corchetes.[5]

Además, esta edición castellana incluye: 1) Notas de pie de página entre llaves, identificadas con un asterisco en el cuerpo principal, y referidas las más de las veces a problemas propios de la traducción al castellano. 2) Intercalaciones entre llaves en el cuerpo principal, ya sea para reproducir la palabra o frase original en alemán o para explicitar ciertas variantes de traducción (los vocablos alemanes se dan en nominativo singular, o tratándose de verbos, en infinitivo). 3) Un «Glosario alemán-castellano» de los principales términos especializados, anexo al antes mencionado opúsculo *Sobre la versión castellana*.

Antes de cada trabajo de Freud, se consignan en la *Standard Edition* sus sucesivas ediciones en alemán y en inglés; por nues-

---

[4] Se ha tomado como base la 4ª reimpresión de las *Gesammelte Werke*, publicada por S. Fischer Verlag en 1972; para las dudas sobre posibles erratas se consultó, además, Freud, *Studienausgabe* (Francfort del Meno: S. Fischer Verlag, 11 vols., 1969-75), en cuyo comité editorial participó James Strachey y que contiene (traducidos al alemán) los comentarios y notas de este último.

[5] En el volumen 24 se da una lista de equivalencias, página por página, entre las *Gesammelte Werke*, la *Standard Edition* y la presente edición.

tra parte proporcionamos los datos de las ediciones en alemán y las principales versiones existentes en castellano.[6]

Con respecto a las grafías de las palabras castellanas y al vocabulario utilizado, conviene aclarar que: *a*) En el caso de las grafías dobles autorizadas por las Academias de la Lengua, hemos optado siempre por la de escritura más simple («trasferencia» en vez de «transferencia», «sustancia» en vez de «substancia», «remplazar» en vez de «reemplazar», etc.), siguiendo así una línea que desde hace varias décadas parece imponerse en la norma lingüística. Nuestra única innovación en este aspecto ha sido la adopción de las palabras «conciente» e «inconciente» en lugar de «consciente» e «inconsciente», innovación esta que aún no fue aprobada por las Academias pero que parecería natural, ya que «conciencia» sí goza de legitimidad. *b*) En materia de léxico, no hemos vacilado en recurrir a algunos arcaísmos cuando estos permiten rescatar matices presentes en las voces alemanas originales y que se perderían en caso de dar preferencia exclusiva al uso actual.

Análogamente a lo sucedido con la *Standard Edition*, los 24 volúmenes que integran esta colección no fueron publicados en orden numérico o cronológico, sino según el orden impuesto por el contenido mismo de un material que debió ser objeto de una amplia elaboración previa antes de adoptar determinadas decisiones de índole conceptual o terminológica.[7]

[6] A este fin entendemos por «principales» la primera traducción (cronológicamente hablando) de cada trabajo y sus publicaciones sucesivas dentro de una colección de obras completas. La historia de estas publicaciones se pormenoriza en *Sobre la versión castellana*, donde se indican también las dificultades de establecer con certeza quién fue el traductor de algunos de los trabajos incluidos en las ediciones de Biblioteca Nueva de 1967-68 (3 vols.) y 1972-75 (9 vols.).

En las notas de pie de página y en la bibliografía que aparece al final del volumen, los títulos en castellano de los trabajos de Freud son los adoptados en la presente edición. En muchos casos, estos títulos no coinciden con los de las versiones castellanas anteriores.

[7] El orden de publicación de los volúmenes de la *Standard Edition* figura en *AE*, 1, pág. xxi, *n.* 7. Para esta versión castellana, el orden ha sido el siguiente: 1978: vols. 7, 15, 16; 1979: vols. 4, 5, 8, 9, 11, 14, 17, 18, 19, 20, 21, 22; 1980: vols. 2, 6, 10, 12, 13, 23; 1981: vols. 1, 3; 1985: vol. 24.

Lista de abreviaturas

(Para otros detalles sobre abreviaturas y caracteres tipográficos, véase la aclaración incluida en la bibliografía, *infra*, pág. 271.)

AE Freud, *Obras completas* (24 vols., en curso de publicación). Buenos Aires: Amorrortu editores, 1978–.

BN Freud, *Obras completas*. Madrid: Biblioteca Nueva.*

EA Freud, *Obras completas* (19 vols.). Buenos Aires: Editorial Americana, 1943-44.

GS Freud, *Gesammelte Schriften* (12 vols.). Viena: Internationaler Psychoanalytischer Verlag, 1924-34.

GW Freud, *Gesammelte Werke* (18 vols.). Volúmenes 1-17, Londres: Imago Publishing Co., 1940-52; volumen 18, Francfort del Meno: S. Fischer Verlag, 1968.

SA Freud, *Studienausgabe* (11 vols.). Francfort del Meno: S. Fischer Verlag, 1969-75.

SE Freud, *The Standard Edition of the Complete Psychological Works* (24 vols.). Londres: The Hogarth Press, 1953-74.

SR Freud, *Obras completas* (22 vols.). Buenos Aires: Santiago Rueda, 1952-56.

---

* Utilizaremos la sigla *BN* para todas las ediciones publicadas por Biblioteca Nueva, distinguiéndolas entre sí por la cantidad de volúmenes: edición de 1922-34, 17 vols.; edición de 1948, 2 vols.; edición de 1967-68, 3 vols.; edición de 1972-75, 9 vols.

Psicopatología de la vida cotidiana
(Sobre el olvido, los deslices en el habla, el trastrocar las cosas confundido, la superstición y el error)
(1901)

«De esa lobreguez está tan lleno el aire que nadie sabe cómo podría evitarla».

Fausto, parte II, acto V, escena 5.

Introducción

*Zur Psychopathologie des Alltagsleben
(Über Vergessen, Versprechen, Vergreifen,
Aberglaube und Irrtum)*

Ediciones en alemán

1901   *Monatsschr. Psychiat. Neurolog.*, **10**, nº 1 (julio), págs. 1-32, y nº 2 (agosto), págs. 95-143.
1904   En forma de libro, Berlín: Karger, 92 págs. (Edición revisada.)
1907   2ª ed. (ampliada). La misma editorial, 132 págs.
1910   3ª ed. (ampliada). La misma editorial, 149 págs.
1912   4ª ed. (ampliada). La misma editorial, 198 págs.
1917   5ª ed. (ampliada). La misma editorial, iv + 232 págs.
1919   6ª ed. (ampliada). Leipzig y Viena: Internationaler Psychoanalytischer Verlag, iv + 312 págs.
1920   7ª ed. (ampliada). Leipzig, Viena y Zurich: la misma editorial, iv + 334 págs.
1922   8ª ed. La misma editorial. (Reimpresión de la anterior.)
1923   9ª ed. La misma editorial. (Reimpresión de la anterior.)
1924   10ª ed. (ampliada). La misma editorial, 310 págs.
1924   *GS*, **4**, págs. 1-310.
1929   11ª ed. La misma editorial. (Reimpresión de la 10ª edición.)
1941   *GW*, **4**, iv + 322 págs.

Traducciones en castellano *

1922   *Psicopatología de la vida cotidiana*. BN (17 vols.), **1**, 365 págs. Traducción de Luis López-Ballesteros.
1943   Igual título. EA, **1**, 341 págs. El mismo traductor.

  * {Cf. la «Advertencia sobre la edición en castellano», *supra*, pág. xi y *n*. 6.}

1948   Igual título. *BN* (2 vols.), **1**, págs. 635-777. El mismo traductor.
1953   Igual título. *SR*, **1**, 276 págs. El mismo traductor.
1967   Igual título. *BN* (3 vols.), **1**, págs. 629-769. El mismo traductor.
1972   Igual título. *BN* (9 vols.), **3**, págs. 755-931. El mismo traductor.

Sólo una entre todas las obras de Freud —las *Conferencias de introducción al psicoanálisis* (1916-17)— rivaliza con esta en cuanto a la cantidad de ediciones que tuvo en alemán y el número de lenguas extranjeras a las que fue traducida.[1] En casi todas las ediciones se agregó material nuevo; en este aspecto, podría pensarse en una semejanza con *La interpretación de los sueños* (1900*a*) y con *Tres ensayos de teoría sexual* (1905*d*), ya que en estos dos libros Freud hizo continuos agregados a lo largo de su vida. No obstante, la similitud es sólo aparente, pues en las dos obras mencionadas el material que se les incorporó consistió, en su mayor parte, en importantes ampliaciones o enmiendas a los datos clínicos y a las conclusiones teóricas, mientras que en la *Psicopatología de la vida cotidiana* las elucidaciones y doctrinas básicas ya se hallaban presentes casi en su totalidad en las primeras ediciones;[2] la gran masa de agregados estuvo constituida meramente por ejemplos adicionales (en parte provenientes del propio Freud, pero en gran medida de sus amigos y discípulos), destinados a echar nueva luz acerca de lo ya considerado. Sin duda, a Freud lo complacían particularmente las anécdotas en sí mismas, así como el hecho de que su presentación viniera a confirmar de manera tan amplia sus puntos de vista. Pero el lector no puede dejar de pensar a veces que la abundancia de ejemplos interrumpe el hilo central de la argumentación, y aun genera confusión. (Véanse, verbigracia, las págs. 69-82 y 190*n*.)

Aquí, como en el caso de los libros de Freud sobre los sueños y sobre el chiste —aunque tal vez en mayor grado

[1] En vida de Freud, la obra fue traducida a las siguientes lenguas: ruso (1910), polaco (1912), inglés (1914), holandés (1916), francés (1922), español (1922), húngaro (1923), japonés (1930, dos versiones), servio-croata (1937), checo (1938), así como al portugués y al sueco (las respectivas traducciones a estas lenguas no especifican la fecha).

[2] En ediciones posteriores se agregaron en el último capítulo algunas nuevas disquisiciones teóricas.

todavía—, el traductor se ve enfrentado al problema de que una gran proporción del material con el cual debe trabajar se basa en juegos de palabras por completo intraducibles. En la versión inglesa anterior,* Brill dio a ese problema una solución drástica: omitió todos los ejemplos cuyos términos no eran trasladables al inglés, e insertó en su lugar ejemplos propios que guardaban semejanza con los eliminados. En las circunstancias en que desarrolló su tarea, este procedimiento estaba sin duda enteramente justificado. En esa época, la obra de Freud casi no se conocía en los países de habla inglesa, y era importante no entorpecer con obstáculos innecesarios la circulación de un libro que el propio Freud había destinado al público en general, según lo manifestó expresamente (cf. pág. 263, *n.* 62). El éxito logrado por Brill en su empeño está demostrado por el hecho de que hacia 1935 su traducción había tenido dieciséis reimpresiones, y a ellas le seguirían luego muchas más. Por añadidura, los ejemplos incorporados por él eran en su mayoría excelentes, a punto tal que Freud incluyó dos o tres en las posteriores ediciones en alemán. Sin embargo, perpetuar esta situación choca con evidentes objeciones, en especial en una edición dirigida a estudiosos más aplicados de los escritos de Freud. [. . .]** La presente versión ha perdido sin duda en cuanto a facilidad de lectura, debido a que el procedimiento adoptado en la *Standard Edition* consistió en abordar los juegos de palabras mediante el pedestre método de agregar, con ayuda de corchetes y notas a pie de página, las palabras alemanas originales y explicar su sentido.

Freud menciona por primera vez una «operación fallida»[3] en la carta que dirigió a Fliess el 26 de agosto de 1898 (Freud, 1950*a*, Carta 94). Dice allí: «. . . al fin he comprendido un hecho nimio que sospeché durante mucho tiempo», refiriéndose a que en ocasiones a uno se le escapa un nombre y su lugar es ocupado por un sustituto completamen-

* {Londres: Fisher Unwin, y Nueva York: Macmillan, 1914, vii + 342 págs.; traducida por A. A. Brill, con una «Introducción» del traductor.}

** {Omitimos otras consideraciones de Strachey sobre la versión inglesa anterior. Por lo demás, el criterio que a continuación se enuncia es el mismo que hemos adoptado en la presente versión.}

[3] Es un hecho curioso que antes de que Freud escribiese la presente obra no existía, aparentemente, en la psicología este concepto general; en inglés se acuñó el término «*parapraxis*» para dar cuenta de él. {En lo que sigue, «operación fallida» traduce al vocablo alemán «*Fehlleistung*», y «acción fallida», a «*Fehlhandlung*».}

te erróneo.[4] Un mes más tarde, el 22 de setiembre (*ibid.*, Carta 96), suministra a Fliess otro ejemplo, esta vez el conocido de «Signorelli», que a modo preliminar publicó ese mismo año en *Monatsschrift für Psychiatrie und Neurologie* {Mensuario de Psiquiatría y Neurología} (1898*b*), y luego utilizó para el primer capítulo de la presente obra (*infra*, págs. 10-4). Al año siguiente apareció en ese mensuario su trabajo sobre los recuerdos encubridores (1899*a*), tema que reexaminó aquí, con argumentaciones algo diferentes, en el capítulo IV. Pero el completamiento de *La interpretación de los sueños* (1900*a*) y la preparación de su estudio más breve *Sobre el sueño* (1901*a*) ocupaban entonces todo su tiempo, y no fue sino a fines de 1900 que se aplicó seriamente a la *Psicopatología de la vida cotidiana*. En octubre de ese año (Freud, 1950*a*, Carta 139), pide la anuencia de Fliess para usar como epígrafe la cita de Fausto que finalmente se incluyó en la portada de la obra. El 30 de enero de 1901 (Carta 141) informa que esta «se halla detenida, a medias terminada, pero pronto la continuaré»,[5] y el 15 de febrero (Carta 142) anuncia que le pondrá término en unos pocos días más. Efectivamente, apareció en dos números sucesivos (los de julio y agosto) de la publicación berlinesa en que habían sido dados a la estampa los dos estudios preliminares.

Tres años más tarde, en 1904, la obra se reimprimió en forma de libro con mínimas modificaciones, pero a partir de ese momento, y a lo largo de un período de veinte años, se le hicieron agregados casi permanentes. En 1901 y 1904, el libro constaba de diez capítulos; dos más (los actuales capítulos III y XI) se le añadieron en 1907. En la biblioteca de Freud se encontró un ejemplar interfoliado de la edición de 1904 en que hizo anotaciones sobre ulteriores ejemplos. La mayoría de estos fueron incorporados en edi-

---

[4] Como Freud no acude a este ejemplo en ningún otro sitio, tal vez convenga consignarlo aquí, aunque no se nos dé elucidación alguna de él: «Eso me ocurrió no hace mucho con el nombre del poeta autor del *Andreas Hofer* ("Zu Mantua in Banden...")". Estaba convencido de que debía ser un nombre terminado en "-au", como Lindau o Feldau. El poeta se llamaba, naturalmente, Julius Mosen [1803-1867]; el "Julius" no había escapado a mi memoria. Pude demostrar entonces lo siguiente: 1) que había reprimido el nombre Mosen a causa de ciertos nexos; 2) que en dicha represión intervino cierto material infantil, y 3) que los nombres sustitutivos que se me ocurrieror. habían surgido, igual que un síntoma, de ambos grupos de materiales. El análisis quedó completado sin lagunas, pero desgraciadamente es tan poco apto como mi "gran sueño" para ser dado a publicidad...».

[5] Había dedicado el mes de enero a preparar el historial clínico de «Dora», aunque este no fue publicado sino cuatro años más tarde (1905*e*).

ciones subsiguientes; de los restantes, hemos incluido aquí en nota al pie, en los lugares apropiados, los que parecían de interés.

La particular simpatía con que Freud consideraba las operaciones fallidas se debía, sin duda, al hecho de que, junto con los sueños, le permitieron extender a la vida anímica normal sus descubrimientos en relación con las neurosis. Por ese mismo motivo, solía recurrir a ellas como material previo más idóneo para introducir en los hallazgos del psicoanálisis a estudiosos que no eran médicos. Constituía un material simple y a la vez inobjetable (por lo menos superficialmente), y concernía a fenómenos que todo individuo normal había vivenciado. En sus escritos de divulgación, a veces daba a las operaciones fallidas preferencia respecto de los sueños, que entrañaban mecanismos más complicados y tendían a conducir rápidamente hacia mayores profundidades. Así es como inauguró su gran serie de *Conferencias de introducción al psicoanálisis* (1916-17) dedicando a las operaciones fallidas las tres primeras —donde, dicho sea de paso, reaparecen muchos de los ejemplos que hallará el lector en las páginas que siguen—. Similar prioridad les concedió en «El interés por el psicoanálisis» (1913*j*) y en sus artículos para la enciclopedia de Marcuse (Freud, 1923*a*). Pese a su simplicidad y a la facilidad con que podía explicárselos, estos fenómenos permitían a Freud demostrar lo que, después de todo, era la tesis fundamental establecida en *La interpretación de los sueños*: la existencia de dos modalidades distintas de funcionamiento psíquico, que él llamó «proceso primario» y «proceso secundario». Otra de las creencias básicas de Freud podía, además, recibir convincente apoyo mediante el examen de las operaciones fallidas; me refiero a la vigencia universal del determinismo en los sucesos anímicos. En esta verdad insiste en el capítulo final del libro: en teoría, sería posible descubrir los determinantes psíquicos aun de los más ínfimos detalles de los procesos anímicos. Y tal vez la circunstancia de que este objetivo pareciera más próximo en el caso de las operaciones fallidas era otra de las razones de que tuvieran especial atractivo para Freud. De hecho, eso mismo vuelve a manifestar en uno de sus últimos escritos, el breve artículo sobre «Las sutilezas de un acto fallido» (1935*b*).

James Strachey

I. El olvido de nombres propios [1]

En el volumen de *Monatsschrift für Psychiatrie und Neurologie* de 1898 he publicado, con el título de «Sobre el mecanismo psíquico de la desmemoria»,[2] un breve ensayo cuyo contenido he de recapitular aquí, tomándolo como punto de partida para ulteriores elucidaciones. En ese trabajo sometí al análisis psicológico, en un sugestivo ejemplo observado en mí mismo, el frecuente caso del olvido temporario de nombres propios, y llegué a la conclusión de que ese episodio, trivial y de escasa importancia práctica, de fracaso de una función psíquica —el recordar—, admite un esclarecimiento que rebasa considerablemente la valoración usual del fenómeno.

Si no me equivoco mucho, un psicólogo a quien se le demandara explicar por qué tan a menudo no se nos ocurre cierto nombre que empero creemos conocer, se conformaría con responder que los nombres propios sucumben al olvido más que otros contenidos de la memoria. Y aduciría las verosímiles razones de tal proclividad de los nombres propios, sin conjeturar ningún condicionamiento de otro alcance para ese hecho.

La ocasión que me indujo a considerar en profundidad este fenómeno del olvido temporario de nombres fue observar ciertos detalles que, si bien no se presentan en todos los casos, en algunos se disciernen con bastante nitidez: en estos últimos no sólo se produce un *olvido*, sino un *recuerdo falso*. En el empeño por recuperar un nombre así, que a uno se le va de la memoria, acuden a la conciencia otros —*nombres sustitutivos*—, y estos, aunque discernidos enseguida como incorrectos, una y otra vez tornan a imponerse con gran tenacidad. El proceso destinado a reproducir el nombre que se busca se ha *desplazado* {descentrado}, por así decir, llevando de tal suerte hasta un sustituto incorrecto. Pues bien, mi premisa es que tal desplazamiento no es dejado al libre albedrío psíquico, sino que obedece a unas vías {*Bahn*}

[1] [Aparte de unas pocas modificaciones que más adelante se consignan, este capítulo data de 1901.]
[2] [Freud, 1898*b*.]

9

calculables y ajustadas a ley. Con otras palabras: conjeturo que el nombre o los nombres sustitutivos mantienen un nexo pesquisable con el nombre buscado, y espero que, si consigo rastrear ese nexo, habré de arrojar luz también sobre el proceso del olvido de nombres.

En el ejemplo que en 1898 escogí para analizar, me empeñaba yo vanamente en recordar el nombre del maestro de cuya mano proceden, en la catedral de Orvieto, los grandiosos frescos sobre las «cosas últimas».[3] En lugar del buscado —*Signorelli*— se me imponían otros dos nombres de pintores —*Botticelli* y *Boltraffio*—, que enseguida y de manera terminante mi juicio rechazaba por incorrectos. Cuando otra persona hubo de comunicarme el nombre verdadero, lo discerní al punto y sin vacilar. La indagación de los influjos y los caminos asociativos por los cuales la reproducción se había desplazado de aquella manera —desde *Signorelli* hasta *Botticelli* y *Boltraffio*—, me condujo a las siguientes conclusiones:

a. La razón de que se me pasara de la memoria el nombre de Signorelli no debe buscarse en una particularidad del nombre como tal, ni en un carácter psicológico del nexo en que se insertaba. El nombre olvidado me era tan familiar como uno de los nombres sustitutivos —Botticelli—, y muchísimo más que el otro —Boltraffio—, de cuyo portador apenas sabía indicar otra cosa que su pertenencia a la escuela de Milán. Y en cuanto al nexo dentro del cual sucedió el olvido, me parece inocente y no produce un ulterior esclarecimiento: Viajaba yo en coche con un extraño desde Ragusa, en Dalmacia, hacia una estación de Herzegovina; durante el viaje dimos en platicar sobre Italia, y yo pregunté a mi compañero si ya había estado en Orvieto y contemplado allí los famosos frescos de X.

b. Este olvido de nombre sólo se explica al recordar yo el tema inmediatamente anterior de aquella plática, y se da a conocer como una *perturbación del nuevo tema que emergía por el precedente*. Poco antes de preguntarle a mi compañero de viaje si ya había estado en Orvieto, conversábamos acerca de las costumbres de los turcos que viven en *Bosnia* y en *Herzegovina*. Yo le había contado lo que me dijera un colega que ejerció entre esa gente, y era que suelen mostrar total confianza en el médico y total resignación ante el destino. Cuando es forzoso anunciarles que el enfer-

[3] [Las cuatro «cosas últimas» son la Muerte, el Enjuiciamiento, el Cielo y el Infierno.]

mo no tiene cura, ellos responden: «*Herr* {señor}, no hay nada más que decir. ¡Yo sé que si se lo pudiera salvar, lo habrías salvado!». — En estas frases ya se encuentran las palabras y nombres: *Bosnia, Herzegovina, Herr*, que se pueden interpolar en una serie asociativa entre *Signorelli* y *Botticelli - Boltraffio*.

c. Supongo que la serie de pensamiento sobre las costumbres de los turcos en Bosnia, etc., cobró la capacidad de perturbar un pensamiento siguiente porque yo había sustraído mi atención de ella antes que concluyera. Lo recuerdo bien; quería yo contar una segunda anécdota que en mi memoria descansaba próxima a la primera. Estos turcos estiman el goce sexual por sobre todo, y en caso de achaques sexuales caen en un estado de desesperación que ofrece un extraño contraste con su resignada actitud ante la proximidad de la muerte. Uno de los pacientes de mi colega le había dicho cierta vez: «Sabes tú, *Herr*, cuando *eso* ya no ande, la vida perderá todo valor». Yo sofoqué la comunicación de ese rasgo característico por no querer tocar ese tema [4] en plática con un extraño. Pero hice algo más: desvié mi atención también de la prosecución de estos pensamientos, que habrían podido anudárseme al tema «muerte y sexualidad». Estaba por entonces bajo el continuado efecto de una noticia que había recibido pocas semanas antes, durante una breve residencia en *Trafoi*.[5] Un paciente que me importaba mucho había puesto fin a su vida a causa de una incurable perturbación sexual. Sé con precisión que en todo aquel viaje a Herzegovina no acudió a mi recuerdo conciente ese triste suceso, ni lo que con él se entramaba. Pero la coincidencia *Trafoi - Boltraffio* me obliga a suponer que en aquel tiempo la reminiscencia de lo ocurrido con mi paciente, no obstante el deliberado desvío de mi atención, se procuró una acción eficiente dentro de mí.

d. Ya no puedo concebir el olvido del nombre de Signorelli como algo casual. Debo admitir el influjo de un *motivo* en este proceso. Fueron unos motivos los que me hicieron interrumpirme en la comunicación de mis pensamientos (sobre las costumbres de los turcos, etc.) y, además, me influyeron para excluir que devinieran concientes en mi interior los pensamientos a ello anudados, que habrían llevado hasta la noticia recibida en Trafoi. Por tanto, yo quise olvidar algo, había *reprimido* algo. Es verdad que yo quería olvidar otra cosa que el nombre del maestro de Orvieto; pero esto

---

[4] [En las ediciones anteriores a 1924 se leía «ese delicado tema».]
[5] [Una aldea del Tirol.]

11

otro consiguió ponerse en conexión asociativa con su nombre, de suerte que mi acto de voluntad erró la meta, y yo olvidé *lo uno contra mi voluntad* cuando quería olvidar *lo otro adrede*. La aversión a recordar se dirigía contra uno de los contenidos; la incapacidad para hacerlo surgió en el otro. El caso sería más simple, evidentemente, si aversión e incapacidad de recordar hubieran recaído sobre un mismo contenido. — Y, por su parte, los nombres sustitutivos ya no me parecen tan enteramente injustificados como antes del esclarecimiento; me remiten (al modo de un compromiso) tanto a lo que yo quería olvidar como a lo que quería recordar, y me enseñan que mi propósito de olvidar algo ni se logró del todo ni fracasó por completo.[6]

e. Asaz llamativa es la índole del enlace que se estableció entre el nombre buscado y el tema reprimido (el tema de «muerte y sexualidad», dentro del cual intervienen los nombres Bosnia, Herzegovina, Trafoi). El esquema que ahora intercalo [figura 1], trayéndolo del ensayo de 1898, procura figurar gráficamente ese enlace.

Figura 1.

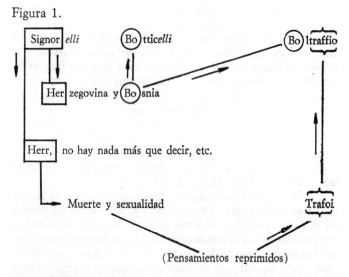

El nombre de Signorelli está ahí separado en dos fragmentos. De los pares de sílabas, uno retorna inmodificado en uno de los nombres sustitutivos (*elli*), y el otro, merced a la traducción *Signor – Herr* {señor}, ha cobrado múltiples

[6] [En 1901 esta oración concluía así: «...y me enseñan que mi propósito de olvidar algo no se logró del todo».]

y diversos vínculos con los nombres contenidos en el tema reprimido, y por eso mismo se perdió para la reproducción. Su sustituto se produjo como si se hubiera emprendido un desplazamiento a lo largo de la conexión de nombres «*Herzegovina y Bosnia*»,[7] sin miramiento por el sentido ni por el deslinde acústico entre las sílabas. Vale decir que en este proceso los nombres han recibido parecido trato que los pictogramas de una frase destinada a trasmudarse en un acertijo gráfico (*rebus*). Y de todo el trámite que por tales caminos procuró los nombres sustitutivos en lugar de Signorelli, no fue dada noticia alguna a la conciencia. *En un primer abordaje* no se rastrea, entre el tema en que se presenta el nombre de Signorelli y el tema reprimido que lo precedió en el tiempo, un vínculo que rebase ese retorno de las mismas sílabas (o, más bien, secuencias de letras).

Acaso no huelgue señalarlo: las condiciones que los psicólogos suponen para la reproducción y el olvido, pesquisables, según ellos, en ciertas relaciones y predisposiciones,[8] no son contradichas por el esclarecimiento que antecede. Simplemente, para ciertos casos, agregamos un *motivo* a todos los factores admitidos de tiempo atrás, capaces de producir un olvido; y por otra parte aclaramos el mecanismo del recordar fallido. También para nuestro caso son indispensables aquellas predisposiciones; ellas crean la posibilidad de que el elemento reprimido se apodere por vía asociativa del nombre buscado y lo arrastre consigo a la represión. Acaso ello no habría acontecido con otro nombre que poseyera unas condiciones de reproducción más favorables. Es verosímil, en efecto, que un elemento sofocado se afane siempre por prevalecer en alguna otra parte, pero sólo alcance este resultado allí donde unas condiciones apropiadas lo solicitan. En otros casos sobreviene una sofocación sin perturbación funcional o, como podemos decir con acierto, sin *síntomas*.

Resumamos ahora las condiciones para el olvido de un nombre con recordar fallido: 1) cierta predisposición para su olvido; 2) un proceso de sofocación trascurrido poco antes, y 3) la posibilidad de establecer una asociación *extrínseca* entre el nombre en cuestión y el elemento antes sofocado. Es probable que no debamos exagerar esta última

---

[7] [A estas dos comarcas se las solía nombrar juntas, como formando parte de un solo territorio; a partir de 1908 fueron incorporadas al imperio austro-húngaro como provincia de Bosnia-Herzegovina.]
[8] [O sea, «huellas mnémicas». Cf. Stout, 1938, pág. 21.]

condición, pues posiblemente se cumpla en la inmensa mayoría de los casos, dado que los requisitos que debe cumplir la asociación son mínimos. Otro problema, y de más profundo alcance, es saber si tal asociación extrínseca puede ser, en efecto, condición suficiente para que el elemento reprimido perturbe la reproducción del nombre que se busca, o sea, si no hace falta todavía un nexo más íntimo entre los dos temas. En un abordaje superficial, uno tendería a rechazar este último reclamo y a considerar suficiente la contigüidad en el tiempo, a despecho de contenidos enteramente dispares. Pero en una indagación profundizada se descubre, para más y más casos, que los dos elementos enlazados por una asociación extrínseca (el reprimido y el nuevo) poseen por añadidura un nexo de contenido, cuya existencia se puede demostrar también en el ejemplo de «Signorelli». [Cf. pág. 21n.]

El valor de la intelección que hemos ganado con el análisis del ejemplo de «Signorelli» depende, claro está, de que queramos declarar típico este caso, o lo consideremos sólo un suceso aislado. Y bien, debo aseverar que el olvido de nombres con recordar fallido, tal como lo resolvimos en el caso de «Signorelli», es de frecuentísima ocurrencia. Casi todas las veces que pude observar en mí mismo este fenómeno, fui capaz de explicármelo también por represión, de la manera ya consignada. Tengo que aducir todavía otro punto de vista en favor de la naturaleza típica de nuestro análisis. Creo ilícito separar por principio el caso del olvido de nombres con recordar fallido de aquellos otros en que no acudieron nombres sustitutivos incorrectos. [Cf. pág. 20.] Es que estos últimos surgen de manera espontánea en cierto número de casos, pero en otros, en que no afloraron así, se puede hacerlos emerger concentrando la atención, y entonces muestran con el elemento reprimido y con el nombre buscado los mismos vínculos que en aquellos se rastrean. Para el devenir-conciente del nombre sustitutivo parecen decisivos dos factores: en primer lugar, el empeño de la atención y, en segundo, una condición interna propia del material psíquico. Buscaría esta última en la mayor o menor facilidad con que se establezca entre ambos elementos la asociación extrínseca requerida. Así pues, buena parte de los casos de olvido de nombres *sin* recordar fallido se asimilan a los casos con formación de nombres sustitutivos para los que rige el mecanismo del ejemplo de «Signorelli». Es claro, no tendré la osadía de afirmar que todos los casos de olvido de nombres deban incluirse en ese mismo grupo. Los hay, sin duda, de proceso mucho más simple. Habremos expuesto la relación de cosas con la suficiente cautela [9] si enunciamos: *Junto al olvido simple de nombres propios, se presenta también un olvido que está motivado por represión.*

[9] [En la edición de 1901 se lee «correctamente» en lugar de «con la suficiente cautela». — Freud comenta de modo sucinto el ejemplo de «Signorelli» en una carta a Fliess escrita inmediatamente después de su regreso a Viena desde la costa dálmata, donde tuvo lugar el episodio (cf. mi «Introducción», *supra*, pág. 6).]

II. Olvido de palabras extranjeras[1]

El léxico usual de nuestra lengua materna parece a salvo del olvido dentro del campo de una función normal.[2] Notoriamente, no sucede lo propio con los vocablos de una lengua extranjera. La predisposición a olvidarlos preexiste para todas las partes del discurso, y un primer grado de perturbación funcional se muestra en la desigual medida con que disponemos del léxico extranjero según nuestro estado general o nuestra fatiga. En una serie de casos, este olvido se cumple siguiendo el mecanismo que nos ha revelado el ejemplo de «Signorelli». Como prueba, he de comunicar un único análisis —pero de valor singular por sus peculiaridades— sobre un caso en que se olvidó una palabra, que no era un sustantivo, de una cita latina. Permítaseme exponer por extenso y plásticamente el pequeño episodio.

El verano pasado renové —también durante un viaje de vacaciones— mi trato con un joven de formación académica, quien, como pronto hube de notar, estaba familiarizado con algunas de mis publicaciones psicológicas. La plática recayó (ya no sé cómo) sobre la situación social del estamento del pueblo al cual ambos pertenecemos, y él, ¡oh ambicioso!, se desahogó en lamentos por estar su generación, se-

[1] [Aparte de la modificación consignada en la nota siguiente, de la nota agregada en pág. 19 y de un breve añadido a la nota 7, de pág. 20, el resto de este capítulo data de 1901.]

[2] [En 1901 y 1904 había en este punto una larga nota al pie que comenzaba así: «Dudo de que la frecuencia de uso pueda por sí sola dar cuenta de este resguardo. Sea como fuere, he observado que los nombres de pila, que no tienen una aplicación tan limitada como los nombres propios [o sea, los apellidos], están sujetos al olvido no menos que estos últimos». A ello seguía el ejemplo que ahora figura en el capítulo III, págs. 30-1 (olvido del nombre de pila del hermano de una paciente), y la nota continuaba: «Un pensamiento sofocado acerca de uno mismo o de la propia familia con frecuencia suministra el motivo para el olvido de un nombre, como si uno estuviera comparándose constantemente con otras personas. [Cf. pág. 31.] El más curioso ejemplo de esta índole me fue narrado por un señor Lederer...», citándose el ejemplo que aparece ahora en el capítulo III, pág. 32. El actual capítulo III, sobre el olvido de nombres y de frases, fue agregado al libro en 1907; a él se trasfirieron los dos ejemplos mencionados, y se eliminó el resto de la nota.]

gún sus expresiones, condenada a no desarrollar sus talentos y a no poder satisfacer sus necesidades. Concluyó su discurso, de tono apasionado, con el consabido verso virgiliano en que la desdichada Dido difiere a la posteridad su venganza contra Eneas: «*Exoriare*...»; o, más bien, *quiso* así concluirlo, pues no le salió la cita y procuró encubrir una evidente laguna de su recuerdo mediante una trasposición de palabras: «*Exoriar(e) ex nostris ossibus ultor!*». Al fin dijo, enojado: «¡Por favor, no ponga cara tan burlona, como si disfrutara con mi turbación, y ayúdeme usted! En ese verso falta algo. ¿Cómo dice, completo?».

De muy buena gana le respondí con la cita correcta: «*Exoriar(e)* ALIQUIS *nostris ex ossibus ultor!*».*[3]

«¡Qué tontera olvidar esa palabra! Pero usted sostiene que nada se olvida sin razón. Me gustaría saber cómo di yo en olvidar ese pronombre indefinido, *"aliquis"*».

Recogí el desafío gustosísimo, pues me prometía un aporte para mi colección. Le dije, pues:

—Enseguida podremos averiguarlo. Sólo tengo que rogarle me comunique usted *con sinceridad* y *sin crítica* alguna todo cuanto se le ocurra dirigiendo usted, sin propósito definido, su atención sobre la palabra olvidada.[4]

—«Bien; entonces doy en la risible ocurrencia de dividir la palabra de la siguiente manera: *"a"* y *"liquis"*».

—¿Qué significa eso?

—«No sé».

—¿Qué más se le ocurre?

—«Eso se prosigue así: *Reliquias – liquidación – fluidez – flujo*. ¿Ahora ya sabe usted algo?».

—No, todavía no. Pero continúe usted.

—«Pienso —prosiguió con irónica sonrisa— en *Simón de Triento,* cuyas reliquias he visto hace dos años en una iglesia de Triento. Pienso en la inculpación por sacrificios de sangre que ha vuelto a levantarse contra los judíos, y en el escrito de *Kleinpaul* [1892], quien ve en todas estas presuntas víctimas unas reencarnaciones, unas reediciones, por así decir, del Salvador».

—La ocurrencia no carece de todo nexo con el tema sobre el cual charlábamos antes que a usted se le pasara de la memoria la frase latina.

* {Literalmente, «¡Que alguien (*aliquis*) surja de mis huesos como vengador!».}

[3] [Virgilio, *Eneida*, IV, 625.]

[4] Este es, en general, el camino para llevar a la conciencia elementos de representación que se esconden. Cf. mi libro *La interpretación de los sueños* (1900a) [*AE*, **4**, págs. 122-3].

—«Justamente. Pienso, además, en el artículo de un periódico italiano que hace poco he leído. Creo que su título era "De lo que dice San *Agustín* sobre las mujeres". ¿Qué hace usted con eso?».

—Yo aguardo.

—«Entonces, ahora acude algo que carece de toda conexión con nuestro tema».

—Absténgase usted, se lo ruego, de toda crítica y...

—«Ya lo sé. Me acuerdo de un espléndido señor anciano con quien me topé la semana pasada en el viaje. Un verdadero *original*. Parece un gran pájaro de presa. Se llama, por si le interesa, *Benedicto*».

—Bien; por lo menos una serie de santos y de padres de la Iglesia: San *Simón*, San *Agustín*, San *Benedicto*. Creo que hay un padre de la Iglesia llamado *Orígenes*. Por lo demás, tres de esos nombres son también nombres de pila, como *Paul* en el apellido *Kleinpaul*.

—«Ahora se me ocurre San *Jenaro* * y su milagro de la sangre... Hallo que eso sigue adelante mecánicamente».

—Déjelo seguir; San *Jenaro* y San *Agustín* tienen que ver, ambos, con el calendario. ¿No quiere usted refrescar mi memoria sobre aquel milagro de la sangre?

—«¡Pero si usted lo tiene que conocer! En una iglesia de Nápoles se conserva en una redoma la sangre de San Jenaro, que por obra de milagro se *fluidifica* cierto día festivo todos los años. El pueblo atribuye gran importancia a este milagro y se altera mucho si se demora, como aconteció cierta vez durante una ocupación francesa. Entonces el general que comandaba las tropas —¿O me equivoco? ¿No fue Garibaldi?— llevó aparte al sacerdote y le significó, señalando con expresivo ademán a los soldados de consigna, que *esperaba* que el milagro se consumara muy pronto. Y se consumó efectivamente...».

—¿Y qué más? ¿Por qué vacila usted?

—«Es que ahora se me ha ocurrido algo... pero es demasiado íntimo para comunicarlo... Por lo demás, no le veo nexo alguno ni la necesidad de contarlo».

—Del nexo soy yo quien cuida. No puedo, es claro, obligarlo a que me cuente algo que le resulta desagradable; pero entonces no me pida saber el camino por el cual ha olvidado usted aquella palabra «aliquis».

—«¿Realmente? ¿Lo cree? Bien, pues; de pronto pensé en una dama de quien podría recibir una noticia que nos resultaría asaz desagradable a ambos».

* *{Januarius; en alemán, «Januar» es «enero».}*

18

—¿Que no le ha venido el período?

—«¿Cómo puede usted colegirlo?».

—Por cierto que no es difícil. Usted me ha preparado bastante para ello. Piense en los *santos del calendario, en la fluidificación de la sangre cierto día, la alteración si el suceso no sobreviene, la nítida amenaza de que el milagro se consume pues si no*... Ha procesado usted el milagro de San Jenaro como una espléndida alusión al período de la mujer.

—«Y sin saberlo yo. ¿Cree usted realmente que a causa de esta angustiada expectativa me habría sido imposible reproducir la palabreja *"aliquis"*?».

—Me parece indudable. Recuerde su descomposición en «*a – liquis*», y las asociaciones: *reliquias, liquidación, fluidez* ¿Habré de insertar todavía dentro de este nexo a San Simón, quien fue *sacrificado de niño* y en quien dio usted a partir de las reliquias?

—«Prefiero que no lo haga. Espero que no tome en serio ese pensamiento, si en realidad lo he tenido. Quiero confesarle, en cambio, que la dama es italiana, y además he visitado Nápoles en compañía de ella. Pero, ¿no puede deberse todo al azar?».

—Tengo que dejar librado a su parecer que todos esos nexos puedan esclarecerse mediante el supuesto de una casualidad. He de decirle, sin embargo, que cualquier caso semejante que quiera analizar lo llevará a unas «casualidades» igualmente asombrosas.[5]

Tengo muchas razones para estimar este pequeño análisis, y agradezco a mi ex compañero de viaje por haberme autorizado a publicarlo. En primer lugar, porque así pude aprovechar una fuente que de ordinario se me deniega. Las más de las veces estoy obligado a tomar de la observación de mí mismo los ejemplos, aquí compilados, de perturbaciones de la función psíquica en la vida cotidiana. En cuanto al material mucho más rico que me brindan mis pacientes neuróticos, procuro evitarlo porque debo temer la objeción de que esos fenómenos serían, justamente, resultados y ma-

---

[5] [*Nota agregada* en 1924:] Este pequeño análisis ha recibido mucha atención en la bibliografía y provocado vivas discusiones. E. Bleuler (1919) lo tomó como base para ensayar la formulación matemática de la credibilidad de las interpretaciones psicoanalíticas; su conclusión fue que su valor de probabilidad es mayor que el de millares de inatacados «discernimientos» médicos, y si resulta extraño, ello se debe a que no se está habituado a contar en la ciencia con unas probabilidades psicológicas.

nifestaciones de la neurosis.[6] Por eso posee particular valor para mis fines que se ofrezca como objeto de una indaga-ción así una persona extraña y exenta de enfermedad ner-viosa. Además, este análisis cobra importancia para mí pues ilumina un caso de olvido de palabras *sin* recordar sustitu-tivo, y así corrobora la tesis que antes formulé [pág. 14], a saber, que la aparición o la ausencia de tales recuerdos sus-titutivos no establece un distingo esencial.[7]

Pero el valor más grande del ejemplo de «*aliquis*» reside en otra de sus diferencias con respecto al de «Signorelli». En

[6] [Véanse las acotaciones similares, en cuanto a la elección de los sueños para su análisis, en la «Advertencia a la primera edición» de *La interpretación de los sueños* (1900*a*), *AE*, **4**, pág. 18.]

[7] Una observación más fina limita algo la oposición entre el análisis de «Signorelli» y el de «*aliquis*» con respecto a los recuerdos sustituti-vos. Y es que también en este último el olvido parece estar acompañado por una formación sustitutiva. Cuando pregunté con posterioridad a mi interlocutor si en sus empeños por recordar la palabra faltante no se le había ocurrido alguna otra cosa a cambio, informó que primero había registrado la tentación de introducir un «*ab*» en el verso: «*nostris ab ossibus*» (quizá la pieza no enlazada de «*a-liquis*»), y además, que «*exoriare*» se le había impuesto de una manera particularmente nítida y pertinaz. Con su típico escepticismo, agregó: «evidentemente porque era la primera palabra del verso». Cuando le pedí que, no obstante, atendiera a sus asociaciones para «*exoriare*», me indicó «exorcismo». Muy bien puedo imaginar yo, pues, que el refuerzo de «*exoriare*» en la reproducción tenía en verdad el valor de una formación sustitutiva como las señaladas. Esta se habría establecido, a través de la asocia-ción «exorcismo», desde el nombre de los *santos*. Pero son estas unas finezas a las cuales no hace falta atribuir valor alguno. [Las dos ora-ciones que siguen fueron agregadas en 1924:] (P. Wilson, 1922, des-taca, por el contrario, que el refuerzo de «*exoriare*» posee un elevado valor de esclarecimiento, pues «exorcismo» sería el mejor sustituto simbólico para los pensamientos reprimidos que se referían a la eli-minación, mediante aborto, del hijo temido. Acepto agradecido esta rectificación, que no menoscaba la fuerza probatoria del análisis.) — Parece entonces muy posible que la emergencia de algún tipo de re-cuerdo sustitutivo sea un signo constante —aunque tal vez sólo un signo característico y delatador— del olvido tendencioso, motivado por represión. Aun allí donde falta la emergencia de nombres sustitutivos incorrectos, esa formación sustitutiva consistiría en el refuerzo de un elemento vecino del olvidado. En el caso de «Signorelli», por ejemplo, todo el tiempo que el nombre del pintor fue inasequible para mí tuve *hipernítido* el recuerdo visual de su ciclo de frescos y de su autorretrato, pintado en el ángulo de uno de los cuadros; al menos lo tuve mucho más intenso de lo que suelen ser en mi caso las huellas mnémicas visuales. En otro caso, que comuniqué igualmente en mi ensayo de 1898, me había olvidado sin remedio del nombre de la calle donde vivía una persona a quien debía visitar en una ciudad extranjera, visita que me resultaba incómoda; en cambio, y como por burla, retenía hipernítido el número de la casa, cuando de ordinario encuentro la mayor dificultad en recordar cifras. [Cf. *infra*, págs. 46 y 259.]

este último, la reproducción del nombre fue perturbada por el efecto continuado de una ilación de pensamiento que se había iniciado y se había interrumpido poco antes, pero cuyo contenido no mantenía un nexo nítido con el tema nuevo dentro del cual se incluía el nombre de Signorelli. Entre el nombre reprimido y el tema del nombre olvidado no había otro vínculo que la contigüidad en el tiempo; y esta bastó para conectarlos en una asociación extrínseca.[8] En el ejemplo de «*aliquis*», en cambio, no se registra nada de un tema así, reprimido e independiente, que ocupara al pensar conciente en el momento anterior inmediato y cuyo eco fuera la perturbación. Aquí la reproducción es perturbada desde el interior del tema mismo que se tocaba en la cita, por elevarse inconcientemente una contradicción a la idea de deseo allí figurada. Uno no puede menos que construirse del siguiente modo el proceso: el hablante lamenta que la presente generación de su pueblo vea cercenados sus derechos; y una nueva generación —predice él como Dido— ya se encargará de vengarse de los opresores. Vale decir, ha expresado el deseo de tener descendencia. En ese momento se le cruza un pensamiento que lo contradice: «¿De verdad deseas tan vivamente tener descendencia? Eso no es cierto. ¿Cuánto no te turbaría recibir ahora la noticia de que esperas descendencia de un lado que tú sabes? No; nada de descendencia... aunque nos haga falta para la venganza». Y entonces esta contradicción logra hacerse valer, estableciendo, igual que en el caso de «Signorelli», una asociación extrínseca entre uno de sus elementos de representación y un elemento del deseo objetado; y por cierto que esta vez lo hace de una manera en extremo violenta, mediante un rodeo asociativo de artificiosa apariencia. Una segunda coincidencia esencial con el ejemplo de «Signorelli» es que la contradicción proviene de fuentes reprimidas y parte de unos pensamientos que provocarían un extrañamiento de la atención.

Hasta aquí lo que tengo que decir sobre las diferencias y el parentesco interno entre estos dos paradigmas de olvido

---

[8] No me atrevería a sostener con pleno convencimiento la falta de un nexo interno entre los dos círculos de pensamiento en el caso de «Signorelli». Si se persiguen de manera más ceñida los pensamientos reprimidos respecto del tema «muerte y sexualidad», se tropieza, en efecto, con una idea que toca de cerca al tema de los frescos de Orvieto. [El doctor Richard Karpe ha sugerido que esto puede vincularse con la visita a una tumba etrusca en las cercanías de Orvieto, a la que Freud hace referencia entre sus asociaciones al sueño del «preparado anatómico con la propia pelvis», en *La interpretación de los sueños* (1900*a*), *AE*, **5**, pág. 453. Cf. también «Sobre el mecanismo psíquico de la desmemoria» (1898*b*), *AE*, **3**, págs. 282-3.]

de palabras.[9] Hemos tomado noticia de un segundo mecanismo del olvido, la perturbación de un pensamiento por una contradicción interna que proviene de lo reprimido. En el curso de estas elucidaciones hemos de toparnos todavía muchas veces con este proceso, que nos parece el más fácilmente inteligible.

---

[9] [Freud escribe «*Namenvergessen*», «olvido de nombres», pero este es sin duda un descuido.]

III. Olvido de nombres y de frases [1]

Experiencias como las que acabamos de consignar, sobre el proceso de olvido de un elemento dentro de una frase en lengua extranjera, son aptas para despertar nuestro apetito de saber si el olvido de frases en la lengua materna pide un esclarecimiento esencialmente diverso. La gente no suele asombrarse de que sólo con modificaciones y lagunas pueda reproducir, pasado algún tiempo, una fórmula o una poesía aprendidas de memoria. Pero como ese olvido no afecta en igual medida a todo lo que se aprendió entramado, sino que parece desflecar sólo elementos singulares, bien podría merecer la pena someter a indagación analítica algunos ejemplos de tales reproducciones defectuosas.

Conversaba conmigo un colega más joven, y manifestó la conjetura de que el olvido de poesías en la lengua materna podría estar motivado de manera semejante al olvido de elementos aislados dentro de una frase en lengua extranjera, al tiempo que se ofreció como objeto de indagación. Le pregunté con qué poesía quería hacer la prueba, y eligió «La novia de Corinto», [2] poema este al que amaba mucho y del que creía conocer de memoria por lo menos algunas estrofas. Al comienzo de la reproducción le salió al cruce una incertidumbre en verdad llamativa. Preguntó: «¿Quiere decir que él "viajó *desde* Corinto *a* Atenas" o que "viajó *a* Corinto *desde* Atenas"?». También yo vacilé por un momento, hasta que señalé, sonriendo, que el título del poema, «La novia de Corinto», no dejaba subsistir ninguna duda sobre el camino recorrido por el joven. Luego, la reproducción de la primera estrofa sobrevino sin tropiezos, o al menos sin llamativa falsificación. Después del primer verso de la segunda estrofa, mi colega pareció rebuscar un instante; enseguida retomó su recitado: ·

---

[1] [Este capítulo se agregó a la obra en 1907. En él se incorporó mucho material nuevo, como luego aclaro. La primera parte, hasta la pág. 26, data de 1907.]
[2] [«Die Braut von Korinth», balada de Goethe.]

«¿Mas habrá de ser él acaso bienvenido
ahora que cada día trae algo nuevo?
Pues sigue siendo, con los suyos, un pagano,
y ellos son cristianos y están bautizados {*getauft*}».[3]

Ya antes que terminara agucé mis oídos, extrañado; al
concluir el segundo verso, ambos estuvimos de acuerdo en
que ahí se había producido una desfiguración. Pero no consiguiendo rectificarla, nos precipitamos a la biblioteca para
consultar el poema de Goethe y hallamos, con sorpresa, que
el segundo verso de esta estrofa tenía un texto totalmente
diverso; la memoria de mi colega había arrojado fuera ese
texto, por así decir, sustituyéndolo por algo en apariencia
ajeno. La versión correcta decía:

«¿Mas habrá de ser él acaso bienvenido
si a ese favor él caro no lo paga {*erkauft*}?».

Con «*erkauft*» {«él paga»} rimaba «*getauft*» {«bautizado»}, y me pareció raro que la constelación «pagano», «cris-
tiano» y «bautizado» lo hubiera ayudado tan poco para
restablecer el texto.

¿Puede explicarse usted —pregunté a mi colega— cómo
es que tachó así por completo ese verso de una poesía que
presuntamente le era tan familiar, y vislumbra el nexo desde
el cual pudo tomar el sustituto?

Fue capaz de dar un esclarecimiento, si bien era manifiesto que no lo hacía de muy buen grado: «El verso "ahora
que cada día trae algo nuevo" se me antoja consabido; seguramente he empleado hace poco estas palabras con referencia a mi práctica profesional, de cuya prosperidad, como
usted sabe, estoy ahora muy contento. Pero, ¿por qué se
acomodó ahí esa oración? Sabría indicar un nexo. Es evidente que el verso "si a ese favor él caro no lo paga" no me
resultaba grato. Esto se entrama con mi cortejo a una dama,
rechazado la primera vez, y que me propongo ahora repetir
en vista de mi situación material muy mejorada. No puedo
decirle más, pero por cierto no me resultará muy grato, de
ser aceptado ahora, acordarme de que en un caso como en
el otro una suerte de cálculo inclinó la balanza».

[3] [Además de la inclusión de un segundo verso totalmente ajeno
al poema, como se puntualiza en el siguiente párrafo, hay pequeñas
diferencias en la cita de los versos tercero y cuarto, que rezan:

«Sigue siendo, con los suyos, un pagano,
y ellos son ya cristianos y están bautizados».]

24

Me pareció iluminador, aun sin poder conocer yo las circunstancias con más detalle. Pero le pregunté todavía: «¿Cómo ha dado usted en mezclar su persona y su situación privada con el texto de "La novia de Corinto"? ¿Puede ser que existan en su caso unas diferencias de credo religioso como las que cobran significación en el poema?».

> («Cuando una nueva fe germina,
> amor y fidelidad suelen ser arrancados
> cual maleza dañina».)

Yo no había conjeturado rectamente, pero fue notable presenciar cómo esa sola pregunta bien dirigida hizo que nuestro hombre lo viera todo claro, de modo que pudo darme una respuesta que sin duda él mismo desconocía hasta ese momento. Me echó una mirada que reflejaba una mezcla de martirio y disgusto, murmuró para sí un pasaje posterior del poema:

> «¡Mírala bien!
> Mañana estará gris»,[4]

y agregó, escuetamente: «Ella es algo mayor que yo». Para no causarle más pena, interrumpí la averiguación. El esclarecimiento me pareció suficiente. Pero me sorprendió, eso sí, que el empeño por reconducir a su fundamento una operación fallida de la memoria hubiera de tocar en la persona investigada unos asuntos tan alejados, tan íntimos e investidos de tan penoso afecto.

Citaré según Carl G. Jung,[5] y con las palabras del autor, otro ejemplo de olvido dentro de una frase de un famoso poema.

«Un señor quiere recitar el famoso poema "Un abeto se

---

[4] Por lo demás, mi colega modificó un poco estos hermosos pasajes del poema, tanto en su texto como en su aplicación. La espectral muchacha dice a su novio:

> «Te he dado mi cadena;
> me quedo con tu rizo.
> ¡Míralo bien!
> Mañana estarás cano
> y sólo aquí seguirá tu pelo castaño».

{El tercer verso es «Sieh sie an genau!», que podría traducirse también «¡Mírala bien!»; aquí, el contexto obliga a referirlo al «rizo».}

[5] Jung, 1907, pág. 64.

yergue solitario. . .", etc.[6] Pero en el verso "Está dormido" [7] se atasca sin remedio, ha olvidado por completo "con una blanca túnica". Me pareció llamativo que olvidara ese verso tan consabido, y le pedí que reprodujera cuanto se le ocurriese a raíz de "con una blanca túnica". Salió la siguiente serie: "A raíz de una blanca túnica uno piensa en un paño mortuorio – una mortaja con que se cubre a un muerto – (pausa) – ahora se me ocurre un amigo íntimo – su joven hermano ha tenido una muerte repentina – se dice que ha muerto de apoplejía – es que era *también* muy corpulento – mi amigo es *también* corpulento y por cierto he pensado que podría ocurrirle *también* lo mismo a él – es probable que no haga el suficiente ejercicio – cuando me enteré del triste caso de pronto me entró la angustia de que *también* a mí pudiera ocurrirme, porque en nuestra familia tenemos natural tendencia a la adiposidad, y también mi abuelo murió de apoplejía; a mí mismo me encuentro demasiado corpulento y por eso en estos días he iniciado una cura de adelgazamiento"».

Y puntualiza Jung: «Vale decir que este señor se identificó enseguida, inconcientemente, con el abeto envuelto por un blanco sudario».

El siguiente ejemplo [8] de olvido de una frase, que debo a mi amigo [9] Sándor Ferenczi, de Budapest, se refiere, a diferencia del anterior, a un dicho acuñado por la persona misma, no a una oración tomada de un poeta. Es apto también para ilustrarnos el caso, no del todo habitual, de un olvido que se pone al servicio de nuestra prudencia cuando esta corre peligro de sucumbir a un gusto momentáneo. De tal suerte, la operación fallida adquiere una función útil. Ya recobrada nuestra sobriedad, daremos razón a esa corriente interna que antes sólo pudo exteriorizarse por un denegar —un olvidar, una impotencia psíquica—.

«En cierta reunión alguien pronuncia el dicho *"Tout comprendre c'est tout pardonner"*.* Hago notar que basta con

---

[6] [Heine, *Lyrisches Intermezzo,* XXXIII.]
[7] [Los versos correspondientes son:

«*Ihn schläfert; mit weisser Decke
Umhüllen ihn Eis und Schnee*».

{«Está dormido; con una blanca túnica
lo cubren el hielo y la nieve».}]

[8] [Este párrafo y los cuatro siguientes fueron agregados en 1910.]
[9] [En 1910 decía aquí «colega».]
* {«Comprenderlo todo es perdonarlo todo».}

el primer miembro de la frase; el "perdonar" es una arrogancia, hay que dejarlo a Dios y a los sacerdotes. Uno de los presentes encuentra muy buena esta observación; yo me envalentono y —probablemente para asegurarme la buena opinión del benévolo crítico— digo que no hace mucho se me ha ocurrido algo mejor. Pero cuando quiero contarlo... no se me ocurre. — Enseguida me retiro y pongo por escrito las ocurrencias encubridoras. — Primero acuden el nombre del amigo y de la calle de Budapest que fueron los testigos del nacimiento de aquella ocurrencia (la buscada); después, el nombre de otro amigo, *Max*, a quien solemos llamar *Maxi*. Esto me lleva a la palabra *"máxima"* y al recuerdo de que esa vez (como en el caso mencionado al comienzo) se trató de la modificación de una máxima consabida. Cosa rara, a raíz de ello no se me ocurre una máxima, sino esto: *"Dios creó a los hombres a su imagen"*; y esta versión alterada: *"El hombre creó a Dios a la suya"*. Acto seguido aflora el recuerdo de lo buscado: Mi amigo me dijo esa vez, en la calle Andrássy: *"Nada humano me es ajeno"*; a lo cual yo, por alusión a las experiencias psicoanalíticas, repliqué: *"Deberías proseguir y confesar que nada animal te es ajeno"*.

»Ahora bien, luego de obtener el recuerdo de lo buscado, menos todavía pude contarlo en la reunión donde me encontraba. La joven esposa del amigo a quien yo le había recordado la animalidad de lo inconciente estaba también entre los presentes, y yo sabía que en modo alguno estaba preparada para anoticiarse de unas intelecciones tan poco agradables. El olvido me ahorró una serie de preguntas molestas de parte de ella, y una discusión infecunda; tiene que haber sido ese, precisamente, el motivo de la "amnesia temporaria".

»Es interesante que como ocurrencia encubridora me acudiera una sentencia en que la divinidad es degradada a invención del hombre, mientras que en la sentencia buscada se aludía a lo animal en el hombre. O sea que lo común es la *capitis diminutio.** Evidentemente, todo esto no es sino la continuación de la ilación de pensamiento que la plática incitó, sobre el comprender y el perdonar.

»Que en este caso lo buscado se me ocurriera tan rápido, quizá lo debo a la circunstancia de haberme retirado yo enseguida, de la reunión donde eso era censurado, a una habitación sin otra presencia humana».

* {Pérdida de derechos civiles; rebaja en la condición que uno tenía.}

Los numerosos análisis [10] que desde entonces he emprendido sobre casos de olvido o reproducción defectuosa de una frase me inclinan, dado el resultado coincidente de tales indagaciones, en favor del supuesto de que el mecanismo de olvido en los ejemplos de «*aliquis*» y de «La novia de Corinto» es de validez casi universal. Las más de las veces no es muy cómodo comunicar tales análisis, pues, como los que acabo de citar, conducen siempre a cosas demasiado íntimas y penosas para el analizado; por eso no he de multiplicar el número de tales ejemplos. Lo común a todos estos casos, sin que el material importe diferencia, es que lo olvidado o desfigurado ha entrado en conexión, por algún camino asociativo, con un contenido inconciente de pensamiento del cual parte el efecto que se hace visible como olvido.

Vuelvo ahora al olvido de nombres, del cual todavía no hemos agotado la casuística ni los motivos. Como en mí mismo puedo observar a veces abundantemente esta variedad de operación fallida, no me ha de resultar difícil presentar ejemplos. Las migrañas leves de que todavía sigo padeciendo [11] suelen anunciarse horas antes por un olvido de nombres, y en la culminación de ese estado, mientras no me obliga a abandonar el trabajo, suelen pasárseme de la memoria todos los nombres propios. Ahora bien, casos como el mío podrían dar lugar a una objeción de principio contra nuestros empeños analíticos. ¿No habría que inferir de tales observaciones que la causación de la desmemoria y, en especial, del olvido de nombres se sitúa en perturbaciones de la circulación y, en general, de la función cerebrales, lo que volvería ocioso todo intento de explicación psicológica de tales fenómenos? Opino que de ningún modo; ello significaría confundir el mecanismo de un proceso, uniforme en todos los casos, con sus variables y no necesarias circunstancias propiciadoras. En vez de una refutación detallada, ofreceré un símil para tramitar esa objeción.

Supongamos que yo haya sido tan desprevenido como para irme a pasear de noche por unos lugares desiertos de la gran ciudad, donde me asaltan y roban mi reloj y mi cartera. Formulo mi denuncia en el próximo puesto de policía con estas palabras: «He estado en esta y estotra calle,

[10] [Lo que sigue, hasta la pág. 33, data de 1907, con excepción de dos pasajes en págs. 30-1 y 32.]
[11] [Freud sufrió de migraña durante toda su vida. Cf. Jones, 1953, pág. 339.]

y allí la *soledad* y la *oscuridad* me arrebataron reloj y cartera». Aunque con tales palabras no habría dicho nada incorrecto, corro el riesgo de que consideren, por el texto de mi denuncia, que no estoy bien de la cabeza. La única manera correcta de describir este estado de cosas sería la siguiente: «La soledad del lugar era *propicia*, y *al amparo de la oscuridad* unos *malhechores desconocidos* me robaron mis objetos de valor». Y bien, no tiene por qué ser otra la situación provocada por el olvido de nombres; la fatiga, una perturbación circulatoria y una intoxicación propiciaron que un desconocido poder psíquico me robara la posesión sobre nombres propios que están bajo la jurisdicción de mi memoria, ese mismo poder que en otros casos es capaz de producir igual denegación de la memoria no obstante gozar uno de salud y productividad plenas.[12]

Si analizo los casos de olvido de nombres que en mí mismo he observado, casi en todos ellos encuentro que el nombre retenido guarda relación con un tema que toca de cerca a mi persona y es capaz de producirme afectos intensos, a menudo penosos. Según la cómoda y recomendable práctica de la escuela de Zurich (Bleuler, Jung, Riklin), puedo expresar lo mismo en esta forma: El nombre sustraído ha rozado en mi interior un «complejo personal».[13] El vínculo del nombre con mi persona es inesperado, mediado las más de las veces por una asociación superficial (ambigüedad de la palabra, homofonía); en términos generales, se lo puede calificar de vínculo colateral. Algunos ejemplos simples ilustrarán su naturaleza del mejor modo posible:

1. Un paciente me pide que le recomiende un lugar de restablecimiento en la Riviera. Sé de uno muy próximo a Génova, y hasta recuerdo el nombre del colega alemán que allí ejerce, pero soy incapaz de nombrar el lugar mismo, por más que creo conocerlo. No me queda más remedio que rogarle al paciente que espere y acudir a toda prisa a las mujeres de mi familia. «¿Pero cómo se llama ese sitio próximo a Génova, donde el doctor N. tiene su pequeño sana-

---

12 [Esta analogía del «asalto en una noche oscura» fue nuevamente utilizada por Freud en sus *Conferencias de introducción al psicoanálisis* (1916-17), *AE*, **15**, pág. 41.]

13 [Un año antes de publicarse este capítulo, Freud hizo amplio uso de la palabra «complejo», propuesta por la escuela de Zurich, en «La indagatoria forense y el psicoanálisis» (1906c); en mi «Nota introductoria» a dicho trabajo hago algunas acotaciones acerca de la adopción de ese término (*AE*, **9**, págs. 84-5).]

torio y donde esta o aquella señora estuvieron tanto tiempo bajo tratamiento?». — «Desde luego que tienes que haber olvidado ese nombre. Es *Nervi*». Y con *nervios*, en verdad, tengo harto que hacer.

2. Otro habla de un lugar de veraneo próximo y afirma que ahí, además de las dos posadas consabidas, hay una tercera, a la cual se anuda para él cierto recuerdo; dice que enseguida me la nombrará. Yo le pongo en entredicho la existencia de esa tercera posada, y aduzco que por siete veranos he residido en ese lugar; por tanto, lo conozco mejor que él. Y hete aquí que estimulado por la contradicción él se apodera del nombre. La hostería se llama *Hochwartner*. Y entonces yo debo ceder, me veo obligado a confesar que durante siete veranos he residido en la vecindad de esa posada por mí desmentida. ¿Por qué habré olvidado en este caso el nombre y la cosa? Creo que fue porque el nombre suena demasiado al de un colega vienés; toca en mí, como en el caso anterior, el «complejo profesional».

3. Otra vez, estando yo por comprar un boleto en la estación ferroviaria de *Reichenhall*, no quiere acudirme el nombre de la estación grande siguiente, por la que he pasado muy a menudo y me es harto familiar. No tengo más alternativa que buscarla en la carta de trayectos ferroviarios. Se llama *Rosenheim*. Y al punto sé en virtud de qué asociación se me ha traspapelado. Una hora antes yo había visitado a mi hermana en su casa, situada en las inmediaciones de Reichenhall; mi hermana se llama *Rosa*, o sea, también una *Rosenheim* {casa, u hogar, de Rosa}. Ha sido el «complejo de familia» el que me quitó ese nombre.

4. Puedo perseguir en muchos ejemplos el efecto literalmente bandidesco {*räuberisch*} del «complejo de familia».
Un día acude a mi consultorio un joven, hermano menor de una paciente;[14] innumerables veces lo he visto, y estoy habituado a llamarlo por su nombre de pila. Cuando luego quise contar sobre su visita, había olvidado su nombre, que, según yo sabía, no era nada raro; y por ningún medio pude volver a evocarlo. Salí después a la calle y al leer los carteles de los comercios reconocí el nombre tan pronto me saltó a la vista. El análisis me enseñó que yo había establecido un

[14] [En 1901 y 1904, este ejemplo aparecía en una nota al pie en el comienzo del capítulo II; cf. *supra*, pág. 16, *n.* 2. Se lo trasladó al presente lugar en 1907, al crearse el capítulo III.]

paralelo entre el visitante y mi propio hermano, un paralelo que quería culminar en la pregunta reprimida: ¿Se habría comportado así mi hermano en parecido caso, o más bien de la manera opuesta?[15] La conexión extrínseca entre los pensamientos sobre el extraño y sobre mi propia familia había sido posibilitada por el azar de que en ambos casos la madre llevaba idéntico nombre de pila: Amalia. Y así, con efecto retardado {*nachträglich*}, comprendí también los nombres sustitutivos «Daniel» y «Franz», que se me habían impuesto sin esclarecerme. Son, como Amalia, nombres de *Die Räuber* {Los bandidos}, de·Schiller, a los que se conecta una chanza de Daniel Spitzer, el «caminante de Viena».[16]

5. No hallo el nombre de un paciente que pertenece a mis relaciones de juventud. El análisis me hace dar un largo rodeo antes de brindarme el nombre buscado. El paciente había manifestado la angustia de perder la vista; esto evocó el recuerdo de un joven cegado por una bala; y ahí se anudó la imagen de otro muchacho que se había pegado un tiro, y este último llevaba el mismo nombre que el paciente primero, aunque no tenía parentesco con él. Pero al nombre sólo lo hallé después que me hubo devenido conciente la trasferencia de una expectativa angustiada, de estos dos casos juveniles, a una persona de mi propia familia.

Por tanto, una continuada corriente de «referencia a sí propio» {«*Eigenbeziehung*»} recorre mi pensar; de ordinario no recibo noticia alguna de ella, pero se me denuncia a través de estos olvidos de nombres. Es como si yo estuviera constreñido a comparar con la persona propia todo cuanto oigo sobre personas ajenas, como si mis complejos personales se pusieran en movimiento cada vez que tomo noticia de otros. Imposible que sea una peculiaridad mía individual; más bien, tiene que ser una indicación del modo en que en general comprendemos al «otro». Tengo razones para suponer que en otros individuos ocurre exactamente lo mismo que en mi caso.

[15] [En 1901 y 1904, esta oración rezaba: «¿Se habría comportado así mi hermano, en parecido caso, hacia una hermana enferma?».]
[16] [Daniel Spitzer (1835-1893), conocido hombre de prensa que colaboraba regularmente con los periódicos firmando con el seudónimo «El caminante de Viena». Freud lo cita en su libro sobre el chiste (1905c), *AE*, **8**, págs. 33 y 40. Aquí se hace referencia al relato de Spitzer acerca de la conversación que mantuvo con una viuda romántica, alborozada por su suposición de que Schiller, en varias de sus obras, había designado a los personajes con los nombres de diversos miembros de la familia de ella. Cf. Spitzer, 1912, págs. 134 y sigs.]

El más precioso ejemplo me fue narrado por un señor *Lederer* como vivencia propia.[17] Durante su viaje de bodas se encontró en Venecia con un señor a quien conocía superficialmente, y no pudo menos que presentarlo a su joven esposa. Pero, habiendo olvidado el nombre del extraño, se ayudó la primera vez con un murmullo ininteligible. Al toparse con él por segunda vez, como es inevitable en Venecia, lo llevó aparte y le rogó que lo sacara de su turbación diciéndole su nombre, que lamentaba haber olvidado. La respuesta del extraño atestiguó un gran conocimiento de los seres humanos: «No me asombra que no tenga usted presente mi apellido. ¡Me llamo como usted: *Lederer*!». — Es difícil defenderse de una ligera sensación de desagrado cuando se reencuentra el propio apellido en un extraño. No hace mucho tiempo la tuve asaz nítida, cuando un señor S. Freud se presentó en mi consultorio médico. (No obstante, tomo nota de lo que asegura uno de mis críticos, a saber, que en este punto su conducta es contrapuesta a la mía.)[18]

6. También en este ejemplo comunicado por Jung[19] se discierne la acción eficaz de la referencia a sí propio:

«Un señor Y. se enamoró perdidamente de una dama que poco después se casó con un señor X. No obstante conocer Y. a X. desde hacía mucho tiempo, y aun mantener relaciones comerciales con él, una y otra vez olvidaba su nombre, de suerte que en repetidas ocasiones se vio precisado a averiguarlo de otras personas cuando tuvo necesidad de escribirle».

En verdad, la motivación del olvido es en este caso más trasparente que en los anteriores situados bajo la constelación de la referencia a sí propio. Aquí el olvido parece una consecuencia directa de la aversión del señor Y. por su afortunado rival; no quiere saber nada de él, «no se debe guardar de él ni la memoria».[20]

7. El motivo para olvidar un nombre puede ser también más fino, consistir en una inquina por así decir «sublimada». Así, de Budapest escribe una señorita I. von K.:

[17] [En 1901 y 1904, este ejemplo aparecía en una nota al pie en el comienzo del capítulo II; cf. *supra*, pág. 16, *n.* 2. Se lo trasladó al presente lugar en 1907.]
[18] [La oración entre paréntesis fue agregada en 1907.]
[19] Jung, 1907, pág. 52.
[20] [Heine, *Nachlese*, «Aus der Matratzengruft», nº IV. El último ejemplo fue utilizado también en las *Conferencias de introducción* (1916-17), *AE*, **15**, págs. 46-7. El siguiente se agregó en 1920.]

«Me he forjado una pequeña teoría: he observado que quienes tienen talento para la pintura carecen de sentido musical, y a la inversa. Hace algún tiempo, hablando yo con alguien sobre esto, le decía: "Mi observación lo corroboró siempre hasta ahora, salvo en un caso". Cuando quise recordar el nombre de esa persona, lo había olvidado irremediablemente, no obstante saber yo que su portador era uno de mis más íntimos allegados. Cuando pasados unos días oí nombrarlo por casualidad, supe desde luego que hablaban del destructor de mi teoría. La inquina que inconcientemente alimentaba contra él se exteriorizó por el olvido de su nombre, para mí tan familiar de ordinario».

8.[21] Por un camino algo diverso la referencia a sí propio llevó al olvido de un nombre en el siguiente caso comunicado por Ferenczi, cuyo análisis se vuelve particularmente instructivo por el esclarecimiento de las ocurrencias sustitutivas (como Botticelli – Boltraffio para *Signorelli* [pág. 10]).

«A una dama que ha oído algo sobre psicoanálisis, no hay caso de que se le ocurra el nombre del psiquiatra *Jung*.*

»A cambio le acuden las siguientes ocurrencias: *Kl. (un apellido) – Wilde – Nietzsche – Hauptmann.*

»Yo no le dije el nombre, y la invité a asociar libremente lo que se le ocurriera con cada uno de aquellos.

»A raíz de *Kl.* piensa enseguida en la *señora Kl.*, y que es una persona amanerada, afectada, pero se ve muy bien para su *edad avanzada.* "Ella *no envejece*". Como concepto abarcativo común para *Wilde* y *Nietzsche* nombra "*enfermedad mental*". Luego dice, en son de burla: "Ustedes, los *freudianos*, andarán tanto buscando las causas de las enfermedades mentales que se volverán *enfermos mentales*". "No puedo tolerar a *Wilde* y *Nietzsche.* No los comprendo. Me entero de que ambos eran homosexuales; Wilde se ha dado al trato de gente joven {*jungen* Leuten}". (A pesar de haber pronunciado ya en esta frase el apellido correcto —si bien en húngaro—, todavía no puede recordarlo.)

»Sobre *Hauptmann*, se le ocurre "*Halbe*",[22] y luego "*Jugend*"; y sólo ahora, después que yo dirijo su atención sobre la palabra "*Jugend*", sabe ella que buscaba el apellido *Jung*.

»En verdad esta dama, que perdió a su esposo teniendo ella 39 años y carece de perspectivas de volver a casarse,

---

21 [Este ejemplo fue agregado en 1910.]

* {«*Jung*» es «joven» en alemán.}

22 [Hauptmann y Halbe, dramaturgos alemanes célebres a la sazón. Una de las obras más conocidas de Halbe se llamaba «*Jugend*» {«Juventud»}.]

tiene hartas razones para esquivar el recuerdo de todo lo referido a *juventud* o *edad avanzada*. Es llamativo que las ocurrencias encubridoras del nombre buscado se asociaran por el solo contenido, sin asociaciones acústicas».

9.[23] Motivado de otro modo, y muy finamente, estuvo un ejemplo de olvido de nombre esclarecido por el propio olvidadizo:

«Dando yo examen de filosofía como materia complementaria, el examinador me inquirió acerca de la doctrina de *Epicuro*, y me preguntó luego si sabía quién la había retomado en siglos posteriores. Respondí con el nombre de *Pierre Gassendi*, a quien dos días antes había oído nombrar en el café como discípulo de Epicuro. Asombrado el profesor, me preguntó de dónde lo sabía, y yo di la atrevida respuesta de que hacía tiempo me interesaba por Gassendi. El resultado fue un diploma *magna cum laude* {con mención de distinguido}, pero, desdichadamente, también una pertinaz inclinación a olvidar en lo sucesivo el nombre de Gassendi. Creo que mi mala conciencia es culpable de que yo no pueda retener ese nombre a pesar de mis empeños. Es que tampoco entonces habría debido saberlo».

Si uno quiere apreciar rectamente la intensidad de la aversión que nuestro testigo muestra a recordar este episodio de examen, debe saber cuánto aprecia él su título de doctor, y de cuántas otras cosas tiene este que servirle como sustituto.

10.[24] Intercalo aquí otro ejemplo, el olvido del nombre de una ciudad; acaso no sea tan simple como los ya citados [págs. 29-30], pero no podrá menos que parecerle digno de crédito y valioso a todo el que esté algo familiarizado con tales indagaciones. El nombre de una ciudad italiana se sustrae del recuerdo a consecuencia de su gran semejanza acústica con un nombre de pila femenino al que se anudan toda clase de recuerdos plenos de afecto, sin duda no explicitados de una manera exhaustiva en la comunicación. S. Ferenczi (Budapest), quien observó en sí mismo este caso de olvido, lo ha analizado como a un sueño o una idea neurótica, y por cierto que acertadamente.

«Hoy estuve en casa de una familia amiga; dimos en hablar sobre ciudades de Italia septentrional. Entonces alguien señala que todavía se discierne en ellas el influjo austríaco. Se citan algunas de esas ciudades, también yo quiero

[23] [Este ejemplo data de 1907.]
[24] [Agregado en 1910.]

34

mencionar una, pero su nombre no se me ocurre, aunque sé que he pasado allí dos días muy gratos —lo cual no se compadece bien con la teoría de Freud sobre el olvido—. En lugar del nombre de ciudad que busco se me imponen las siguientes ocurrencias: *Capua – Brescia – El León de Brescia.*

»A este "león" lo veo en la figura de una *estatua de mármol* situada frente a mí, pero enseguida reparo en que se parece menos al león que está sobre el Monumento a la Libertad, en Brescia (que sólo he visto en una imagen), que a aquel otro que vi en el *monumento funerario* de Lucerna, erigido en memoria de los *guardias suizos caídos {gefallen} en las Tullerías,* y cuya reproducción en miniatura está sobre mi biblioteca. Por último me acude, empero, el nombre buscado: es *Verona.*

»Enseguida sé quién fue culpable de esta amnesia. Nadie más que una ex servidora de la familia en cuya casa, justamente, fui huésped. Se llamaba *Verónica,* en húngaro *Verona,* y me era muy antipática por su fisonomía repelente, así como por su *voz ronca, chillona,* y su insufrible intimidad (a la que se creía con derecho por su largo período de servicio). También me resultaba intolerable la *manera tiránica* con que en su tiempo trataba a los niños de la casa. Y entonces supe también el significado de las ocurrencias sustitutivas.

»A *Capua* asocio enseguida *caput mortuum {cabeza de la muerte}.* A menudo comparé la cabeza de Verónica con una *calavera.* La palabra húngara *"kapzsi"* ("codicioso") sin duda proporcionó un determinismo para el desplazamiento. Desde luego, hallo asimismo aquellas vías asociativas mucho más directas que conectan *Capua* y *Verona* como conceptos geográficos y como palabras italianas de igual ritmo.

»Lo mismo vale para *Brescia,* pero también aquí se hallan unos enredados caminos colaterales del enlace de ideas.

»Mi antipatía era tan violenta en su tiempo que hallaba a Verónica formalmente asquerosa y varias veces manifesté mi asombro de que pudiera tener, no obstante, una vida amorosa y ser amada; "Besarla —decía yo— no puede menos que provocar Brech*reiz {ganas de vomitar}".* Y sin embargo, hacía con seguridad mucho tiempo que cabía vincularla con la idea de los guardias suizos *caídos {gefallen;* o «complacidos»}.

»*Brescia,* por lo menos aquí en Hungría, no se menciona muy a menudo junto con el león, sino con otro *animal salvaje.* El nombre más odiado en este país, lo mismo que en Italia septentrional, es el del general *Haynau,* llamado sin más "la *hiena de Brescia".* Del odiado tirano Haynau, entonces, un hilo de pensamiento lleva, a través de Brescia, a la ciudad de Verona; el otro, pasando por la idea del *animal de la voz ronca que frecuenta las tumbas* (hilo este que contribuyó a la emergencia de un *monumento funerario*), lleva a la calavera y al desagradable órgano de Verónica, tan denostada por mi inconciente; esa Verónica que se instaló en esta casa no menos tiránicamente que el general austríaco después de las luchas que húngaros e italianos libraron por su emancipación.

»A *Lucerna* se anuda el pensamiento del verano que Verónica pasó con sus patrones junto al Lago de los Cuatro Cantones, *en las cercanías de Lucerna*; y a la *"Guardia Suiza"* {*"Schweizer Garde"*}, de nuevo el recuerdo de que se las arreglaba para tiranizar no sólo a los niños, sino también a los miembros adultos de la familia, y se complacía {*sich gefallen*} en el papel de la *dama-guardia* {*Garde-Dame*}.*

»Quiero señalar de manera expresa que mi antipatía hacia V. se cuenta —concientemente— entre las cosas hace mucho superadas. Entretanto, ya sea en su aspecto externo como en sus modales ha cambiado mucho para su ventaja, y puedo tratarla (aunque, en verdad, tengo raras oportunidades de hacerlo) con sincera amistad. Mi inconciente, como es usual, se aferra con más tenacidad a las impresiones [anteriores]; es "de efecto retardado" y es rencoroso {*nachträglich* y *nachtragend*}.

»Las *Tullerías* son una alusión a una segunda persona, una anciana dama francesa que en muchas ocasiones de hecho ha *"guardado"* a las mujeres de la casa y es respetada —aunque también un poco *temida*— por grandes y chicos. Durante algún tiempo fui su *élève* {alumno} en conversación francesa. Sobre la palabra *"élève"* se me ocurre, todavía, que estando yo de visita en casa del cuñado de mi anfitriona de hoy, en Bohemia septentrional, hube de reírme mucho por llamar los campesinos de allí *"Löwen"* {"leones"} a los *Eleven* {alumnos} de la Escuela Rural. Acaso también este divertido recuerdo participó en el desplazamiento de la hiena al león».

11.²⁵ También el ejemplo que sigue es apto para demostrar cómo un complejo que en ese momento domina a·la

* {Semejante a la «dueña» o ama de llaves en las casas españolas.}
²⁵ [Agregado en 1912. Este ejemplo había aparecido por separado en junio del año anterior, con el título «Contribución al estudio sobre el olvido de nombres propios» (Freud, 1911*i*). Se trata de un episodio autobiográfico, vinculado con una visita que Freud hizo a Sicilia en el otoño de 1910 en compañía de Ferenczi.]

persona provoca, en la referencia a sí propio, que se olvide un nombre a raíz de una conexión muy remota:

«Dos hombres, uno mayor y otro más joven, que seis meses antes han hecho un viaje juntos a Sicilia, intercambian recuerdos sobre aquellos días hermosos y plenos. Pregunta el más joven: "¿Cómo se llamaba el lugar donde pernoctamos para la excursión a Selinunte? *Calatafimi, ¿*no es verdad?". — El más viejo lo rechaza: "No, estoy seguro de que no se llamaba así, pero también yo he olvidado el nombre, aunque recuerdo muy bien los detalles de nuestra estadía allí. En mi caso, basta con que yo repare en que otro olvidó un nombre para que enseguida se me induzca ese mismo olvido. [Cf. pág. 46.] ¿Quiere que busquemos este nombre? Sólo se me ocurre *Caltanisetta,* pero no es el correcto". — "No —dice el más joven—, el nombre empieza con *w* o contiene una *w"*. — "Pero si no existe *w* en italiano", advierte el más viejo. — "Me refería a una *v,* y sólo dije *w* por estar habituado a hacerlo en mi lengua materna". — El de más edad se revuelve contra la *v.* Dice: "Creo que ya son demasiados los nombres italianos que he olvidado; sería tiempo de hacer algunos experimentos. ¿Cómo se llama, por ejemplo, ese sitio de altura que en la Antigüedad recibía el nombre de *Enna?...* ¡Ah! Ya lo tengo: *Castrogiovanni".* — Y a los pocos instantes el más joven recobró el nombre perdido. Exclama: *"¡Castelvetrano!",* y se regocija de poder registrar ahí la *v* que él afirmaba. El de más edad echa de menos todavía por un instante el sentimiento de lo familiar; pero después que ha aceptado el nombre debe informar por qué se le ha pasado de la memoria. Opina: "Evidentemente porque la segunda mitad, *vetrano,* me suena a... *veterano.* Yo sé que no me gusta pensar en *envejecer* y reacciono de una manera rara cuando algo me lo recuerda. Por ejemplo, no hace mucho, bajo el más sorprendente disfraz, le he espetado a un amigo, por quien tengo gran aprecio, que 'hace tiempo ha dejado de ser joven', y ello porque cierta vez, tiempo atrás, en medio de las expresiones más halagadoras para mi persona, dijo también que yo 'no era ya un hombre joven'.[26] Que en mí la resistencia se dirigió contra la segunda mitad del nombre, surge también de que su comienzo había retornado en el nombre sustitutivo *Caltanisetta".* — "¿Y el nombre de *Caltanisetta,* a su vez?", pregunta el más

[26] [El amigo era J. J. Putnam, y la acotación de Freud aparece en una nota de su traducción de un trabajo de Putnam (1910). Incluimos dicha nota (Freud, 1911*j*) en Freud (1919*b*), *AE,* **17,** págs. 264-5. La frase de Putnam aquí mencionada pertenece a otro de sus trabajos (1909). Este episodio es considerado por Jones, 1955, págs. 82-3.]

joven. — "Siempre me ha sonado como un apelativo cariñoso para una mujer joven", confiesa el de más edad.

»Algún tiempo después prosigue: "El nombre para *Enna* también era un nombre sustitutivo. Y ahora se me impone que este nombre de *Castrogiovanni*, que se adelantó con ayuda de una racionalización, suena a *giovanni*, 'joven', así como el nombre perdido de *Castelvetrano* sonaba a *veterano*, 'viejo' ".

»El mayor cree haber dado así razón de su olvido. No se indagó el motivo que tuvo el más joven para producir el mismo fenómeno de pasársele el nombre».

Además de sus motivos, también merece nuestro interés el mecanismo del olvido de nombres.[27] En una gran serie de casos no se olvida un nombre porque él mismo convoque aquellos motivos, sino porque, en razón de una homofonía y una semejanza acústica, roza otro contra el cual los motivos se dirigen. Como se comprende, tal aminoramiento de las condiciones facilita extraordinariamente la producción del fenómeno. Así en los ejemplos que siguen:

12. Informado por el doctor Eduard Hitschmann:[28] «El señor N. quiere indicar a alguien la firma [vienesa] de librería *Gilhofer & Ranschburg*. Piensa y piensa, y sólo se le ocurre el nombre de Ranschburg, no obstante serle muy familiar esa firma. Ya de regreso a casa, ligeramente disgustado por esa causa, el asunto le parece de suficiente importancia como para preguntar a su hermano, que al parecer duerme ya, por la primera mitad del nombre. El se la menciona sin vacilar. Tras ello, al señor N. se le ocurre enseguida, para "Gilhofer", la palabra "Gallhof". Por Gallhof, meses antes, había dado un paseo en compañía de una atractiva muchacha, del que conservaba vivos recuerdos. Ella le había regalado entonces un objeto sobre el cual se leía: "Como recuerdo de *die schönen* Gallhofer *Stunden* {los hermosos momentos de *Gallhof*}". Pocos días antes del olvido de aquel nombre, este objeto había recibido un fuerte daño, por casualidad en apariencia, al abrir él bruscamente el cajón que lo contenía, cosa que —familiarizado como estaba con el sentido de las acciones sintomáticas— comprobó no sin algún sentimiento de culpa. Por esos días, su talante hacia la dama

[27] [Este párrafo y los ejemplos 12 a 17 inclusive (hasta la pág. 44) fueron agregados en 1917.]
[28] Hitschmann, 1913*a*.

era algo ambivalente; sin duda que la amaba, pero vacilaba frente a los deseos matrimoniales de ella».

13. Informado por el doctor Hanns Sachs: «En una plática sobre Génova y sus alrededores, un joven quiere nombrar también el lugar llamado *Pegli*, pero sólo con esfuerzo, tras una atenta reflexión, puede recordarlo. Camino a su casa medita sobre la penosa incomparecencia de ese nombre que tan familiar le era de ordinario, y a raíz de ello es conducido a la palabra, de muy semejante sonido, *Peli*. Sabe que así se llama una isla de los mares del Sur cuyos habitantes han conservado ciertos usos asombrosos. Hace poco se enteró sobre esto en un libro de etnología, y en ese momento se propuso aprovechar tales noticias para una hipótesis propia. Entonces se le ocurre que Peli es también el escenario en que trascurre una novela que ha leído con interés y con gusto: *Van Zantens glücklichste Zeit* {Los días más dichosos de Van Zanten}, de Laurids Bruun. — Los pensamientos que ese día lo habían ocupado casi sin parar se anudaban a una carta, recibida por él esa misma mañana, de una dama que le era muy cara; esta carta le hizo temer que debería renunciar a una cita convenida. Luego de pasar todo el día del peor humor, salió al atardecer con el designio de no torturarse más con esos tristes pensamientos, y gozar en cambio, con la mayor serenidad posible, de la reunión que tenía en cierne y que él estimaba enormemente. Es claro que por obra de la palabra *Pegli* podía correr enojoso riesgo su designio, tan entramado como estaba su sonido con *Peli*; ahora bien, *Peli*, por haber cobrado una referencia a su yo en virtud del interés etnológico, no corporiza sólo "los días más dichosos" de Van Zanten, sino los suyos propios, y, por ende, los temores y cuidados que lo ocuparan todo el día. Es característico que sólo consiguiera esta interpretación simple luego que una segunda carta trasformó la duda en una gozosa certidumbre de pronto reencuentro».

Si a raíz de este ejemplo uno se acuerda de otro que le es por así decir vecino, aquel en que no acudía el nombre de lugar Nervi (ejemplo 1) [págs. 29-30], se advierte cómo el sentido doble de una palabra es sustituible por la semejanza de sonido entre dos palabras.

14. Cuando en 1915 estalló la guerra con Italia, pude hacer en mí mismo la observación de que de pronto le eran sustraídas a mi memoria toda una serie de nombres de localidades italianas, que de ordinario fácilmente poseía. Como tantos otros alemanes, me había hecho el hábito de pasar

una parte de mis vacaciones en suelo italiano, y no pude dudar de que ese masivo olvido de nombres era la expresión de una comprensible enemistad hacia Italia, que remplazaba al amor anterior. Sin embargo, junto a este olvido de nombres, de motivación directa, se insinuó además otro, indirecto, que se podía reconducir a ese mismo influjo: me inclinaba a olvidar también nombres de localidades no italianas, y en la indagación de tales sucesos hallé que esos nombres se entramaban con los hostiles, proscritos, por alguna distante resonancia. Así, un día me martiricé para recordar el nombre de la ciudad morava de *Bisenz*. Cuando al fin se me ocurrió, enseguida supe que ese olvido debía ponerse en la cuenta del palazzo *Bisenzi*, en Orvieto. En ese palacio se encuentra el Hotel Belle Arti, donde yo residí durante todas mis estadías en Orvieto.[29] Y desde luego, los recuerdos más caros eran los más dañados por la alteración de mi actitud de sentimiento.

Algunos ejemplos más habrán de advertirnos cuán diversos son los propósitos a cuyo servicio puede estar la operación fallida del olvido de nombres.

15. Informado por A. J. Storfer:[30] «Una dama de Basilea se entera una mañana de que su amiga de juventud, *Selma X.*, de Berlín, justamente en su viaje de bodas, acaba de llegar a Basilea; la amiga berlinesa pasará sólo un día en esta ciudad, y nuestra dama se apresura a llegarse al hotel. Cuando las amigas se separan, convienen en reencontrarse después del mediodía y permanecer juntas hasta la partida de la berlinesa.

»Y a la tarde nuestra dama *olvida* la cita. No conozco el determinismo de ese olvido, pero, dada la situación (encuentro con una *amiga de juventud recién casada*), son posibles muchas constelaciones típicas capaces de condicionar una inhibición a repetir el encuentro. Lo interesante en este caso es una operación fallida *adicional*, que constituye una garantía inconciente de la primera. En el momento en que debía reencontrarse con la amiga de Berlín, nuestra dama se hallaba en cierta reunión en otro sitio. La conversación recayó sobre el reciente casamiento de la cantante de ópera vienesa *Kurz*.[31] La dama de Basilea se manifestó de

29 [Este ejemplo se menciona sucintamente en las *Conferencias de introducción* (1916-17), *AE*, **15**, pág. 66.]

30 Storfer, 1914*a*.

31 [Una soprano célebre por sus «coloraturas».]

manera crítica (!) sobre ese *matrimonio*, pero cuando quiso mencionar a la cantante no le acudió, para su máxima turbación, el *nombre de pila*. (Como es sabido, en el caso de apellidos monosilábicos hay una especial tendencia a mencionarlos junto con el nombre de pila.) La dama de Basilea se enojó mucho por su falta de memoria, pues a la Kurz la había oído cantar a menudo y su nombre (entero) le era asaz familiar. Sin que nadie llegara a mencionar ese nombre que se le pasaba de la memoria, la charla tomó otro giro.

»Ese mismo día, por la noche, nuestra dama se encuentra en una reunión en parte idéntica a la de la tarde. Por casualidad, vuelve a hablarse sobre el matrimonio de la cantante de Viena, y la dama menciona sin dificultad alguna su nombre, "*Selma* Kurz". Y al punto exclama: "¡Ahora me acuerdo! He olvidado por completo que hoy a la tarde tenía una cita con mi amiga *Selma*". Una mirada al reloj le mostró que la amiga seguramente había partido ya de viaje».

Quizá no estemos todavía preparados para apreciar en todas sus dimensiones este magnífico ejemplo. Es más simple el que sigue, en que no se olvidó un nombre sino una palabra de lengua extranjera, a raíz de un motivo contenido dentro de la situación. (Vamos notando ya que tratamos con los mismos procesos, recaigan estos sobre apellidos, nombres de pila, palabras de lengua extranjera o frases.) Aquí un joven olvida la palabra inglesa que significa «oro», idéntica a la alemana {*Gold*}, para hallar ocasión de realizar una acción que deseaba.

16. Informado por el doctor Hanns Sachs: «Un joven conoce en una pensión a una inglesa que le gusta. Durante la primera velada que pasan en compañía, él mantiene plática en la lengua materna de ella, que domina pasablemente; cuando quiere emplear la palabra inglesa para "oro", no se le ocurre el vocablo, no obstante buscarlo con afán. En cambio, lo asedian, como palabras sustitutivas, la francesa "*or*", la latina "*aurum*" y la griega "*chrysos*", y tan tenazmente que apenas puede rechazarlas, aunque sabe con precisión que no guardan parentesco alguno con la palabra buscada. Al fin no halla, para hacerse entender, más camino que tocar un anillo de oro que la dama llevaba en su mano; y abochornado se entera, por boca de ella, que la palabra tan buscada era idéntica a la alemana para denotar "oro", a saber, "*gold*". El alto valor de ese contacto, fruto del olvido, no reside meramente en la inocente satisfacción de la pulsión de tomar y tocar —que por cierto en otras ocasio-

nes los enamorados aprovechan con celo—, sino, mucho más, en permitir aclararse las perspectivas del cortejo. Lo inconciente de la dama colegirá, en particular si siente simpatía hacia el compañero de charla, el fin erótico del olvido, oculto tras la máscara inocente; el modo en que ella reciba el contacto y admita la motivación es apto para proporcionar a ambas partes un medio de entendimiento, inconciente, sí, pero muy significativo, acerca de las posibilidades del *flirt* que habían iniciado».

17. Comunico todavía, según J. Stärcke,[32] una interesante observación de olvido y recuperación de un apellido, singularizada por conectarse al olvido del nombre la falsificación de la frase de una poesía, como en el ejemplo de «La novia de Corinto» [cf. pág. 23].

«Z., un anciano jurista y lingüista, refiere en cierta reunión que en la época en que él estudiaba en Alemania conoció a un alumno extraordinariamente bobo, y sobre su estupidez supo contar muchas anécdotas; pero no puede acordarse de su nombre, cree que empieza con *W*, pero se retracta de esto. Se acuerda de que ese estudiante bobo se hizo después *comerciante en vinos*. Luego vuelve a narrar una anécdota sobre la estupidez de ese mismo individuo, y torna a asombrarse de que su nombre no se le ocurra; dice entonces: "Era un asno tal que todavía no entiendo cómo pude inculcarle el latín a fuerza de repetírselo". Un instante después recuerda que el nombre buscado terminaba en *"man"*. Ahora le preguntamos si se le ocurre otro nombre terminado en *"man"*, y él dice: *"Erdmann* {Hombre-Tierra}". — "¿Y quién es este?". — "Era también un estudiante de aquel tiempo". — Pero su hija señala que también existe un profesor Erdmann. Una averiguación más precisa muestra que este profesor Erdmann publicó en la revista por él dirigida, pero sólo en forma abreviada, un trabajo que Z. le había enviado, estando él en desacuerdo parcial con ese trabajo, etc., y que Z. sintió bastante desagrado por esto. (Además, según me enteré luego, en años anteriores Z. había tenido perspectivas de ser profesor en la misma disciplina que ahora enseña el profesor E., y por eso también en este aspecto su nombre acaso le toque una cuerda sensible.)

»Y ahora, de repente, le acude el nombre del estudiante bobo: *"¡Lindeman!"*. Puesto que ya antes había recordado que el nombre terminaba en *"man"*, *"Linde"* {"tilo"} había

[32] Stärcke, 1916.

permanecido reprimido más tiempo. A la pregunta sobre qué se le ocurre a raíz de *tilo*, dice primero: "Nada se me ocurre sobre eso". Esforzado por mí en el sentido de que algo, empero, debía de ocurrírsele a raíz de esa palabra, dice mirando a lo alto y haciendo con la mano un ademán en el aire: "Bien, pues; un tilo es un árbol hermoso". Más no quiere ocurrírsele. Todos callan, cada quien prosigue con sus lecturas y otras ocupaciones, hasta que Z., unos momentos después, cita lo siguiente con tono de ensoñación:

> "Así se yerga con firmes
> huesos, y flexibles,
> sobre la *Tierra*,
> apenas llegará
> con el *tilo*
> y el *sarmiento*
> a compararse".

»Prorrumpí yo en un grito de triunfo: "¡Ahí tenemos a Erdmann!". Dije: "Aquel hombre que 'se yergue sobre la Tierra {*Erde*}' es, pues, el *Erde-Mann* o *Erdmann*, y no puede erguirse hasta compararse ni con el *tilo* (*Lindeman*) ni con la *vid* (el *comerciante en vinos*). Con otras palabras: aquel *Lindeman*, el estudiante bobo que luego se hizo comerciante en vinos, era ya un asno, pero *Erdmann* es un asno todavía más grande, ni siquiera puede compararse con Lindeman".

»Un dicho así de burla o escarnio tenido en lo inconciente es algo muy habitual; por eso considero haber hallado de esta manera la principal causa de este olvido de nombre.

»Ahora pregunto por la poesía de donde procedían los versos citados. Z. dijo que se trataba de un poema de Goethe; creía que empezaba así:

> "¡Que el hombre sea noble
> y compasivo y bueno!",

y le parece que seguía así:

> "Y elévese a lo alto,
> que jueguen con él los vientos".

»Al día siguiente busqué ese poema de Goethe y se lo mostré, pues el caso era aún más bonito (pero también más complicado) de lo que al principio pareció.

»*a.*·Los primeros versos citados por el anciano rezan en verdad (cf. *supra*):

> "Así se yerga con firmes
> huesos, y *robustos*...".

»"*Flexibles* huesos" era, por cierto, una construcción bastante extraña. Pero no quiero entrar más a fondo en este detalle.

»*b.* Los versos siguientes de la estrofa (cf. *supra*):

> "...sobre la *de sólidas raíces*,
> la *que dura*, la Tierra,
> apenas llegará
> con la *encina*
> y el sarmiento
> a compararse".

»¡O sea que en todo el poema no aparece tilo alguno! El cambio de "encina" por "tilo" sólo sobrevino (en su inconciente) para posibilitar el juego de palabras "Tierra – tilo – sarmiento".

»*c.* Este poema se titula *Grenzen der Menschheit* {Límites de la humanidad}, y compara la omnipotencia de los dioses y el ínfimo poder de los humanos. Empero, el poema que empieza

> "¡Que el hombre sea noble
> y compasivo y bueno!"

es otro, que se lee más adelante. Se titula *Das Göttliche* {Lo divino}, y también contiene pensamientos sobre dioses y hombres. Por no haber entrado aquí con más hondura, a lo sumo puedo conjeturar que en la génesis de este caso desempeñaron su papel unos pensamientos sobre la vida y la muerte, sobre lo temporal y lo eterno, y sobre la propia frágil vida del individuo y su futura muerte».

En muchos de estos ejemplos se requerirán todas las sutilezas de la técnica psicoanalítica para esclarecer un olvido de nombre. Quien desee conocer más sobre esta tarea, puede consultar una comunicación de Ernest Jones (Londres),[33] que ha sido traducida del inglés al alemán.[34]

[33] Jones, 1911*a*.
[34] [Este párrafo fue agregado en 1912, y el ejemplo 18, en 1920.]

18. Ferenczi ha señalado que el olvido de nombres puede aparecer también como síntoma histérico. En tal caso muestra un mecanismo muy diverso de aquel al que obedece la operación fallida. Una comunicación de él mismo nos mostrará cómo debe entenderse ese distingo:

«Ahora tengo en tratamiento a una paciente, una señorita entrada en años, a quien se le pasan de la memoria los nombres más corrientes y por ella mejor conocidos, aunque en lo demás tiene buena memoria. Del análisis surge que mediante este síntoma quiere documentar su ignorancia. Poner esta de relieve de una manera demostrativa es en verdad un reproche contra los padres, que no le dieron instrucción superior. También su martirizadora compulsión de limpiar ("neurosis del ama de casa") brota en parte de la misma fuente; quiere decir aproximadamente esto: "Han hecho de mí una sirvienta"».

Podría multiplicar [35] los ejemplos de olvido de nombres y llevar mucho más adelante su examen si no fuera porque quiero evitar el emplear aquí, al comienzo, casi todos los puntos de vista que corresponden a temas posteriores. No obstante, tengo derecho a resumir en algunas frases los resultados de los análisis que acabo de comunicar:

El mecanismo del olvido de nombres (más correctamente: del pasársele a uno algo de la memoria, olvido temporario) consiste en que la reproducción intentada del nombre es perturbada por una secuencia de pensamientos ajena, y no conciente por el momento. Entre el nombre perturbado y el complejo perturbador hay un nexo preexistente, o se lo ha establecido por caminos que parecen artificiosos mediante asociaciones superficiales (extrínsecas).

Los complejos perturbadores más eficaces demuestran ser los de la referencia a sí propio (los personales, familiares, profesionales).

Un nombre que a raíz de una multivocidad pertenezca a varios círculos de pensamiento (complejos) será perturbado a menudo, en el contexto de una de esas secuencias de pensamiento, por su copertenencia a otro complejo más intenso.

Entre los motivos de estas perturbaciones se destaca el propósito de evitar que se despierte displacer debido al recuerdo.

[35] [Lo que sigue, hasta la mitad de la página siguiente, data de 1907.]

En general, se pueden distinguir dos casos principales de olvido de nombres: que el nombre mismo toque algo desagradable o que se conecte con otro que posee ese efecto, de suerte que unos nombres pueden ser perturbados en su reproducción por causa de ellos mismos o de sus vínculos asociativos más próximos o más distantes.

Una ojeada al conjunto de estos enunciados generales nos permite comprender que el olvido temporario de nombres propios se observe como la más frecuente de nuestras operaciones fallidas.

19. Muy lejos estamos, sin embargo, de haber delineado todas las peculiaridades de este fenómeno. He de señalar todavía que el olvido de nombres es contagioso en alto grado. En una charla entre dos personas, suele bastar que una manifieste haber olvidado este o estotro nombre para que también a la segunda se le pase de la memoria. Empero, toda vez que se trata de un olvido así inducido, el nombre olvidado adviene más fácilmente. [Cf. págs. 37 y 65.][36] Este olvido «colectivo» —en rigor, un fenómeno de la psicología de masas— no ha sido sometido aún a indagación analítica. Para un caso solo, pero muy ilustrativo, T. Reik [37] ha podido dar una buena explicación de este asombroso hecho.

«En una pequeña reunión de universitarios, donde se encontraban también dos muchachas estudiantes de filosofía, se hablaba de los innumerables problemas que el origen del cristianismo plantea a la historia de la cultura y a la ciencia de la religión. Una de aquellas jóvenes, que participaba en la plática, se acordó de haber leído no hacía mucho, en una novela inglesa, un atractivo cuadro de las múltiples corrientes religiosas que se agitaban en aquel tiempo. Agregó que en la novela se pintaba toda la vida de Cristo, desde su nacimiento hasta su muerte, pero no quiso ocurrírsele el nombre de esa creación literaria (su recuerdo visual de la cubierta del libro y de la tipografía del título era hipernítido [cf. pág. 20, *n.* 7]). Tres de los jóvenes presentes afirmaron conocer, asimismo, la novela y señalaron que, cosa rara, tampoco a ellos les acudía el nombre...».

Sólo la joven se sometió al análisis para esclarecer ese olvido de nombre. El título del libro era *Ben Hur* (de Lewis

[36] [El resto de este capítulo, a excepción de su último párrafo, fue agregado en 1920.]
[37] Reik, 1920*a*.

Wallace). Sus ocurrencias sustitutivas fueron: «*Ecce homo –
Homo sum – Quo vadis?*». Ella misma comprendió que
había olvidado el nombre «porque contiene una expresión
que ni yo ni ninguna otra muchacha emplearíamos de buen
grado, sobre todo en una reunión de jóvenes» {«*Hure*»; en
alemán, «puta»}. Merced al interesantísimo análisis, esta explicación se profundizó todavía más. Es que, rozado aquel
nexo, la traducción de «*homo*», «hombre», cobra un significado mal reputado. Y Reik concluye: «La joven trata la
palabra como si declarando ella aquel sospechoso título ante
unos hombres jóvenes hubiera de confesar los deseos que ha
rechazado como penosos y desacordes con su personalidad.
En síntesis: inconcientemente equipara la declaración de
"Ben Hur" * a una propuesta sexual, y, de acuerdo con
ello, su olvido corresponde a la defensa frente a una tentación inconciente. Tenemos razones para suponer que parecidos procesos inconcientes condicionaron el olvido de los
jóvenes. El inconciente de ellos aprehendió el olvido de la
muchacha en su significado real y efectivo (. . .) interpre-
tándolo, por así decir. (. . .) El olvido de los hombres figura un miramiento por aquella conducta de rechazo. (. . .)
Es como si su interlocutora, con su repentina falta de memoria, les hubiera dado una nítida señal, y ellos, inconcientemente, la hubieran comprendido bien».

Hay también [38] un olvido continuado de nombres, en que
toda una cadena de ellos se sustrae de la memoria. Si, para
recobrar un nombre que se nos ha pasado, se quiere echar
mano a otros con que aquel mantiene una conexión firme,
no es raro que también estos, buscados como puntos de apoyo, se hurten. Así el olvido salta de uno a otro, como para
demostrar la existencia de un impedimento nada fácil de
eliminar.

---

* {«Ben» suena en alemán como «*bin*»; «*Ich bin*» = «yo soy».}
[38] [Este párrafo data de 1907.]

IV. Recuerdos de infancia
y recuerdos encubridores [1]

En un segundo ensayo publicado en *Monatsschrift für Psy-chiatrie und Neurologie* [2] he podido demostrar, en un punto inesperado, la naturaleza tendenciosa de nuestro recordar. Partí de un hecho llamativo: entre los más tempranos recuerdos de infancia de una persona, a menudo parecen haberse conservado los indiferentes y accesorios, en tanto que en la memoria del adulto no se encuentra huella alguna de impresiones importantes, muy intensas y plenas de afecto (digo que ello ocurre a menudo, por cierto que no en todos los casos). Como es sabido que la memoria practica una selección entre las impresiones que se le ofrecen, podría insinuarse aquí el supuesto de que tal selección se produce en la infancia siguiendo principios enteramente diversos de los que rigen en la época de la madurez intelectual. Sin embargo, una indagación atenta muestra que ese supuesto es ocioso. Los recuerdos indiferentes de la infancia deben su existencia a un proceso de desplazamiento {descentramiento}; son el sustituto, en la reproducción [mnémica], de otras impresiones de efectiva sustantividad cuyo recuerdo se puede desarrollar a partir de ellos por medio de un análisis psíquico, pero cuya reproducción directa está estorbada por una resistencia. Puesto que deben su conservación, no a su contenido propio, sino a un vínculo asociativo de su contenido con otro, reprimido, tienen fundados títulos al nombre de «recuerdos encubridores», con el cual los he designado.

En el citado ensayo rocé apenas, sin agotarlas en modo alguno, las diversidades que tales recuerdos encubridores muestran en sus vínculos y significados. En el ejemplo que allí analicé en detalle [3] puse sobre todo de relieve la particu-

[1] [En 1901 y 1904, el título de este capítulo era simplemente «Recuerdos encubridores» y sólo constaba de los cuatro primeros párrafos. Todo el resto se agregó en 1907, salvo un párrafo (en pág. 53) que data de 1920, y la nota final, de 1924.]
[2] Freud, 1899*a*.
[3] [Este ejemplo, como el que figura al final del presente capítulo, provenía en verdad de vivencias personales de Freud. Véase mi «Nota introductoria» al trabajo en cuestión (*AE*, **3**, págs. 294-5).]

laridad de la relación *temporal* entre el recuerdo encubridor y el contenido por él encubierto. Es esta: el contenido del recuerdo encubridor pertenecía en ese caso a uno de los primeros años de la infancia, mientras que las vivencias de lo pensado que él subrogaba en la memoria, y que habían permanecido casi inconcientes, correspondían a años posteriores de esa persona. Denominé *atrasador* o *retrocedente* a este tipo de desplazamiento. Acaso con mayor frecuencia se tropieza con la relación contrapuesta, a saber: se consolida en la memoria como recuerdo encubridor una impresión indiferente reciente, que sólo debe ese privilegio a su enlace con una vivencia anterior, cuya reproducción directa es estorbada por unas resistencias. Estos serían recuerdos encubridores *adelantadores* o *avanzados*. Lo esencial que la memoria cuida se sitúa aquí, en el orden del tiempo, *detrás* del recuerdo encubridor. Por último, aun un tercer caso posible: que el recuerdo encubridor no se enlace con la impresión encubierta sólo por su contenido, sino también por su contigüidad en el tiempo; este sería el recuerdo encubridor *simultáneo* o *contiguo*.

Cuánto de nuestro tesoro mnémico pertenece a la categoría de los recuerdos encubridores, y qué papel desempeñan estos en los diversos procesos del pensar neurótico, he ahí unos problemas en cuya apreciación no entré en aquel ensayo; tampoco los abordaré aquí: sólo me interesa poner de relieve la homogeneidad entre el olvido de nombres propios con recordar fallido y la formación de los recuerdos encubridores.

A primera vista, las diversidades entre ambos fenómenos son mucho más llamativas que sus eventuales analogías. Allí se trata de nombres propios, aquí de impresiones completas de algo que se vivenció ora en la realidad objetiva, ora en el pensamiento; allí de un fracaso manifiesto de la función mnémica, aquí de un logro mnémico que nos parece extraño; allí de una perturbación momentánea —pues el nombre recién olvidado pudo haber sido reproducido antes centenares de veces de manera correcta, y volverá a serlo desde mañana—, aquí de una posesión duradera y sin mengua, pues los recuerdos de infancia indiferentes parecen poder acompañarnos durante un largo trayecto de nuestra vida. O sea que el enigma parece orientarse muy diversamente en cada uno de esos casos. Allí es el olvidar, aquí el retener, lo que despierta nuestra curiosidad científica. Sin embargo, a poco que se profundiza se advierte que predominan con mucho las coincidencias entre ambos fenómenos, a despecho de su diversidad en cuanto a material psíquico y a duración.

Aquí como allí se trata de unos desaciertos del recordar; la memoria no reproduce lo correcto, sino algo diverso como sustituto. En el caso del olvido de un nombre, no está ausente el logro mnémico en la forma de los nombres sustitutivos; y el caso de formación de un recuerdo encubridor se basa en el olvido de otras impresiones, más importantes. En ambos casos, una sensación intelectual nos anoticia de que se ha entremetido una perturbación, sólo que lo hace en forma diferente en cada uno de ellos. En el olvido de un nombre *sabemos* que los nombres sustitutivos son *falsos*; en cuanto a los recuerdos encubridores, nos *asombramos* de poseerlos. Y si luego el análisis psicológico nos demuestra que la formación sustitutiva se ha producido en los dos casos de idéntico modo, por desplazamiento a lo largo de una asociación superficial, las diversidades entre ambos fenómenos en cuanto al material, en cuanto a la duración y en cuanto a su centramiento {*Zentrierung*}, justamente ellas, contribuyen a acrecentar nuestra expectativa de haber descubierto algo importante y de validez universal. Y eso universal sería: El fracaso y descaminamiento de la función reproductora indica, mucho más a menudo de lo que conjeturaríamos, la injerencia de un factor partidista, de una *tendencia*, que favorece a un recuerdo en tanto se empeña en trabajar contra otro.[4]

El tema de los recuerdos de infancia me parece tan sustantivo e interesante que he de consagrarle todavía algunas consideraciones, que rebasan los puntos de vista hasta ahora expuestos.

¿Cuán atrás en la infancia se remontan los recuerdos? He tomado conocimiento de algunas investigaciones sobre este punto, como las de V. y C. Henri y la de Potwin;[5] su resultado es que existen entre los encuestados grandes diferencias individuales, pues algunos sitúan su primer recuerdo en su sexto mes de vida, y otros no saben nada de su vida hasta cumplido el sexto año, y aun el octavo. Ahora bien, ¿a qué se deben esas diversidades en la conducta de los recuerdos de infancia, y qué significado poseen? Es evidente que no basta recopilar por vía de encuesta el material relativo a esas cuestiones; hace falta además una elaboración de ese material, en la que es preciso que participe la persona encuestada.

[4] [En 1901 y 1904, el capítulo finalizaba aquí; cf. *supra*, pág. 48, *n.* 1.]
[5] Henri, 1897; Potwin, 1901.

Opino que tomamos muy a la ligera el hecho de la amne sia infantil, la falta de recuerdos sobre los primeros años de nuestra vida, y erramos no considerándolo un raro enigma. Olvidamos cuán elevadas son las operaciones intelectuales y cuán complejas las mociones de sentimiento de que es capaz un niño a los cuatro años, por ejemplo, y debería asombrarnos que la memoria de años posteriores por regla general guarde muy poco de aquellos procesos anímicos, tanto más cuanto que tenemos todas las razones para suponer que esas mismas operaciones olvidadas de la infancia no han resbalado por el desarrollo de la persona sin dejar huellas; antes bien, han ejercido un influjo de comando sobre todos los períodos posteriores. ¡Y a despecho de esta incomparable eficacia suya fueron olvidadas! Ello apunta, para el recordar (en el sentido de la reproducción conciente), a unas condiciones de especialísima índole, que hasta ahora han escapado a nuestras intelecciones. Es muy posible que el olvido de la infancia pueda proporcionarnos la clave para entender aquellas amnesias que, según nuestros más nuevos discernimientos, están en la base de la formación de todos los síntomas neuróticos.[6]

Entre los recuerdos de infancia conservados, algunos nos parecen perfectamente concebibles, y otros, extraños o ininteligibles. No es difícil rectificar algunos errores con respecto a ambas variedades. Si los recuerdos conservados de un hombre se someten a examen analítico, es fácil comprobar que no hay ninguna garantía de su corrección. Algunas de las imágenes mnémicas están con seguridad falseadas, son incompletas o fueron desplazadas en tiempo y espacio. Es evidente que no son confiables indicaciones de las personas indagadas, en el sentido, por ejemplo, de que su primer recuerdo proviene de su segundo año de vida. Es que pronto se descubren motivos que vuelven comprensible la desfiguración y el desplazamiento de lo vivenciado, pero también prueban que la causa de estas equivocaciones del recuerdo no puede ser una simple infidelidad de la memoria. Intensos poderes de la vida posterior han modelado la capacidad de recordar las vivencias infantiles, probablemente los mismos poderes en virtud de los cuales todos nosotros nos hemos enajenado tanto de la posibilidad de inteligir nuestra niñez.

Como se sabe, no es para todos los adultos idéntico el

[6] [El vínculo entre la amnesia infantil y las psiconeurosis ya había sido consignado por Freud en una carta a Fliess del 10 de marzo de 1898 (Freud, 1950a, Carta 84), *AE*, **1**, pág. 316. Se explayó sobre esta cuestión en el segundo de sus *Tres ensayos de teoría sexual* (1905d), *AE*, **7**, págs. 158-60.]

material psíquico en que consuman su recordar. Unos recuerdan en imágenes visuales, sus recuerdos poseen este último carácter; otros individuos apenas si pueden reproducir en el recuerdo los más indispensables contornos de lo vivenciado; se los llama *auditifs* y *moteurs*, por oposición a los *visuels*, según la propuesta de Charcot. Tales distingos se esfuman en el soñar: todos soñamos prevalecientemente en imágenes visuales. Pero también en los recuerdos de infancia involuciona aquel desarrollo;[7] son de plasticidad visual aun en personas de cuyo recordar posterior está ausente el elemento visual. Así, el recordar visual conserva el tipo del recordar infantil. En mi caso, los recuerdos de infancia más tempranos son los únicos de carácter visual; son unas escenas de configuración enteramente plástica, sólo comparables a las que se representan en el teatro. En tales escenas de la infancia, resulten ellas verdaderas o falsas, por lo general uno ve a la persona propia, la persona infantil, con sus contornos y con su ropa. Esta circunstancia no puede menos que provocar asombro; en efecto, los adultos visuales ya no ven a su persona en sus recuerdos de vivencias posteriores.[8] Además, contradice todas nuestras experiencias suponer que la atención del niño en sus vivencias estaría dirigida a sí mismo y no a esas impresiones exteriores. Así, desde distintos lados se nos impone esta conjetura: de esos recuerdos de infancia que se llaman los más tempranos no poseemos la huella mnémica real y efectiva, sino una elaboración posterior de ella, una elaboración que acaso experimentó los influjos de múltiples poderes psíquicos posteriores. Por lo tanto, los «recuerdos de infancia» de los individuos llegan con total universalidad a adquirir el significado de unos «recuerdos encubridores», y de ese modo cobran notable analogía con los recuerdos de infancia de los pueblos, consignados en sagas y mitos.[9]

Quien haya hecho indagación anímica en cierto número de personas con el método del psicoanálisis, habrá recopilado en ese trabajo abundantes ejemplos de recuerdos encubridores de todo tipo. Ahora bien, comunicarlos se vuelve en extremo difícil por la ya elucidada naturaleza de los vínculos de los recuerdos de infancia con la vida posterior; para que

[7] [Vale decir, el desarrollo de las distinciones propuestas por Charcot.]

[8] Hago esta afirmación basándome en encuestas por mí realizadas.

[9] [Esta analogía entre los recuerdos de infancia del individuo y las sagas y mitos de un pueblo, relacionados con su pasado prehistórico, es desarrollada por Freud en su ensayo sobre Leonardo da Vinci (1910c), *AE*, **11**, págs. 78-9. Cf. también *infra*, pág. 147.]

un recuerdo de infancia se pudiera apreciar como un recuerdo encubridor, a menudo haría falta exponer la biografía entera de la persona en cuestión. Por eso rara vez es posible, como en el lindo ejemplo que sigue, desengarzar un recuerdo de infancia para comunicarlo por separado.

Un hombre de veinticuatro años ha conservado la siguiente imagen de su quinto año de vida: Está sentado en el jardín de una residencia veraniega sobre una sillita, junto a una tía que se empeña en inculcarle el abecedario. El distingo entre *m* y *n* le trae dificultades y ruega a la tía que le diga cómo se discierne cuál es una y cuál la otra. La tía le hace notar que la *m* tiene toda una pieza más que la *n*, su tercer trazo. — No había motivo alguno para poner en tela de juicio la fidelidad de tal recuerdo de infancia; sin embargo, sólo más tarde adquirió este su significatividad: cuando se hubo mostrado apto para asumir la subrogación simbólica de otro apetito de saber del muchacho. En efecto, así como entonces quería saber la diferencia entre *m* y *n*, más tarde se empeñó en averiguar la diferencia entre varón y niña, y por cierto le habría complacido que justamente esa tía fuera su maestra. Y entonces descubrió que la diferencia era semejante: también el varoncito tenía toda una pieza más que la nena; y en la época de este discernimiento despertó su recuerdo del correspondiente apetito de saber infantil.

Otro ejemplo de años posteriores de la niñez:[10] Un hombre que sufre de grave inhibición en su vida amorosa, y tiene ahora más de cuarenta años, es el mayor de nueve hermanos. Tenía quince años cuando nació su hermanito menor, pero afirma a pie juntillas que nunca notó un embarazo de su madre. Bajo la presión de mi incredulidad, le acudió el recuerdo de haber visto cierta vez, a la edad de once o doce años, que la madre apresuradamente *se aflojaba el vestido* frente al espejo. Y ahora, sin compulsión, agrega este complemento: acababa ella de volver de la calle y la aquejaron unos inesperados dolores de parto. Ahora bien, el *aflojarse* {*Aufbinden*} el vestido es un recuerdo encubridor del parto {*Entbindung*}. En otros casos volveremos a tropezar con el uso de tales «palabras-puentes» [cf. págs. 110 y 265].[11]

10 [Este párrafo fue agregado en 1920.]
11 [En el ejemplar interfoliado de la edición de 1904 (cf. mi «Introducción», *supra*, pág. 6) se encuentran las siguientes anotaciones sobre los recuerdos encubridores: «El doctor B. mostró con mucha claridad un miércoles [en una de las reuniones de la Sociedad Psicoanalítica de Viena (cf. Jones, 1955, pág. 9)] que los cuentos tradicionales pueden ser utilizados como recuerdos encubridores de la misma manera que el paguro utiliza una concha vacía para alojarse. Esos cuentos se vuelven luego los predilectos de la gente, sin que se

Me gustaría mostrar aún, con un solo ejemplo, qué sentido puede cobrar mediante la elaboración analítica un recuerdo de infancia que antes no parecía tener ninguno. Cuando, a los cuarenta y tres años, empecé a dirigir mi interés a los restos de recuerdo de mi propia niñez, me acudió una vivencia que desde hacía mucho tiempo —creo que desde siempre— llegaba a veces a mi conciencia, y que, según buenos indicios, se situaría antes de cumplir yo el tercer año de vida.[12] Me veía pidiendo y berreando de pie ante una canasta, cuya tapa mantenía abierta mi hermanastro, veinte años mayor que yo; y luego, de pronto, entraba en la habitación mi madre, bella y de fina silueta, como si regresara de la calle. Mediante las palabras que acabo de decir había aprehendido yo esa escena vista plásticamente, con la que no atinaba a otra cosa. Todo me era oscuro: si mi hermano había querido abrir o cerrar la canasta —en mi primera traducción de la imagen se decía «armario»—, por qué lloraría yo, y qué tenía que ver con ello la entrada de mi madre. Estuve tentado de darme esta explicación: se trataría de una burla de mi hermano mayor, interrumpida por la madre. No son raros tales malentendidos de una escena de infancia guardada en la memoria; uno se acuerda de una situación, pero ella no está centrada {zentrieren}, uno no sabe sobre qué elemento de ella hay que poner el acento psíquico. El empeño analítico me condujo a una concepción por completo inesperada de esa imagen. Yo había echado de menos a mi madre, había dado en la sospecha de que ella estaba encerrada en ese armario o canasta, y por eso pedí a mi hermano que la abriera. Cuando él me dio el gusto y me convencí de que mi madre no estaba dentro, empecé a berrear; este es el aspecto que el recuerdo retuvo, al que siguió

conozca la razón». — «En un sueño de P. aparece el hielo como símbolo, por antítesis, de una erección, o sea, como algo que se endurece con el frío en vez de hacerlo —como un pene— con el calor (excitación). Los dos conceptos antitéticos de la sexualidad y la muerte son con frecuencia conectados a través de la representación de que la muerte vuelve tiesas las cosas. Uno de los informantes de Henri dio el ejemplo de un trozo de hielo como recuerdo encubridor de la muerte de su abuela. Ver mi artículo sobre los recuerdos encubridores [1899a, donde se examina con más detalle el trabajo de V. y C. Henri (1897)]».]

[12] [En dos cartas a Fliess de fecha 3-4 de octubre y 15 de octubre de 1897 (Freud, 1950a, Cartas 70 y 71), AE, **1**, págs. 303-7, Freud dio cuenta del importante papel que cumplió este recuerdo encubridor en su autoanálisis y de las etapas progresivas de su elucidación. En esa fecha, Freud tenía, en realidad, cuarenta y dos años. La niñera que ocupa tan prominente lugar en esa historia es mencionada también en La interpretación de los sueños (1900a), AE, **4**, pág. 258.]

enseguida la aparición de la madre que calmaba mi inquietud o mi añoranza. Ahora bien, ¿cómo dio el niño en la idea de buscar en la canasta a la madre ausente? Unos sueños de la misma época [la del análisis de este recuerdo] apuntaban de manera oscura a una niñera de la cual se conservaban también otras reminiscencias; por ejemplo, que solía instarme concienzudamente para que le entregara las moneditas que yo había recibido como regalo, un detalle que merece reclamar el valor de un recuerdo encubridor para algo que siguió.[13] Así fue como me decidí a aliviarme por esta vez la tarea interpretativa, y preguntar a mi madre, ya anciana, acerca de aquella niñera. Me enteré de muchas cosas; entre ellas, que esta persona lista, pero desleal, durante el puerperio de mi madre había perpetrado grandes hurtos en la casa y a instancias de mi hermanastro fue llevada ante el tribunal. Esta noticia me permitió entender la escena infantil como por una suerte de iluminación. La desaparición repentina de la niñera no me había sido indiferente; a ese hermano yo había acudido para preguntarle dónde estaba ella, probablemente por haber notado que le cupo un papel en su desaparición, y él, de manera esquiva y con un juego de palabras, como era[14] su costumbre, respondió que estaba «encanastada» {«eingekastelt»}, o «encerrada». Y bien, a esta respuesta la entendí a la manera infantil, y dejé de preguntar porque ahí no había nada más que averiguar. Y cuando poco tiempo después se ausentó mi madre, recelé que ese hermano malo había hecho con ella lo mismo que con la niñera, y lo obligué a abrirme la canasta {Kasten}. Ahora comprendo también por qué en la traducción de la escena visual infantil se destaca la fina silueta de mi madre, que tiene que haberme llamado la atención como recuperada. Soy dos años y medio mayor que mi hermana en ese entonces nacida, y cuando yo tenía tres años llegó a su término mi convivencia con aquel hermanastro.[15]

<hr/>

[13] [Se hallarán más detalles sobre esto en las dos cartas a Fliess a que se hace referencia en la nota anterior.]

[14] [En las ediciones de 1907, 1910 y 1912: «que es incluso hoy».]

[15] [*Nota agregada* en 1924:] Quien se interese por la vida anímica de estos años infantiles colegirá con facilidad el condicionamiento más profundo del reclamo dirigido al hermano mayor. El niño, que todavía no cumplió tres años, ha entendido que su hermanita recién llegada creció en el vientre de la madre. No está muy de acuerdo con ese incremento, y sospecha que el vientre materno puede esconder otros niños aún. El armario o canasta es para él un símbolo del vientre materno. Pide entonces mirar dentro de esa cesta, y para ello se vuelve al hermano mayor, quien, como se averigua por otro material, ha pasado a ser rival del pequeño en remplazo del padre. Contra ese

hermano se dirige, además, la fundada sospecha de haber hecho «encanastar» a la niñera echada de menos, y aun otra, a saber, que de alguna manera había metido en el vientre materno la niña recién nacida. El afecto de desilusión cuando se halló vacía la canasta proviene, entonces, de la motivación superficial del pedido infantil. Respecto de la aspiración más profunda, se sitúa en un lugar falso. Por el contrario, la gran satisfacción por la espigada silueta de la madre que regresa sólo se vuelve cabalmente inteligible a partir de este estrato más profundo. [Freud volvió a ocuparse en repetidas oportunidades del tema de los recuerdos de infancia; en su estudio sobre Leonardo da Vinci (1910c) y en su análisis de una vivencia infantil de Goethe (1917b) aplicó a estas figuras históricas sus observaciones clínicas. — Se hallará un examen de los procesos del olvido «normal» *infra*, págs. 134-5 y 266n.]

V. El trastrabarse [1]

Si el material corriente de nuestro decir en la lengua materna parece a salvo de olvidos, tanto más frecuente es que su uso experimente otra perturbación, conocida como «trastrabarse». El trastrabarse observado en el hombre normal impresiona como el grado previo de las llamadas «parafasias», que sobrevienen bajo condiciones patológicas.[2]

En este caso, por excepción, puedo apreciar un trabajo anterior al mío. En 1895, Meringer y C. Mayer publicaron un estudio sobre «deslices en el habla y la escritura» cuyos puntos de vista se encuentran muy distantes de los míos. En efecto, uno de los autores, el que lleva la voz cantante en el texto, es lingüista, y lo movió a esa indagación el interés lingüístico de pesquisar las reglas que rigen el trastrabarse. Esperaba poder inferir de esas reglas la existencia de «un cierto mecanismo mental, dentro del cual los sonidos de una palabra, de una frase, y aun las palabras unas en relación con otras, se conecten y se enlacen de peculiarísima manera» (pág. 10).[3]

Los autores agrupan primero según puntos de vista puramente descriptivos los ejemplos de «trastrabarse» por ellos recopilados: *permutaciones* (p. ej., «la Milo de Venus» en lugar de «la Venus de Milo»), *anticipaciones del sonido* (p. ej., «*Es war mir* auf der Schwest... *auf der Brust so schwer*»)* [cf. *infra*, pág. 83], *posposiciones del sonido*

---

[1] [La primera parte de este capítulo, hasta la pág. 69, data de 1901, salvo dos párrafos de la pág. 59 y el ejemplo 8, de pág. 67.]

[2] [Freud había concebido la «parafasia» como síntoma de un trastorno cerebral orgánico en su libro sobre las afasias (1891*b*, págs. 13 y sigs.), pero también apuntó allí que, en esos trastornos, dicho *síntoma* «no difiere del uso incorrecto de palabras o de su desfiguración por parte de la persona normal, que esta puede observar en sí misma en estados de fatiga o de atención dividida, o bajo la influencia de afectos perturbadores».]

[3] [Los números de página que aparecen entre paréntesis en el texto de este capítulo corresponden a la obra de Meringer y Mayer (1895).]

* {Quiso decirse: «Yacía sobre mi pecho tan pesadamente»; «*Schwest*», palabra inexistente, es una deformación de «*Brust*» («pecho») debida a la anticipación del «*schwe*» de «*schwer*» («pesadamente»).}

(p. ej., «*Ich fordere Sie* auf, auf *das Wohl unseres Chefs* auf*z*ustossen», en lugar de «an*z*ustossen»)* [cf. pág. 84], *contaminaciones* (p. ej., «*Er setzt sich auf den* Hinterkopf», de «*Er setzt sich einen Kopf auf*» y «*Er stellt sich auf die Hinterbeine*»),** *sustituciones* (p. ej., «*Ich gebe die Präparate in den* Brie*f*kasten», en lugar de «Brüt*k*asten»);*** a estas categorías principales se agregan todavía algunas otras menos importantes (o menos significativas para nuestros fines). Para esta clasificación no entraña diferencia alguna que la trasposición, desfiguración, fusión, etc., recaigan sobre sonidos de una palabra, sobre sílabas o sobre palabras enteras de la frase intentada.

Para explicar las variedades observadas de trastrabarse, Meringer sostiene que los sonidos de la lengua tienen diversas valencias psíquicas. Cuando inervamos el primer sonido de una palabra o la primera palabra de una oración, el proceso excitatorio apunta a los sonidos posteriores, a las palabras que siguen, y puesto que esas inervaciones son simultáneas unas junto con las otras, pueden llegar a ejercer un recíproco influjo modificador. La excitación del sonido de mayor intensidad psíquica lo hace resonar antes o lo prolonga, y así perturba el proceso inervatorio de valencia menor. Es preciso determinar, entonces, cuáles son los sonidos de mayor valencia en una palabra. Meringer sostiene: «Si se quiere saber a cuál sonido de una palabra corresponde la intensidad máxima, es preciso observarse uno mismo cuando busca una palabra olvidada, un nombre por ejemplo. Lo que primero regresa a la conciencia tuvo sin duda la mayor intensidad antes del olvido» (pág. 160). «Los sonidos de mayor valencia son, pues, el sonido inicial de la sílaba radical y el inicial de la palabra, y la o las vocales acentuadas» (pág. 162).

No puedo dejar de contradecir aquí al autor. Pertenezca o no el sonido inicial del nombre a los elementos de mayor valencia de la palabra, es sin duda incorrecto que sea lo primero en volver a la conciencia en caso de olvido; por tanto, es inaplicable la regla antes formulada. Cuando uno se observa a sí mismo en busca de un nombre olvidado, bastante a menudo tiene que manifestar el convencimiento de que aquel empieza con una determinada letra. Y este

---

* {«Los invito a eructar por (*aufzustossen*) la salud de nuestro jefe», en vez de «brindar por» («*anzustossen*»).}

** {«Se planta sobre su dura cabeza», de «Es cabeza dura» y «Se planta sobre sus patas».}

*** {«Puse el preparado en el buzón», en lugar de «en la incubadora».}

convencimiento se revela infundado o fundado, con igual frecuencia. Más aún: yo afirmaría que en la mayoría de los casos uno anuncia un falso sonido inicial. En nuestro ejemplo de «Signorelli» [pág. 10], los nombres sustitutivos habían perdido el sonido inicial y las sílabas esenciales; justamente el par de sílabas de menor valencia, «elli», retornó al recuerdo[4] en el nombre sustitutivo «Botticelli».

El siguiente caso[5] puede enseñarnos cuán poco respetan los nombres sustitutivos el sonido inicial del nombre que se ha pasado de la memoria:

Un día me es imposible recordar el nombre del pequeño país cuya capital es *Montecarlo.* He aquí sus nombres sustitutivos: *Piamonte, Albania, Montevideo, Colico.* Pronto Albania es remplazado por *Montenegro,* y entonces se me impone que la sílaba «*mont*» (pronunciada «*mon*») aparece en todos los nombres sustitutivos, salvo en el último. Ello me facilita descubrir, desde el nombre del príncipe Alberto [su monarca], el *Mónaco* olvidado. *Colico* imita aproximadamente la serie silábica y el ritmo del nombre olvidado.[6]

Admitiendo la conjetura de que también en los fenómenos del trastrabarse puede participar un mecanismo semejante al que hemos demostrado para el olvido de nombres, uno se verá conducido a apreciar con más hondo fundamento los casos de trastrabarse. La perturbación del dicho, que se manifiesta como trastrabarse, puede ser causada, en primer lugar, por el influjo de otro componente del mismo dicho, o sea, por anticipación o prolongación del sonido; igualmente, por una segunda versión dentro de la oración o del texto que uno intenta declarar —aquí se incluyen todos los ejemplos que hemos tomado de Meringer y Mayer—; en segundo lugar, la perturbación podría producirse de manera análoga a la del caso de «Signorelli», por unos influjos que vinieran *de fuera* de aquella palabra, aquella oración o aquel texto: de unos elementos que no se intentaba declarar y de cuya excitación sólo se tiene noticia por la perturbación misma. Entre estas dos variedades de la génesis del trastrabarse, el rasgo común residiría en la simultaneidad de la excitación, y el rasgo diferenciador, en situarse lo perturbador dentro

[4] [En las ediciones anteriores a 1924 decía «a la conciencia».]

[5] [Este párrafo y el siguiente se agregaron en 1907.]

[6] [Freud volvió a emplear este ejemplo en sus *Conferencias de introducción* (1916-17), *AE,* **15,** pág. 101. Allí describe el episodio de una manera algo diferente, más clara quizás, y sostiene que el remplazo de *Albania* por *Montenegro* obedeció, al parecer, a la oposición entre lo blanco y lo negro, y que fueron pensamientos vinculados con *Munich* —que en italiano es *Mónaco*— los que provocaron el olvido.]

o fuera de la misma oración o texto. A primera vista, la diferencia no parece tan grande, en lo tocante a ciertas consecuencias que surgen de la sintomatología del trastrabarse. Resulta claro, sin embargo, que sólo en el primer caso hay perspectivas de inferir de los fenómenos del trastrabarse un mecanismo que enlace sonidos y palabras, de suerte que se influyeran recíprocamente en su articulación —o sea, unas conclusiones como las que el lingüista esperaba obtener del estudio del trastrabarse—. Por consiguiente, en el caso de perturbación por unos influjos situados fuera de la oración o del texto del dicho, se trataría ante todo de llegar a conocer los elementos perturbadores, y luego habría que averiguar si también el mecanismo de esta perturbación puede exhibir las presuntas leyes de formación lingüística.

Sería injusto afirmar que Meringer y Mayer descuidaron la posibilidad de una perturbación del habla producida por «influjos psíquicos complicados», por unos elementos situados fuera de la palabra, oración o secuencia del habla como tales. No pudieron menos que notar, en efecto, que la teoría de la diferente valencia psíquica de los sonidos sólo alcanzaba, en rigor, para esclarecer las perturbaciones de sonido, así anticipaciones como posposiciones. Para los casos en que las perturbaciones de palabra no se dejan reducir a perturbaciones de sonido (p. ej., en las sustituciones y contaminaciones de palabras), no tuvieron reparo en buscar la causa del trastrabarse *fuera* del texto intentado, ni en probar tal estado de cosas con muy buenos ejemplos. Cito los siguientes pasajes:

«Ru. cuenta sobre unos sucesos que en su fuero interno él tilda de "*Schweinereien*" {"porquerías"}. Pero busca una forma más suave y empieza: "Pero entonces ciertos hechos salieron a *Vorschwein*..." {palabra inexistente, en lugar de "*Vorschein*", "a la luz"}. Mayer y yo estábamos presentes y Ru. confirmó que había pensado en "*Schweinereien*". Que esta palabra pensada se trasluciese en "*Vorschwein*" y de pronto adquiriese eficacia, halla suficiente explicación en la semejanza entre las palabras» (pág. 62).

«En las sustituciones, lo mismo que en las contaminaciones, aunque probablemente en grado mucho más alto, desempeñan considerable papel las imágenes lingüísticas "flotantes" o "vagantes". Están bajo el umbral de la conciencia, aunque se sitúan en una proximidad eficaz; es fácil que sean atraídas por una semejanza del complejo que se ha de decir, y entonces producen un descarrilamiento o cruzan el tren de palabras. Las imágenes lingüísticas "flotantes" o "vagantes" son a menudo, según hemos dicho, los furgones de cola de procesos de lenguaje que acaban de discurrir (posposiciones de sonido» (pág. 73).

«Un descarrilamiento también es posible por semejanza, a saber, cuando por debajo del umbral de la conciencia, pero próxima a este, yace otra palabra semejante *que no estaba destinada a ser dicha.* Es lo que sucede en las sustituciones. — Yo espero, pues, que mis reglas habrán de corroborarse en ulteriores pruebas. Pero para ello se precisa que uno (cuando es otro quien habla) *esté en claro sobre todo cuanto ha pasado por la mente del hablante.*[7] He aquí un caso instructivo. Li., un director de escuela, dijo, en plática con nosotros: "La señora *würde mir Furcht einlagen*".* Quedé perplejo, pues la *l* me parecía inexplicable. Me permití llamar la atención del hablante sobre su error de decir *"einlagen"* en vez de *"einjagen"*, a lo cual él respondió enseguida: "Sí, se debe a que yo pensé '*Ich wäre nicht in der* Lage' **"» (pág. 97).

«Otro caso. Pregunto a R. von Schid. por el estado de su caballo enfermo. Respondió: "Y... *draut* {palabra inexistente} ... *dauert* {durará} quizás un mes". Ese *"draut"* con una *r* me pareció ininteligible, pues era imposible que la *r* de *"dauert"* produjera ese efecto. Llamé la atención de Von Schid. sobre ello, y me explicó que había pensado: "Era una historia *traurige* {triste}". Por consiguiente, el hablante tuvo en la mente dos respuestas, y estas se le mesturaron» (pág. 97).

Bien se advierte cuánto se aproxima a las constelaciones de nuestros «análisis» esta decisión de tomar en cuenta las imágenes lingüísticas «vagantes», situadas bajo el umbral de la conciencia, y el requisito de averiguar todo lo que pasó por la mente del hablante. También nosotros pesquisamos un material inconciente, y por el mismo camino además. Sólo que nos vemos precisados a recorrer uno más largo, a través de una serie asociativa compleja, desde las ocurrencias del indagado hasta el hallazgo del elemento perturbador.

He de demorarme aún en otra interesante conducta de la que dan testimonio los ejemplos de Meringer. Según lo intelige este mismo autor, es alguna semejanza entre una palabra de la frase intentada y otra no intentada lo que habilita a esta última para imponerse a la conciencia causando una desfiguración, una formación mixta, una formación de compromiso (contaminación):

---

[7] Las bastardillas son mías.

* {En lugar de «*würde mir Furcht einjagen*» («me infundía miedo»); «*einlagen*» es un verbo inexistente.}

** {«Yo no podría hacer nada para remediarlo».}

| *jagen,* | *dauert,* | *Vorschein* |
| *lagen,* | *traurig,* | *...schwein.* |

Ahora bien, en mi libro *La interpretación de los sueños*[8] he puesto de relieve el papel que desempeña el trabajo de *condensación* en la génesis del llamado contenido manifiesto del sueño a partir de los pensamientos oníricos latentes. En efecto, una semejanza cualquiera entre las cosas o las representaciones-palabra de dos elementos del material inconciente es tomada como ocasión para crear un tercer elemento, una representación mixta o de compromiso que en el contenido del sueño subrogará a sus dos componentes y que a raíz de ese origen suyo hartas veces estará dotada de determinaciones contradictorias entre sí. La formación de sustituciones y contaminaciones en el trastrabarse es, pues, un esbozo de aquel trabajo condensador al que hallamos como diligente constructor del sueño.[9]

En un breve ensayo destinado a un círculo más amplio de lectores, Meringer[10] ha sostenido que ciertos casos de permutaciones de palabras —aquellos en los cuales una palabra se sustituye por su contraria en el orden del sentido— tienen una particular significatividad práctica. «Bien se recuerda el modo en que no hace mucho tiempo *abrió* las sesiones el presidente de la Cámara de Diputados austríaca: "Compruebo la presencia en el recinto de un número suficiente de señores diputados; y por tanto declaro *cerrada* la sesión". Sólo la hilaridad general le hizo notar su error y enmendarlo. En este caso, la explicación sin duda es que el presidente *deseaba* poder ya cerrar esa sesión de la cual nada bueno cabía esperar, y entonces —fenómeno frecuente— el pensamiento colateral se le impuso, al menos parcialmente, y el resultado fue "cerrada" en lugar de "abierta", o sea, lo contrario de aquello que tenía el propósito de decir.[11] Ahora bien, numerosas observaciones me han enseñado que es muy común permutar entre sí palabras opuestas; en efecto, ellas están asociadas en nuestra propia conciencia lingüística, yacen muy próximas una a la otra y es fácil que se las convoque por error».[12]

---

[8] Freud, 1900a.
[9] [Cf. *ibid.*, *AE*, **4**, págs. 287 y sigs.]
[10] Meringer, 1900.
[11] [Este ejemplo fue citado por Freud en sus *Conferencias de introducción* (1916-17), *AE*, **15**, págs. 30 y 36, y nuevamente en su obra póstuma «Algunas lecciones elementales sobre psicoanálisis» (1940*b*), *AE*, **23**, pág. 286.]
[12] [Cf. Freud, «Sobre el sentido antitético de las palabras primitivas» (1910*e*).]

No en todos los casos de permutación por lo opuesto resultará tan simple como en este ejemplo del presidente abonar la conjetura de que el trastrabarse acontece por una contradicción que, en la interioridad del hablante, se eleva contra la frase exteriorizada. Hemos hallado el mecanismo análogo en el ejemplo de «aliquis» [pág. 16]; en este, la contradicción interior se exteriorizó en el olvido de una palabra, y no en su sustitución por lo contrario. Sin embargo, para allanar la diferencia, notemos que la palabrita «aliquis» no es en verdad susceptible de un opuesto, como sucede con «cerrar» y «abrir», y que esta última expresión no puede caer en el olvido por ser patrimonio del léxico usual.

Los últimos ejemplos de Meringer y Mayer nos mostraron que la perturbación del decir puede nacer tanto por un influjo de anticipaciones y posposiciones de sonidos y palabras de la misma oración, destinados a declararse, como por la injerencia de palabras ajenas a la frase intentada, *cuya excitación no se habría delatado de otro modo*. Debemos averiguar entonces, en primer término, si es lícito separar de manera neta estas dos clases de trastrabarse y cómo se podría distinguir un ejemplo de una de ellas de un caso de la otra. Y bien: en este punto de la elucidación es preciso considerar las manifestaciones de Wundt, quien en su vasta elaboración de las leyes evolutivas del lenguaje se ocupa también de los fenómenos del trastrabarse.

Según este autor, lo que nunca falta en estos fenómenos, ni en otros con ellos emparentados, son ciertos influjos psíquicos.[13] «A estos pertenece, en primer lugar, como condición positiva, el flujo desinhibido de las *asociaciones de sonidos y palabras*, incitadas por los sonidos pronunciados. Y a él se suma, como factor negativo, la ausencia o relajación de los efectos de la voluntad, inhibidores de ese fluir, así como de la atención, que se reafirma en este punto como una función de la voluntad. Que ese juego de las asociaciones se manifieste en la anticipación de un sonido futuro o la reproducción de uno previo, o consista en intercalar uno que se tiene el hábito de pronunciar, o, por último, que repercutan sobre los sonidos pronunciados unas palabras por entero diversas que mantengan un vínculo asociativo cualquiera con aquellos, nada de esto importa diferencias, como no sea en la dirección y, en todo caso, en el campo de aquel juego de las asociaciones sobrevenidas; no en cuanto a la naturaleza general de estas. Por lo demás, en muchos casos

---

[13] [En el trabajo de Wundt (1900, pág. 380), esta palabra aparece destacada en bastardillas.]

cabe dudar sobre la forma a la cual se debe imputar cierta perturbación, o bien si no sería más lícito reconducir esta última a una conjugación de varios motivos, *de acuerdo con el principio de la complicación de las causas*».[14,15] [Cf. *infra*, pág. 83.]

Considero enteramente justas y muy instructivas estas puntualizaciones de Wundt. Acaso cabría destacar, con mayor decisión que él, lo siguiente: el factor positivo —el fluir desinhibido de las asociaciones— y el negativo —la relajación de la atención inhibidora— que favorecen la equivocación en el habla producen, por regla general, un efecto conjugado, de suerte que ambos no serían sino unas definiciones diversas de un mismo proceso. Es que con la relajación de la atención inhibidora entra en actividad el flujo desinhibido de las asociaciones; dicho de manera todavía más clara: lo hace *en virtud de* esa relajación.

Entre los ejemplos de trastrabarse por mí mismo compilados, difícilmente haya uno en que la perturbación del habla pueda reconducirse de manera única y exclusiva a lo que Wundt llama «efecto de contacto entre los sonidos».[16] Yo descubro casi siempre, además, un influjo perturbador de algo situado *fuera* de la oración intentada, y eso perturbador es un pensamiento singular que permaneció inconciente, que se da a conocer por medio del trastrabarse y que hartas veces sólo puede ser promovido a la conciencia mediante un análisis detallado; o bien se trata de un motivo psíquico más general que se dirige contra el dicho entero.

1. A mi hijita, que acaba de morder una manzana con feas maneras, quiero citarle estos versos:

> «El mono {*Affe*} suele hacer monadas,
> y más si come una manzana {*Apfel*}».

Pero empiezo: «El *Apfe*...» {palabra inexistente}. Esto parece una contaminación de «*Affe*» y «*Apfel*» (formación de compromiso); también se lo puede concebir como anticipación de «*Apfel*», que yo me aprontaba a pronunciar. Pero, más precisamente, las cosas pasaron así: Ya había iniciado antes la cita, y no me trastrabé entonces. Sólo cometí el desliz al repetirla, lo cual fue necesario porque la interpelada,

14 Las bastardillas son mías. [Sin duda, Freud veía en esto un equivalente de su concepto de «sobredeterminación». Cf. *Estudios sobre la histeria* (1895d), AE, **2**, pág. 223, *n*. 17.]
15 Wundt, 1900, págs. 380-1.
16 *Ibid.*, pág. 392.

absorbida por otro asunto, no me oyó. Así, me veo obligado a incluir en la motivación de esta equivocación en el habla, que se presenta como una operación condensadora, a aquella repetición, junto con la impaciencia, que ella supuso, por despachar la frase.

2. Mi hija dice: «Escribo a Frau Sch*r*esinger...». En realidad, la señora se llama «Sch*l*esinger». Esta equivocación en el habla sin duda se entrama con una tendencia a facilitarse la articulación, pues la *l* es difícil de pronunciar después de una *r* repetida {«*Ich schreibe der Frau...*»}. No obstante, debo agregar que mi hija incurrió en este trastrabarse luego de que yo mismo, minutos antes, hubiera anticipado «*Apfe*» por «*Affe*». Y bien, el trastrabarse es contagioso en alto grado, semejante en esto al olvido de nombres [pág. 46], respecto del cual Meringer y Mayer han puesto de relieve esta peculiaridad. No sé indicar razón alguna para esta contagiosidad psíquica.

3. «Me cierro como una *Tassenmescher* {palabra inexistente}... *Taschenmesser* {navaja}», dice una paciente al comienzo de la sesión, permutando entre sí los sonidos {«*s*» por «*sch*»}, de lo cual puede servirle también como disculpa la dificultad de articulación («*Wiener Weiber Wäscherinnen waschen weisse Wäsche*», «*Fischflosse*», y parecidos trabalenguas).* Cuando le hice notar su equivocación, replicó con prontitud: «Sí, se debe únicamente a que usted dijo hoy "*Ernscht*" {por "*Ernst*", "serio"}». En efecto, yo había empezado con este dicho: «Hoy la cosa va en serio» (porque era la última sesión antes de las vacaciones), y en chanza dilaté el «*Ernst*» en un «*Ernscht*».** En el trascurso de la sesión se trastrabó ella una y otra vez, hasta que acabé por darme cuenta de que no me imitaba meramente, sino que tenía una razón particular para demorarse en lo inconciente con la palabra «*Ernst*» como nombre propio {«Ernesto»}.[17]

* {El significado del primer trabalenguas es: «Lavanderas de Viena lavan la ropa blanca»; un efecto semejante tiene en castellano «Tres tristes tigres tragaban tres trozos de trigo», con la salvedad de que la frase citada por Freud se presta a posibles equívocos —p. ej., si «*Wiener*» («de Viena») se trueca en «*Weiner*» («lloronas») por contagio con la palabra que sigue—. El segundo ejemplo significa «aleta», pero alguien podría pronunciar erróneamente «*Flisch-Fosse*» («mujer de la calle»).}

** {La segunda es una pronunciación inculta o grosera.}

[17] En efecto, luego se demostró que ella estaba bajo el influjo de unos pensamientos de embarazo y anticoncepción. Con las palabras «cerrada como una navaja», que presentó como una queja con-

65

4. «Estoy tan resfriada... No puedo *durch die* Ase natmen... quiero decir *Nase atmen* {respirar por la nariz}»,
enunció otra vez esta misma paciente. Enseguida advierte
cómo ha llegado a esta equivocación. «Todos los días tomo
el tranvía en la *Hasenauerstrasse* {calle Hasenauer}, y esta
mañana, mientras lo esperaba, se me ocurrió que si yo fuera
francesa diría "*Asenauer*", pues los franceses no pronuncian
la "*h*" a comienzo de palabra». Aporta luego una serie de
reminiscencias de franceses que ella ha conocido, y, por
intrincados rodeos, alcanza el recuerdo de que teniendo catorce años hizo el papel de «Picarde» en la pieza breve
Kurmärker und Picarde,[18] y en esa ocasión se expresó en
defectuoso alemán.

La contingencia de haber llegado a su pensión un huésped
de París despertó toda la serie de recuerdos. Así, la permutación de los sonidos es consecuencia de la perturbación producida por un pensamiento inconciente que proviene de un
contexto completamente ajeno.

5. Parecido fue el mecanismo del trastrabarse en otra
paciente, desasistida por su memoria mientras reproducía un
recuerdo infantil olvidado de antiguo. No quiso su memoria
comunicar por qué lugar de su cuerpo la tomó la mano
indiscreta y voluptuosa del otro. Inmediatamente después
de la sesión, va de visita a casa de una amiga y platica con
ella sobre residencias veraniegas. Preguntada por la ubicación de su casita en M., responde: «En la *cadera del monte*
{*Berglende*}», en lugar de «*ladera del monte* {*Berglehne*}».

6. Otra paciente a quien yo pregunto, trascurrida ya la
sesión, cómo está su tío, responde: «No sé, ahora sólo lo
veo *in flagranti*». Al día siguiente comienza ella: «Me ha
avergonzado mucho darle a usted una respuesta tan imbécil.
Usted me tendrá, desde luego, por una persona totalmente
inculta, que confunde a troche y moche palabras extranjeras.
Quise decir *en passant* {de tiempo en tiempo}». En ese momento no sabíamos todavía de dónde había tomado ella las
palabras extranjeras erróneamente aplicadas. Pero en la misma sesión aportó, como prosecución del tema tratado la

ciente, quería describir la postura del hijo en el vientre materno. La
palabra «*Ernst*» {«serio»} de mi alocución había evocado en ella el
nombre (S. Ernst) de una conocida firma de Viena, instalada en la
Kärntnerstrasse, que suele publicar anuncios ofreciendo anticonceptivos.

[18] [Una *Singspiel* u opereta del comediógrafo berlinés Louis Schneider (1805-1878).]

víspera, una reminiscencia en que ser pillado *in flagranti* desempeñaba el papel principal. O sea que su equivocación de la víspera había anticipado ese recuerdo no devenido conciente todavía.

7. Me veo precisado, en cierto punto del análisis, a declarar a una paciente mi conjetura de que en la época que acabábamos de considerar ella estaba avergonzada de su familia y había hecho a su padre un reproche que todavía desconocemos. Ella no recuerda nada parecido, y además lo proclama improbable. No obstante, prosigue la plática con puntualizaciones sobre su familia: «Una cosa debe admitirse: Es una gente muy especial; son todos avaros {*Geiz*} ... quise decir espirituales {*Geist*}». He ahí, pues, el verdadero reproche que ella había esforzado a desalojar {*verdrängen*} de su memoria. Es un fenómeno común que en el trastrabarse esfuerce su aparición justamente la idea que uno quería reservarse. Recuérdese el caso de Meringer «salir a la luz» [pág. 60]. La única diferencia consiste en que en dicho caso la persona quiere reservarse algo que le es conciente, mientras que mi paciente no sabe nada sobre lo reservado o, como también se puede decir, no sabe que se reserva algo, ni qué se reserva.

8.[19] El siguiente ejemplo de trastrabarse se remonta también a una reserva deliberada. Cierta vez me topo en las Dolomitas con dos damas que iban vestidas como turistas. Las acompaño un trecho, y hablamos de los goces, pero también las fatigas, que depara la vida de turista. Una de las damas admite que este modo de pasar el día trae muchas incomodidades. «Es verdad», comenta, «que no es agradable marchar bajo el sol todo el día, y trasudarse blusa y camisa». Al decir esta frase tuvo que vencer una pequeña vacilación. Después siguió: «Pero cuando se regresa *nach Hose* y una puede mudarse de ropa...». Creo que no hace falta examen alguno para esclarecer este trastrabarse. Es evidente que la dama tuvo el propósito de hacer una enumeración más completa, y decir «blusa, camisa y *Hose* {calzón}». Luego, por razones de decoro, sofocó la mención de esta última prenda de vestir. Pero en la frase siguiente, por completo independiente de la primera en cuanto al contenido, la palabra sofocada se abrió paso, contra su voluntad, como deformación de «*nach* Hause {a casa}», de sonido semejante.

[19] [Este ejemplo fue agregado en 1917; Freud lo había utilizado previamente en sus *Conferencias de introducción* (1916-17), *AE*, **15**, pág. 56.]

9. «Si usted quiere comprar alfombras, vaya a lo de Kaufmann {nombre propio; también significa "comerciante"} en la Matthäusgasse {la calle Mateo}. Creo poder darle una recomendación», me dice una dama. Yo repito: «Entonces, en lo de *Matthäus* {Mateo} . . . en lo de *Kaufmann*, quiero decir». Parece consecuencia de una distracción que yo repita un nombre en vez del otro. Y en efecto, el dicho de la dama me ha distraído, pues ha guiado mi atención hacia otra cosa mucho más importante para mí que las alfombras. Es que en la Matthäusgasse vivía mi esposa cuando era mi novia. La entrada de la casa daba a otra calle, y ahora reparo en que he olvidado su nombre y tengo que dar un rodeo para tomar conciencia de él. Por tanto, el nombre Matthäus {Mateo}, al que me aferro, es para mí un sustituto del nombre olvidado de la calle. En tal sentido es más adecuado que Kaufmann, pues Matthäus es exclusivamente un nombre de persona, cosa que no sucede con Kaufmann, y la calle olvidada lleva también el nombre de persona *Radetzky*.

10. Al siguiente caso podría de igual modo clasificarlo entre los «errores» de que luego hablaré [capítulo X], pero lo cito aquí por ser particularmente nítidos los vínculos entre los sonidos, sobre cuya base se produce la sustitución de palabras. Una paciente me refiere su sueño: Un niño ha resuelto darse muerte mediante la mordedura de un ofidio. Lleva a cabo su resolución. Ella lo ve retorcerse en convulsiones, etc. Ahora se empeña en hallar el anudamiento diurno de ese sueño. Enseguida se acuerda de que ayer por la tarde asistió a una conferencia popular sobre primeros auxilios en caso de mordedura de serpiente. Si un adulto y un niño fueron mordidos al mismo tiempo, es preciso tratar primero la herida del niño. También recuerda las medidas que el conferencista recomendó para el tratamiento. «Importa muchísimo», manifestó, «la especie por la cual se es mordido». En este punto la interrumpo, y le pregunto: «¿No dijo también que en nuestra comarca hay muy pocas variedades venenosas, y no enumeró las más temibles?». «Sí, insistió en la serpiente de *Klapper* {cascabel}». Mi carcajada la pone sobre aviso de que ha dicho algo incorrecto. Se rectifica entonces, pero no corrige el nombre, sino que retira lo dicho. «Bueno, esta no existe entre nosotros; él habló de la víbora ordinaria. ¿Cómo habré dado yo en la serpiente de cascabel?». Tal vez, conjeturé, por la injerencia de los pensamientos que se ocultaban tras su sueño. El suicidio por mordedura de serpiente difícilmente sea otra cosa que una alusión a la bella *Kleopatra* {Cleopatra}. Son innegables la

amplia semejanza fonética entre ambas palabras, la coincidencia de las letras *Kl ... p ... r* en idéntica secuencia, y de la *a* acentuada. Esta buena relación entre los nombres de la serpiente de *Klapper* y de *Kleopatra* produce en ella un momentáneo estrechamiento del juicio, por lo cual no le escandaliza afirmar que el conferencista instruyó a su público en Viena sobre el tratamiento de mordeduras de serpientes de cascabel. Es que en cualquier otro caso ella sabe tanto como yo que esa serpiente no pertenece a la fauna de nuestra patria. Y no le echemos en cara haber trasladado las serpientes de cascabel a Egipto con la misma falta de reparos, pues es habitual en nosotros arrojar a un mismo saco todo lo extraeuropeo, lo exótico, y yo mismo tuve que reflexionar un momento para formular la aseveración de que la serpiente de cascabel es exclusiva del Nuevo Mundo.

La continuación del análisis proporciona más corroboraciones. La soñante contempló ayer por primera vez el grupo escultórico sobre *Marco Antonio*, de Strasser, emplazado cerca de su casa.[20] He ahí, entonces, la segunda ocasión del sueño (la primera fue la conferencia sobre mordeduras de serpientes). En la prosecución de su sueño, ella acunaba a un niño en sus brazos, y sobre esta escena se le ocurre «Margarita».[21] Otras ocurrencias traen reminiscencias de *Arria y Messalina*.[22] Ya el afloramiento en los pensamientos oníricos de tantos nombres tomados de piezas teatrales permite conjeturar que en su juventud la soñante alimentó un secreto entusiasmo por el oficio de actriz. El comienzo del sueño, «Un niño ha resuelto poner fin a su vida mediante la mordedura de un ofidio», no significa realmente otra cosa que: Ella se ha propuesto de niña llegar a ser alguna vez una famosa actriz de teatro. Desde el nombre de «Messalina», por último, se ramifica el camino de pensamiento que conduce hasta el contenido esencial de este sueño. Ciertos sucesos de los últimos tiempos le han despertado la aprensión de que su único hermano contraiga un matrimonio desacorde con su condición social, una *mésalliance* con una no *aria*.

11.[23] Por el trasparente mecanismo que permite discernir, referiré ahora un ejemplo totalmente inocente, o bien cuyos motivos no se nos han esclarecido bien:

[20] [Trabajo en bronce situado en un lugar de Viena, del escultor Artur Strasser (1854-1927).]
[21] [Del *Fausto* de Goethe.]
[22] [Tragedia del dramaturgo vienés Adolf Wilbrandt (1837-1911).]
[23] [Este ejemplo y el 12 fueron agregados en 1907.]

Un alemán en viaje por Italia necesita de una correa para asegurar un cofre suyo que se ha dañado. El diccionario le proporciona para «correa» {«*Riemen*»} la palabra italiana «*coreggia*». «Me resultará fácil retener esta palabra», se dice, «si pienso en el pintor *Correggio*». Va entonces a una tienda y pide: «Una *ribera*».

En apariencia no había conseguido sustituir en su memoria la palabra alemana por la italiana, pero su empeño no fue del todo infructuoso. Sabía que su punto de referencia era el nombre de un pintor, pero entonces no dio con aquel que sonaba parecido a la palabra italiana, sino con otro que se aproximaba a la palabra alemana {*Riemen*}.[24] Desde luego, así como he incluido este ejemplo entre los de trastrabarse, habría podido clasificarlo como olvido de nombre.

Cuando recopilaba experiencias de trastrabarse para la primera edición de esta obra, procedí a someter al análisis todos los casos que pude observar, aun los más triviales. Desde entonces, muchos otros se han dedicado a la divertida tarea de reunir deslices en el habla y analizarlos, lo que me permite ahora escoger entre un material más rico.

12. Un joven dice a su hermana: «Con los D. he roto por completo, he dejado de saludarlos». Ella responde: «Es gente de mala *Lippschaft* {palabra inexistente}». Quiso decir «*Sippschaft*» {«ralea»}, pero comprimió otros dos órdenes de cosas en su error de habla, a saber: que antaño su propio hermano había iniciado un *flirt* con la hija de esa familia, y que de esta se decía que en los últimos tiempos se había enredado en un serio amorío {*Liebschaft*} ilícito.

13.[25] Un joven interpela a una dama por la calle con estas palabras: «Señorita, permítame que la acom-traje {*begleit-digen*}». Es evidente, se propuso decir que le gustaría «acompañarla» {«*begleiten*»}, pero temió «ultrajarla» {«*beleidigen*»} con su propuesta. Que estas dos encontradas mociones de sentimiento hallaran expresión en una palabra —el trastrabarse, justamente— indica que los verdaderos propósitos del joven no eran del todo santos y a él mismo no pudieron menos que parecerle ultrajantes hacia la dama. Pero en tanto procura esconder esto ante sí mismo,

[24] [Ribera, pintor español del siglo XVII.]
[25] [Este ejemplo fue agregado en 1912. Más tarde, Freud aludió a él en sus *Conferencias de introducción* (1916-17), *AE*, **15**, págs. 29 y 38.]

su inconciente le hace la jugarreta de delatar su genuino propósito, con lo cual, a la vez, le gana de mano a la dama, por así decir, en la respuesta convencional: «¿Pero qué se ha pensado usted de mí? ¿Cómo puede *ultrajarme* así?». (Comunicado por O. Rank.)

Recojo algunos ejemplos [26] de un artículo de W. Stekel titulado «Confesiones inconcientes».[27]

14. «El ejemplo que sigue descubre un aspecto desagradable de mis pensamientos inconcientes. Quiero dejar consignado, ante todo, que en mi condición de médico nunca reparo en mi ventaja y tengo en vista exclusivamente el interés del enfermo, como es natural. A una enferma que ha sufrido una grave afección le presto mis auxilios médicos en su convalecencia. Hemos pasado juntos muchos duros días y noches. Me hace feliz encontrarla mejor, le pinto las delicias de una estadía en Abbazia, y consecuentemente agrego: "Pues usted, según espero, *no* ha de abandonar pronto el lecho...". Es evidente que ello brotó de un motivo egoísta de lo inconciente: poder tratar más tiempo a esta adinerada enferma, un deseo en un todo ajeno a mi conciencia de vigilia, y que yo rechazaría indignado».

15. Otro ejemplo de Stekel: «Mi esposa toma una gobernanta {*Französin*} para prestar servicio por las tardes, y luego de acordar con ella las condiciones quiere conservar las recomendaciones que trae. Pero la gobernanta le ruega que le permita llevarlas consigo, y aduce este motivo: "*Je cherche encore pour les après-midis, pardon, pour les avant-midis*" {"Todavía busco colocación para las tardes, perdón, para las mañanas"}. No hay duda de que tenía el propósito de tentar suerte en otras casas y quizás obtener mejores condiciones —propósito este que ella realizó en efecto—».

16. (Stekel:) «Debo sermonear a una señora, y su marido, a cuyo pedido lo hago, escucha de pie tras la puerta. Al terminar mi reprimenda, que había causado visible efecto, dije: "Adiós, estimado señor". Así yo delataba, para quien estuviera en antecedentes, que el marido era el consignatario de mis palabras, que yo las había dicho por cuenta de él».

[26] [Los ejemplos 14 a 20 fueron agregados en 1907.]
[27] Stekel, 1904.

17. El doctor Stekel informa, acerca de sí mismo, que durante cierto tiempo tuvo bajo tratamiento a dos pacientes de Trieste, y siempre les trocaba los nombres al saludarlos. «"Buenos días, señor Peloni", decía yo a Ascoli; "Buenos días, señor Ascoli", a Peloni. Al comienzo no me inclinaba a atribuir motivos más profundos a esta confusión, y la explicaba por los muchos rasgos que estos señores tenían en común». Pero luego pudo convencerse fácilmente de que el trueque de los nombres respondía a una suerte de vanagloria, pues por ese medio podía hacer saber a cada uno de sus pacientes italianos que no era el único triestino que había viajado a Viena en busca de su consejo médico.

18. El propio doctor Stekel en una tormentosa asamblea general: «*Pelearemos {streiten}*» (por «*pasaremos {schreiten}*») «al punto 4º del orden del día».

19. Un profesor en su conferencia inaugural: «No estoy *geneigt* {inclinado}» (por «*geeignet* {calificado}») «para apreciar los méritos de mi estimado predecesor».[28]

20. El doctor Stekel a una dama que, según él conjetura, padece el mal de Basedow: «En altura usted le lleva un *Kropf* {papo}» (por «*Kopf* {cabeza}») «a su hermana».

21.[29] El doctor Stekel informa: «Alguien quiere describir la relación entre dos amigos, uno de los cuales parece que debe ser caracterizado como judío. Dice: "Compartían su vida como *Castor* y *Pollak*".[30] En modo alguno fue un chiste; el hablante mismo no había reparado en su trastrabarse y sólo se percató de él cuando se lo hice notar».

22. En ocasiones, un trastrabarse hace las veces de una caracterización extensa. Una joven dama que lleva las riendas en su casa refiere que su marido, enfermo {*leidend*; o «tolerante»}, ha ido al médico para consultarlo sobre la dieta que le convendría. Y que el médico le dijo que no se preocupara por ello: «Puede comer y beber lo que *yo* quiera», concluyó la dama.[31]

[28] [Citado por Freud en sus *Conferencias de introducción* (1916-17), *AE*, **15**, págs. 30 y 37.]
[29] [Este ejemplo y el 22 fueron agregados en 1910.]
[30] [Cástor y Pólux son los «gemelos celestiales» de la mitología griega. Pollak es un apellido judío muy corriente en Viena.]
[31] [Citado por Freud en sus *Conferencias de introducción* (1916-17), *AE*, **15**, págs. 32 y 37.]

Los dos ejemplos que siguen,[32] de T. Reik,[33] provienen de situaciones en que uno se trastraba con particular facilidad por estar forzado a reservarse mucho más de lo que puede decir.

23. Un señor presenta sus condolencias a una joven dama cuyo marido ha fallecido recientemente, y agrega: «Hallará usted consuelo si *widwen* {por *widmen*, "consagrarse"} enteramente a sus hijos». El pensamiento sofocado apunta a otra clase de consuelo: una *Witwe* {viuda} joven y bella pronto gozará de nuevos alborozos sexuales.

24. El mismo señor platica con esa dama en una tertulia sobre los grandes preparativos que se han hecho en Berlín para recibir la Pascua, y pregunta: «¿Ha visto usted hoy la exposición en lo de Wertheim?[34] Está totalmente *descotada* {*dekolletiert*; por *dekoriert*, "decorada"}». No había podido expresar en voz alta su admiración por el descote de la bella señora, y hete aquí que el pensamiento prohibido se abrió paso mudando el decorado de una exposición de mercancías en un descotamiento, con lo cual la palabra «exposición» se aplicó inconcientemente en doble sentido.

Esta misma condición vale también para una observación de la cual el doctor Hanns Sachs procura dar detallada cuenta:

25. «Una dama me refiere, acerca de un conocido común, que la última vez que lo vio estaba tan elegantemente vestido como siempre; en particular, llevaba unos hermosísimos zapatos bajos {*Halbschuhe*} de color marrón. Ante mi pregunta sobre dónde lo había encontrado, informó: "Llamó a la puerta de mi casa y lo vi por los visillos bajos. Pero no le abrí ni di ninguna otra señal de vida, pues no quería que él supiera que yo ya estaba en la ciudad". Mientras la escucho, pienso que me calla algo; y que lo más probable es que no quisiera abrir porque no estaba sola ni vestida como para recibir visitas. Le pregunto con alguna ironía: "Entonces, ¿a través de las celosías cerradas vio usted sus *Hausschuhe* {pantuflas hogareñas}... sus *Halbschuhe* {zapatos bajos}?". En "*Hausschuhe*" consigue expresarse el pensamiento sobre el Haus*kleid* {vestimenta de entrecasa}

---

[32] [Este párrafo y los ejemplos 23 a 26 fueron agregados en 1917.]
[33] Reik, 1915a.
[34] [Famosa gran tienda de Berlín.]

⌐ ella, cuya exteriorización fuera atajada. Por otra parte, se intentó evitar la palabra *"Halb"* {"medio"} porque justamente ella contenía el núcleo de la respuesta prohibida: "Usted me dice sólo una *media* verdad y calla que estaba a *medio* vestir". Además, el trastrabarse fue favorecido por el hecho de que inmediatamente antes habíamos hablado sobre la vida conyugal de aquel señor, sobre su "dicha hogareña" {"häus*lichen Glück*"}, lo cual sin duda codeterminó el desplazamiento sobre su persona. Por último, debo confesar que, si hago andar por la calle con pantuflas de entrecasa a este elegante señor, quizá proceda así influido por mi envidia; yo mismo, poco tiempo antes, había comprado unos zapatos bajos de color marrón, pero en modo alguno eran "hermosísimos"».

Epocas de guerra como la presente promueven una serie de deslices en el habla cuya inteligencia no ofrece dificultad alguna.

26. «¿En qué regimiento está su hijo?», preguntan a una dama. Responde: «Está en el de *matadores* n.º 42 {*Mörder*, en lugar de *Mörser*, "morteros"}».

27.[35] El oficial Henrik Haiman escribe desde el frente: «Me arrancan por un momento de la lectura de un libro cautivante para responder a los telefonistas de reconocimiento. A la prueba de línea del puesto de artillería, reacciono: "Controles bien; *Ruhe* {silencio}". Lo reglamentario habría sido: "Controles bien; *Schluss* {stop}". Mi anomalía se explica por el enojo que me provocó el ser perturbado en la lectura».

28.[36] Un sargento primero instruye a la tropa para que cada quien envíe a su casa su dirección exacta, a fin de que no se pierden los «Gespeck*stücke*».*

29. El excelente ejemplo que sigue, cuyo valor es realizado por la tristísima situación que supone, me fue comunicado por el doctor L. Czeszer, quien hizo esta observación

[35] [Agregado en 1919. Cf. Haiman, 1917.]
[36] [Este ejemplo, así como el 30 y el 31, fueron agregados en 1920; el 29 lo fue en 1919.]
* {Quiso decir «*Gepäckstücke*» («paquetes»); «*Gespeckstücke*» es una palabra inexistente, aunque «*Speckstücke*» sería «trozos de tocino»; la vocal que sigue a la «p» se pronuncia prácticamente igual tanto si es «e» como si es «ä».}

y la analizó de manera exhaustiva durante su residencia en la Suiza neutral en el período de la guerra. Reproduzco, con ínfimas omisiones, la noticia que él me envió:

«Me permito comunicarle un caso de "desliz en el habla" cometido por el profesor M. N. en O. durante una conferencia suya sobre la psicología de las sensaciones, pronunciada en el semestre de verano que acaba de finalizar. Debo referir, primero, que estas conferencias se dieron en el aula de la Universidad ante un gran número de prisioneros de guerra franceses internados, y por otra parte, de estudiantes suizo-franceses, la mayoría de ellos partidarios de la *Entente*. En O., como en la propia Francia, la palabra *"boche"* se usa universalmente y de manera exclusiva para designar a los alemanes. Sin embargo, en documentos públicos, así como en conferencias, etc., los altos funcionarios, los profesores y, en general, las personas que ocupan cargos responsables se esfuerzan por evitar la ominosa palabra por razones de neutralidad.

»Pues bien; el profesor N. quería disertar sobre el valor práctico de los afectos, y se propuso citar un ejemplo en que un afecto es explotado concientemente para que un trabajo muscular no interesante en sí mismo se cargue de sentimientos placenteros y, así, se lo realice con más intensidad. Refirió entonces —en lengua francesa, desde luego— una historia que por esos días se había publicado en los periódicos del lugar, que la tomaron de un diario alemán. Cierto maestro de escuela alemán hacía laborar la huerta a sus alumnos, y para animarlos a trabajar más intensamente los exhortó a imaginarse que rompían el cráneo de un francés por cada terrón de tierra. En el relato de su historia, N. dijo siempre, por supuesto, con toda corrección, "alemán", y no *"boche"*, cuando de aquel se trataba. Pero al llegar a su desenlace reprodujo del siguiente modo las palabras de aquel maestro de escuela: *"Imaginez-vous qu'en chaque moche vous écrasez le crâne d'un français"*. Así pues, ¡en lugar de *"motte"* {"terrón"}. . . *"moche"*!

»Vemos bien cómo este correcto erudito se esfuerza desde el comienzo de su relato para no ceder al hábito ni, acaso, a la tentación, pronunciando desde la cátedra universitaria esa palabra que hasta había sido objeto de expresa prohibición por un edicto parlamentario. Y justo en el instante en que con toda felicidad acaba de decir, como es debido, *"instituteur allemand"* {"maestro alemán"} por última vez, y respirando con interior alivio se apresura para llegar a la conclusión no peligrosa de la historia, aquel vocablo con tanto trabajo refrenado se prende a la homofonía de la pa-

labra *"motte"* y... el percance se produce. La angustia
ante la falta de tacto político, quizás un refrenado placer por
usar, no obstante, la palabra corriente y por todos esperada,
así como la repugnancia de este republicano y demócrata
nato hacia cualquier cortapisa impuesta a la libertad de expresión, interfirieron con el propósito principal, que apun-
taba al relato correcto del ejemplo. La tendencia interfi-
riente es notoria para el orador, y, como no cabe suponerlo
de otro modo, pensó en ella inmediatamente antes de trastrabarse.

»El profesor N. no reparó en su desliz; al menos, no lo
rectificó, según es usual hacerlo de una manera casi automática. En cambio, la mayoría de sus oyentes franceses re-
cibieron con verdadera complacencia el *lapsus*, y este produjo un efecto idéntico a un juego de palabras deliberado. Yo,
en cambio, viví este episodio, inocente en apariencia, con
genuina excitación interior. Pues si bien no podía, por motivos obvios, inquirir al profesor como lo impone el método
psicoanalítico, este desliz en el habla fue para mí una prueba decisiva de la exactitud de la doctrina por usted enun-
ciada sobre el determinismo de las acciones fallidas y las
profundas analogías y nexos entre el trastrabarse y el chiste».

30. Bajo las turbadoras impresiones de la época de guerra
nació también el trastrabarse del que nos informa un oficial
austríaco de regreso a la patria, el capitán T.:

«Varios de los meses que pasé como prisionero de guerra
en Italia estuve, junto con unos doscientos oficiales, confi-
nado en una pequeña *villa*. En ese lapso, uno de nuestros
camaradas murió de gripe. Este suceso produjo, naturalmente, una impresión muy profunda; en efecto, la situación
en que nos encontrábamos, la falta de asistencia médica, el
desvalimiento de nuestra existencia, volvían más que probable una propagación de la epidemia. — Velábamos al
muerto en un sótano. Ese atardecer salí con un amigo a dar
un paseo alrededor de nuestra casa, y en cierto momento
ambos expresamos el deseo de ver el cadáver. Como yo marchaba delante, al entrar en el sótano se me ofreció una visión
que me espantó, pues no estaba preparado para hallar el
ataúd tan cerca de la entrada y tener que contemplar con tal
proximidad el rostro desasosegado por el juego de luces que
le proyectaban las velas. Todavía bajo la impresión de esta
imagen, proseguimos la caminata. En un lugar desde donde
se ofrecía la vista del parque bañado en la claridad de la luna
llena, un prado bien iluminado y más allá unos velos de nie-
bla, yo expresé la imagen que ello me sugirió: veríamos aca-

so una ronda de elfos danzando en las lindes del bosque de pinos que allí comenzaba.

»A la tarde siguiente enterramos al camarada muerto. El camino desde nuestra prisión hasta el cementerio de la aldehuela vecina nos resultó en cierto modo más amargo y humillante: mozalbetes alborotadores, los lugareños aprovecharon la ocasión para expresar sin disimulo, con gritos ásperos y estridentes, en son de burla y escarnio, sus sentimientos hacia nosotros, mezcla de curiosidad y de odio. La sensación de no poder escapar a las mortificaciones ni siquiera así, inermes como estábamos, y la repugnancia ante la rudeza testimoniada por ellos me dejaron con una amargura que perduró hasta la noche. A la misma hora que la víspera y en la misma compañía, salimos por el camino de tierra que rodeaba a la vivienda; y al pasar junto a las rejas del sótano, tras las cuales yaciera el cuerpo, me asaltó el recuerdo de la impresión que me produjera el verlo. En el sitio desde el cual se me volvió a mostrar el parque iluminado, bajo la misma claridad de la luna llena, me detuve y dije a mi compañero: "Podríamos sentarnos aquí en la *Grab* {tumba}... *Gras* {hierba} y *sinken* {'descender'; por *singen*, 'cantar'} una serenata". — Sólo recapacité luego del segundo desliz; la primera vez me había corregido sin que deviniera conciente el sentido de mi error. Ahora reflexioné, y coordiné: "*ins Grab – sinken*" {"descender a la tumba"}. Como unos relámpagos se me sucedieron estas imágenes: unos elfos que danzaban y vagaban a la luz de la luna; el camarada expuesto en el féretro, la impresión que despertó en mí; algunas escenas del sepelio, la sensación del asco sufrido y el duelo perturbado; el recuerdo de algunas pláticas sobre la epidemia que se cernía, manifestaciones de temor de varios oficiales. Después me acordé de que se cumplía un aniversario de la muerte de mi padre, lo cual me resultó llamativo, pues de ordinario tengo pésima memoria para las fechas.

»Luego, reflexionando, me di cuenta: el parecido de las condiciones exteriores entre ambos atardeceres, la hora y la iluminación iguales, el lugar y el acompañante idénticos. Recordé el desasosiego que había sentido cuando se expuso el temor de que la gripe se propagase; y, al mismo tiempo, mi prohibición interior de dejarme asaltar por el miedo. Tras ello me volví conciente del significado de la secuencia de palabras "*wir könnten ins Grab sinken*" {"podríamos descender a la tumba"}, y también me convencí de que sólo la primera rectificación (de "tumba" por "hierba"), que no había sido lo bastante perceptible, tuvo por consecuencia el segundo desliz (de "descender" por "cantar") a fin de asegurar así un efecto final al complejo sofocado.

»Agrego que por aquel tiempo padecía de sueños angustiantes en los que tornaba a ver de continuo a cierta parienta mía, muy próxima, y hasta una vez la vi muerta. Es que poco antes de ser tomado prisionero había recibido la noticia de que la gripe asolaba con particular violencia justamente la comarca donde ella vivía, y también le había manifestado a ella mis serios temores. Desde entonces perdí todo contacto con ella. Meses después recibí la información de que había sido víctima de la epidemia dos semanas antes del suceso descrito».

31. El siguiente ejemplo de trastrabarse arroja vivísima luz sobre uno de los conflictos dolorosos que forman parte del destino del médico. Un hombre probablemente enfermo de muerte, pero cuyo diagnóstico no es todavía seguro, se llega a Viena para aguardar la solución de su intriga, y le pide a un amigo suyo de juventud, quien ahora es un médico conocido, que tome a su cargo tratarlo; este por fin accede a ello, no sin resistencia. El enfermo debe internarse en un sanatorio, y el médico propone el «Hera». «Pero si ese es un instituto para fines determinados» (una maternidad), objeta el enfermo. «¡Oh, no!», se pica el médico; «en el "Hera" uno puede *umbringen* {matar}... quiero decir *unterbringen* {internar} a cualquier paciente». Luego se revuelve con fuerza contra la interpretación de su desliz. «¿No creerás que tengo impulsos hostiles hacia ti?». Un cuarto de hora después dijo a la persona que lo acompañó hasta la puerta, una dama que había tomado a su cargo el cuidado del enfermo: «No descubro nada ni creo que haya nada. Mas si así no fuera, soy partidario de una buena dosis de morfina, y asunto terminado». Ocurre que su amigo le ha impuesto la condición de abreviar su padecer mediante algún medicamento tan pronto se compruebe que su mal no tiene remedio. O sea que el médico había tomado realmente a su cargo la tarea de dar muerte a su amigo.

32.[37] No quiero renunciar a un ejemplo muy ilustrativo de desliz en el habla, aunque, según lo indica mi informante, haya ocurrido hace unos veinte años. «Una dama se manifestaba cierta vez en una reunión —oigamos las palabras que producía con ardor y bajo la presión de toda clase de mociones secretas—: "Sí, una mujer tiene que ser bella si

---

[37] [Agregado en 1910.]

quiere gustar a los varones. Para el varón, en cambio, todo es más fácil; le basta tener sus *cinco* miembros derechos, y no necesita más". Este ejemplo nos proporciona un buen acceso al mecanismo íntimo de un desliz por *condensación*, o una *contaminación* (cf. *supra*, pág. 58). Cabe pensar que aquí se fusionaron dos giros lingüísticos de similar sentido:

le basta tener sus *cuatro miembros derechos*
le basta tener sus *cinco {fünf} sentidos* {estar en sus cabales}

O pudo ocurrir que el elemento "derecho" {"*gerade*"} fuera el común entre dos intenciones del decir:

con sólo tener sus miembros *derechos {gerade}*
dejar correr todo a mano abierta {*fünf gerade*}.

»Y nada nos impide suponer, además, que ambos giros, el de los cinco sentidos y el de los "*geraden fünf*" {"cinco derechos"}, cooperaran para introducir en el dicho sobre los miembros derechos primero una cifra y, luego, el misterioso "cinco" en lugar del simple "cuatro". Es cierto que esta fusión no habría sido viable de no tener ella un buen sentido propio en la forma resultante del desliz, el sentido de una cínica verdad que una señora sólo podría confesar, por lo demás, de manera encubierta. — Por último, no dejemos de señalar que el dicho de la dama puede significar, por su texto, tanto un excelente chiste como un divertido desliz en el habla. Ello sólo dependería de que las palabras se dijeran con un propósito conciente o... con uno inconciente. En nuestro caso, el comportamiento de la decidora refuta el propósito conciente y excluye que se tratara de un chiste».

La aproximación[38] del trastrabarse a un chiste puede llegar tan lejos como en el siguiente caso, comunicado por O. Rank,[39] en el cual la autora de aquel terminó por festejarlo ella misma como chiste:

33. «Un marido recién casado a quien su esposa, preocupada por conservar su juvenil silueta, sólo de mala gana le concede un comercio sexual frecuente, me contó esta historia, que con posterioridad les hizo muchísima gracia a ambos. Tras una noche en que había vuelto a infringir el

[38] [Este párrafo y el ejemplo 33 fueron agregados en 1917.]
[39] Rank, 1913*b*.

mandamiento de abstinencia dictado por su mujer, se afeita por la mañana en el dormitorio común, y para ello se vale —como ya lo había hecho muchas veces por comodidad— de la *brocha de empolvar* que ha tomado del cofrecillo de noche de su esposa cuando ella dormía. La dama, extremadamente cuidadosa de su tez, ya se lo había reprochado en varias oportunidades, y por eso le espeta ahora, con enojo: "¡Ya vuelves a empolvar*me* con *tu* brocha!". Advertida de su desliz por la risa del marido (quiso decir: "¡Ya vuelves a empolvar*te* con *mi* brocha!"), termina por echar a reír también, divertida ("empolvar", "echar polvos", es una expresión vienesa corriente para "poseer sexualmente"; y no ofrece muchas dudas el carácter de símbolo fálico de la brocha)».

34.[40] También en el caso que sigue (informado por A. J. Storfer) se podría pensar en un propósito de chiste:

La señora B., quien padece una afección de evidente origen psicógeno, ha sido instada repetidas veces a consultar al psicoanalista X., y siempre lo ha desautorizado señalando que un tratamiento así nunca anda a derechas, pues el médico lo reduciría todo falsamente a cosas sexuales. Pero al fin acaba por seguir el consejo, y pregunta: «Y bien, ¿cuándo *ordinärt*,* pues, ese doctor X.?».

El parentesco entre chiste y trastrabarse es testimoniado también por el hecho de que este suele no consistir más que en una abreviación:

35.[41] Terminados sus estudios secundarios, una muchacha cedió a las corrientes que dominaban en ese tiempo y se anotó en la facultad de medicina. Pocos semestres después había cambiado la medicina por la química. Pasados unos años, cuenta con las siguientes palabras las razones de aquel viraje: «Las disecciones en general no me horrorizaban, pero cierta vez tuve que sacar las uñas de la mano a un cadáver y perdí el gusto por toda la... *química*».

36.[42] Inserto aquí otro caso de trastrabarse, cuya interpretación no exige un arte consumado. «El profesor de ana-

[40] [Agregado en 1924.]
* {Quiso decir «*ordiniert*» (de «*ordinieren*», «atender»); «*ordinärt*» es una palabra inexistente, aunque «*ördinar*» es «ordinario», «vulgar», «grosero».}
[41] [Agregado en 1920.]
[42] [Agregado en 1912, igual que el ejemplo 37; Freud los citó en sus *Conferencias de introducción* (1916-17), *AE*, **15**, págs. 37 y 55.]

tomía se empeña en explicar las cavidades nasales, capítulo muy difícil de la esplacnología, como se sabe. A su pregunta sobre si los oyentes habían comprendido sus explicaciones, se oyó un "Sí" general. Y apunta sobre esto el profesor, conocido por su arrogancia: "Apenas puedo creerlo, pues las personas que entienden sobre las cavidades nasales pueden contarse, en una ciudad de millones de habitantes, con *un dedo*... perdón, con los dedos de una mano"».

37. En otra ocasión, este mismo profesor de anatomía manifestó: «En el caso de los genitales femeninos, a pesar de muchas *Versuchungen* {tentaciones}... Perdón: *Versuche* {experimentos}...».

38.[43] Al doctor Alfred Robitsek, de Viena, debo la referencia a dos casos de trastrabarse, tomados de un antiguo autor francés, que reproduzco sin traducir en su idioma original (Brantôme (1527-1614), *Vies des Dames galantes*, «Discours Second»):

«*Si ay-je cogneu une très belle et honneste dame de par le monde, qui, devisant avec un honneste gentilhomme de la cour des affaires de la guerre durant ces civiles, elle luy dit: "J'ay ouy dire que le roy a faict rompre tous les c... de ce pays là". Elle vouloit dire* les ponts. *Pensez que, venant de coucher d'avec son mary, ou songeant à son amant, elle avoit encor ce nom frais en la bouche; et le gentilhomme s'en eschauffa en amours d'elle pour ce mot.*

»*Une autre dame que j'ai cogneue, entretenant une autre grand dame plus qu'elle, et luy louant et exaltant ses beautez, elle luy dit après: "Non, madame, ce que je vous en dis, ce n'est point pour vous* adultérer"; *voulant dire* adulater, *comme elle le rhabilla ainsi: pensez qu'elle songeoit à adultérer*».*

---

[43] [Agregado en 1910.]

* {«Así conocí a una muy hermosa y honesta dama mundana, que, platicando con un honesto caballero de la corte sobre los asuntos de la guerra durante hechos civiles, le dijo: "He oído decir que el rey hizo romper todos los c... de esa región". Quiso decir "los puentes". Puede pensarse que, habiéndose acostado poco antes con su marido, o pensando en su amante, ella aún tenía fresco ese nombre en la boca. Y el caballero ardió en amor por ella a causa de esa palabra.

»Otra dama que conozco estaba conversando con otra de más alcurnia que ella, y luego de alabarla y exaltar su belleza le dijo: "No, señora, lo que os digo no es para *adulteraros*", queriendo decirle "*adularos*", como luego se corrigió; hay que suponer que ella pensaba en adulterar».}

39.[44] · También hay, desde luego, ejemplos más modernos para la génesis de segundas interpretaciones de carácter sexual por trastrabarse: La señora F. cuenta sobre su primera clase en el curso de lengua. «Es interesantísimo, el maestro es un inglés muy joven. Enseguida, en la primera hora, me dio a entender *durch die Bluse* {a través de la blusa} (se corrige: *"durch die Blume"*, o sea, "metafóricamente", "de manera indirecta"), que prefería darme clases individuales». (Storfer.)

En el procedimiento psicoterapéutico [45] de que yo me valgo para resolver y eliminar síntomas neuróticos, muy a menudo se plantea la tarea de pesquisar, desde unos dichos y ocurrencias del paciente producidos como al acaso, un contenido de pensamiento que por cierto se empeña en ocultarse, pero que no puede dejar de denunciarse inadvertidamente de las maneras más variadas. Y para esto, el trastrabarse suele prestar los más valiosos servicios, como podría yo demostrarlo con los más convincentes, al par que curiosísimos, ejemplos. Así, los pacientes hablan de su tía y la llaman de manera consecuente, y sin notar que se trastraban, «mi madre»; o designan a su marido como su «hermano». De esta manera me hacen notar que han «identificado» entre sí a esas personas, las han incluido en una misma serie, lo cual implica el retorno de un mismo tipo en su vida afectiva. — Otro ejemplo:[46] Un joven de veinte años se presenta en mi consultorio con las palabras «Yo soy el padre de N. N., a quien usted ha tratado. Perdón, quiero decir que soy el hermano; él tiene cuatro años más que yo». Comprendo que por medio de ese desliz quiere expresar que él, como su hermano, ha enfermado por culpa del padre; y, como aquel, demanda curación, pero es en verdad el padre quien estaría más urgido de ella. — En otros casos, una coordinación de palabras que suene insólita o un modo de expresarse que parezca forzado bastarán para descubrir la participación de un pensamiento reprimido en el dicho del paciente, que responde a una motivación otra.

Así, en las perturbaciones gruesas del habla y en estas otras más finas que aun pueden subsumirse en el «trastrabarse», hallo que no es el influjo de unos «efectos de contacto entre los sonidos» [pág. 64], sino el de unos pensa-

[44] [Agregado en 1924.]
[45] [Salvo indicación en contrario, lo que sigue hasta la pág. 86 data de 1901.]
[46] [Agregado en 1907.]

mientos situados fuera de la intención del dicho, lo decisivo para la génesis del desliz y lo que permite iluminar la equivocación sobrevenida en el habla. No querría poner en duda las leyes según las cuales los sonidos ejercen efectos de alteración recíproca; mas no me parece que posean suficiente eficacia para perturbar por sí solas la pronunciación correcta del dicho. En los casos que he estudiado rigurosamente y he profundizado, ellas no constituyen sino el mecanismo preformado del que se sirve, por razones de comodidad, un motivo psíquico más lejano, pero sin restringirse a la esfera de influencia de esas interrelaciones [fonéticas]. *En una gran serie de sustituciones* [pág. 58], *el trastrabarse prescinde por completo de tales leyes fonéticas.* En esto me encuentro en pleno acuerdo con Wundt, quien de igual modo conjetura que las condiciones del trastrabarse son complejas y rebasan en mucho los efectos de contacto fonético.

Si bien considero comprobados estos «influjos psíquicos más distantes», según la expresión de Wundt [cf. *supra*, pág. 63], no tengo por lo demás reparo alguno en admitir también que en el caso de un decir apurado y de una atención un poco distraída las condiciones del trastrabarse se pueden reducir fácilmente a los límites definidos por Meringer y Mayer [cf. *supra*, pág. 57]. Sin embargo, para una parte de los ejemplos recopilados por estos autores parece más probable una resolución más compleja. Escojo el caso antes citado [pág. 57]:

«*Es war mir auf der* Schwest...
Brust *so schwer*».

¿Ha ocurrido simplemente aquí que «*schwe*» suplantara {*verdrängen*} a «*bru*», de igual valencia, como una anticipación de sonido? No se puede desechar, sin embargo, que los fonemas de «*schwe*» fueran habilitados para esta su saliencia en virtud de una particular relación. Esta no podría ser otra que la asociación: «*Schwester – Bruder*» {«hermana – hermano»} o, todavía más, «*Brust der Schwester*» {«pecho de la hermana»}, que nos traslada a otros círculos de pensamiento. Y este auxiliar, invisible tras la escena, es el que presta al inocente «*schwe*» el poder cuyo triunfo se exterioriza como equivocación en el habla.

Respecto de otros casos de trastrabarse, se puede suponer que la asonancia con palabras y significados obscenos es el perturbador genuino. La desfiguración y deformación deliberadas de las palabras y giros idiomáticos, de que tanto gustan las personas mal educadas, no se propone otra cosa que recordar lo prohibido a partir de una ocasión inocente; y este jugueteo es tan común que no nos asombraría que se abriera paso también de manera inadvertida y contraria a la voluntad. Ejemplos como «*Eischeissweibchen*», por *Eiweissscheibchen*;* «*Apopos* Fritz», por *à propos*;** «*Lokuskapitäl*», por *Lotuskapitäl*,*** etc., y quizá también las «*Alabüsterbachse*» (*Alabasterbüchse*)**** de Santa Magdalena pertenezcan a esta categoría.[47] — «Los invito a *eructar* {por "brindar"} a la salud de nuestro jefe» [pág. 58], no parece sino una parodia inadvertida como eco de una deliberada. Si yo fuera el jefe en cuyo homenaje se cometió ese *lapsus* en el discurso del brindis, sin duda reflexionaría en lo sabios que eran los romanos cuando permitían a los soldados del emperador triunfante manifestar en canciones burlescas su íntima inquina hacia el festejado. — Meringer refiere, sobre sí mismo, que a un hombre a quien llamaban

* {Literalmente, «mujer caga huevos», por «trocitos de clara de huevo».}

** {«*Apopos*» es una palabra inexistente, pero «*Popo*» es la forma en que los niños designan la «cola».}

*** {Literalmente, «capitel de escusado», por «capitel de lotos», un tipo de adorno arquitectónico frecuente en los monumentos egipcios.}

**** {La primera es una palabra inexistente (aunque «*Büste*» es «busto»), por «caja de alabastro».}

[47] En una paciente mía, el trastrabarse persistió como síntoma hasta que se lo recondujo a la chiquillada de sustituir «*ruinieren* {arruinar}» por «*urinieren* {orinar}». — [*Agregado* en 1924:] A la tentación de hacer libre uso, por el artificio del trastrabarse, de unas palabras indecorosas y vedadas, se anudan las observaciones de Abraham sobre operaciones fallidas con «tendencia sobrecompensadora» (Abraham, 1922*b*). Una paciente muy propensa a duplicar tartamudeando la sílaba inicial de los nombres propios había alterado el nombre de Protágoras en «Protrágoras». Poco antes había dicho, en lugar de «Alexandros {Alejandro}», «A-alexandros». La averiguación dio por resultado que de niña había sido muy afecta a la picardía que consiste en repetir las sílabas de sonido «*a*» y «*po*» {en el lenguaje infantil, «*aa*» y «*popo*» designan «caca» y «cola»}, jugueteo este que no rara vez conduce al tartamudeo en los niños. Y entonces, a raíz del nombre de Protágoras, sintió el peligro de omitir la «*r*» de la primera sílaba y decir «Po-potágoras». Para defenderse de ello se aferró convulsivamente a la «*r*» y por añadidura interpoló otra «*r*» en la segunda sílaba. De parecido modo desfiguró, en otra ocasión, las palabras «*parterre* {platea}» y «*Kondolenz* {condolencia}» en «*partrerre*» y «*Kodolenz*» para esquivar las palabras, próximas en la asociación de ella, «*pater* (padre)» y «*Kondom* {preservativo}». Otro paciente de Abraham confesó una inclinación a decir siempre «Angora» en lugar de «angina», probablemente porque temía la tentación de sustituir «angina» por «vagina». O sea que estos deslices en el habla se producen cuando en lugar de la tendencia desfiguradora prevalece una defensiva, y Abraham señala, con acierto, la analogía de este proceso con la formación de síntoma en las neurosis obsesivas.

con el familiar apelativo honorífico de «*Senexl*»[48] o de «*altes* {viejo} *Senexl*», él le dijo una vez: «*Prost* {Salud}, *Senex altesl!*». Y él mismo se espantó por ese equívoco.[49] Acaso podamos interpretar su sentimiento si reparamos en cuán cerca está «*altesl*» del insulto «*alter Esel*» {«burro viejo»}. Serios castigos interiores se imponen al que comete una falta de respeto contra los mayores (o sea, reducido a la infancia, contra el padre).

Espero que el lector no ha de descuidar la diferencia de valor entre estas interpretaciones, cuya prueba es imposible, y los ejemplos que yo mismo he recopilado y elucidado mediante unos análisis. No obstante, si calladamente confío en mi expectativa de que aun los casos en apariencia simples de trastrabarse puedan reconducirse a la perturbación por efecto de una idea sofocada a medias y situada *fuera* del nexo intentado, me inclina a ello una puntualización de Meringer, muy merecedora de tenerse en cuenta. Dice este autor: «Cosa asombrosa, nadie quiere admitir que se trastrabó». Hay personas muy sinceras y honestas que se ofenden si se les dice que se habrían trastrabado. No me atrevo a conceder a esta tesis una generalidad tan grande como la que supone el «nadie» de Meringer; pero tiene su significado el asomo de afecto que va adherido a la mostración del trastrabarse, y que evidentemente es de la índole de la vergüenza. Corresponde equipararlo al enojo que nos produce no recordar un nombre olvidado [pág. 17] y al asombro que nos causa la persistencia de un recuerdo en apariencia nimio [pág. 50], y en todos los casos señala la participación de un motivo en el advenimiento de la perturbación.

La tergiversación de nombres equivale a un improperio cuando acontece de manera deliberada, y es posible que tenga el mismo significado en toda una serie de casos en que aflora como un trastrabarse inadvertido. La persona que, según informa Mayer,[50] dijo cierta vez «Freuder» en lugar de Freud, por haber pronunciado poco antes el nombre de «Breuer», y en otra oportunidad habló del método de Freuer-Breud,[51] era por cierto un colega a quien tal método no entusiasmaba particularmente. Más adelante [pág. 117], en-

---

[48] [Diminutivo cariñoso aplicado en Austria a la palabra latina «*senex*», «viejo».]
[49] Meringer y Mayer, 1895, pág. 50.
[50] *Ibid.*, pág. 38.
[51] *Ibid.*, pág. 28.

tre los desliçes en la escritura, comunicaré un caso de desfiguración de nombre que no reclama en verdad un esclarecimiento diverso.[52]

En estos casos tiene injerencia como elemento perturbador una crítica que debe ser dejada de lado porque en ese momento no corresponde a la intención del que habla.

A la inversa,[53] la sustitución de nombre, la apropiación del nombre ajeno, la identificación por vía de trastrabarse en el nombre, significan un reconocimiento que por razones cualesquiera debe quedar por el momento entre bambalinas.

[52] [*Nota agregada* en 1907:] Se puede señalar también que son en particular los aristócratas quienes se inclinan a desfigurar los nombres de médicos a quienes han consultado, y es lícito inferir de ahí que en su interior los menosprecian, no obstante la cortesía con que suelen tratarlos. — [*Agregado* en 1912:] Cito aquí algunas certeras puntualizaciones sobre el olvido de nombres, tomadas de un trabajo en inglés en el cual el doctor Ernest Jones, a la sazón en Toronto, elabora nuestro tema (Jones, 1911*b* [pág. 488]):

«Pocas personas pueden evitar un arranque de enojo cuando se encuentran con que alguien ha olvidado su nombre, en particular si tenían la esperanza o la expectativa de que la persona en cuestión lo recordaría. Advierten instintivamente sin vacilar que no lo habría olvidado si en su momento ellas le hubieran causado una impresión más intensa, ya que el nombre es un ingrediente esencial de la personalidad. Así, pocas cosas hay más halagadoras que sentirse imprevistamente llamado por el propio nombre por una alta personalidad. Napoleón, como la mayoría de los conductores de hombres, era un maestro en este arte. Durante su infortunada campaña de 1814 en Francia dio una prueba asombrosa de su memoria en este aspecto. Cuando se encontraba en un pueblo cercano a Craonne, recordó que había conocido veinte años atrás, en el regimiento de La Fère, a su burgomaestre, De Bussy; la consecuencia fue que el arrobado De Bussy se consagrara a su servicio con ilimitado celo. Por esto mismo, no hay medio más seguro de afrentar a alguien que haciendo como si uno hubiera olvidado su nombre; uno insinúa así que la persona le es tan indiferente que ni siquiera se tomó el trabajo de retener cómo se llama. Este artificio es empleado a menudo en la literatura. En *Humo*, de Turgenev, encontramos este pasaje: "'¿Todavía halla usted a Baden divertido, señor... Litvinov?'. Ratmirov solía vacilar siempre al pronunciar el nombre de Litvinov, como si tuviera que esforzarse para recordarlo. Así, y con la manera arrogante de llevarse la mano al sombrero cuando lo saludaba, quería mortificarlo en su orgullo". En otro pasaje, de *Padres e hijos*, el mismo autor escribe: "El gobernador invitó a Kirsanov y Bazarov al baile y repitió la invitación unos minutos después; al hacerlo, pareció que los creía hermanos, y los llamó Kisarov". Aquí, el olvido de la primera invitación, la equivocación del apellido y la incapacidad para discernir separadamente a los dos jóvenes rematan en un supremo menosprecio. La desfiguración del nombre tiene el mismo significado que su olvido; es un primer paso hacia la amnesia total».

[53] [Los cuatro párrafos siguientes fueron agregados en 1910.]

Sándor Ferenczi nos refiere, de sus años de estudiante, una vivencia de esta índole:

«En el primer año de la escuela secundaria tuve que recitar en público (o sea, ante toda la clase), y por primera vez en mi vida, una poesía. Estaba bien preparado, y quedé estupefacto cuando, apenas hube empezado, me interrumpió un estallido de risas. El profesor me explicó luego aquella rara acogida, y era que dije muy bien el título de la poesía, "Aus der Ferne" {"De la lejanía"}, pero como autor no mencioné al poeta real, sino a mí mismo. El nombre de aquel es Alexander (Sándor [en húngaro]) Petöfi. La identidad de su nombre de pila con el mío favoreció la confusión, pero la genuina causa de esta fue sin duda que en mi secreto deseo yo me identificaba por entonces con el celebrado héroe-poeta. Aun concientemente le profesaba un amor y una estima rayanos en la idolatría. Además, tras esta operación fallida se esconde, desde luego, todo el dichoso complejo de la ambición».

Una identificación parecida por medio de permutación de nombre me fue comunicada por un médico joven que, lleno de timidez y respeto, se presentó con estas palabras al famoso Virchow:[54] «Doctor Virchow». El profesor se volvió asombrado a él, y le preguntó: «Pero, ¿usted también se llama Virchow?». Yo no sé cómo justificó su desliz el joven ambicioso: si halló la salida elegante de decir que, considerándose él tan pequeño al lado del gran nombre, el suyo propio no pudo menos que írsele de la mente; o si tuvo la osadía de confesar que esperaba ser algún día tan grande hombre como Virchow, y pedía por eso al señor consejero áulico que no lo tratara tan despreciativamente. Es posible que uno de estos dos pensamientos —o quizá los dos al mismo tiempo— confundieran a nuestro joven en el acto de presentarse.

Por motivos personalísimos debo dejar sin decidir si al caso que ahora citaré le es aplicable una interpretación semejante. En el Congreso Internacional de Amsterdam, de 1907, la doctrina sobre la histeria por mí sustentada fue objeto de vivos debates.[55] Me contaron que uno de mis más enérgicos oponentes se trastrabó repetidas veces en su catilinaria contra mí dirigida, poniéndose en mi lugar y hablando en mi nombre. Dijo, por ejemplo: «Breuer y *yo*

[54] [Rudolf Virchow, el célebre patólogo alemán (1821-1902).]
[55] [Se refiere al 1er Congreso Internacional de Psiquiatría y Neurología, realizado en Amsterdam en setiembre de 1907. El «oponente» era Aschaffenburg. Cf. Jones, 1955, pág. 126.]

han demostrado, como se sabe...», cuando sólo pudo haberse propuesto decir «Breuer y *Freud*». El nombre de este oponente no muestra la menor semejanza fonética con el mío. Este ejemplo, así como muchos otros de permutación de nombre, nos advierte que el trastrabarse puede prescindir enteramente de la facilidad que la homofonía le proporciona [cf. pág. 83], y abrirse paso con el solo apoyo de unos escondidos vínculos de contenido.

En otros casos,[56] más importantes, lo que fuerza a trastrabarse y aun a sustituir lo intentado por su opuesto es una autocrítica, una contradicción interior a lo que uno mismo exterioriza. Asombrados, vemos entonces cómo el texto de un juramento cancela el propósito de este, y cómo la equivocación en el habla pone en descubierto la insinceridad interior.[57] El trastrabarse se vuelve aquí un recurso para la expresión mímica, claro que en muchos casos para la de aquello que no se quería decir: se vuelve un medio de traicionarse a sí mismo. Por ejemplo, cierto individuo, que en sus relaciones con la mujer no prefiere el comercio llamado normal, interviene de pronto en una plática acerca de una muchacha a quien motejan de coqueta {*kokett*}: «Ya le quitaría yo esa costumbre de *koëttieren*». No hay duda: sólo la palabra «*koitieren*» {«tener coito»} pudo provocar aquella alteración de la intentada «*kokettieren*» {«coquetear»}. — O este otro caso: «Tenemos un tío que desde hace meses está muy mortificado porque nunca lo visitamos. Aprovechando la ocasión de que él se mudó de domicilio, nos presentamos en su casa después de largo tiempo. En apariencia se alegra mucho con nuestra visita y, muy afectuoso, nos dice al despedirnos: "Espero que en lo sucesivo los vea todavía más *raramente*"».

Las contingencias favorables del material lingüístico[58] suelen engendrar casos de trastrabarse que producen el efecto desarmante de un desenmascaramiento, o un resultado de total comicidad. Así en los siguientes, observados y comunicados por el doctor Reitler:

[56] [La primera parte de este párrafo, hasta «un recurso para la expresión mímica», data de 1901. Lo que sigue, hasta «O este otro caso», fue agregado en 1907; el resto, hasta el final del párrafo, es de 1920.]
[57] Verbigracia, mediante un desliz en el habla estigmatiza Anzengruber [dramaturgo vienés (1839-1889)], en *Der G'wissenswurm*, al hipócrita cazador de herencias.
[58] [Este párrafo y el siguiente fueron agregados en 1907.]

«"¿Usted misma ha *aufgepatzt* {palabra inexistente, por *aufgeputzt*, 'arreglado'} ese encantador sombrero nuevo?", preguntó una dama a otra con tono admirativo. No pudo menos que interrumpir la alabanza que se proponía hacerle; en efecto, la callada crítica de que el *Aufputz* {adorno} del sombrero era una "Patz*erei*" {"chapucería"} se había exteriorizado con excesiva nitidez en este desagradable desliz como para que unas frases más de convencional alabanza pudieran seguir pareciendo creíbles».[59]

Más suave, aunque inequívoca también, es la crítica en el ejemplo que sigue:[60]

«Una dama visitó a una conocida, y ya la impacientaba en demasía y la fastidiaba la verbosidad de esta, la excesiva prolijidad de su charla. Por último consiguió interrumpirla y despedirse, pero ya en el vestíbulo la conocida, que la acompañaba, volvió a detenerla con una nueva catarata de palabras; y luego, cuando ya se marchaba, tuvo que volver a oírla de pie junto a la puerta de salida. Al fin la detuvo con esta pregunta: "¿Está usted en casa en el *vestíbulo* {*Vorzimmer*}?". Sólo por el gesto atónito de la otra reparó en su trastrabarse. Fatigada a causa del largo plantón en el *vestíbulo*, quiso cortar la conversación con la pregunta: "¿Está usted en casa por la *mañana* {*Vormittag*}?", y de aquel modo lo que hizo fue delatar su impaciencia ante la nueva retención».

El siguiente ejemplo,[61] del que fue testigo el doctor Max Graf, equivale a un llamado a moderarse:

«En la asamblea general de la Asociación de Periodistas "Concordia", un joven miembro, siempre corto de dinero, pronuncia un violento discurso de oposición y, excitado, dice: "Los señores Vorschuss*mitglieder* {miembros del prés-

[59] [Citado por Freud en sus *Conferencias de introducción* (1916-17), *AE*, **15**, pág. 32. — En las ediciones de 1910 y 1912, en este punto aparecían en el texto los siguientes pasajes:

«Con lo mismo nos encontramos en un caso del que informa el doctor Ferenczi:

»" 'Ven *geschminkt* {maquillada}' (en vez de *geschwind* {rápido}), dijo una paciente mía [húngara] a su suegra de habla alemana. Con este desliz se le escapó precisamente lo que quería ocultarle: la irritación que le provocaba la vanidad de su suegra".

»No es nada raro que alguien que habla un idioma distinto del propio explote su torpeza con el fin de cometer deslices muy significativos en la lengua que le es extraña».]

[60] [Agregado en 1920.]

[61] [Agregado en 1907, y citado más tarde por Freud en sus *Conferencias de introducción* (1916-17), *AE*, **15**, pág. 46.]

tamo}. . ." (en lugar de Vor*ständsmitglieder* o Ausschuss-*mitglieder* {miembros de la presidencia o miembros del consejo}). Es que estos señores son los encargados de aprobar los préstamos, y nuestro joven orador acaba de presentar una solicitud en ese sentido».

En el ejemplo de «*Vorschwein*» [pág. 60] [62] vimos que es fácil que se produzca un desliz en el habla cuando uno se ha empeñado en sofocar improperios. Es que justamente por ese camino se desahoga uno:

Un fotógrafo que se ha propuesto evitar los epítetos zoológicos en el trato con sus torpes empleados, dice a un aprendiz que pretende vaciar una gran bandeja llena hasta el tope, y naturalmente derrama por el piso la mitad: «Pero *hombre*, primero tiene que *abschöpsen* un poco!».* Y al rato, a una auxiliar que por imprudencia ha puesto en peligro algunas placas valiosas, y en medio de una invectiva más larga: «¿Pero acaso está usted *hornverbrannt*?».**

El ejemplo que sigue [63] muestra un caso serio de autodelación mediante un trastrabarse. Algunas particularidades justifican trascribirlo por extenso de la comunicación de A. A. Brill:[64] ***

«Cierto atardecer, el doctor Frink y yo salimos a dar un paseo y a tratar algunos asuntos de la Sociedad Psicoanalítica de Nueva York. En ese momento nos topamos con un colega, el doctor R., a quien yo había pasado años sin ver y de cuya vida privada nada sabía. Nos alegró mucho volver a encontrarnos, y a propuesta mía fuimos a un café, donde permanecimos dos horas en animada plática. Parecía saber bastante sobre mí, pues tras el acostumbrado saludo preguntó por mi pequeño hijo y me explicó que de tiempo en tiempo tenía noticias mías a través de un amigo común, y se interesó por mi actividad desde que se hubo enterado de ella por las revistas médicas. A mi pregunta sobre si se había casado, dio una respuesta negativa y añadió: "¿Para qué se casaría un hombre como yo?".

[62] [Este párrafo y el siguiente fueron agregados en 1920.]
* {Palabra inexistente, por «*abschöpfen*» («desagotar»); «*Schöps*» significa «carnero» y también «tonto, pavote».}
** {Palabra inexistente, por «*hirnverbrannt*» («completamente loca»); «*Horn*» significa «cuerno».}
[63] [Agregado en 1912.]
[64] En *Zentralblatt für Psychoanalyse*, **2**, donde por error se adjudica la autoría del artículo a Ernest Jones.
*** {Traducimos del texto original en inglés incluido en Brill (1912), tal como lo trascribe la *Standard Edition*.}

»Al salir del café, se volvió de pronto hacia mí: "Me gustaría saber qué haría usted en el siguiente caso; conozco a una enfermera que está enredada como cómplice en un proceso de divorcio. La esposa demandó el divorcio a su marido calificando a la enfermera como cómplice, y *él* obtuvo el divorcio".[65] Aquí lo interrumpí: "Querrá usted decir que *ella* obtuvo el divorcio". Se rectificó en el acto: "Desde luego, *ella* lo obtuvo", y siguió refiriendo que la enfermera quedó tan afectada por el proceso y el escándalo que se dio a la bebida, sufrió una grave alteración nerviosa, etc.; y él me pedía consejo sobre el modo en que había de tratarla.

»Tan pronto le hube corregido el error, le pedí que lo explicara, pero él empezó con las usuales respuestas de asombro: que todo ser humano tiene pleno derecho a trastrabarse, que se debe sólo al azar y nada hay que buscar detrás, etc. Repliqué que toda equivocación en el habla debe tener su fundamento, y que estaría tentado de creer que él mismo era el héroe de la historia, si no fuera porque antes me había comunicado que permanecía soltero; en tal caso, en efecto, el desliz se explicaría por el deseo de que su mujer, y no él, perdiera el proceso, a fin de no tener que pagarle alimentos (de acuerdo con nuestro derecho en materia de matrimonio) y poder casarse de nuevo en la ciudad de Nueva York. El desautorizó obstinadamente mi conjetura, al par que la corroboraba, sin embargo, con una exagerada reacción afectiva, nítidos signos de excitación, y después, carcajadas. Ante mi solicitud de que dijera la verdad en aras de la claridad científica, recibí la respuesta: "Si usted no quiere que yo le mienta, debe creer que soy soltero, y por tanto su explicación psicoanalítica es enteramente falsa". Agregó, además, que un hombre que reparaba en cada insignificancia era a todas luces peligroso. De pronto se acordó de que tenía otra cita, y se despidió.

»Ambos, el doctor Frink y yo, quedamos no obstante convencidos de que mi resolución del desliz que cometiera era correcta, y yo decidí obtener su prueba o su refutación mediante las averiguaciones del caso. Algunos días después visité a un vecino, viejo amigo del doctor R., quien pudo ratificar mi explicación en todas sus partes. El fallo judicial se había pronunciado pocas semanas atrás, siendo la enfer-

[65] [En la versión alemana del trabajo de Brill, aparecía en este lugar la siguiente nota al pie: «De acuerdo con nuestras leyes, no se concede el divorcio a menos que se demuestre que una de las partes ha cometido adulterio; y, desde luego, la separación se concede en favor de la parte engañada».]

mera declarada culpable como cómplice. El doctor R. está ahora firmemente convencido de la corrección de los mecanismos freudianos».

La autodelación[66] es igualmente indudable en el siguiente caso comunicado por Otto Rank:

«Un padre que no tiene ningún sentimiento patriótico y quiere educar a sus hijos libres también de tales afectos, que le parecen ociosos, censura a sus hijos varones por haber participado en una manifestación patriótica, y, cuando le invocan que idéntica conducta tuvo su tío, rechaza el argumento con estas palabras: "Pero a él, justamente, no tienen que imitarlo; es un *idiota*". El asombrado rostro de los hijos ante este desplante, insólito en su padre, hizo advertir a este que se había trastrabado, y señaló, disculpándose: "Desde luego, quise decir *patriota*"».

He aquí un trastrabarse[67] señalado como autodelación por la propia interlocutora. Nos lo comunica Stärcke,[68] quien agrega un comentario pertinente, aunque rebasa los límites de la tarea interpretativa.

«Una odontóloga había convenido con su hermana examinarla alguna vez a fin de averiguar si tenía buen *contacto* entre dos molares (o sea, si sus paredes laterales se tocaban, de suerte que no pudieran quedar restos de comida entre ellos). Pasado un tiempo, la hermana se quejó por la excesiva tardanza en el cumplimiento de su convenio, y dijo en broma: "Quizá trate a una colega, pero su hermana tiene que seguir esperando". La odontóloga la examina por fin, realmente halla un pequeño orificio en uno de los molares, y dice: "No pensé que fuera tan serio; creí que sólo *no tenías contante*... *no tenías contacto*". — "¿Lo ves? —exclama la hermana riendo—. ¡Sólo por tu avaricia me hiciste esperar más tiempo que a tus pacientes que pagan!".

»(Desde luego que no tengo derecho a agregar mis propias ocurrencias a las de ella, ni a extraer conclusiones sobre esa base, pero al enterarme de este trastrabarse la ilación de mis pensamientos me llevó a considerar que estas dos mujeres jóvenes, inteligentes y amables, son solteras y mantienen muy poco trato con hombres jóvenes, y me pregunté si no tendrían más contacto con estos de poseer ellas más contante.)».

[66] [Agregado en 1912.]
[67] [Este ejemplo y los dos siguientes fueron agregados en 1917.]
[68] [Cf. Stärcke, 1916.]

También el siguiente trastrabarse, comunicado por Reik,[69] tiene el valor de una autodelación:

«Una muchacha debía ser desposada por un joven que no le era simpático. Para aproximar a ambos, los padres convinieron en hacer una reunión a la que asistirían también los futuros novios. La muchacha tuvo bastante dominio sobre sí misma como para que su festejante, muy obsequioso con ella, no sospechara su antipatía. Pero a la pregunta de la madre sobre si le había gustado el joven, respondió con toda cortesía: "Bien, es muy *detestable* {*liebenswidrig*, por *liebenswürdig*, 'amable'}"».

No menos carácter de autorrevelación posee otro ejemplo, que Rank[70] define como de «trastrabarse chistoso».

«Una mujer casada a quien le gusta oír anécdotas, y de quien se dice que no es desafecta a cortejos extramatrimoniales si vienen refrendados por oportunos regalos, oye a cierto joven que pretende también sus favores y que le cuenta, no son intención, esta vieja historia. De dos socios comerciantes, uno se empeña en conseguir los favores de la mujer, algo esquiva, de su compañero; al fin ella cede a cambio de un regalo de mil florines. El marido está a punto de salir de viaje, y su compañero le pide prestados mil florines con la promesa de devolvérselos a su mujer al día siguiente. Desde luego, da ese monto a la mujer como supuesta recompensa de amor, y ella se cree descubierta cuando su marido, ya de regreso, le pide los mil florines y sufre además el vituperio. — En el momento en que el joven llegó al punto de la historia en que el seductor dice a su compañero: "Mañana *devolveré* el dinero a tu mujer", la dama que oía su relato lo interrumpió con estas significativas palabras: "Dígame usted, ¿no me lo ha *devuelto* usted ya? ¡Ah, perdón, quise decir *contado*!".* — Difícilmente, sin decirlo de manera expresa, habría podido dar a entender con más claridad su disposición a entregarse bajo las mismas condiciones».

Un lindo caso[71] de autodelación con desenlace inofensivo es el que comunica Victor Tausk[72] bajo el título «La fe de los antepasados»:

---

[69] Reik, 1915*a*.

[70] Rank, 1913*b*.

* {Las palabras alemanas para «devuelto» y «contado» no guardan semejanza entre sí.}

[71] [Agregado en 1919.]

[72] Tausk, 1917.

«Como mi novia era cristiana y no quería abrazar el judaísmo, yo me convertí al cristianismo para que pudiéramos casarnos. No mudé mi confesión sin resistencia interior, pero la meta perseguida me pareció justificarlo, tanto más cuanto que mi adhesión al judaísmo había sido externa, no el fruto de una convicción religiosa, que no la tenía de ninguna índole. Empero, luego me he confesado siempre judío y pocos de mis conocidos saben que estoy bautizado. De este matrimonio nacieron dos hijos varones, bautizados como cristianos. Cuando los muchachos alcanzaron cierta edad, fueron instruidos acerca de su ascendencia judía a fin de que los influjos antisemitas de la escuela no los movieran a volverse contra su padre por ese ocioso motivo. — Hace algunos años, durante las vacaciones de verano, residía yo con los niños en D., en casa de una familia de maestros. Merendábamos un día con nuestros huéspedes, gente de ordinario amistosa, y la señora de la casa, que no sospechaba el origen judío de los demás miembros del grupo en vacaciones, dirigió unas hirientes invectivas contra los judíos. Yo habría debido poner en claro osadamente la situación para dar a mis hijos el ejemplo de "valentía en el sostén de las propias convicciones", pero temí las penosas explicaciones que suelen seguir a una confesión así. Además, me arredró tener que abandonar el buen alojamiento que habíamos hallado y estropear de ese modo a mis hijos su período de descanso, de por sí breve, en caso de que la conducta de nuestros anfitriones se volviera inamistosa por ser nosotros judíos. Ahora bien, era previsible que mis hijos revelarían la verdad sincera y despreocupadamente si seguían asistiendo a la plática; así pues, quise alejarlos de la reunión enviándolos al jardín. "Vayan al jardín, *judíos {Juden}*", dije, y me corregí rápidamente: "*jóvenes {Jungen}*". De ese modo, a través de una operación fallida, yo procuraba expresión a mi "valentía en el sostén de las propias convicciones". Por cierto que los otros no sacaron consecuencia alguna de este desliz, pues no le concedieron importancia. Pero yo tuve que extraer la enseñanza de que la "fe de los antepasados" no se deja desmentir impunemente cuando uno es hijo y a su vez tiene hijos».

Nada inofensivo fue el efecto del siguiente caso de trastrabarse,[73] que yo no comunicaría si el propio magistrado que presidió la audiencia no lo hubiera registrado para este repertorio:

[73] [Agregado en 1920.]

Un miliciano inculpado de *robo* declara: «Desde entonces no he sido dado de baja aún de ese *Diebsstellung* {puesto de ladrón; por *"Dienststellung"*, "puesto de servicio"} militar, y en consecuencia sigo perteneciendo por ahora a la milicia».

Gracioso parece el trastrabarse[74] cuando se lo usa como medio para corroborar, en el curso de una contradicción, algo que puede ser muy útil al médico en el trabajo psicoanalítico. Cierta vez tuve que interpretar el sueño de uno de mis pacientes, en el que aparecía el nombre «*Jauner*». El paciente conocía a una persona de tal nombre, pero no averiguaba por qué esta había sido acogida en la trama del sueño. Me atreví entonces a conjeturar que pudiera ser meramente por causa del nombre, que sonaba parecido al vituperio «*Gauner*» {«bribón»}.* El paciente contradijo con rapidez y energía, pero al hacerlo se trastrabó y corroboró mi conjetura sirviéndose por segunda vez de la sustitución. Su respuesta rezó: «No obstante, esto me parece demasiado *jewagt* {por *gewagt*, "aventurado"}». Cuando le llamé la atención sobre su desliz, admitió mi interpretación.

Toda vez que, en una seria disputa verbal, a uno de los querellantes le sucede cometer uno de estos deslices que trastorna en lo contrario el propósito del dicho, en el acto queda en desventaja frente al otro, quien rara vez dejará de valerse de su posición así mejorada.

De este modo[75] se aclara por qué los hombres, universalmente, dan del trastrabarse, como de otras operaciones fallidas, la misma interpretación que yo sustento en este libro, aunque no se declaren partidarios de esta concepción en la teoría y aunque respecto de su propia persona no se inclinen a renunciar a la comodidad que conlleva la tolerancia de tales deslices. La hilaridad y la burla que indefectiblemente son el efecto de estas equivocaciones en el habla cometidas en el momento decisivo contrarían la convención, supuestamente aceptada por todos, según la cual un trastrabarse sería un *lapsus linguae* y carecería de significado psicológico. Nada menos que el canciller del imperio alemán, el príncipe Bülow, intentó salvar mediante esa objeción la

---

[74] [Este párrafo y el siguiente fueron agregados en 1907. El desliz sobre «*Jauner*» fue citado por Freud en «Construcciones en el análisis» (1937*d*), *AE*, **23**, pág. 266.]

* {En el lenguaje alemán vulgar, la «g» suele pronunciarse, igual que la «j», como «i».}

[75] [Este párrafo y los dos siguientes fueron agregados en 1910.]

situación en que quedó cuando volcó hacia lo contrario, mediante un trastrabarse, el texto de su discurso en defensa del emperador (noviembre de 1907):

«Por lo que toca al presente, a esta nueva época del emperador Guillermo II, sólo puedo repetir lo que dije hace ya un año: que *sería inequitativo e injusto hablar de un círculo de consejeros responsables que rodearía a nuestro emperador*... ("irresponsables", le apuntan muchas voces vivamente)... hablar de un círculo de consejeros *irresponsables*. Disculpen ustedes el *lapsus linguae*». (Risas.)

Sin embargo, la frase del príncipe Bülow pareció un poco ininteligible por la acumulación de negaciones; la simpatía por el orador y el miramiento por su difícil posición se conjugaron para que no se sacara ulterior partido contra él de su trastrabarse. Peor le fue a otro, un año después y en ese mismo lugar; quería exhortar al emperador para que informase *sin reservas*, pero un maligno desliz lo remitió a otros sentimientos, de lealtad a la corona, que anidaban en su pecho.

«Lattmann (del Partido Nacional Alemán): "En la cuestión del pedido de informes, situémonos en el terreno del reglamento interno de la Dieta. Según este, la Dieta tiene el derecho de dirigir al emperador ese pedido de informes. Creemos que el pensamiento unánime y el deseo del pueblo alemán consisten en obtener un *informe unánime* también en este asunto, y si bien podemos hacerlo de un modo que tome bien en cuenta los sentimientos monárquicos, debemos hacerlo empero *rückgratlos* {sin espina dorsal}". (Grandes risas, que duran algunos minutos.) "Señores: No se dice *rückgratlos*, sino *rückhaltlos* {sin reservas}" (risas), "y esperemos que tal manifestación sin reservas del pueblo hallará igual respuesta en nuestro emperador en estos difíciles tiempos"».[76]

En su número del 12 de noviembre de 1908, el *Vorwärts* {periódico de la socialdemocracia alemana}, no dejó de mostrar el significado psicológico de este desliz: «Nunca, en parlamento alguno, ha caracterizado tan certeramente un diputado, en una involuntaria autoacusación, su actitud, y la de la mayoría parlamentaria, hacia el monarca, como lo consignó el antisemita Lattmann cuando en el segundo día de la interpelación, con festivo *pathos*, se descarriló confesando que él y sus amigos querían decir al emperador su opinión *sin espina dorsal*. Un aluvión de carcajadas de todas las ban-

[76] [Freud volvió a aludir a este desliz en sus *Conferencias de introducción* (1916-17), *AE*, **15**, pág. 55.]

cadas ahogó las posteriores palabras del desdichado, quien todavía juzgó necesario balbucear, a modo de expresa disculpa, que en verdad quiso decir "sin reservas"».

Agrego un ejemplo más [77] en que el trastrabarse cobró el carácter directamente ominoso de una profecía. En la primavera de 1923 produjo gran conmoción en el mundo de las finanzas internacionales que el banquero X., hombre sumamente joven y perteneciente a los «nuevos ricos» de W. —sin duda uno de los más nuevos, pero ciertamente el más rico y el de menos edad—, consiguiera tras breve lucha la posesión de la mayoría accionaria del banco Z.; esto tuvo como consecuencia adicional que en una notoria asamblea general los viejos dirigentes de esa institución, financistas de viejo cuño, no fueran reelegidos, y que el joven X. pasara a ser presidente del banco. En el discurso de despedida pronunciado luego por el doctor Y., miembro del directorio, y destinado al viejo presidente no reelecto, llamó la atención a muchos de los presentes un penoso y repetido desliz del orador. Una y otra vez habló del presidente fallecido {dahinscheidend} (en lugar de «despedido» {ausscheidend}). Y, en efecto, sucedió que el anciano presidente no reelecto murió pocos días después de esa reunión. Claro está, ya tenía más de ochenta años. (Storfer.)

Un lindo ejemplo de trastrabarse,[78] en virtud del cual no tanto se traiciona el que habla como se da a entender algo al espectador situado fuera de la escena, se encuentra en *Wallenstein* [de Schiller] (*Piccolomini*, acto I, escena 5); nos muestra que el autor que así se sirve de este recurso está bien familiarizado con el mecanismo y el sentido del trastrabarse. En la escena precedente, Max Piccolomini ha abrazado con la pasión más ardiente el partido del duque [de Wallenstein], y ha echado a volar la imaginación sobre las bendiciones de la paz que se le revelaron en su viaje, mientras acompañaba al campo a la hija de Wallenstein. Deja a su padre [Octavio] y al enviado de la corte, Questenberg, sumidos en total consternación. Y ahora prosigue la quinta escena:

«*Questenberg:* ¡Ay de nosotros! ¿Así son las cosas? ¿Lo dejaremos, amigo mío, en ese delirio? ¿No lo llamamos ya mismo para abrirle los ojos?

[77] [Agregado en 1924.]
[78] [Agregado en 1907.]

»*Octavio (recobrándose después de una ensimismada meditación):* El me los ha abierto ahora, y mi mirada penetra más lejos de lo que quisiera.

»*Questenberg:* ¿De qué habla?

»*Octavio:* ¡Maldito sea ese viaje!

»*Questenberg:* ¿Pero por qué? ¿Qué ocurre?

»*Octavio:* Venga usted. Debo seguir al punto la desdichada pista, verlo con mis propios ojos. Venga usted. *(Quiere llevarlo consigo.)*

»*Questenberg:* ¿Por qué? ¿Adónde?

»*Octavio (urgido):* Hacia ella.

»*Questenberg:* Hacia. . .

»*Octavio (corrigiéndose):* Hacia el duque, vamos».

Este pequeño desliz que consiste en decir «hacia ella» en lugar de «hacia él» [hacia el duque] está destinado a revelarnos que el padre ha comprendido el motivo del partido que tomó su hijo, en tanto el cortesano se queja de que «le hable con puros enigmas».[79]

Otto Rank ha descubierto en Shakespeare otro ejemplo [80] de utilización poética del trastrabarse. Cito la comunicación de Rank:[81]

«En *El mercader de Venecia* de Shakespeare (acto III, escena 2) encontramos un *desliz en el habla* motivado con extrema fineza dramática, brillante como recurso técnico, que nos deja ver, como el que Freud señaló en el *Wallenstein*, que los poetas conocen muy bien el mecanismo y el sentido de esta operación fallida, y presuponen que también los lectores habrán de comprenderlos. Porcia, compelida por la voluntad de su padre a elegir un esposo echándolo a suertes, por obra del azar se ha librado hasta ahora de todos los pretendientes que le desagradaban. Por fin, en Basanio ha encontrado al candidato por quien se siente atraída, y no puede menos que temer que también a él la suerte le sea esquiva. En su corazón querría decirle que puede estar seguro de su amor aun si ello sucede, pero su voto se lo impide. En este conflicto interior, el poeta le hace decirle al festejante bienvenido:

---

[79] [Octavio percibe que el amor por la hija del duque mueve a su vástago. — Este ejemplo y el siguiente fueron citados por Freud en sus *Conferencias de introducción* (1916-17), *AE*, **15**, págs. 33-5.]

[80] [Agregado en 1912.]

[81] Rank, 1910c.

»"No os apresuréis, os lo suplico; esperad un día o dos
antes de consultar la suerte, ya que si escogéis mal
vuestra compañía perderé; aguardad, pues, un poco:
algo me dice (*¡pero no es el amor!*)
que perderos no quisiera. [. . .]
                            »". . .Podría enseñaros
el medio de escoger bien, pero sería perjura,
y no lo seré jamás; podéis perderme, entonces,
y si eso ocurre, me haréis desear pecar
convirtiéndome en perjura. ¡Mal haya vuestros ojos!,
me han embrujado y partido en dos mitades;
Una mitad es vuestra, la otra es vuestra. . .,
mía, quiero decir; pero si mía, es vuestra,
y así soy toda vuestra".

»Justamente eso que ella quería insinuarle apenas, porque en verdad a toda costa debía callarlo —que aun antes
de la elección era *toda* de él y lo amaba—, es lo que el dramaturgo, con una sutil y asombrosa penetración psicológica,
deja traslucir en el trastrabarse; mediante ese artificio sabe
calmar la insoportable incertidumbre del amante, así como
la tensión que el espectador, compenetrado con él, siente
frente al resultado de la elección».[82]

Por el interés que merece el hecho de que los grandes
poetas hayan adoptado nuestra concepción del trastrabarse,
se justifica, a mi juicio, citar un tercer ejemplo, que ha
sido comunicado por Ernest Jones:[83] *
«En un ensayo publicado recientemente, Otto Rank nos
llama la atención sobre un bello ejemplo en que Shakespeare
hace cometer a uno de sus personajes, Porcia, un desliz
en el habla en virtud del cual sus pensamientos secretos se
revelan a todo oyente atento. Me propongo referir un ejemplo parecido tomado de *The Egoist*, la obra cumbre del
máximo novelista inglés, George Meredith. El argumento
es, en breves palabras, este: Sir Willoughby Patterne, un
aristócrata muy admirado en su círculo, se compromete con
una Miss Constantia Durham. Ella descubre en él un intenso egoísmo, que él diestramente esconde ante el mundo,

---

[82] [Freud reprodujo esta cita en sus *Conferencias de introducción*
(1916-17), AE, **15**, pág. 34, agregando un pequeño comentario propio.]
    [83] Jones, 1911*b*, pág. 496. [Este ejemplo fue agregado también
en 1912.]
    * {En *Gesammelte Werke*, **4**, págs. 109-11, la cita aparece vertida
al alemán; aquí traducimos del original inglés, tal como lo trascribe
la *Standard Edition*.}

y, para esquivar el matrimonio, huye con un capitán de nombre Oxford. Años después, Patterne se compromete con una Miss Clara Middleton. Pues bien; la mayor parte del libro se consagra a describir en detalle el conflicto que nace en el alma de Clara Middleton cuando descubre en su prometido aquel rasgo prominente de su carácter. Circunstancias externas, y su concepto del honor, la atan a la palabra que ha empeñado, al par que su novio le parece cada vez más despreciable. En parte toma por confidente al primo y secretario de aquel, Vernon Whitford, el hombre con quien en definitiva se casará. Empero, por lealtad hacia Patterne y por otros motivos, este se mantiene alejado del problema.

»En un monólogo sobre sus cuitas, Clara habla así: " '¡Si algún noble caballero pudiera verme como soy y no desdeñara ayudarme! ¡Oh, ser liberada de esta prisión de espinas y zarzas! No puedo abrirme camino por mí misma. Soy una cobarde. Una señal hecha con un dedo,[84] creo, me cambiaría. Hacia un camarada yo podría huir aun sangrante y en medio del desprecio y de la grita. [. . .] Constantia encontró a un soldado. Acaso le rogó, y su ruego fue atendido. No obró rectamente. Pero, ¡oh, cómo la amo por eso! El nombre de él era Harry Oxford. [. . .] Ella no vaciló, quebró las cadenas, ella misma dio la señal de incorporarse. Muchacha audaz, ¿qué pensarás de mí? Pero yo no tengo un Harry *Whitford*, yo estoy sola'. El súbito reconocimiento de que había remplazado el nombre de Oxford por otro la golpeó como una bofetada y la hizo enrojecer".

»El hecho de que los apellidos de ambos hombres terminen en "*ford*" facilita, evidentemente, la confusión, y sin duda que muchos lo considerarían causa suficiente de esta. Pero el verdadero motivo, más profundo, es explicitado por el propio autor. En otro pasaje ocurre un idéntico desliz. Y le sigue aquel desconcierto espontáneo y aquel repentino cambio de tema con que nos han familiarizado el psicoanálisis y la obra de Jung sobre las asociaciones, y que sólo sobrevienen cuando es tocado un complejo semiconsciente. Patterne dice sobre Whitford, con tono condescendiente: " '¡Falsa alarma! El pobre viejo Vernon no es capaz de hacer nada insólito' ". Clara responde: " 'Pero si el señor *Oxford-Whitford*... Vuestros cisnes vienen surcando el lago; ¡qué hermosos se los ve cuando están indignados! Iba a pregun-

[84] Nota del traductor [al alemán, J. Theodor von Kalmár]: Estuve por traducir al comienzo «*beckoning of a finger*» por «leve señal», hasta que comprendí que quitando de la frase la palabra «dedo» la despojaba de una sutileza psicológica.

tarle: hombres que sean testigos de una evidente admiración hacia otro, ¿se desalentarán, naturalmente?'. Sir Willoughby se atiesó, súbitamente iluminado".

»Y en otro pasaje, todavía Clara deja traslucir mediante un nuevo desliz su secreto deseo de tener una relación más íntima con Vernon Whitford. Hablando a un mocito, le dice: " 'Dile al señor Vernon... dile al señor Whitford...', etc."».[85]

Por otra ..te,[86] la concepción del trastrabarse que aquí sustentamos resiste la prueba aun en detalles nimios. He podido mostrar repetidas veces que los casos más ínfimos y triviales de equivocación al hablar tienen su buen sentido y admiten igual solución que los ejemplos más notables. Una paciente que, contrariando totalmente mi voluntad, pero con un fuerte designio propio, emprende una breve excursión a Budapest, se justifica ante mí: es que se irá sólo por tres *días*, pero se trastraba y dice: «Sólo por tres *semanas*». Así deja traslucir que, desafiándome, preferiría pasar tres semanas, y no tres días, en aquella compañía que yo considero inapropiada para ella. — Cierta tarde debo disculparme por no haber pasado a buscar a mi mujer por el teatro, y digo: «Estuve en el teatro a las *diez y diez minutos*». Me corrigen: «Querrás decir *"menos diez"*». Desde luego, quise decir «diez *menos diez*». A las diez *y diez* ya no habría disculpa. Me habían dicho que la cartelera del teatro consignaba: «La función termina antes de las diez». Cuando llegué, el vestíbulo ya estaba en sombras, y el teatro, vacío. La representación había terminado, y mi mujer no me esperó. Miré el reloj: aún faltaban cinco minutos para las diez. Decidí presentar en casa mi situación bajo una luz más favorable y decir que faltaban todavía diez minutos. El trastrabarse, es lástima, vino a estropearme ese propósito y desnudó mi insinceridad haciéndome confesar más de lo que era cierto.

Esto nos lleva a aquellas perturbaciones del habla que ya no se pueden caracterizar como deslices porque no afectan a las palabras individuales, sino al ritmo y la pronunciación

[85] [*Nota agregada* en 1920:] Otros ejemplos de trastrabarse que, de acuerdo con el propósito del autor, se deben entender como provistos de sentido, casi siempre como autodelación, se encuentran en Shakespeare, *Ricardo II* (acto II, escena 2), y en Schiller, *Don Carlos* (acto II, escena 8; desliz cometido por la princesa de Eboli). Sin duda sería fácil ampliar esta lista.

[86] [Este párrafo fue agregado en 1907; el que sigue data de 1901.]

del dicho entero; por ejemplo, el balbuceo y tartamudeo que se producen en estado de turbación. Pero aquí como allí es el conflicto interno lo que se nos denuncia a través de la perturbación. Realmente no creo que alguien pueda trastrabarse en una audiencia con Su Majestad, en un cortejo amoroso de intención seria, en un alegato en defensa del buen nombre y honor ante el jurado; en suma, en todos aquellos casos en que *uno se juega entero*, como reza la significativa expresión. Hasta para apreciar el estilo de un autor tenemos derecho a emplear (y de ordinario lo hacemos) el principio explicativo que nos es indispensable para rastrear la génesis de cualquier equivocación en el habla. Una manera de escribir clara e inequívoca nos avisa que el autor está acorde consigo mismo; y donde hallamos una expresión forzada y retorcida, que, según la acertada frase, hace guiños en varios sentidos, podemos discernir la presencia de un pensamiento no bien tramitado, complejo, u oír los ecos de la ahogada voz autocrítica del propio autor.[87]

Desde la aparición de este libro,[88] amigos y colegas de otros países han dirigido su atención a deslices en el habla que pudieron observar en la lengua respectiva. Como era de esperar, hallaron que las leyes de la operación fallida son independientes del material lingüístico, y han propuesto las mismas interpretaciones ilustradas aquí con ejemplos en alemán. Valga como muestra, entre muchísimos otros casos, el siguiente:

El doctor A. A. Brill (Nueva York) informa, acerca de sí mismo:[89] «*A friend described to me a nervous patient and wished to know whether I could benefit him. I remar-*

---

[87] [*Nota agregada* en 1910:]   «*Ce qu'on conçoit bien
S'annonce clairement
Et les mots pour le dire
Arrivent aisément*».

{«Lo que se concibe bien
se enuncia claramente
y las palabras para decirlo
acuden fácilmente».}

(Boileau, *Art poétique*.)

[En una carta a Fliess del 21 de setiembre de 1899 (Freud, 1950*a*, Carta 119), Freud aplicó una crítica de esta misma especie a lo que, a su juicio, era el estilo insatisfactorio de *La interpretación de los sueños* (1900*a*); en mi «Introducción» a esa obra cito el correspondiente pasaje de la carta (*AE*, **4**, pág. 13).]

[88] [Este párrafo y el ejemplo que sigue fueron agregados en 1912.]

[89] Brill, 1909.

ked: "I believe that in time I could remove all his symptoms by psycho-analysis because it is a durable *case"*...
wishing to say "curable"*!».** [90]

Por último,[91] y para los lectores que no desconocen el psicoanálisis, y a quienes no les arredra hacer cierto esfuerzo de comprensión, agregaré un ejemplo en que se echa de ver a qué profundidades del alma puede llevarnos la persecución de un desliz en el habla. Nos informa sobre él el doctor Jekels:[92]

«El 11 de diciembre, una dama de mi amistad me pregunta en lengua polaca, con algo de desafío y arrogancia: *"¿Por qué he dicho yo hoy que tengo doce dedos?"*. — Ante mi pedido, ella reproduce ahora la escena en que le ocurrió señalar eso. Se aprestaba a salir con su hija para hacer una visita, y la invitó a cambiarse de blusa; la hija, que se hallaba en el período de remisión de una *dementia praecox*, lo hizo enseguida en la habitación contigua, y cuando volvió a entrar halló a su madre ocupada en limpiarse las uñas. Se desarrolló entonces la siguiente plática:

»"Hija: '¿Lo ves? Yo estoy lista y tú todavía no'.

»"Madre: 'Pero es que tú tienes *una sola* blusa y yo *doce* uñas'.

»"Hija: '¿Qué dices?'.

»"Madre (impaciente): 'Pues que naturalmente *yo tengo doce dedos*' ".

»A la pregunta de un colega, que oía también el relato, sobre qué se le ocurría acerca de "doce", respondió con tan-

---

* {«Un amigo me describió a un enfermo de los nervios y quiso averiguar si yo podía serle de provecho. Le señalé: "Creo que con el tiempo podría eliminar todos sus síntomas mediante el psicoanálisis, porque es un caso *durable*", ... ¡y lo que quise decir fue *curable*!».}

[90] [En la edición de 1912, en este punto del texto aparecía el siguiente pasaje:

«Stekel (1910) ha suministrado un ejemplo sumamente instructivo acerca del uso que puede hacerse en psicoanálisis de un simple desliz en el habla:

»"Un paciente agorafóbico dijo durante el análisis: 'Si comienzo a hablar de un tema, me mantengo *'dablei'* {en vez de *'dabei'*, 'en él'} con cierta pertinacia'. Cuando se le llamó la atención sobre su desliz, continuó: 'Hice como los chicos, y pronuncié la 'l' en lugar de la 'r'... *'blei'* en lugar de *'brei'*", incurriendo así en un segundo desliz.

»"Desde luego, este desliz fue de gran significación. Los monosílabos *'bei'*, *'brei'*, *'blei'* {'en', 'papilla', 'plomo'} trajeron consigo importantes asociaciones"».]

[91] [El resto del capítulo fue agregado en 1917.]

[92] Jekels, 1913*a*.

ta prontitud como decisión: "Doce no es para mí ninguna cifra (de significación)".

»Para "dedo" brinda, tras vacilar un poco, la asociación: "En la familia de mi marido solían nacer con seis dedos en los pies". (En polaco {tampoco en castellano} no se diferencia entre "*Finger*" y "*Zehe*" {"dedos de las manos" y "dedos de los pies", respectivamente}.) "Cuando nuestros hijos vinieron al mundo, se los examinó enseguida para ver si tenían seis dedos". Por circunstancias externas, no se prosiguió el análisis esa velada.

»A la mañana siguiente, el 12 de diciembre, la dama me visita y me cuenta, visiblemente excitada: "Considere usted lo que me ha pasado; desde hace veinte años felicito al viejo tío de mi marido para su aniversario, que es hoy; siempre le escribo el día 11 una carta, y esta vez lo olvidé; ahora vengo de enviarle un telegrama".

»Recordé, y le recordé a la dama, cuán decididamente ella, la velada de la víspera, desechó la pregunta de mi colega sobre el número doce, que sin embargo era muy apropiado para evocarle el día de aquel cumpleaños, y señaló que el doce no era para ella ninguna cifra de significación.

»Ahora admite que ese tío de su marido es adinerado, y en verdad ella siempre contó con su herencia, muy en particular en la apretura financiera por la que pasa actualmente. Y afirma haberse acordado enseguida de él, o mejor dicho de su muerte, cuando días pasados una conocida le echó las cartas profetizándole que recibiría mucho dinero. Enseguida se le pasó por la cabeza que su tío era el único de quien ella y sus hijos podían recibir dinero; también recordó al instante, a raíz de esta escena, que la esposa de ese tío había prometido beneficiar en su testamento a los hijos de la narradora; pero ella murió sin dejar testamento; puede que haya dejado ese encargo a su marido.

»Es evidente que el deseo de que el tío muriera debió de aflorarle con mucha intensidad, pues dijo a la dama que le profetizó eso: "Usted induce a la gente a matar a otros". En los cuatro o cinco días trascurridos entre la profecía y el cumpleaños del tío estuvo buscando de continuo, en los periódicos que se publican en el lugar donde aquel reside, la noticia necrológica en cuestión. No es asombroso, pues, que unos deseos tan intensos de que él muriera le hicieran sofocar el hecho de su cumpleaños, de inminente festejo, así como la fecha; y los sofocó con tanta fuerza que no sólo olvidó un designio ejecutado durante años, sino que ni siquiera la pregunta que le dirigió mi colega se lo llevó a la conciencia.

»Por tanto, en el *lapsus* "doce dedos" se abrió camino ese "doce" sofocado, que así compartió el comando de la operación fallida.

»Dije que "compartió" el comando, pues la llamativa asociación con "dedos" nos permite vislumbrar ulteriores motivaciones; ella nos explica, en efecto, la razón por la cual el "doce" falseó justamente ese inocentísimo giro lingüístico que reza "no tengo más que diez dedos". La ocurrencia decía: "En la familia de mi marido solían nacer con seis dedos en los pies". Seis dedos en los pies son marcas de cierta anormalidad; por tanto, seis dedos equivalen a *un* hijo anormal, y doce dedos, a *dos* hijos anormales.

»Y, en efecto, ese era el caso. Esta mujer, casada muy joven, recibió como única herencia de su marido —considerado siempre un hombre excéntrico y anormal, que se quitó la vida a poco de casarse con ella— dos hijas a quienes repetidas veces los médicos le definieron como anormales y afectadas de una grave tara heredada por vía paterna. Poco tiempo atrás la hija mayor había vuelto a casa tras sufrir un grave ataque catatónico; y de inmediato también la menor, que atraviesa ahora la pubertad, contrajo una neurosis grave.

»El hecho de que la anormalidad de las hijas se conjugara aquí con el deseo de que el tío muriera, y se condensara con este elemento que estaba sofocado con una intensidad incomparablemente mayor y era de mayor valencia psíquica, nos permite suponer, como segundo determinismo de este trastrabarse, el *deseo de muerte contra las hijas anormales.*

»El significado predominante del "doce" como deseo de muerte es iluminado, además, por el hecho de que en la representación de la narradora el cumpleaños del tío estuviera muy íntimamente asociado con la idea de la muerte. En efecto, su marido se suicidó un día 13, o sea, un día después del cumpleaños de su tío, cuya mujer había dicho a la joven viuda: "¡Ayer lo felicitó tan cordial y amable, y hoy...!".

»Quiero agregar que esta dama tenía, además, bastantes fundamentos reales para desear la muerte de sus hijas; no le daban estas ninguna alegría, sino sólo pesares, y le hacían padecer enojosas limitaciones a su independencia; por el bien de ellas había renunciado a toda dicha amorosa. También esta vez había hecho un extraordinario esfuerzo para evitarle cualquier motivo de desazón a la hija con quien iba de visita; y uno bien puede imaginarse qué gasto de paciencia y de abnegación exige una *dementia praecox*, y cuántas mociones de ira tienen que ser así sofocadas.

»Según lo expuesto, el sentido de la operación fallida rezaría: "Que el tío muera, que estas hijas anormales mueran (toda esta familia anormal, por así decir), y que yo tenga el dinero de ellos".

»Creo que esta operación fallida posee varios rasgos de una estructura insólita, que son:

»*a*. La presencia de dos determinantes condensados en un solo elemento.

»*b*. La presencia de los dos determinantes se espeja en la duplicación del trastrabarse (doce uñas, doce dedos).

»*c*. Es llamativo que uno de los significados del "doce", a saber, los doce dedos que expresan la anormalidad de las hijas, represente una figuración indirecta; la anormalidad psíquica es aquí figurada por la física, lo superior por lo inferior».

VI. El desliz en la lectura
y en la escritura [1]

El hecho de que para las equivocaciones en la lectura y la escritura valgan los mismos puntos de vista y argumentos aplicados a las equivocaciones en el habla no es asombroso, dado el parentesco íntimo entre estas funciones. Me limitaré a comunicar aquí algunos ejemplos cuidadosamente analizados, sin tratar de abarcar el conjunto de los fenómenos.

A. Deslices en la lectura

1. Hojeo en el café un número de *Leipziger Illustrierte* {un semanario ilustrado}, que sostengo inclinado ante mí, y leo como explicación de una imagen que abarca toda la página: «Una boda en la *Odyssee* {Odisea}». Alertado y asombrado, enderezo la hoja y ahora corrijo: «Una boda en el *Ostsee* {Báltico}». ¿Cómo he llegado a esta disparatada equivocación de lectura? Mis pensamientos se orientan enseguida a un libro de Ruths [2] que me ha ocupado mucho en los últimos tiempos porque roza de cerca los problemas psicológicos por mí tratados. El autor promete para dentro de poco una obra que se llamará «Análisis y leyes fundamentales de los fenómenos oníricos». No es maravilla que yo, que acabo de publicar *La interpretación de los sueños*, aguarde con la mayor tensión este libro. En ese escrito de Ruths sobre los fantasmas musicales hallé, al comienzo del índice de temas, el anuncio de la detallada demostración inductiva de que los mitos y sagas de la antigua Hélade tienen su principal raíz en fantasmas musicales y de ensoñación, en fenómenos oníricos y también en delirios. Enseguida busqué el

---

[1] [La primera parte de este capítulo, hasta la pág. 110, data de 1901.]

[2] Ruths, *Experimentaluntersuchungen über Musikphantome* {Investigaciones experimentales sobre los fantasmas musicales}, 1898. [Tales «fantasmas musicales» son, según Ruths, «un grupo de fenómenos psíquicos que hacen su aparición [involuntaria] en el cerebro de muchas personas cuando escuchan música».]

pasaje para averiguar si él también sabía sobre la reconducción al sueño común de desnudez en el caso de la escena en que Odiseo aparece ante Nausicaa. Un amigo me había llamado la atención sobre el bello pasaje de *Der Grüne Heinrich*, de Gottfried Keller, que esclarece estos episodios de la *Odisea* como objetivación de los sueños del navegante obligado a errar lejos de la patria, y yo había agregado el vínculo con el sueño exhibicionista de desnudez.[3] En Ruths no descubrí nada de eso. En este caso, era evidente, me preocupaban unas cuestiones de prioridad.

2. ¿Cómo llegué a leer cierto día, en un periódico, «*Im Fass* {en tonel} a través de Europa», en vez de «*Zu Fuss* {a pie}»? Me costó mucho tiempo resolverlo. Es cierto que las ocurrencias inmediatas indicaban: El tonel tiene que apuntar a Diógenes, y no hacía mucho había leído en una historia del arte algo sobre la época de Alejandro. Era sugerente pensar entonces en el famoso dicho de Alejandro: «Si yo no fuera Alejandro, me gustaría ser Diógenes». También me vino una vaga idea sobre cierto Hermann Zeitung, que se había dado a viajar empaquetado en una caja. Pero el nexo no quería establecérseme mejor, y no conseguí reencontrar la página de aquella historia del arte en que me había saltado a la vista la puntualización sobre la época de Alejandro. Sólo meses después volvió a ocurrírseme de pronto aquel enigma que yo había dejado de lado, pero esta vez junto con su solución. Me acordé de lo que señalaba un artículo periodístico {*Zeitungsartikel*} sobre los raros medios de *trasporte* {*Beförderung*} que la gente escogía ahora para llegar a la Exposición Universal de París [de 1900], y ahí mismo, creo yo, se comunicaba en chanza que cierto señor tenía el propósito de hacerse llevar rodando dentro de un *tonel* hasta París, empujado por otro señor. Desde luego que a esa gente no la guiaría otro motivo que llamar la atención mediante esas locuras. *Hermann Zeitung* era de hecho el nombre de la persona que había dado el primer ejemplo de ese desacostumbrado medio de trasporte. Luego se me ocurrió que cierta vez había tratado a un paciente cuya angustia patológica ante el periódico {*Zeitung*} se resolvió como una reacción contra la *ambición* patológica de verse en letras de molde y citado en el periódico como persona de fama. Y por cierto Alejandro de Macedonia fue uno de los hombres más ambiciosos que existieron. Se quejó de que no hallaría un Homero que cantara sus hazañas. Pero,

---

[3] *La interpretación de los sueños* (1900*a*) [*AE*, **4**, págs. 256-7].

¿cómo pude *no pensar* en que otro *Alejandro* me era más próximo, que Alejandro es el nombre de mi hermano menor? [4] Entonces hallé enseguida, en relación con este Alejandro, el pensamiento chocante y menesteroso de represión, y su ocasionamiento actual. Mi hermano es entendido en cosas relativas a tarifas y *trasportes*, y en cierta época se creyó que recibiría el título de profesor por su actividad docente en un colegio comercial. Desde hacía varios años yo aguardaba igual *promoción* {*Beförderung*} en la Universidad, sin haberla alcanzado.[5] Nuestra madre manifestó por entonces su extrañeza de que su hijo menor llegara a profesor antes que el mayor. Así estaban las cosas en la época en que yo no pude hallar la solución de aquel error de lectura. Después, también a mi hermano le surgieron dificultades; sus perspectivas de llegar a ser profesor se volvieron todavía menores que las mías. Y así se me reveló de pronto el sentido de aquel desliz en la lectura; era como si la disminución de las posibilidades de mi hermano hubiera eliminado un obstáculo. Me había comportado como si leyera la mención de mi hermano en el periódico, y entonces me dijera: «¡Qué cosa que por tales estupideces (como las que él hace por su profesión) se pueda figurar en el periódico (es decir, ser designado profesor)!». Luego, sin trabajo alguno hallé el pasaje sobre el arte helenístico en la época de Alejandro, y me pude convencer, para mi asombro, de que en mi búsqueda anterior había leído repetidas veces esa misma página, pero saltando siempre el párrafo en cuestión como bajo el imperio de una alucinación negativa. El párrafo, por lo demás, no contenía nada que me aportase un esclarecimiento, que mereciera ser olvidado. Opino que el síntoma de no encontrar en el libro sólo fue creado para despistarme. Yo debía buscar la prosecución del enlace de los pensamientos ahí donde mi ulterior exploración tropezara con un obstáculo, o sea, en alguna idea acerca de Alejandro de Macedonia, y de ese modo se me desviaría con más seguridad de mi hermano de igual nombre; fue exactamente lo que ocurrió: dirigí todos mis empeños a reencontrar el pasaje perdido en aquella historia del arte.

[4] [Según Ernest Jones (1953, pág. 21), el nombre «Alexander» fue elegido a sugerencia de Freud —su hermano era diez años menor que él—, quien lo propuso inspirado específicamente en las hazañas militares y la generosidad de Alejandro Magno.]

[5] [Freud vuelve sobre este asunto una y otra vez, en conexión con sus propios sueños, en *La interpretación de los sueños* (1900a). (Véase, por ejemplo, *AE*, **4**, págs. 155 y sigs.) El obtuvo el título de «*professor extraordinarius*» {equivalente a «profesor adjunto»} en 1902, un año después de la primera publicación de este párrafo.]

El doble sentido de la palabra «*Beförderung*» {«trasporte», «promoción»} es aquí el puente asociativo entre los dos complejos,[6] el no importante, incitado por la noticia periodística, y el más interesante, pero chocante, que se hace valer aquí como perturbación de lo leído. Por este ejemplo se echa de ver que no siempre será fácil esclarecer sucesos como esta equivocación de lectura. En ocasiones, uno se ve precisado a desplazar la solución del enigma para un momento más favorable. Pero cuanto más difícil se revele el trabajo de solución, tanto más lícito será esperar que el pensamiento perturbador, una vez descubierto, ha de ser enjuiciado como ajeno y opositor por nuestro pensar conciente.

3. Un día recibo una carta de las cercanías de Viena que me comunica una noticia conmovedora. Llamo en el acto a mi mujer y le participo que *la* pobre Wilhelm M. está gravísima y ha sido desahuciada por los médicos. Pero algo tiene que haber sonado a falso en las palabras con que yo visto mi congoja, pues mi mujer desconfía, pide ver la carta y manifiesta su convicción de que eso no puede ser, pues nadie menciona a una señora por el nombre del marido y, además, afirma que la remitente conoce muy bien el nombre de pila de esta señora. Sostengo con empecinamiento mi aseveración y le invoco las tarjetas de presentación, tan usuales, en que una mujer se designa a sí misma con el nombre de pila del marido. Al fin tengo que volver a tomar la carta, y de hecho leemos en ella «*el* pobre W. M.», y algo más, que yo había omitido por completo: «*el* pobre *doctor* W. M.». Por tanto, mi trasver importa un intento, por así decir espasmódico, de trasladar del marido a la esposa esa triste nueva. El título interpolado entre el calificativo y el nombre se presta mal al reclamo de que se mencione a la mujer: por eso mismo fue eliminado al leer. Ahora bien, el motivo de esta falsificación no fue que la mujer me resultara menos simpática que el marido, sino que el destino de ese pobre hombre había despertado mi inquietud por otra persona, próxima a mí, que compartía con este caso una de las condiciones por mí conocidas de la enfermedad.

[6] [En 1901 y 1904, «círculos de pensamientos»; la palabra «complejos», que sustituye a esta frase en la edición de 1907, marca el comienzo de la influencia de Jung en Freud. — Para un uso similar de palabras-puentes en la construcción de los sueños, los chistes y los síntomas neuróticos, véase *La interpretación de los sueños* (1900*a*), *AE*, **5**, págs. 346-7, *n*. 1. Cf. también *infra*, pág. 265*n*.]

4.[7] Más enojoso y ridículo me resulta un desliz en la lectura que suelo cometer cuando, en mis vacaciones, paseo por las calles de una ciudad extranjera. A cualquier cartel de negocio que me salga al paso lo leo «*Antigüedades*». En esto se exterioriza el gusto del coleccionista por los hallazgos inesperados.

5.[8] Bleuler refiere, en su importante libro *Affektivität, Suggestibilität, Paranoia*:[9] «Cierta vez, leyendo, tuve el sentimiento intelectual de ver mi nombre dos líneas más abajo. Para mi asombro, sólo hallé la expresión "*Blutkörperchen*" {"corpúsculos de la sangre"}. Entre muchos millares de deslices en la lectura por mí analizados, tanto del campo visual periférico como del central, este es el caso más grosero. Toda vez que he creído ver mi nombre, la palabra que dio ocasión a ello era mucho más semejante a aquel, y en la mayoría de los casos todas y cada una de sus letras tuvieron que estar presentes en las cercanías para que pudiera yo cometer semejante error. En este caso, empero, el delirio de sentirse aludido y la ilusión se explican con harta facilidad: lo que yo leía era el final de una observación acerca de cierto tipo de estilo defectuoso en trabajos científicos, del cual no me sentía exento».

6.[10] Hanns Sachs: «"El pasa, con su *Steifleinenheit* {tiesura}, sobre aquello que choca a la gente". Sin embargo, esta palabra me pareció llamativa, y, mirando mejor, descubrí que decía "*Stilfeinheit*" {"fineza de estilo"}. El pasaje pertenecía a un autor a quien yo admiraba, y se encontraba incluido en una manifestación extremadamente elogiosa sobre un historiador que me resulta antipático porque deja ver demasiado el tipo "profesoral alemán"».

7.[11] Sobre un caso de desliz de lectura en el cultivo de la ciencia filológica informa el doctor Marcell Eibenschütz:[12]
«Estudio la tradición del *Libro de los mártires*, una recopilación de leyendas del período del alto alemán medio, que debo editar en los "Deutschen Texten des Mittelalters" {Textos alemanes medievales} que publica la Academia Prusiana de Ciencias. Muy poco es lo que se sabe sobre esta

---

[7] [Agregado en 1907.]
[8] [Agregado en 1910.]
[9] Bleuler, 1906*b*, pág. 121.
[10] [Agregado en 1919.]
[11] [Agregado en 1912.]
[12] Eibenschütz, 1911.

obra, inédita hasta hoy; había un único ensayo sobre el tema, de Joseph Haupt,[13] quien no basó su trabajo en un manuscrito antiguo, sino en una copia de la fuente principal, el manuscrito C (Klosterneuburg); la copia es de una época más moderna (siglo XIX), y se conserva en la Hofbibliothek {Biblioteca Imperial}. Al final de la copia se encuentra la siguiente suscripción:

»*"Anno Domini MDCCCL in vigilia exaltacionis sancte crucis ceptus est iste liber et in vigilia pasce anni subsequentis finitus cum adiutorio omnipotentis per me Hartmanum de Krasna tunc temporis ecclesie niwenburgensis custodem".**

»Ahora bien, Haupt cita en su ensayo esta suscripción; la cree proveniente del mismo que escribió C, y supone que C fue escrito en 1350, con una consecuente equivocación de lectura, pues la cifra escrita en números romanos dice "1850". Y ello a pesar de que él copia la suscripción correctamente, y con igual corrección está impresa (a saber, "MDCCCL") en el lugar correspondiente de su ensayo.

»La comunicación de Haupt constituyó para mí una fuente de perplejidades. En primer lugar, como joven principiante en la ciencia académica, estaba por entero bajo la autoridad de Haupt, y por mucho tiempo leí como él "1350" en vez de "1850" en la suscripción que tenía impresa ante mí con total claridad y corrección; empero, en el manuscrito C, utilizado por mí, no había rastro alguno de la suscripción, y además se averiguó que en el siglo XIV no había vivido en Klosterneuburg ningún monje de nombre Hartman. Y cuando al fin se me cayó la venda de los ojos, no pude menos que colegir toda la situación, y las investigaciones ulteriores corroboraron mi conjetura; y es esta: que la tan mentada suscripción *sólo* figura en la copia utilizada por Haupt y proviene del copista, P. Hartman Zeibig, nacido en Krasna, Moravia, maestro del coro agustino en Klosterneuburg, y que en 1850, como sacristán del monasterio, hizo una copia del manuscrito C y se mencionó a sí mismo al final, a la manera antigua. La sintaxis medieval y la ortografía anticuada de la suscripción coadyuvaron sin duda al *deseo* de Haupt de comunicar todo lo posible acerca de la obra que estaba investigando, y por tanto también de *fechar el manuscrito C*, con el resultado de leer él siempre "1350" en vez de "1850". (Este fue el motivo de la acción fallida.)».

[13] Haupt, 1872, págs. 101 y sigs.
* {«Este libro fue comenzado en la víspera del día de la Santa Cruz del año de Nuestro Señor 1850, y fue terminado el sábado de Pascuas del año siguiente, con ayuda del Todopoderoso, por mí, Hartman de Krasna, sacristán a la sazón en Klosterneuburg».}

8.[14] En *Witzigen und Satirischen Einfällen* {Ocurrencias satíricas y chistosas}, de Lichtenberg,[15] se encuentra una nota que sin duda proviene de una observación y contiene casi íntegra la teoría del desliz en la lectura: «Tanto había leído a Homero que donde decía *"angenommen"* {"supuesto"} él veía siempre *"Agamemnon"*».[16]

En la inmensa mayoría de los casos,[17] en efecto, es la predisposición del lector lo que altera el texto, y en su lectura le introduce algo para lo cual tenía el previo acomodamiento o en lo cual estaba ocupado. El texto sólo necesita solicitar al desliz ofreciendo en la imagen de palabra alguna semejanza que el lector pueda alterar según lo que tiene en su mente. Sin duda que una lectura a la ligera, en particular si se padece de un defecto visual no corregido, facilita la posibilidad de semejante ilusión, pero en modo alguno es su condición necesaria.

9. Creo que la época de la guerra, que produjo en todos nosotros ciertas preocupaciones fijas y persistentes, favoreció más el desliz en la lectura que las otras operaciones fallidas. Pude hacer muchas observaciones de este tipo, de las que por desdicha he conservado sólo unas pocas. Un día tomo un diario del mediodía o de la tarde, y hallo impreso con grandes caracteres: «*Der Friede von Görz*» {«La paz de Gorizia»}. Pero no, sólo decía: «*Die Feinde vor Görz*» {«El enemigo ante Gorizia»}. Quien tiene dos hijos combatientes en ese campo de batalla bien puede equivocarse así en la lectura. Otro halla mencionada en cierto contexto una «*alte Brotkarte*» {«vieja cartilla de racionamiento de pan»}, que, prestando mejor atención, debe trocar por un «*alte Brokate*» {«antiguo brocado»}. No es ocioso consignar que, en un hogar donde suele ser bien recibido como huésped, tiene él la costumbre de congraciarse con la dueña de casa cediéndole tales cartillas. Un ingeniero cuyo equipo no resistió mucho tiempo la humedad en el túnel que estaba construyendo lee, asombrado, un anuncio donde se elogian ciertos artículos de «*Schundleder*» {«cuero de descarte»}. Pero los comerciantes rara vez son tan sinceros; los objetos cuya compra se recomendaba eran de «*Seehundleder*» {«cuero de foca»}.

---

[14] [Agregado en 1910.]
[15] [Lichtenberg, 1853.]
[16] [Citado también por Freud en su libro sobre el chiste (1905*c*), *AE*, **8**, pág. 88, y en sus *Conferencias de introducción* (1916-17), *AE*, **15**, pág. 35.]
[17] [Este párrafo y los ejemplos 9 y 10 fueron agregados en 1917.]

El oficio o la situación presente del lector comandan también el resultado de su desliz en la lectura. Un filólogo que, a causa de sus últimos trabajos, excelentes, ha entrado en polémica con sus colegas, lee «*Sprachstrategie*» {«estrategia lingüística»} en lugar de «*Schachstrategie*» {«estrategia ajedrecística»}. Un hombre que sale a pasear por una ciudad extranjera justamente hacia la hora en que su actividad intestinal está regulada en virtud de un tratamiento, lee sobre un gran letrero colocado en el primer piso de una tienda de altos «*Klosetthaus*» {«baños»}; sin embargo, su satisfacción se mezcla con la extrañeza por la ubicación del benéfico instituto. Hete aquí que un instante después la satisfacción se evapora, pues la inscripción dice, en verdad: «*Korsetthaus*» {«corsetería»}.[18]

10. En un segundo grupo de casos, es mucho mayor el papel que en el desliz de lectura desempeña el texto: contiene algo que pone en movimiento la defensa del lector, alguna comunicación o insinuación penosa para él, y entonces dicho texto experimenta, por el desliz que en su su lectura se comete, una rectificación en el sentido del rechazo o del cumplimiento de deseo. En tal caso, desde luego, es irrefutable el supuesto de que el texto, antes que fuese así rectificado, se recibió y se apreció con toda corrección, y ello aunque la conciencia no se enterase de esta primera lectura. El ejemplo 3 de las páginas anteriores es de esa índole; comunicaré otro, de gran actualidad, siguiendo al doctor M. Eitingon,[19] destacado en ese tiempo en el hospital militar de Igló.

«El teniente X., quien se encuentra en nuestro hospital aquejado por una neurosis traumática de guerra, me lee cierto día, con visible emoción, los versos con que termina la última estrofa de un poema de Walter Heymann, tan prematuramente muerto en el frente:

»"Pero, ¿dónde está escrito —pregunto— que, de todos, yo deba sobrevivir? ¿Quién caerá por mí?
Pues ciertamente, el que de vosotros caiga, por mí morirá; ¿y yo he de sobrevivir? *¿Por qué no?*".[20]

---

[18] [Este ejemplo había sido previamente citado en las *Conferencias de introducción* (1916-17), *AE*, **15**, pág. 63.]

[19] Eitingon, 1915.

[20] De «Den Ausziehenden» {A los que se han ido}, en Walter Heymann, *Kriegsgedichte und Feldpostbriefe* (Poemas de guerra y cartas desde el frente).

»Alertado por mi gesto de extrañeza, torna a leer y, algo turbado, esta vez lo hace correctamente:

»"¿y yo he de sobrevivir? ¿Por qué *yo*?".

»Al caso de X. debo el haber obtenido cierta penetración analítica en el material psíquico de estas "neurosis traumáticas de guerra", y me permitió, a pesar de las circunstancias imperantes en un lazareto militar —tan desfavorables, por el recargo de tareas y la escasez de médicos que supone, a nuestra modalidad de trabajo— ver un poco más allá de las explosiones de granada, cuyo valor como "causas" tanto se extrema.

»También en esta oportunidad se observaban los fuertes temblores que a primera vista confieren tan gran parecido a los casos acusados de esta neurosis; estado de angustia, tendencia al lloriqueo, inclinación a unos ataques de ira con manifestaciones motrices convulsivas e infantiles, y al vómito ("ante la menor emoción").

»El carácter psicógeno de este último síntoma, sobre todo por estar al servicio de la ganancia secundaria de la enfermedad, no podía menos que resultar evidente para cualquiera: la aparición del comandante del hospital, quien de tanto en tanto inspeccionaba a los convalecientes, en la sala, o la frase de un conocido por la calle: "Pero si se lo ve muy bien, ¡sin duda ya está sano!", bastaban para desencadenar enseguida un vómito.

»"Sano... de nuevo a filas... ¿y por qué yo?...."».

11.[21] El doctor Hanns Sachs[22] comunica otros casos de desliz «de guerra» en la lectura:

«Una persona de mi amistad me había declarado repetidas veces que no apelaría, cuando fuese movilizado, a su formación profesional, que un título le acreditaba, sino que renunciaría al derecho que ese diploma le daba de obtener un destino acorde en la retaguardia, y marcharía al frente. Poco antes que le llegase realmente su turno, me comunicó un día, en la forma más escueta y sin alegar más razones, que había presentado la prueba de su formación profesional a la autoridad competente y a consecuencia de ello lo habían destinado a una actividad industrial. Al día siguiente nos encontramos en una oficina pública. Estaba yo ante un pupitre, y escribía; él se acercó, miró un momento por encima

---

[21] [El resto de esta sección (ejemplos 11 a 13) fue agregado en 1919.]
[22] Sachs, 1917.

de mi hombro, y luego dijo: "¡Ah! La palabra de arriba es *Druckbogen* {pliegos}; lo leí como si dijera *Drückeberger* {desertor}"».

12. «Sentado en el tranvía, iba reflexionando en que muchos de mis amigos de juventud, tenidos siempre por timoratos y debiluchos, eran ahora capaces de sobrellevar las más duras fatigas, ante las que yo sucumbiría con toda seguridad. Sumido en estos ingratos pensamientos, leí al paso del vehículo, sin fijar la atención, las grandes letras negras de un cartel comercial: *"Constitución de hierro"*. Pasado un instante se me ocurrió que estas palabras no eran propias de un cartel de negocio; me di vuelta con rapidez y alcancé a atrapar la inscripción con la mirada; en realidad decía *"Construcción de hierro"*». (Sachs, *ibid.*)

13. «En los diarios de la tarde se incluyó un despacho de la agencia Reuter, que luego resultó incorrecto, según el cual Hughes había sido electo presidente de los Estados Unidos. A continuación se publicaba una breve biografía del supuesto nuevo presidente, y en ella me topé con la noticia de que Hughes se había graduado en la Universidad de *Bonn*. Me pareció raro que no hubieran mencionado ya esa circunstancia los análisis periodísticos que sobre ese tema se habían sucedido en las semanas previas a la elección. Pero un ulterior examen me mostró que sólo se hablaba de la Universidad *"Brown"* [en Providence, estado de Rhode Island, Estados Unidos]. Este caso grosero, en que para producir el desliz hizo falta forzar bastante las cosas, no sólo se debió a mi descuidada lectura del periódico, sino, sobre todo, a que por razones personales, además de las políticas, me pareció deseable que el nuevo presidente simpatizara con las potencias centrales como base de futuras buenas relaciones». (Sachs, *ibid.*)

B. Deslices en la escritura

1.[23] En una hoja de papel que contenía breves notas diarias, la mayoría de interés profesional, hallo para mi sor-

---

[23] [El ejemplo 1, con excepción de la penúltima y la última oraciones (agregadas en 1907 y 1912, respectivamente), y el 2 datan de 1901.]

presa que entre las fechas correctas del mes de setiembre se había deslizado la equivocada de «jueves 20 de octubre». No es difícil esclarecer esta anticipación, también, como expresión de un deseo. Pocos días antes había vuelto descansado de mi viaje de vacaciones, y me sentía dispuesto a desarrollar un intenso quehacer médico, pero el número de pacientes era todavía escaso. A mi llegada hallé una carta de cierto enfermo que se anunciaba para el 20 de octubre. Al registrar ese mismo día, pero en setiembre, acaso pensé: «Ojalá que X. ya estuviera aquí; lástima perder todo un mes». Y pensando así anticipé la fecha. En este caso el pensamiento perturbador no se puede llamar chocante; por eso supe resolver la equivocación de escritura en el acto mismo de reparar en ella. — En el otoño del año siguiente repetí un desliz de escritura enteramente análogo y por motivos semejantes. — Ernest Jones[24] ha estudiado tales deslices en la escritura de fechas, y en la mayoría de los casos le ha resultado fácil discernir que estaban motivados [psicológicamente].

2. Recibo las pruebas de imprenta de mi contribución al *Jahresbericht für Neurologie und Psychiatrie,*[*][25] y, desde luego, me es preciso revisar con particular cuidado los nombres de autores, que, por sus diversas nacionalidades, suelen deparar las mayores dificultades al cajista. Y, en efecto, tuve que corregir muchos nombres de raíz extranjera. Pero en un caso, curiosamente, el cajista *mejoró* mi manuscrito, y con todo acierto. Yo había escrito «*Buckrhard*», mientras que el cajista coligió «*Burckhard*». Yo había elogiado como muy meritorio el ensayo de un tocólogo acerca del influjo del nacimiento sobre la génesis de las parálisis infantiles, y nada tenía en contra de su autor; pero lleva su mismo apellido un publicista de Viena que me causó enojo por su irrazonable reseña de mi libro *La interpretación de los sueños.*[26] Es como si al poner por escrito el apellido Burckhard, que era el de aquel tocólogo, hubiera yo pensado

[24] [Jones, 1911*b*.]
[*] {Boletín anual de neurología y psiquiatría.}
[25] [Freud escribió los resúmenes y reseñas para la sección «Cerebrale Kinderlähmung» {«Parálisis cerebral infantil»} de los tres primeros volúmenes de este anuario; la contribución a que aquí hace referencia se publicó en el tercer volumen, fechado en 1899 (Freud, 1900*b*).]
[26] [Max Burckhard, cuya reseña apareció en *Die Zeit* el 6 y el 13 de enero de 1900. Se hallará un comentario sobre ella en la carta a Fliess del 8 de enero de 1900 (Freud, 1950*a*, Carta 127).]

entre mí algo malo contra el otro B., el publicista,[27] pues la tergiversación de nombres significa a menudo un denuesto, según dije ya a propósito del *trastrabarse* [pág. 85].

3.[28] Esta tesis es corroborada por una muy buena observación de Storfer[29] sobre él mismo, donde el autor pone en claro, con una franqueza digna de encomio, los motivos que le indujeron un recuerdo falso del apellido de un supuesto competidor, y luego su escritura desfigurada.

«En diciembre de 1910 vi en el escaparate de una librería de Zurich el libro, recién aparecido, del doctor Eduard Hitschmann sobre la doctrina de las neurosis de Freud. Por entonces yo trabajaba en el manuscrito de una conferencia que pronto daría en una asociación académica sobre los principios de la psicología freudiana. En la introducción, que ya tenía redactada, yo señalaba el desarrollo de la psicología de Freud desde sus investigaciones en una rama de la psicología aplicada, ciertas dificultades que de ahí se seguían para obtener una exposición sintética de sus principios, y, por añadidura, que aún no existía una exposición general. Cuando vi en el escaparate el libro (de un autor para mí hasta entonces desconocido), al principio no se me pasó por la cabeza comprarlo. Pero algunos días más tarde me resolví a hacerlo. Ya no estaba en el escaparate. Mencioné al librero ese libro recién publicado; como autor mencioné al "doctor Eduard Hartmann". El librero me corrigió: "Usted quiere decir Hitschmann", y me trajo el libro.

»El motivo inconciente de la operación fallida estaba claro. En cierto modo me había atribuido el mérito de ser quien sintetizara las doctrinas psicoanalíticas, y es evidente que vi con envidia y enojo el libro de Hitschmann, que empequeñecía ese mérito. Me dije, siguiendo lo que se afirma en *Psicopatología de la vida cotidiana*, que la alteración del nombre es un acto de hostilidad inconciente. Con esta explicación me di entonces por satisfecho.

---

[27] Véase, por ejemplo, el pasaje de *Julio César*, acto III, escena 3:

    Cinna: Sinceramente, mi nombre es Cinna.
    Un ciudadano: ¡Háganlo pedazos! Es un conspirador.
    Cinna: Yo soy Cinna el poeta...
                    No soy Cinna el conspirador.
    Otro ciudadano: No importa, su nombre es Cinna; arránquenle el nombre del corazón y déjenlo partir».

[En el original, esta nota se hace corresponder erróneamente con el final de la oración.]
[28] [Agregado en 1917.]
[29] Storfer, 1914a.

»Algunas semanas después anoté aquella operación fallida. Y en esta oportunidad me pregunté por qué había puesto Eduard Hartmann, justamente, en vez de Hitschmann. ¿La mera semejanza de los apellidos me habría llevado hasta el del conocido filósofo?[30] Mi primera asociación fue el recuerdo de un veredicto que le oí cierta vez al profesor Hugo von Meltzl, un entusiasta admirador de Schopenhauer: "Eduard von Hartmann es un Schopenhauer echado a perder, vuelto por el mal lado". La tendencia afectiva que determinó al producto sustitutivo del nombre olvidado fue, pues: "¡Bah! Este Hitschmann y su exposición sintética no han de valer gran cosa; él es a Freud lo que Hartmann es a Schopenhauer".

»Debí entonces consignar este caso como de olvido [psicológicamente] determinado con ocurrencia sustitutiva.

»Pasados seis meses volví a dar con la hoja donde lo había anotado. Entonces reparé en que por Hitschmann había escrito en todas partes "*Hintschmann*".*

4.[31] He aquí un caso de desliz en la escritura en apariencia más serio; quizá con igual derecho yo habría podido clasificarlo como de «trastrocar las cosas confundido» [cf. el capítulo VIII]:

Tengo el propósito de retirar de la Caja de Ahorro Postal la suma de 300 coronas, que quiero enviar a un familiar ausente para que realice una cura médica. Observo, a raíz de ello, que tengo en mi cuenta 4.380 coronas, y decido disminuirla ahora hasta la cifra redonda de 4.000, que no deberé tocar en el futuro próximo. Tras haber escrito el cheque en regla, y cortado los números correspondientes a la suma,[32] noto de pronto que no he anotado 380 coronas, como quería, sino 438, y me espanta la inexactitud de mi obrar. Pero enseguida pienso que ese espanto es injustificado; no me he vuelto más pobre de lo que antes era. No obstante, me veo precisado a meditar un buen rato sobre el influjo que, sin anunciarse a mi conciencia, pudo perturbar mi primera intención. Al principio caigo en caminos falsos, pretendo restar entre sí las dos cifras de 380 y 438,

[30] [Eduard von Hartmann (1842-1906), autor de *Philosophie des Unbewussten* (Filosofía del inconciente).]

* {«*Hintsch*» es una forma dialectal para el «asma», o, en general, la «peste».}

[31] [Este ejemplo data de 1901.]

[32] [En esa época, cuando una persona retiraba dinero de la Caja de Ahorro Postal austríaca debía cortar un trozo de una hoja impresa con columnas de dígitos; el lugar en que efectuaba el corte señalaba la cantidad de coronas que iba a retirar.]

pero luego no sé qué hacer con la diferencia. Por fin, una ocurrencia súbita me enseña el verdadero nexo. ¡Es que 438 corresponde al *diez por ciento* del monto total de 4.380 coronas! Y una rebaja del 10 % es la que se obtiene de un *librero*. Me acuerdo de que hace pocos días he reunido cierto número de obras de medicina que han perdido su interés para mí, y se las ofrecí al librero justamente por 300 coronas. El halló muy alto el precio, y prometió darme respuesta definitiva en los próximos días. Si acepta mi oferta, me habrá reintegrado justamente la suma que debo desembolsar para el enfermo. Es innegable que me pesa hacer este gasto. El afecto que me invadió al percibir mi error se comprende mejor como miedo de quedar pobre con tales expensas. Pero tanto el pesar por el gasto como la angustia de empobrecimiento, a él anudada, son por completo ajenos a mi conciencia; no registré semejante pesar en el acto de decidir el envío de esa suma, y habría hallado ridícula su motivación. Y es probable que jamás me atribuyera semejante moción de no estar asaz familiarizado, por la práctica del psicoanálisis de pacientes, con lo reprimido dentro de la vida anímica, y de no haber tenido pocos días atrás un sueño que demandaba idéntica solución.[33]

5.[34] Cito, según Wilhelm Stekel,[35] el siguiente caso cuya autenticidad también yo puedo garantizar:

«Un ejemplo directamente increíble de desliz en la escritura y en la lectura ocurrió en la redacción de un difundido semanario. Sus propietarios habían sido calificados de "venales"; era preciso escribir un artículo en defensa del buen nombre. Y fue lo que se hizo, con mucho calor e inspirado *pathos*. El jefe de redacción del periódico leyó el artículo; por cierto que su autor ya lo había hecho varias veces en el manuscrito, y luego lo volvió a leer en las pruebas; todos muy satisfechos. De pronto, entra el corrector y señala un pequeño error que había escapado a la atención de todos. Allí se leía claramente: "Ponemos a nuestros lectores por testigos de que siempre hemos abogado *interesadamente* por el bien de la comunidad". Desde luego, debía decir "*desin-*

---

[33] El que tomé como paradigma en mi breve obra *Sobre el sueño* (1901a). [Dicho sueño (el de la «*table d'hôte*») es examinado en muchos pasajes a lo largo de esa obra, dada a publicidad muy poco después que esta. El episodio en que se basaron tanto el desliz como el sueño se encontrará descrito en *ibid.*, *AE*, **5**, pág. 639. Otro episodio vinculado con ese mismo sueño se refiere *infra*, pág. 136.]

[34] [Agregado en 1907.]

[35] [En 1907 y 1910: «mi colega Wilhelm Stekel».]

teresadamente", pero los pensamientos verdaderos irrumpieron con fuerza elemental en el patético discurso».[36]

6.[37] Una lectora del *Pester Lloyd*,[38] la señora Kata Levy, de Budapest, sorprendió no hace mucho una franqueza parecida, no deliberada, en una nota que el periódico publicó el 11 de octubre de 1918 como telegrama procedente de Viena:

«Sobre la base de la absoluta confianza que durante toda la guerra ha prevalecido en nuestra relación con el aliado alemán, se supone indudable que las dos potencias habrán de alcanzar, en todos los casos, resoluciones acordes. Por eso es ocioso consignar de manera expresa que también en la presente fase se produce una cooperación ágil y *discontinua* {*lückenhaftes*, por *unlückenhaft*, "continua"} de las diplomacias aliadas».

Apenas unas semanas después fue posible pronunciarse con mayor sinceridad sobre esta «relación de confianza», y ya no hizo falta refugiarse en el desliz en la escritura (o el error de imprenta).

7.[39] Un norteamericano residente en Europa, que ha abandonado a su esposa desavenida, cree poder reconciliarse ahora con ella, y la invita a seguirlo a través del mar para determinada fecha: «Sería lindo —escribe— que, como yo lo hice, pudieras viajar en el *"Mauretania"*». Pero no se atreve a enviar la hoja donde aparece esta frase. Prefiere escribirla de nuevo. No quiere que ella note la corrección que fue preciso hacer en el nombre del barco. Inicialmente, en efecto, había escrito «*Lusitania*».

Este desliz en la escritura no ha menester elucidación, es de interpretación directa. Por gracia de la casualidad, empero, podemos agregar algo: su esposa había viajado por primera vez a Europa antes de la guerra, a la muerte de su única hermana. Si no me equivoco, *Mauretania* es el buque hermano sobreviviente del *Lusitania*, hundido durante la guerra.

8.[40] Un médico ha examinado a un niño, y ahora redacta para este la receta, en la que se incluye «*alcohol*». Mientras

---

[36] [También citado en las *Conferencias de introducción* (1916-17), *AE*, **15**, pág. 55.]
[37] [Agregado en 1919.]
[38] [Conocido periódico de Budapest, escrito en alemán.]
[39] [Agregado en 1920.]
[40] [Agregado en 1910.]

lo hace, la madre lo fatiga con preguntas tontas y ociosas. El médico se propone interiormente no enojarse por ello, y consigue realizar ese designio; empero, mientras era perturbado cometió un desliz en la escritura. En la receta se lee, en lugar de «*alcohol*», «*achol*».[41]

9.[42] Por causa de su afinidad en el material, inserto aquí un caso del que informa E. Jones[43] acerca de A. A. Brill. Este último, que es de ordinario totalmente abstemio, se dejó inducir por un amigo a beber un poco de vino. A la mañana siguiente, un fuerte dolor de cabeza le dio ocasión para lamentar esa flaqueza. Debía poner por escrito el nombre de una paciente llamada *Ethel*, y en lugar de ello escribió «*ethyl*».[44] También interesa aquí, desde luego, que la dama en cuestión solía beber más que lo que le hacía bien.

Como los deslices en la escritura cometidos por el médico al recetar tienen una significación que supera en mucho al usual valor práctico de las operaciones fallidas [cf. pág. 174 y sigs.], aprovecho la oportunidad para comunicar en detalle los pocos análisis hasta ahora publicados sobre tales equivocaciones médicas:

10.[45] Del doctor Eduard Hitschmann:[46]
«Un colega me refirió que, en el curso de los años, varias veces le había ocurrido equivocarse al prescribir algún medicamento a mujeres de edad avanzada. En dos ocasiones prescribió una dosis diez veces mayor y luego se vio obligado —al percatarse de su acción por una ocurrencia repentina, y presa de la mayor angustia ante la posibilidad de haber dañado a la paciente y estar expuesto él mismo a un grandísimo disgusto— a procurar a toda prisa el retiro de la receta. Vale la pena aclarar esta rara acción sintomática mediante una exposición más precisa de cada caso, y su análisis.

»Primer caso: A una pobre mujer, ya en los umbrales de la senectud, el médico le prescribe, contra una constipación espástica, una dosis de supositorios de belladona diez veces más fuerte. El médico deja el hospital, y ya en su casa, cerca de una hora más tarde, mientras lee el diario y desa-

---

[41] Aproximadamente {en griego clásico}, «sin cólera».
[42] [Agregado en 1912.]
[43] [Jones, 1911*b*, pág. 501.]
[44] O sea, «alcohol etílico» {nombre químico del alcohol común}.
[45] [Agregado en 1917.]
[46] Hitschmann, 1913*b*.

yuna, advierte de pronto su error por una ocurrencia súbita; dominado por la angustia, primero regresa a toda prisa al hospital para requerir la dirección de la paciente, y de allí corre a su domicilio, muy distante. Halla que la viejecita todavía no ha empleado la receta, lo cual lo alegra mucho, y vuelve a casa tranquilo. Se disculpa ante sí mismo, y no sin justificación, aduciendo que el verboso jefe de consultorios externos estuvo mirando sobre su hombro mientras extendía la receta, y así lo perturbó.

»Segundo caso: El médico tiene que despegarse de su visita médica a una paciente bonita, coqueta y provocativa, para asistir a una vieja solterona. Se vale de un automóvil de alquiler para llegar hasta el domicilio de esta, pues no dispone de mucho tiempo: a determinada hora, en las cercanías, debe concurrir a una cita secreta con una joven amante. También aquí corresponde indicar belladona, por achaques análogos a los del primer caso. Y se vuelve a cometer el error de recetar una dosis diez veces superior del medicamento. La paciente inicia una conversación sobre algo que no viene al caso, pero el médico deja traslucir impaciencia, si bien la desmiente con palabras, y se despide, consiguiendo así acudir con bastante comodidad a la cita. Unas doce horas después, hacia las siete de la mañana, despierta el médico; el recuerdo de su desliz de escritura y la consiguiente angustia penetran casi al mismo tiempo en su conciencia; en la esperanza de que el medicamento todavía no haya sido retirado de la farmacia, envía un mensajero a toda prisa a casa de la enferma con el pedido de que le restituya la receta a fin de reverla. Pero aquel le trae el remedio ya preparado; entonces, con cierta resignación estoica y el optimismo del hombre experimentado, se encamina a la farmacia, donde el encargado lo tranquiliza diciéndole que desde luego (¿o quizás en virtud de un desliz en la lectura?) expidió el medicamento en una dosis menor.

»Tercer caso: El médico quiere prescribir la mezcla de *Tinct. belladonnae* y *Tinct. opii*, en una dosis inofensiva, a su anciana tía, hermana de su madre. Enseguida una servidora sale hacia la farmacia con la receta. Pasa apenas un rato, y al médico se le ocurre que en lugar de *tinctura* ha escrito *"extractum"*, y en el acto telefonea al farmacéutico para alertarlo sobre ese error. El médico se disculpa con el falso subterfugio de que no había terminado de escribir la receta; él no tenía la culpa, pues se la quitaron inesperadamente de su escritorio.

»He aquí los puntos llamativamente comunes a estos tres errores de escritura: hasta ahora sólo le ocurrieron al médico con este preciso medicamento; todas las veces se trató de una paciente mujer de edad avanzada, y la dosis en todos los casos era excesiva. Tras breve análisis, se averiguó que la relación del médico con su madre no podía menos que poseer significación decisiva. En efecto, a él se le ocurrió cierta vez —y, con suma probabilidad, antes de estas acciones sintomáticas— prescribir idéntica receta a su madre, también anciana, y hacerlo en la dosis de 0,03, no obstante estar familiarizado con la de 0,02, que es la habitual; y ello, según pensó, para curarla de manera radical. La reacción de la frágil madre a este medicamento fue una congestión de cabeza y una desagradable sequedad en la garganta. Se quejó de ello con una alusión, medio en broma, a las peligrosas indicaciones que se pueden recibir de un hijo. También en otros casos la madre, ella misma hija de un médico, hizo parecidas objeciones, medio en broma, a medicamentos ocasionalmente recomendados por su hijo, y habló de envenenamiento.

»Hasta donde ha podido penetrar quien esto escribe las relaciones de este hijo con su madre, él es sin duda un hijo instintivamente lleno de amor, pero no descuella en la estima intelectual ni el respeto personal que tiene por su madre. Vive en la misma casa con su hermano, un año menor, y su madre, y desde hace mucho él siente esta convivencia como un obstáculo para su libertad sexual; no obstante, nosotros sabemos, por la experiencia psicoanalítica, que se suele abusar de tales argumentos como pretexto de una atadura interior. El médico aceptó el análisis con bastante satisfacción por el esclarecimiento y apuntó, sonriendo, que la palabra "*Belladonna*" ("mujer bella") podría significar también una relación erótica. Con anterioridad, él mismo utilizó ese medicamento».

Yo arriesgaría este juicio: estas operaciones fallidas graves no se producen de otro modo que las inocentes, que son las que principalmente investigamos.

11.[47] Muy inocente, en particular, se juzgará el siguiente desliz en la escritura del que nos informa Sándor Ferenczi. Se lo puede interpretar como una operación condensadora provocada por la impaciencia (véase el desliz en el habla «El mono, etc.», *supra*, pág. 64), y cabe sustentar esta concepción hasta que un análisis más profundo del suceso pruebe la presencia de un factor perturbador más poderoso:

---

[47] [Este ejemplo y el 12 fueron agregados en 1919.]

«"Aquí viene al caso la Anek*tode*", escribo cierta vez en mi libro de notas. Por cierto, quería decir *"Anekdote"* {"anécdota"}, y era la de un gitano condenado a muerte {*Tode*}, que pidió la gracia de elegir él mismo el árbol del cual lo colgarían. (A pesar de su ahincada búsqueda, no halló árbol adecuado.)

12. En oposición a este caso, una ínfima equivocación de escritura puede expresar un peligroso sentido secreto. Un autor anónimo informa:

«Remato una carta con estas palabras: "Saludo de todo corazón a su señora esposa y al hijo de ella {*ihren Sohn*}". En el momento de introducir la hoja en el sobre, noto el error en la letra inicial de *"ihren Sohn"* {debió decir *"Ihren Sohn"*, "el hijo de ustedes"}, y lo corrijo. De regreso a casa tras la última visita que hice a ese matrimonio, la dama que me acompañaba me observó que el hijo tenía notable parecido con un amigo de la familia, y seguramente sería hijo de este».

13.[48] Cierta dama dirige a su hermana unas líneas deseándole felicidades a raíz de su mudanza a una nueva y espaciosa casa. Una amiga que estaba presente observa que la escribiente ha puesto una dirección incorrecta en el sobre, que no corresponde al domicilio recién abandonado, sino al primero que su hermana tuvo cuando se casó y de donde se había mudado hacía ya mucho. Se lo señala a su amiga. «Tienes razón —debe confesar esta—; pero, ¿cómo he llegado a hacerlo? ¿Por qué lo hice?». La amiga opina: «Es probable que le envidies la vivienda grande y hermosa que ella tendrá ahora, mientras tú misma sientes que vives en un espacio estrecho, y por eso la vuelves a mudar a su primera casa, donde no estaba ella mejor que tú». — «Ciertamente le envidio su nueva casa», confiesa la otra honestamente. Y prosigue: «¡Qué pena que una siempre sea tan vulgar en estas cosas!».

14.[49] E. Jones[50] comunica el siguiente ejemplo de desliz en la escritura, que le fue trasmitido por A. A. Brill:

«Un paciente dirige al doctor Brill un escrito donde se empeña en atribuir su nerviosidad a sus preocupaciones y su irritación por la marcha de los negocios en el curso de

[48] [Agregado en 1910.]
[49] [Los ejemplos 14 a 16 fueron agregados en 1912.]
[50] [Jones, 1911*b*, pág. 499.]

125

una crisis algodonera. Allí se lee: *"My trouble is all due to that damned frigid wave; there isn't even any seed"* ("Todo mi trastorno se debe a esa condenada ola de frío; no hay siquiera una semilla"). Con *"wave"*, desde luego, designaba una ola, una corriente o tendencia en el mercado en cuestión; pero en realidad no escribió *"wave"*, sino *"wife"* {"esposa"; *"that damned frigid wife"*, "esa condenada esposa frígida"}. En el fondo de su corazón abrigaba reproches contra su mujer por su frialdad conyugal y porque no le había dado hijos, y no andaba muy lejos de discernir que la privación que se le imponía tenía mucha parte en la causación de su padecer.

15. El doctor R. Wagner[51] refiere acerca de sí mismo:
«Al releer un viejo cuaderno universitario, hallé que en esos apuntes tomados de prisa se me había deslizado un pequeño *lapsus*. En lugar de *"Epithel"* {"epitelio"} había escrito *"Edithel"*. En esta última palabra, desplazando el acento de la última a la primera sílaba, se tiene el diminutivo de un nombre de mujer. El análisis retrospectivo es bastante simple. En el momento en que se produjo ese desliz, mi conocimiento de la persona de ese nombre era muy superficial, y sólo mucho después se convirtió en un trato íntimo. O sea que el desliz es un lindo ejemplo de irrupción de una simpatía inconciente en una época en que yo no tenía ni barrunto de ella, y la forma de diminutivo escogida caracteriza al mismo tiempo los sentimientos concomitantes».

16. Doctora Von Hug-Hellmuth:[52]
«Un médico ordena a una paciente "agua de *Levítico*" en vez de "agua de *Levico*".[53] Este error, aprovechado por un boticario para deslizar unas observaciones de censura, fácilmente admite una interpretación más benévola si una explora sus posibles móviles desde lo inconciente, y no se les niega de antemano cierta probabilidad —por más que sean unas hipótesis de alguien que no conoce directamente al médico—. No obstante reprochar a sus pacientes con palabras bastante duras sus poco racionales hábitos alimenticios; no obstante, por así decir, "leerles los *Levíticos*" {giro que significa "sermonear"}, este médico gozaba de gran predicamento, de suerte que su sala de espera estaba pobladísima

[51] Wagner, 1911.
[52] Von Hug-Hellmuth, 1912.
[53] [Agua mineral con compuestos arsenicales y ferruginosos que mana en las fuentes termales de Levico, al sur del Tirol.]

en horas de consulta; ello justificaba su deseo de que los pacientes ya atendidos se vistieran lo más rápido posible, de que lo hicieran *"vite, vite"* {"rápido, rápido", en francés}. Creo recordar bien que su esposa era francesa de nacimiento, lo cual legitima hasta cierto punto la hipótesis, que parece algo aventurada, de que para expresar su deseo de que los pacientes obraran más a prisa se valiera él de la lengua francesa. Por lo demás, muchas personas tienen la costumbre de formular tales deseos en lengua extranjera: mi propio padre, cuando de niños nos llevaba a pasear, solía instarnos a apretar el paso exclamando *"Avanti gioventù!"* o *"Marchez au pas!"*; y un médico ya entrado en años, que me trató de niña a causa de una afección en el cuello, pretendía frenar mis movimientos, que le parecían demasiado rápidos, por medio de un apaciguador *"Piano, piano"*. Por eso me parece muy concebible que también este médico rindiera tributo a esa costumbre, y así cometiera el desliz en la escritura: "agua de Levítico" en lugar de "agua de Levico"».

Véanse, en la obra ya citada, otros ejemplos tomados de recuerdos de juventud de la autora («frazösisch» por «französisch» {«fracés» por «francés»}, y el desliz en la escritura del nombre Karl).

17.[54] Un desliz en la escritura que por su contenido coincide con un famoso chiste malo, pero del que sin duda estaba excluido todo propósito de chiste, lo debo a la comunicación de un señor J. G., de quien ya he mencionado otro aporte:[55]

«Como paciente de un sanatorio (de enfermedades pulmonares) me entero con pesar de que a un pariente cercano le han encontrado la misma enfermedad que me obligó a internarme en ese instituto. En una carta, sugiero a mi pariente visitar a cierto especialista, un profesor famoso, con quien yo mismo me he tratado y de cuya autoridad médica estoy convencido, a la vez que tengo todas las razones para quejarme de su descortesía; en efecto —hace poco tiempo de esto—, ese profesor se negó a extenderme un certificado que tenía gran importancia para mí. En su respuesta a mi carta, mi pariente me llama la atención sobre una equivocación de pluma que me hizo muchísima gracia, pues al instante discerní su causa. Había empleado yo el siguiente giro: "...por lo demás, te aconsejo *in*sultar sin demora al profesor X.". Desde luego, había querido escribir *con*sultar.

[54] [Agregado en 1920.]
[55] [Parece referirse a un ejemplo que figura *infra*, pág. 219.]

— Acaso convenga apuntar que mis conocimientos de latín y de francés excluyen la explicación de que pudo tratarse de un error por ignorancia».

18.[56] Las omisiones al escribir poseen, desde luego, títulos para ser apreciadas en iguales términos que los deslices en la escritura. Dattner[57] ha comunicado un curioso ejemplo de una «operación fallida histórica». En uno de los artículos de la ley que Austria y Hungría concertaron en 1867 para reglar las obligaciones financieras entre ambos Estados, la traducción al húngaro había omitido la palabra *efectivo*, y Dattner considera probable que a ello contribuyera la tendencia inconciente de los redactores húngaros a conceder a Austria las menores ventajas posibles.

Además,[58] tenemos todas las razones para suponer que las tan comunes repeticiones de una misma palabra al escribir o al copiar (perseveraciones) no carecen, por su parte, de significado. Si el que escribe repite una palabra, acaso esté mostrando que no le resulta tan fácil desprenderse de ella, que en ese lugar habría querido exteriorizar algo que empero omitió, o cosa semejante. La perseveración al copiar parece sustituir la exteriorización de un «también, también yo». He podido leer largas pericias forenses que en pasajes particularmente destacados exhibían tales perseveraciones del copista, y se podrían interpretar como si él, hastiado de su papel impersonal, quisiera glosar: «Lo mismo que en mi caso», o «Lo mismo pasa entre nosotros».

Por otra parte, nada obsta para tratar los errores de imprenta como unos «deslices en la escritura» del cajista y considerarlos [psicológicamente] motivados en su mayoría. No he emprendido una recopilación sistemática de tales operaciones fallidas, que podría resultar asaz divertida y aleccionadora. Jones, en la obra suya que ya he citado varias veces, ha consagrado una sección especial a los «*misprints*».[59]

19. También las desfiguraciones [60] en telegramas pueden comprenderse a veces como deslices del telegrafista al escri-

---

56 [Agregado en 1912.]
57 Dattner, 1911. [En ese trabajo, su autor da una pormenorizada explicación acerca del perjuicio económico que la omisión de la palabra habría causado a Austria.]
58 [Este párrafo y el siguiente fueron agregados en 1917.]
59 [Jones, 1911*b*, págs. 503-4.]
60 [Este párrafo fue agregado en 1920, y la referencia al artículo de Silberer, en 1924.]

bir. En las vacaciones me llega un telegrama de mi editorial, cuyo texto me resulta incomprensible. Reza: «*Vorräte erhalten, Einlad*ung *X. dringend*» {«Provisiones recibidas, urgente invitación a X.»}. La solución del enigma arranca del nombre de X., ahí mencionado. En efecto, X. es el autor para cuyo libro debo escribir una introducción. De esta «introducción» ha nacido la «invitación». Y luego me acuerdo de que hace unos días he enviado a la misma editorial un prólogo para otro libro, cuya recepción me es así confirmada. Muy probablemente, pues, el texto correcto era: «*Vorrede erhalten, Einleitung X. dringend*» {«Prólogo recibido, urgente introducción a X.»}, que fue víctima de una elaboración por el complejo de hambre del telegrafista, en la cual siquiera las dos partes de la frase mantuvieron el íntimo nexo que pretendió darles el remitente. De paso, un bello ejemplo de «elaboración secundaria», como la que se puede demostrar en la mayoría de los sueños.[61]

H. Silberer[62] ilustra la posibilidad de «errores de imprenta tendenciosos».

20.[63] En ocasiones se han señalado erratas a las que no es fácil negarles una tendencia. Véase, por ejemplo, Storfer, «Der politische Druckfehlerteufel» {El duende de las erratas en política},[64] y la pequeña nota que reproduzco aquí:[65]

«Una errata política se encuentra en la entrega de *März* del 25 de abril del corriente año. En una carta fechada en Argirocastro se reproducen manifestaciones de Zographos, el jefe de los epirotas insurgentes de Albania (o, si se quiere, el presidente del gobierno independiente de Epiro). Entre otras cosas se lee: "Créame usted; un Epiro autónomo favorecería los más genuinos intereses del príncipe Wied. En él podría *caerse* {*stürzen*; debió decir '*stützen*', 'apoyarse'} . . .". Que la aceptación de los apoyos {*Stütze*} que los epirotas le ofrecían significaría su *caída* {*Sturz*}, bien lo sabía el príncipe de Albania, aun sin que mediara ese fatal error de imprenta».

21. Hace poco leí en uno de nuestros diarios de Viena un artículo titulado «La Bukovina bajo gobierno *rumano*»;

[61] Véase [la sección I de] el capítulo sobre el trabajo del sueño en mi libro *La interpretación de los sueños* (1900a) [*AE*, **5**, págs. 485 y sigs.].
[62] Silberer, 1922.
[63] [Los ejemplos 20 y 21 fueron agregados en 1917.]
[64] Storfer, 1914a.
[65] Storfer, 1915.

lo menos que cabía decir de ese título es que era prematuro, pues por entonces Rumania no había declarado aún su hostilidad. De acuerdo con su contenido, indudablemente debió decir «*ruso*» en vez de «*rumano*», pero también al censor se le pasó la frase, tan poco sorprendente hubo de parecerle.

Es difícil[66] no pensar en un error «político» cuando se lee en una circular impresa en la famosísima imprenta (antes imprenta imperial y real) de Karl Prochaska, en Teschen, el siguiente desliz ortográfico:

«Por decisión de la *Entente*, que fija la frontera en el río Olsa, no sólo Silesia, sino también Teschen, han sido divididos en dos partes, una de las cuales *zuviel* {demasiado}[67] a Polonia y otra a Checoslovaquia».

Cierta vez, Theodor Fontane hubo de guardarse, de muy divertida manera, de un error de imprenta cargado en exceso de sentido. El 29 de marzo de 1860 escribió al editor Julius Springer:

«Estimado señor:

»No parece mi destino ver cumplidos mis pequeños deseos. Un vistazo a las pruebas de imprenta que le remito con esta le explicará a qué me refiero.[68] Además, me han enviado *un solo* juego de pruebas, cuando, por las razones que ya tengo dichas, me hacen falta *dos*. Tampoco se produjo el reenvío del primer juego para su nueva revisión *—con especial cuidado por las palabras y frases en inglés—*. Es algo que me importa mucho. Por ejemplo, en la página 27 del actual juego de pruebas, en una escena entre John Knox y la reina, se dice: "tras lo cual María *aasrief*".* Frente a tales cosas fulminantes, uno querría tener la tranquilidad de que el error se ha eliminado realmente. Este infortunado "*aas*" {"carroña"} en lugar de "*aus*" es tanto más pérfido cuanto que no hay ninguna duda de que ella (la reina) ha de haberlo llamado así en su interior.

»Saludo a usted con toda mi consideración.

Theodor Fontane».

[66] [Este ejemplo y el siguiente fueron agregados en 1924.]

[67] [La palabra que debió haberse empleado es «*zufiel*» {«correspondió», «tocó en suerte»}. El linotipista austro-alemán objetó el reparto de los territorios que habían integrado el imperio de los Habsburgo.]

[68] El libro en cuestión era *Beyond the Tweed: Sketches and Letters from Scotland* {Más allá del río Tweed: bocetos y cartas desde Escocia}, que Springer publicó en 1860.

* {«exclamó: ¡carroña!», en vez de «*ausrief*», «gritó», simplemente.}

Wundt [69] aduce un fundamento [70] digno de tomarse en cuenta para el hecho, fácil de comprobar, de que cometemos más deslices al escribir que al hablar. «En el curso del habla normal, la función inhibidora de la voluntad se dirige de continuo a armonizar entre sí el discurrir de la representación y el movimiento articulatorio. Si el movimiento expresivo que sigue a las representaciones se viera retardado por causas mecánicas, como ocurre al escribir (. . .), en virtud de ello tales anticipaciones sobrevendrían con particular facilidad.[71]

La observación de las condiciones en que se produce el desliz en la lectura da motivo para una duda que no quiero dejar de consignar, porque estimo que puede convertirse en el punto de partida de una fructífera indagación. Es de todos conocido que al leer en voz alta la atención del lector escapa muy a menudo del texto y echa a andar por pensamientos propios. No es raro que ese divagar de la atención le traiga por consecuencia no saber luego qué ha leído, si se lo interrumpe y se le inquiere por ello. Es que ha leído automáticamente, aunque casi siempre lo haya hecho de manera correcta.[72] Yo no creo que en tales condiciones los errores de lectura se multipliquen de manera notable. Y, por otra parte, acerca de toda una serie de funciones solemos suponer que automáticamente —o sea, apenas acompañadas de atención conciente— es como se consuman con la máxima exactitud.[73] De aquí parece seguirse que para las equivocaciones en el habla, en la lectura y en la escritura, la condición referida a la atención debería definirse de manera diversa a la propuesta por Wundt (su ausencia o su relajación). Los ejemplos que hemos sometido al análisis no nos autorizan, en verdad, a suponer un aminoramiento cuantitativo de ella; hallamos —lo cual quizá no sea del todo idéntico— la atención perturbada por un pensamiento ajeno, que la demanda.

[69] Wundt, 1900, pág. 374.

[70] [Este párrafo y el siguiente datan de 1901.]

[71] [El significado de lo que Wundt entendía por «anticipaciones» se aclara en un ejemplo de Meringer y Mayer (1895) que citamos *supra*, pág. 57.]

[72] [Se hallará un comentario acerca de esto en el libro de Freud sobre las afasias (1891*b*, pág. 78); el correspondiente pasaje aparece traducido en el «Apéndice C» agregado en esta edición a «Lo inconciente» (1915*e*), *AE*, **14**, pág. 210.]

[73] [En su libro sobre el chiste (1905*c*), *AE*, **8**, págs. 144-5, Freud menciona ciertos casos en que la atención interfiere en el proceso automático implícito en la apreciación de los chistes. Cf. también *infra*, pág. 265.]

Entre el «desliz en la escritura» y el «olvido» [74] es lícito interpolar el caso en que alguien olvida poner su firma. Un cheque sin firma tiene el mismo valor que un cheque olvidado. Con relación al significado de ese olvido, citaré el pasaje de una novela, que me fue señalado por el doctor Hanns Sachs:

«Un ejemplo muy aleccionador y trasparente de la seguridad con que los creadores literarios saben utilizar en el mismo sentido del psicoanálisis el mecanismo de las acciones sintomáticas y fallidas está contenido en la novela de John Galsworthy, *The Island Pharisees*. El argumento gira en torno de las vacilaciones de un joven, perteneciente a la clase media acaudalada, entre un profundo sentimiento social y las convenciones de su clase. En el capítulo 26 se nos pinta su reacción ante la carta de un joven vagabundo a quien, atraído por su original concepción de la vida, él había socorrido algunas veces. Esa carta no contiene un pedido directo de dinero, pero sí describe un estado de gran apremio que no admite otra interpretación. Primero, el destinatario arroja de sí la idea de malgastar su dinero en un incorregible en vez de costear obras de beneficencia. " 'Tender una mano de ayuda, dar un pedazo de sí mismo, hacer un gesto de camaradería a un prójimo sin que medie demanda alguna, y sólo porque las cosas ahora le van mal, ¡qué disparate sentimental! Por alguna parte hay que trazar la raya de separación'. Pero en tanto farfullaba entre sí tales argumentos, sintió que su propia sinceridad le objetaba: '¡Tramposo! Quieres guardarte tu dinero, eso es todo' ".

»Tras ello, escribe una carta amistosa que termina con las palabras: "Acompaño un cheque. Sinceramente, tu Richard Shelton".

»"Pero antes de haber escrito el cheque, distrajo su atención una polilla que volaba alrededor de la vela. La cazó y la soltó al aire libre, olvidando entretanto que no había incluido el cheque en la carta". Y la carta se despachó así, tal cual estaba.

»Ahora bien, este olvido responde a una motivación más fina que el triunfo de la tendencia avara, en apariencia superada, de ahorrarse el gasto.

»En la finca campestre de sus futuros suegros, rodeado por su novia, la familia de esta y sus huéspedes, Shelton se siente solo; su operación fallida indica que él añora a su protegido, que por su pasado y por su concepción de la vida se sitúa en diametral oposición a quienes ahora lo rodean,

[74] [El resto de este capítulo fue agregado en 1919.]

gentes intachables sobre las cuales una misma convención ha estampado el sello uniforme de su círculo social. Y de hecho, el vagabundo, que sin su socorro ya no puede sustentarse más en el lugar donde está, llega unos días después para aclarar las razones por las cuales falta el anunciado cheque».

VII. Olvido de impresiones
y de designios [1]

Si alguien se inclinara a sobrestimar el estado de nuestro
actual conocimiento sobre la vida anímica, bastaría, para
volverlo a la modestia, recordarle la función de la memoria.
Ninguna teoría psicológica ha podido dar hasta ahora razón
coherente sobre el fenómeno fundamental del recordar y
olvidar; más aún: ni siquiera se ha abordado la disección
completa de los hechos que se pueden observar. Acaso hoy,
cuando el estudio del sueño y de sucesos patológicos nos ha
enseñado que también puede reaflorar de pronto en la conciencia lo que estimábamos olvidado desde hacía mucho
tiempo, el olvidar se nos haya vuelto más enigmático que
el recordar.[2]

Es verdad que poseemos unos pocos puntos de vista para
los cuales esperamos general reconocimiento. Suponemos
que el olvido es un proceso espontáneo al que se le puede
atribuir cierto decurso temporal. Ponemos de relieve que
en el olvido se produce cierta selección entre las impresiones
ofrecidas, lo mismo que entre los detalles de cada impresión
o vivencia. Tenemos noticia sobre algunas de las condiciones
para la persistencia en la memoria y la evocabilidad de lo
que en otro caso se olvidaría. Sin embargo, en incontables
ocasiones de la vida cotidiana observamos cuán incompleto e
insatisfactorio es nuestro discernimiento. Oigamos a dos
sujetos que han recibido las mismas impresiones externas
—p. ej., han realizado un viaje juntos [cf. págs. 37-8]—
y tiempo después intercambian recuerdos. Aquello de lo cual
uno conservó firme memoria, el otro lo olvidó en gran par-

[1] [La primera parte de este capítulo, hasta la pág. 139, data de
1901.]

[2] [En su ejemplar interfoliado de la edición de 1904 (cf. mi «Introducción», *supra*, pág. 6), Freud incluyó en este punto la siguiente
anotación: «El olvido normal se produce por vía de condensación. Se
convierte así en la base de la formación de conceptos. Lo que es
aislado se percibe con claridad. La represión utiliza el mecanismo de
condensación y genera una confusión con otros casos similares. — Además, tendencias provenientes de otros lados se apoderan del material
indiferente y lo desfiguran y falsifican». Véase una nota al pie agregada en 1907, donde desarrolla estas ideas, *infra*, pág. 266.]

te como si no hubiera acontecido, y, además, sin que haya derecho a sostener que la impresión habría tenido más sustantividad psíquica para uno que para el otro. Es evidente que todavía desconocemos gran número de los factores que comandan la selección para la memoria.

Con el propósito de ofrecer una pequeña contribución a nuestra noticia sobre las condiciones del olvido, suelo someter a un análisis psicológico los casos que a mí mismo me suceden. Por regla general, sólo me ocupo de cierto grupo de estos: aquellos en que el olvido me asombra porque, según todas mis expectativas, yo debía saber la cosa en cuestión. Apuntaré, todavía, que no tengo tendencia a ser desmemoriado (¡con relación a lo vivido, no a lo aprendido!), y que durante un breve período de mi juventud no era incapaz de realizar unas extraordinarias proezas mnémicas. En mis tiempos de estudiante era para mí cosa habitual poder recitar de memoria la página del libro que había leído, y poco antes de ingresar a la universidad era capaz de escuchar conferencias populares de contenido científico y ponerlas por escrito inmediatamente después con fidelidad casi total. En la tensión previa a mi examen final de ciencias médicas debí de usar lo que aún me restaba de esta capacidad, pues en algunos temas di a los examinadores respuestas casi automáticas que coincidían exactamente con el texto del manual, al cual, sin embargo, lo había leído una sola vez y con la mayor prisa.

Desde entonces he ido perdiendo cada vez más el poder de disponer sobre mi patrimonio mnémico. No obstante, hasta estos últimos tiempos me he convencido de que con ayuda de un artificio puedo recordar mucho más de lo que yo mismo creería. Por ejemplo, si en la hora de consulta un paciente declara que lo he examinado antes, mientras que yo no puedo acordarme ni del hecho ni del momento, salgo del paso por adivinación: dejo que se me ocurra un número de años, a contar desde el presente. Toda vez que la existencia de documentos o la indicación segura del paciente permiten controlar mi ocurrencia, se demuestra que rara vez me equivoco en más de seis meses cada diez años.[3] De igual modo procedo al encontrar a alguien con quien tengo poco conocimiento, y en tren de cortesía le pregunto por sus hijitos. Si me cuenta sobre sus progresos, yo procuro que se me ocurra la edad que el niño tiene ahora, la controlo mediante el informe del padre y a lo sumo me

---

[3] Por lo común, en el curso de la entrevista suelen salir a la luz los detalles de aquella primera visita.

equivoco por un mes, o por tres en el caso de niños mayores; y ello pese a no poder indicar en qué me he basado para esa estimación. Ultimamente me he vuelto tan osado que siempre doy mi estimación de manera espontánea, sin riesgo de mortificar al padre poniendo en descubierto mi ignorancia sobre su retoño. Así amplío mi recuerdo conciente por apelación a mi memoria inconciente, mucho más rica en todos los casos.

Informaré sobre ejemplos *llamativos* de olvido, la mayoría observados en mí mismo. Distingo entre olvido de impresiones y vivencias —o sea, de un saber— y olvido de designios —o sea, de un hacer—. Puedo anticipar la conclusión uniforme para toda la serie de observaciones: *En todos los casos el olvido resultó fundado en un motivo de displacer.*

A. Olvido de impresiones y conocimientos

1. Cierto verano mi esposa me dio una ocasión, inocente en sí misma, para un fuerte enojo. Estábamos sentados a la *table d'hôte* frente a un señor de Viena a quien yo conocía y que sin duda se acordaría también de mí. Pero tenía mis razones para no reanudar el trato. Mi mujer, que sólo había oído su distinguido nombre, dejó traslucir demasiado que prestaba atención a la plática de él con su vecino, pues de tiempo en tiempo me hacía preguntas que retomaban los hilos ahí desovillados. Me puse impaciente y al fin me irrité.[4] Pocas semanas después me quejé ante una parienta por esta conducta de mi mujer. Pero no fui capaz de recordar una sola palabra de la conversación de aquel señor. Soy bastante rencoroso y no olvido detalle de los episodios que me hayan causado enojo. Entonces, mi amnesia en este caso está sin duda motivada por miramientos relativos a la persona de mi esposa. Algo parecido me volvió a ocurrir hace poco tiempo. Junto a un conocido íntimo, quise divertirme con algo que mi mujer había dicho pocas horas antes, pero me estorbó ese designio la curiosísima circunstancia de haber olvidado yo por completo la frase en cuestión. No tuve más remedio que pedirle a mi mujer que me la recordase. Es fácil

---

[4] [Este episodio se incluye también entre las asociaciones a un sueño relatado en *Sobre el sueño* (1901a), *AE*, **5**, pág. 622. A este mismo sueño se hizo referencia antes (*supra*, pág. 120, *n*. 33) en conexión con otro episodio.]

comprender que este olvido mío se debe concebir como análogo a [5] la típica perturbación del juicio que nos aqueja cuando se trata de las personas más allegadas a nosotros.

2. Me había comprometido a buscar para una dama extranjera, de visita en Viena, una pequeña caja fuerte portátil donde ella pudiera guardar sus documentos y su dinero. Cuando asumí el compromiso, yo tenía presente, con una desacostumbrada vividez visual, la imagen de un escaparate del centro de la ciudad, donde debía de haber visto tales cofres. Cierto que no podía acordarme del nombre de la calle, pero estaba seguro de encontrar ese comercio si recorría el centro, pues mi recuerdo me decía que había pasado junto a él innúmeras veces. Para mi fastidio, empero, no conseguí descubrir el escaparate con los cofres aunque vagué por el centro de la ciudad de aquí para allá. No me quedaba otro partido, creí entonces, que buscar en una guía la dirección de los fabricantes de cofres, e identificar luego, en una segunda ronda, el escaparate buscado. Pero no hizo falta tanto; entre las direcciones registradas en la guía había una que se me reveló al instante como la olvidada. Era cierto que había pasado innumerables veces junto a ese escaparate, pero todas ellas yendo de visita a casa de la familia M., que desde hacía muchos años tenía el mismo domicilio. Después que ese trato íntimo dejó sitio a un total distanciamiento, solía yo evitar tanto la casa como la zona, sin darme cuenta de las razones. En aquel paseo que di por el centro en busca del escaparate de los cofres, había transitado por todas las calles de los alrededores, pero esquivando esta sola, como si pesara sobre ella una prohibición. Es evidente el motivo de displacer culpable de mi desorientación en este caso. Sin embargo, el mecanismo del olvido no es aquí tan simple como en el ejemplo anterior. Mi aversión no se dirige, desde luego, al fabricante de cofres, sino a otro, de quien no quiero saber nada, y de este otro se trasfiere sobre la oportunidad en que ella produjo el olvido. Exactamente como en el caso de «Burckhard» [pág. 117], la inquina contra una persona de ese apellido provocó una equivocación al escribirlo cuando se trataba de otra. Lo que en este caso se estableció por la identidad de apellidos, a saber, el enlace entre dos círculos de pensamiento esencialmente diversos, en el ejemplo del escaparate pudo ser sustituido por la contigüidad en el espacio, la vecindad inseparable. Por lo demás, este último caso fue de ensambladura más firme; en efec-

---

[5] [En 1901: «como un caso de».]

to, presentó un segundo enlace de contenido, pues entre las razones del distanciamiento con la familia moradora de aque lla casa el dinero había desempeñado un papel.[6]

3. La empresa B. & R. me encarga que haga una visita médica a uno de sus empleados. En camino a ese domicilio, me ocupa la idea de que debo de haber estado ya repetidas veces en el edificio donde se encuentra la firma. Me parece como si hubiera llamado mi atención su rótulo en un piso bajo mientras yo visitaba a un paciente en un piso superior. Pero no puedo acordarme del edificio ni del paciente que ahí habría visitado. Aun siendo todo el asunto indiferente y nimio, sigo ocupándome de él y, al fin, por el rodeo habitual —o sea, reuniendo mis ocurrencias sobre esto—, me entero de que en el piso superior al local de la firma B. & R. está la pensión *Fischer*, en la que muchas veces he visitado pacientes. Ahora también conozco el edificio que alberga a la oficina y a la pensión. Aún me resulta enigmático el motivo que estuvo en juego en ese olvido. No hallo nada chocante para el recuerdo en la firma como tal, ni en la pensión Fischer, ni en los pacientes que ahí residieron. Conjeturo, entonces, que no puede tratarse de algo muy penoso; de lo contrario, difícilmente habría conseguido reapoderarme de lo olvidado por un rodeo, sin recurrir a auxilios exteriores como en el ejemplo anterior. Al fin se me ocurre que un momento antes, al ponerme en camino hacia la casa del nuevo paciente, saludé por la calle a un señor a quien me dio trabajo reconocer. Meses atrás había examinado a este hombre en un estado que parecía grave, y sentencié sobre su caso el diagnóstico de parálisis progresiva. Pero luego supe que se había restablecido, de suerte que mi juicio habría sido incorrecto. ¡Siempre que no fuera una de las remisiones que se presentan también en casos de *dementia paralytica*, y así mi diagnóstico seguiría estando justificado! De aquel encuentro partió el influjo que me hizo olvidar la vecindad de las oficinas de B. & R., y mi interés en hallar la solución de lo olvidado se había trasferido desde este caso de cuestionable diagnóstico. Ahora bien, el enlace asociativo, no obstante el pobre nexo interno —la persona que se curó contra toda expectativa era también empleado de una gran firma que solía enviarme pacientes—, fue procurado por la identidad de los apellidos. El médico junto con el cual había examinado al dudoso paralítico se llamaba *Fischer*, como la pensión afectada por el olvido, situada en el mismo edificio.

[6] [En 1901, 1904 y 1907: «un gran papel».]

4. *Extraviar* una cosa no es más que haber olvidado dónde se la puso. Como la mayoría de las personas que se ocupan de escritos y de libros, yo me oriento bien en mi escritorio y sé sacar de primer intento lo que busco. Lo que a otros les parece desorden, es para mí un orden históricamente devenido. Entonces, ¿por qué extravié no hace mucho, hasta el punto de no haber podido encontrarlo, un catálogo de libros que me remitieron? Tenía el propósito de encargar un libro que aparece en su índice, *Über die Sprache* {Sobre el lenguaje}, porque es de un autor cuyo estilo rico y animado yo aprecio, y cuya penetración en la psicología, y sus conocimientos de historia de la cultura, sé valorar. Creo que justamente por eso extravié el catálogo. Es que suelo prestar a mis amigos, para su esclarecimiento, libros de este autor, y hace pocos días alguien me dijo, al devolverme uno: «El estilo me recuerda muchísimo al tuyo, y también el modo de pensar es el mismo». Esa persona no sabía qué tocaba en mí con esa observación. Hace años, cuando yo era todavía joven y estaba necesitado de seguir a otros, un colega de más edad, a quien yo había elogiado los escritos de un famoso autor sobre temas médicos, me dijo más o menos lo mismo: «Su estilo y su modalidad me recuerdan muchísimo a ti». Así influido, le escribí a ese autor una carta donde le pedía mantener trato más cercano con él, pero una fría respuesta me puso en mi sitio. Acaso tras esta experiencia se escondan otras anteriores, igualmente desanimadoras, pues no he vuelto a encontrar el catálogo extraviado, y este signo previo me hizo abstenerme realmente de encargar el libro indicado, aunque la desaparición de aquel no creara un real impedimento. En efecto, he guardado en la memoria el título del libro y el nombre de su autor.[7]

5.[8] Otro caso de extravío merece nuestro interés por las condiciones bajo las cuales se recuperó lo extraviado. Un joven me cuenta: «Hace algunos años había desinteligencias en mi matrimonio; yo encontraba a mi mujer demasiado fría y, aunque admitía de buen grado sus sobresalientes cualidades, vivíamos sin ternura uno junto al otro. Cierto día, al volver de un paseo, ella me trajo un libro que había comprado porque podría interesarme. Le agradecí esa muestra de "atención", prometí leer el libro, lo guardé con ese fin y nunca más lo encontré. Así pasaron meses en que de tiempo

---

[7] Yo propondría explicaciones parecidas para una diversidad de contingencias que, desde Theodor Vischer, querrían atribuirse a «la perfidia del objeto» [cf. *infra*, págs. 167-8, *n.* 14].

[8] [Agregado en 1907.]

en tiempo me acordaba de ese libro trasconejado, y era en vano querer hallarlo. Como medio año después enfermó mi querida madre, que vivía en otra casa. Mi mujer abandonó la nuestra para cuidar a su suegra. El estado de la enferma empeoró y dio a mi mujer ocasión de mostrar sus mejores cualidades. Al atardecer de cierto día vuelvo a casa entusiasmado por la devoción de mi mujer y rebosante de agradecimiento hacia ella. Me encamino a mi escritorio, abro un determinado cajón sin propósito deliberado, pero con la seguridad de un sonámbulo [cf. *infra*, pág. 166, *n.* 9], y ahí, encima de todo, encuentro el libro que por tanto tiempo había echado de menos, el libro extraviado».[9]

6.[10] Stärcke [11] nos cuenta un caso de extravío que coincide con el anterior por su carácter último, a saber, la curiosa seguridad del hallazgo tras extinguirse el motivo del extravío:

«Una muchacha quería confeccionar un cuello con un trozo de tela, pero arruinó este al cortarlo. Llamaron entonces a la costurera para que intentase componerlo. Cuando llegó, la muchacha quiso traer la tela mal cortada, sacándola del cajoncito donde creía haberla puesto; no pudo encontrarla. Puso todo patas arriba, mas no la halló. Ya colérica, se preguntó por qué desaparecería la tela de repente, y si acaso no *querría* ella encontrarla; pensó entonces que, desde luego, se avergonzaba delante de la costurera por haber arruinado algo sin embargo tan fácil de hacer como era un cuello. Tras haber meditado sobre esto, se puso de pie, marchó hacia otro armario y sacó de ahí, de primer intento, el cuello mal cortado».

7.[12] El siguiente ejemplo de «extravío» corresponde a un tipo familiar a todo psicoanalista. Puedo agregar que el paciente mismo que produjo el extravío descubrió su clave:

«Un paciente que está bajo tratamiento psicoanalítico, y en quien la interrupción de la cura que suponen las vacaciones de verano coincide con un período de resistencia y malestar, al desvestirse por la noche deja su manojo de llaves, según él cree, en el sitio habitual. Recuerda después que para el viaje del día siguiente —el último día de la cura, y en el cual debe también pagar sus honorarios— necesita sa-

---

[9] [Este ejemplo fue citado luego por Freud en sus *Conferencias de introducción* (1916-17), *AE*, **15**, pág. 49.]
[10] [Agregado en 1917.]
[11] Stärcke, 1916.
[12] [Agregado en 1910.]

car algunas cosas de su escritorio, donde además tiene guardado el dinero. Hete aquí que las llaves han desaparecido. Empieza a buscar en su pequeña vivienda de manera sistemática, pero con excitación creciente... y nada. Como discierne que el "extravío" de las llaves es una acción sintomática (o sea, que lleva un propósito), despierta a su servidor a fin de continuar la búsqueda con la ayuda de una persona "imparcial". Pasa otra hora de búsqueda, y al fin la abandona con el temor de haber perdido las llaves. A la mañana siguiente encarga al fabricante de escritorios un nuevo juego de llaves, que deben prepararle a toda prisa. Dos amigos que lo habían acompañado a casa en coche creen acordarse de haber oído algo que tintineó en el suelo cuando él se bajó del vehículo. Está convencido de que las llaves se le han caído del bolsillo. Esa noche, el servidor, triunfante, le presentó las llaves. Estaban puestas entre un grueso libro y un delgado folleto (un trabajo de uno de mis discípulos) que pensaba llevarse consigo para leer durante las vacaciones, y tan hábilmente que nadie habría sospechado su presencia allí. Luego le fue imposible imitarse y esconder las llaves con tanta destreza. La habilidad inconciente con que se extravía un objeto a consecuencia de unos motivos secretos, pero poderosos, recuerda en un todo a la "seguridad sonambúlica" [cf. *infra*, pág. 166, *n.* 9]. Ese motivo era, desde luego, el malhumor por la interrupción de la cura y la secreta furia por tener que pagar unos elevados honorarios encontrándose él tan mal».

8.[13] «Un hombre —narra Brill—[14]* era instado por su mujer a asistir a una ceremonia social, que en el fondo a él no le interesaba en absoluto. [...] Al fin cedió a sus ruegos y empezó a sacar del baúl su ropa de gala, pero súbitamente resolvió afeitarse primero. Cuando hubo terminado, volvió hasta el baúl, pero lo halló cerrado y no pudo encontrar la llave pese a que la buscó largo rato con ahínco. Imposible llamar a un cerrajero, pues era domingo por la tarde. Así, ambos tuvieron que disculparse por faltar a la reunión. Cuando a la mañana siguiente fue abierto el baúl, se halló dentro la llave. Distraído, el hombre la había dejado caer, cerrando luego el candado. Me aseguró, claro está, que no lo había hecho adrede ni a sabiendas, pero nosotros sabemos

[13] [Agregado en 1912.]
[14] [Brill, 1912. Trascribimos aquí el texto original de Brill, en cuya traducción al alemán Freud introdujo algunas modificaciones.]
* {Traducimos del texto original en inglés trascrito en la *Standard Edition*.}

que no quería asistir a aquella reunión. El extravío de la llave no carecía, pues, de motivo».

Jones [15] observó en sí mismo que solía extraviar su pipa siempre que, habiendo fumado mucho, se sentía mal a causa de ello. Y la pipa aparecía luego en sitios inimaginables, donde no le correspondía estar ni era comúnmente guardada.

9.[16] Sobre un caso inocente con motivación confesada nos informa Dora Müller:[17]

«La señorita Erna A. refiere, dos días antes de Navidad: "Considere usted; ayer por la noche me serví y comí de mi paquete de pan de jengibre; al hacerlo me propuse convidarle a la señorita S.» (la dama de compañía de su madre) «cuando viniera a darme las buenas noches; no tenía muchas ganas de hacerlo, pero me lo propuse. Cuando ella llegó y extendí la mano hacia mi mesita para tomar el paquete, no lo hallé. Lo busqué entonces; estaba encerrado en mi armario. Lo había introducido allí sin saberlo". Era ocioso emprender un análisis, pues la narradora tenía en claro la trama. La moción que acababa de reprimir, guardarse para ella sola el bizcocho, se abrió igualmente paso en una acción automática, aunque en este caso fue deshecha de nuevo por la acción conciente que siguió».

10. Hanns Sachs cuenta cómo cierta vez se sustrajo, por medio de un extravío así, de la obligación de trabajar:

«El pasado domingo después de mediodía vacilé un rato entre si debía trabajar o si daría un paseo haciendo las visitas consiguientes. Tras alguna lucha, me decidí por lo primero. Trascurrida una hora, más o menos, noté que se me había terminado el papel. Sabía que en alguna parte, en algún cajón, tenía guardadas desde hacía años unas hojas, pero en vano las busqué en mi mesa de escritorio y en otros lugares donde creía poder hallarlas, y ello no obstante el gran trabajo que me tomé revolviendo libros viejos, folletos, paquetes de correspondencia y cuanto se me puso al alcance. Me vi obligado, pues, a interrumpir el trabajo y salir. A la noche, de vuelta en casa, me senté en el sofá y distraído, casi ausente, posé la vista sobre la biblioteca situada enfrente. Divisé cierto cajón y recordé que hacía mucho tiempo que no examinaba su contenido. Me llegué a él y lo abrí.

---

[15] [Jones, 1911b, pág. 506.]
[16] [Este ejemplo y el 10 fueron agregados en 1917.]
[17] Müller, 1915.

Arriba de todo había una carpeta de cuero y, en su interior, papel en blanco. Pero sólo cuando lo hube sacado y estaba guardándolo en mi mesa de trabajo se me ocurrió que era el mismo papel que en vano buscaba a la siesta. Debo señalar, además, que aun no siendo yo ahorrativo, soy muy cuidadoso con el papel y guardo hasta el último resto utilizable. Este hábito, alimentado por una pulsión, fue sin duda el que me movió a corregir el olvido tan pronto como desaparecieron sus motivos actuales».

Si se consideran en conjunto los casos de extravío,[18] realmente será difícil suponer que pueda producirse alguno que no sea consecuencia de un propósito inconciente.

11.[19] En el verano de 1901 declaré un día a un amigo, con quien mantenía un vivo intercambio de ideas sobre cuestiones científicas:[20] «Estos problemas neuróticos sólo se podrán solucionar si nos situamos por entero dentro del supuesto de una bisexualidad originaria del individuo». Recibí esta respuesta: «Es lo que te dije hace ya dos años y medio en Br. [Breslau], cuando dábamos aquel paseo al atardecer. En ese momento no quisiste saber nada de ello». Es doloroso ser así invitado a renunciar a la originalidad. No podía acordarme de aquella plática ni de aquella revelación de mi amigo. Uno de los dos debía de engañarse; y, según el principio de la pregunta «*cui prodest?*»,* debía de ser yo. En efecto, en el curso de la semana que siguió recordé de hecho todo, tal como mi amigo había querido evocarlo en mí, y hasta la respuesta que le di entonces: «Me tiene sin cuidado, no me parece aceptable». Pero desde entonces me he vuelto un poco más tolerante cuando en la bibliografía médica encuentro, sin que se me cite, alguna de las pocas ideas que se pueden asociar con mi nombre.

---

[18] [Este párrafo fue agregado en 1907.]

[19] [Salvo indicación en contrario, lo que sigue hasta la pág. 148 data de 1901.]

[20] [En 1901 y 1904 se leía aquí: «En el verano de este año declaré un día a mi amigo Fl., con quien mantenía...». El amigo era Wilhelm Fliess, y el año en que tuvo lugar la conversación fue 1900 y no 1901. De hecho, fue esta la última oportunidad en que ambos se encontraron. Se hallará una amplia descripción del episodio en Jones, 1953, págs. 344 y sigs. Evidentemente, el presente ejemplo fue escrito a fines de 1900 y luego datado en forma errónea.]

* {«¿Quién se beneficia?», la tradicional pregunta jurídica, cuya respuesta indica quién es el autor de un delito.}

Críticas a la esposa – Una amistad que se ha trocado en lo contrario – Un error en el diagnóstico médico – El rechazo por parte de alguien que tiene iguales miras – El préstamo de ideas de otro: no puede deberse al azar que un número de ejemplos de olvido, recopilados sin selección previa, pidan, para ser resueltos, que se ahonde en tan penosos temas. Me inclino a conjeturar que cualquier otro que quiera examinar los motivos de sus propios olvidos registraría un muestrario similar de contrariedades. La inclinación a olvidar lo desagradable me parece totalmente universal, aunque la aptitud para ello presente grados diversos en personas diferentes. Es probable que muchos de los «*mentís*» con que nos topamos en la actividad médica se reconduzcan a unos *olvidos*.[21] Ciertamente, nuestra concepción sobre tal

[21] [*Nota agregada* en 1907:] Cuando a una persona se le pregunta si diez o quince años atrás tuvo una infección luética, se olvida con demasiada facilidad que, en lo psíquico, el inquirido considerará de manera por entero diversa a esa enfermedad que, por ejemplo, a un reumatismo agudo. — En las anamnesis que brindan los progenitores sobre sus hijas aquejadas de neurosis grave, es muy difícil separar con seguridad lo que se debe al olvido de lo que es producto del ocultamiento, pues los padres eliminan de modo sistemático todo cuanto pueda estorbar el posterior casamiento de la muchacha; vale decir, lo reprimen. — [*Agregado* en 1910:] Un hombre que hace poco tiempo ha perdido a su querida esposa a raíz de una afección pulmonar me comunica el siguiente caso de despistamiento de la averiguación médica, sólo reconducible a un olvido de esa índole: «Cuando, habiendo pasado ya varias semanas, la pleuritis de mi pobre mujer no quería ceder se llamó a consulta al doctor P. Para establecer la anamnesis hizo él las preguntas usuales, entre otras si en la familia de mi mujer había enfermos de los pulmones. Mi mujer lo negó, y tampoco yo me acordé. Una vez que el doctor P. se despidió, la conversación recayó, como por casualidad, sobre las excursiones, y mi mujer dijo: "Sí, también hasta Langersdorf, *donde está enterrado mi pobre hermano*, hay un largo viaje". Ese hermano había muerto unos quince años antes, a causa de una tuberculosis que lo aquejaba de tiempo atrás. Mi mujer lo había querido mucho y a menudo me hablaba de él. Entonces me vino a la mente que, al diagnosticarse la pleuritis, mi mujer, muy cuitada, había dicho con talante sombrío: "*También mi hermano murió a causa de los pulmones*". Tan reprimido estaba ahora ese recuerdo que, aun después de expresar lo que he consignado acerca del viaje hasta L., ella no halló ocasionamiento alguno para rectificar su informe sobre las enfermedades habidas en su familia. Y en cuanto a mí, lo olvidado se me ocurrió en el momento mismo en que habló de Langersdorf». — [*Agregado* en 1912:] Una vivencia en un todo semejante refiere Jones en el trabajo que ya hemos citado varias veces [1911*b*, pág. 484]. Un médico cuya esposa padece de una afección a las piernas de incierto diagnóstico le apuntó, a modo de consuelo: «Es bueno, siquiera, que en tu familia no se haya producido ningún caso de tuberculosis». Y la mujer respondió, sorprendidísima: «¿Has olvidado que mi madre murió de tuberculosis, y que mi hermana no se restableció de la suya sino después que los médicos la desahuciaran?».

olvido reduce el distingo entre un comportamiento y el otro [la desmentida y el olvido] a ciertas constelaciones puramente psicológicas, y nos permite ver en ambos modos de reacción la expresión del mismo motivo. Entre los numerosos ejemplos de desmentida de recuerdos ingratos que he visto entre los parientes de enfermos, mi memoria ha guardado uno como particularmente raro. Una madre me informaba sobre la infancia de su hijo neurótico, ahora púber, y me refirió que él, como todos sus hermanos, se había orinado en la cama hasta grandecito, lo cual en verdad no carece de peso para un historial clínico neurótico. Algunas semanas más tarde, cuando ella quiso anoticiarse del estado del tratamiento, tuve ocasión de señalarle los signos de una disposición patológica constitucional en el joven, y entre ellos invoqué el rasgo de mojarse en la cama, que la anamnesis había puesto de relieve. Para mi asombro, ella puso en tela de juicio el hecho tanto para ese hijo como para los demás, preguntándome de dónde podía yo saberlo, hasta que al fin tuvo que oír de mí que ella misma me lo había referido poco tiempo antes, y por ende lo había olvidado.[22]

También en personas sanas, no neuróticas, hallamos abundantes indicios de que una fuerte resistencia se contrapone al recuerdo de impresiones penosas, a la representación de pensamientos penosos.[23] Pero el cabal significado de este

[22] Por la época en que yo redactaba estas páginas, me sucedió el siguiente caso de olvido, apenas creíble: El 1º de enero reviso mi agenda de consultas a fin de enviar mis demandas de honorarios, y hete ahí que para junio me topo con el nombre «M...l», y no puedo acordarme de la persona a quien pertenecía. Mi asombro crece cuando sigo hojeando y me entero de que traté el caso en un sanatorio, con visitas diarias durante varias semanas. El médico difícilmente olvide, trascurridos apenas seis meses, a un enfermo de quien se ocupó en esas condiciones. «¿Habrá sido un hombre —me pregunté—, un paralítico, un caso sin interés?». Al fin, la anotación sobre los honorarios recibidos me devolvió la noticia sobre todo cuanto quería sustraerse del recuerdo. «M...l» había sido una muchacha de catorce años, el caso más singular de mis últimos años, que me dejó una enseñanza que yo difícilmente olvide, y cuyo desenlace me deparó las horas más penosas. La niña estaba aquejada de una inequívoca histeria, que en mis manos experimentó una rápida y radical mejoría. Tras esta última, los padres me la quitaron; aún se quejaba de unos dolores abdominales, a los que correspondía el papel principal en el cuadro de síntomas histéricos. Dos meses después, moría de sarcoma en las glándulas abdominales. La histeria, a la cual la niña tenía una predisposición suplementaria, había tomado la formación tumoral como causa provocadora, y yo, cautivado por las ruidosas pero inofensivas manifestaciones de la histeria, quizá descuidé los primeros síntomas de la subrepticia e incurable enfermedad.

[23] [Nota agregada en 1910:] A. Pick (1905) ha compilado recientemente una serie de citas de autores que aprecian el influjo de fac-

hecho sólo se puede medir si se ahonda en la psicología de las personas neuróticas. Uno se ve precisado a hacer de este *afán defensivo elemental* contra representaciones que pueden despertar sensaciones displacenteras; a hacer de este afán, digo, sólo asimilable al reflejo de huida en caso de estímulos de dolor, uno de los pilares fundamentales del mecanismo que es el portador de los síntomas histéricos. Y no se objete, contra el supuesto de esa tendencia defensiva, que asaz a menudo nos resulta imposible, por lo contrario, librarnos de recuerdos penosos que nos persiguen, y ahuyentar mociones afectivas penosas como el remordimiento, los reproches de la conciencia moral. Es que no se afirma que esta tendencia defensiva pueda abrirse paso dondequiera, que en el juego de las fuerzas psíquicas no pueda tropezar con factores que, con fines diversos, aspiren a lo contrapuesto y lo produzcan en desafío a aquella. *Como principio arquitectónico del aparato anímico se deja colegir la estratificación, la edificación a partir de instancias que se superponen unas a otras*, y es muy posible que aquel afán defensivo corresponda a una instancia psíquica inferior, y en cambio instancias superiores lo inhiban. Comoquiera que sea, abona la existencia y el poder de esta tendencia defensiva el hecho de que podamos reconducir a ella procesos como los de nuestros ejemplos de olvido. Vemos que mucho se olvida por sí mismo como tal; donde esto no es posible, la tendencia defensiva desplaza su meta y produce, al menos, el olvido de otra cosa de menor sustantividad, que ha entrado en enlace asociativo con lo genuinamente chocante.

El punto de vista que aquí desarrollamos, según el cual unos recuerdos penosos caen con particular facilidad en el olvido motivado, merecería aplicarse en muchos campos donde hasta hoy no se lo ha tenido en cuenta o se lo consideró sólo en mínima medida. Así, no me parece que se lo haya destacado lo suficiente en la apreciación de los testimonios que se presentan ante un tribunal,[24] donde es evidente que

tores afectivos sobre la memoria y reconocen —con mayor o menor claridad— la contribución que el afán por defenderse de un displacer presta al olvido. Pero ninguno de nosotros ha podido describir el fenómeno, ni su fundamento psicológico, de manera tan exhaustiva e impresionante a la vez como Nietzsche en uno de sus aforismos (*Jenseits von Gut und Böse* {Más allá del bien y del mal}, IV, 68): «"Yo lo he hecho", dice mi memoria. "Yo no puedo haberlo hecho", dice mi orgullo, y se mantiene inflexible. Al fin... cede la memoria». [Quien atrajo la atención de Freud hacia este aforismo fue el «Hombre de las Ratas», cuyo historial se publicó poco antes de aparecer esta nota; cf. Freud (1909*d*), *AE*, **10**, pág. 145.]

[24] Cf. Gross, 1898. [Cf. *infra*, pág. 247, *n.* 26.]

se atribuye al juramento del testigo un exagerado influjo purificador sobre su juego psíquico de fuerzas. En cambio, es de universal aceptación que debe tomarse en cuenta ese motivo en la génesis de las tradiciones y de la historia legendaria de los pueblos: lleva a borrar del recuerdo lo penoso para el sentimiento nacional. [Cf. pág. 52.] Quizás un estudio más detenido establecería una completa analogía entre el modo en que se forman las tradiciones de un pueblo y los recuerdos de infancia del individuo. El gran Darwin [25] ha extraído, de su intelección de este motivo de displacer para el olvido, una «regla de oro» que debe observar el trabajador científico.[26]

Lo mismo que en el olvido de nombres [pág. 9], también en el de impresiones pueden sobrevenir recuerdos falsos, que si hallan creencia son definidos como espejismos del recuerdo. El espejismo del recuerdo en casos patológicos —en la paranoia desempeña, ni más ni menos, el papel de un factor constitutivo de la formación delirante— ha dado lugar a una extensa bibliografía, en la que yo echo de menos la motivación de aquel. Este tema, por formar parte de la psicología de las neurosis, cae también fuera de nuestro contexto. A cambio de ello, he de comunicar un raro ejemplo de espejismo del recuerdo, que yo mismo padecí y en el que se volvieron bastante reconocibles su motivación por un material reprimido inconciente y su modalidad de enlace con este.

Cuando escribía los últimos capítulos de mi libro sobre *La interpretación de los sueños*, me encontraba yo en una residencia veraniega sin acceso a bibliotecas ni a repertorios bibliográficos, y así me vi obligado, bajo reserva de ulterior corrección, a incluir en el manuscrito, de memoria, toda clase de referencias y citas. A raíz de la sección sobre los

---

[25] [Esta oración fue agregada en 1912.]

[26] [*Nota agregada* en 1912:] Jones [1911*b*, pág. 480] remite al siguiente pasaje de la autobiografía de Darwin [1958, pág. 123], cabal reflejo de su probidad científica y de su agudeza psicológica: «*I had, during many years, followed a golden rule, namely, that whenever a published fact, a new observation or thought came across me, which was opposed to my general results, to make a memorandum of it without fail and at once; for I had found by experience that such facts and thoughts were far more apt to escape from the memory than favourable ones*» {«Durante muchos años yo había seguido una regla de oro, y era esta: toda vez que me topase con un hecho publicado, una observación o un pensamiento nuevos opuestos a mis conclusiones generales, {debía} tomar nota de ello sin falta y enseguida; pues por experiencia había descubierto que tales hechos y pensamientos eran mucho más aptos para írsele a uno de la memoria que los favorables»}.

sueños diurnos,[27] se me ocurrió la singular figura del pobre tenedor de libros de *Le Nabab*, de Alphonse Daudet, en que el poeta ha pintado probablemente sus propias ensoñaciones. Creí acordarme de una de las fantasías que incuba este hombre —lo llamé «Monsieur Jocelyn»— en sus caminatas por las calles de París; la recordé con nitidez y empecé a reproducirla de memoria: cómo el señor Jocelyn, que caminaba por la calle, se arrojó audazmente sobre un caballo desbocado, lo detuvo, ahora se abre la puerta del coche, una alta personalidad desciende del *coupé*, estrecha la mano del señor Jocelyn y le dice: «Usted es mi salvador; le debo la vida. ¿Qué puedo hacer por usted?».

Me consolé de eventuales inexactitudes en la reproducción de esta fantasía diciéndome que en casa, con el libro en mano, fácilmente las corregiría. Cuando luego hojeé *Le Nabab* a fin de cotejar el pasaje de mi manuscrito ya listo para ser impreso, me produjo gran bochorno y confusión no hallar ahí nada de semejante ensoñación del señor Jocelyn, pues el pobre tenedor de libros ni siquiera llevaba ese nombre, sino que se llamaba «Monsieur *Joyeuse*». Este segundo error dio enseguida la clave para aclarar el primero, el espejismo del recuerdo. *Joyeux* (palabra de la cual el nombre del personaje es la forma femenina): así, y no de otro modo, se traduciría al francés mi propio apellido, *Freud* {alegre}. ¿A quién pertenecería entonces esta fantasía, falsamente recordada, que yo había atribuido a Daudet? Sólo podía ser un producto propio, un sueño diurno por mí mismo creado y que no me devino conciente, o que me fue antaño conciente y después olvidé de manera radical. Acaso lo creara en el propio París, donde harto a menudo me paseaba solitario y lleno de añoranza por las calles, necesitado de un auxiliador y protector, hasta que el maestro Charcot me admitió después en su círculo. Y en la casa de Charcot vi muchas veces al poeta de *Le Nabab*.[28]

[27] [*La interpretación de los sueños* (1900a), *AE*, **5**, págs. 488 y 528.]

[28] [En todas las ediciones anteriores a 1924, este párrafo continuaba así: «Pero lo irritante de todo esto es que difícilmente haya un grupo de representaciones contra el cual yo sienta más antagonismo que el de ser el protegido de alguien. Lo que de este vínculo se puede ver en nuestro país basta para privar a uno de todo deseo de serlo, y el papel de hijo predilecto se acomoda muy poco, en verdad, a mi carácter. Siempre he sentido un impulso inusualmente intenso a ser "el hombre fuerte yo mismo". Y, sin embargo, se me han tenido que recordar ensoñaciones como esta —que, dicho sea de paso, nunca se cumplieron—. Por encima de todo ello, el episodio es un buen ejemplo de cómo la relación con la persona propia —que normalmente es

Otro caso [29] de espejismo del recuerdo que se puede esclarecer de manera satisfactoria se relaciona con el *fausse reconnaissance* {reconocimiento falso} de que luego hablaremos [págs. 257 y sigs.]: Yo había referido a uno de mis pacientes, un hombre ambicioso y de talento, que un joven académico se había incorporado poco tiempo atrás al círculo de mis discípulos con un interesante trabajo: *Der Künstler, Versuch einer Sexualpsychologie* {El artista, ensayo de una psicología sexual}.[30] Al salir este libro a la estampa un año y tres meses después, mi paciente aseveró poder acordarse con certeza de que había leído su anuncio ya antes de mi comunicación (entre uno y seis meses antes de esta) en alguna parte, acaso en el catálogo de un librero. Y dijo que además ese anuncio le vino a la mente en aquel momento, y comprobó que el autor había cambiado el título, pues ya no se llamaba «Ensayo» {*Versuch*}, sino «Esbozos {*Ansätze*} de una psicología sexual». Empero, una cuidadosa averiguación hecha al propio autor, y el cotejo de las fechas, demostraron que mi paciente pretendía recordar algo imposible. En efecto, no hubo anuncio alguno de aquella obra antes de que se imprimiera, y menos todavía un año y tres meses antes de ser dada a la estampa. En tanto yo omití una interpretación de este espejismo del recuerdo, este mismo hombre

sofrenada, pero que emerge victoriosa en la paranoia— nos perturba y confunde en nuestra visión objetiva de las cosas».]

[*Nota agregada* en 1924:] Hace algún tiempo, uno de mis lectores me envió un tomito de la *Jugendbibliothek* {Biblioteca para la Juventud}, de Franz Hoffmann, en el cual se relata en detalle una escena de rescate como yo la debí fantasear en París. La coincidencia se extendía hasta el detalle de ciertas expresiones, no muy usuales, que aparecían en ambos casos. No es fácil rechazar entonces la conjetura de que en mi mocedad hubiera leído yo realmente ese escrito para jóvenes. La biblioteca de nuestra escuela secundaria poseía la colección de Hoffmann, y siempre estaba presta a ofrecerla a los alumnos en lugar de cualquier otro alimento espiritual. La fantasía que a los 43 años creí recordar como la producción de otro, y luego hube de discernir como producción propia cuando yo tenía 29 años, bien pudo ser la reproducción fiel de una impresión que recibí entre los 11 y los 13 años. La fantasía de rescate que yo imaginé para el tenedor de libros sin empleo de *Le Nabab* no tuvo más cometido que facilitar el camino a la fantasía de mi propio rescate, volver tolerable para mi orgullo la añoranza de un mecenas y protector. A ningún conocedor de almas le resultará extraño oír que en mi vida conciente yo toleraba muy mal la idea de depender del favor de un protector, y que mostré la máxima resistencia a ello en las pocas situaciones en que realmente sucedió. Abraham (1922*a*) trajo a la luz el significado profundo de las fantasías de ese contenido, y ha brindado una explicación casi exhaustiva de sus peculiaridades.

[29] [El resto de esta sección fue agregado en 1907.]
[30] [La primera obra de Otto Rank (1907).]

produjo una reedición de igual valor. Sostuvo haber visto poco antes, en el escaparate de una librería, una obra sobre la agorafobia, y se empeñó en conseguirla examinando todos los catálogos editoriales. Pude aclararle entonces por qué su empeño sería sin duda infructuoso. La obra sobre agorafobia sólo existía en su fantasía como designio inconciente, y debía ser redactada por él mismo. Su ambición de igualarse a aquel joven y, mediante ese trabajo científico, convertirse en discípulo mío lo había llevado tanto al primer espejismo del recuerdo como a su repetición. Así se acordó de que el anuncio que le había servido para ese discernimiento falso se refería a una obra titulada *Génesis. La ley de la generación.* En cuanto a la variante en el título, por él citada, provenía de mí mismo, pues supe acordarme de haber incurrido yo en esa inexactitud —«Ensayo» en lugar de «Esbozos»— al mencionar el título.

B. El olvido de designios [31]

Ningún grupo de fenómenos es más apto que el olvido de designios para probar la tesis de que una escasa atención no alcanza a explicar, por sí sola, la operación fallida. Un designio es un impulso a la acción, uno que ya se aprobó pero cuya ejecución se desplazó para un momento más adecuado. Ahora bien, en el intervalo que así se crea es muy posible que sobrevenga una alteración en los motivos, de modo tal que el designio no llegue a ejecutarse; pero en ese caso no es olvidado sino revisado y cancelado. En cuanto al olvido de designios, al que sucumbimos cotidianamente y en todas las situaciones posibles, no solemos explicarlo por un cambio nuevo en la ecuación de motivos, sino que por lo común lo dejamos inexplicado, o bien, para dar de él una explicación psicológica, suponemos que en el momento de la ejecución no estaba disponible la atención que la acción requiere, no obstante ser ella condición indispensable para que el designio se formase y, por tanto, en aquel momento estuvo disponible para esa misma acción. Rechazaremos por caprichoso este intento de explicación si observamos nuestra conducta normal respecto de los designios. Cuando por la mañana me formo el designio de hacer algo al atardecer, puede ocurrir que en el curso del día me acuerde alguna

[31] [Esta sección data de 1901, con excepción de los agregados que se indican.]

150

vez de ello; pero en modo alguno es *necesario* que en ese lapso me devenga conciente. Al acercarse el momento de ejecutarlo, el designio se me ocurre de pronto y me mueve a realizar los preparativos indispensables para la acción preestablecida. Si al salir de paseo llevo conmigo una carta que debe ser despachada,[32] no necesito, como individuo normal y no neurótico, llevar todo el camino la carta en la mano y estar al acecho del primer buzón que aparezca para echarla ahí, sino que suelo guardarla en el bolsillo, ando mi camino dejando que mis pensamientos vaguen con libertad, y cuento con que uno de los primeros buzones habrá de excitar mi atención y me moverá a sacar la carta del bolsillo. La conducta normal frente a un designio adoptado coincide por completo con el comportamiento, que se produce por vía experimental, de las personas a quienes se les ha instilado una «sugestión poshipnótica a largo plazo», según se la denomina.[33] Habitualmente se describe ese fenómeno del siguiente modo: El designio sugerido dormita en la persona en cuestión hasta que se aproxima el momento de llevarlo a cabo. Es entonces cuando despierta y pulsiona hacia la acción.

En dos situaciones de la vida hasta el lego se da cuenta de que el olvido con relación a designios en modo alguno autoriza a que se lo considere un fenómeno elemental, no susceptible de ulterior reconducción, sino que permite inferir unos motivos no confesados. Me refiero a la relación amorosa y al servicio militar. Un amante que falte a una cita en vano se disculpará ante su dama diciéndole que, por desgracia, la olvidó por completo. Ella no dejará de responderle: «Hace un año no habrías incurrido en ese olvido. Es que ya no te importa nada de mí». Aun si recurriera a la explicación psicológica antes mencionada y adujera haber estado muy ocupado, sólo conseguiría que la dama —tan perspicaz en este caso como el médico en el psicoanálisis— le respondiera: «Es curioso que antes tus negocios no te perturbaran así».[34] Por cierto que tampoco la dama quiere poner en tela de juicio la posibilidad del olvido; cree, solamente, y no sin razón, que de un olvido no deliberado se puede extraer más o menos la misma conclusión —a saber:

[32] [En 1901: «despachada hoy».]
[33] Cf. Bernheim, 1891 [págs. 130 y sigs.; este libro de Bernheim fue traducido al alemán por Freud (1892a)].
[34] [Freud incluyó un ejemplo de una ocurrencia similar entre sus asociaciones al «sueño de la monografía botánica», en *La interpretación de los sueños* (1900a), AE, **4**, págs. 186-7.]

existe cierta malquerencia— que se deduciría de un subterfugio conciente.

De parecido modo se desdeña en el servicio militar, por razón de principio y con todo derecho, el distingo entre una omisión por olvido y otra deliberada. El soldado *no tiene permitido* olvidar nada que el servicio militar le exija. Y si lo hace, siéndole la exigencia consabida, ello se debe a que unos motivos contrarios se opusieron a los motivos que instan a cumplir con la obligación militar. Por ejemplo, el voluntario de un año[35] que, ante una inspección, quisiera disculparse diciendo que *olvidó* lustrar sus botones hasta dejarlos impecables, está seguro del castigo. Pero este castigo ha de llamarse nimio por comparación con aquel a que se expondría si se confesara a sí mismo y a sus jefes el motivo de su omisión: «Me repugna el miserable servicio militar». A causa de este ahorro de castigo, por razones económicas en cierto modo, se sirve del olvido como pretexto o lo produce como un compromiso.

El servicio a la mujer, como el servicio militar, exigen que esté exento de olvido todo cuanto a ellos atañe, y así sugieren la opinión de que el olvido es admisible en cosas nimias, mientras que en las importantes es indicio de que uno quiere tratarlas como nimias, o sea, de que las despoja de su importancia.[36] De hecho, entonces, no se puede rechazar aquí el punto de vista de la estimación del valor psíquico. Ningún ser humano, sin exponerse a la sospecha de perturbación mental, olvida ejecutar acciones que a él mismo le parecen importantes. Por ende, nuestra indagación sólo puede extenderse al olvido de designios más o menos triviales; a ningún designio podremos considerarlo del todo indiferente, pues en tal caso no se lo habría formado.

Como en el caso de las otras perturbaciones funcionales, he recopilado las omisiones por olvido que observé en mí mismo, procurando esclarecerlas; y, con total universalidad,

[35] [En Austria, los jóvenes instruidos y de alta posición social que se ofrecían como voluntarios cumplían sólo un año de servicio militar.]
[36] [*Nota agregada* en 1912:] En *César y Cleopatra*, de Bernard Shaw, al alejarse de Egipto, César se martiriza un rato con la idea de haber olvidado algo que tenía el propósito de hacer. Al fin se averigua lo que César había olvidado: ¡despedirse de Cleopatra! Este pequeño rasgo está destinado a ilustrar —en plena oposición a la verdad histórica, por lo demás— lo poco que le había importado a César la pequeña princesa egipcia. (Tomado de Jones, 1911*b*, pág. 488*n*.) [Citado también por Freud en sus *Conferencias de introducción* (1916-17), *AE*, **15**, pág. 48.]

resultaron reconducibles a la injerencia de unos motivos no consabidos y no confesados —o, como se puede decir, a una *voluntad contraria* {*Gegenwillen*}—.[37] En una serie de esos casos, yo me encontraba en una situación parecida a la del servicio, bajo una compulsión ante la cual no había resignado por completo la revuelta, y así me manifestaba contra ella por medio de un olvido. A esto se debe que yo olvide con particular facilidad enviar felicitaciones para cumpleaños, conmemoraciones, aniversarios de boda o promociones a la nobleza. Torno a proponérmelo una y otra vez, y siempre me convenzo más de que eso no me quiere salir. Ahora estoy por renunciar a hacerlo, y admitir con conciencia los motivos que se revuelven contra ello. En un estadio anterior, a un amigo que me pidió enviar también en su nombre un telegrama de felicitación para determinada fecha, le anticipé que olvidaría mandar el suyo y el mío; y no fue maravilla que la profecía se cumpliera. Es que se entrama con dolorosas experiencias de mi vida el hecho de que yo sea incapaz de exteriorizar simpatía toda vez que tal manifestación haya de resultar forzosamente exagerada, pues una expresión acorde con el escaso monto de mi emoción no sería admisible. Desde que discerní que a menudo había dado por genuina la falsa simpatía de otros, me sublevo contra estas convenciones que obligan a testimoniar que uno participa del sentimiento del prójimo —si bien, por otro lado, comprendo su utilidad social—. Las condolencias por fallecimiento están excluidas de este tratamiento escindido; una vez que me he determinado a darlas, no dejo de hacerlo. Y cuando la participación en el sentimiento deja de relacionarse con un deber social, nunca su expresión es inhibida por un olvido.

Sobre un olvido así, en que el designio primero sofocado irrumpió como «voluntad contraria» y tuvo por consecuencia una embarazosa situación, nos informa el teniente primero T., de sus tiempos de prisionero de guerra:[38]

«En un campamento para oficiales prisioneros de guerra, el de rango más alto es afrentado por uno de sus camaradas. Para evitar complicaciones, él quiere emplear el único recurso de autoridad a su alcance: alejar al ofensor haciéndolo trasladar a otro campamento. Sólo por los consejos de muchos amigos se resolvió, contra su secreto deseo, a desistir de ello y a llevar enseguida la disputa al terreno del honor,

[37] [Expresión ya empleada por Freud en «Un caso de curación por hipnosis» (1892-93).]
[38] [Este ejemplo fue agregado en 1920.]

que sin embargo conllevaría por fuerza múltiples inconvenientes. — Esa misma mañana, este comandante debía leer en voz alta la lista de oficiales para su control por parte de un órgano de vigilancia. En esto nunca se le habían pasado errores, pues conocía a sus camaradas desde hacía mucho tiempo. Sin embargo, hoy omite leer el nombre de su ofensor, de suerte que este, tras ser liberados todos sus camaradas, debe permanecer todavía en el campamento hasta que se aclara el error. El nombre cuya lectura saltó aparecía escrito con toda nitidez en mitad de una hoja. — Este episodio fue entendido por una de las partes como deliberada afrenta; la otra parte lo consideró un penoso azar, una contingencia que se prestaba a falsas interpretaciones. El causante se formó luego, tras tomar conocimiento de la *Psicopatología* de Freud, un juicio correcto sobre lo ocurrido».

De manera parecida, por antagonismo a un deber convencional y por una evaluación interior no confesada, se explican los casos en que uno olvida ejecutar acciones que ha prometido llevar a cabo en favor de otro. Lo común aquí es que sólo el dador crea en la virtud disculpadora del olvido, mientras que el solicitante se da sin duda la respuesta correcta: «El no tiene ningún interés de hacerlo, pues de lo contrario no lo habría olvidado». Hay personas a quienes se califica en general como olvidadizas, y por eso se las disculpa, lo mismo que al miope cuando no saluda por la calle.[39] Olvidan todas las pequeñas promesas que han hecho, no cumplen ninguno de los encargos que han recibido, y así se muestran descuidados en cosas nimias, reclamando que no se les enrostre estas pequeñas infracciones —o sea, que no se las explique por su carácter, sino que se las atribuya a una peculiaridad orgánica—.[40] Yo no soy una de esas per-

[39] Las mujeres, con su discernimiento más fino de los procesos anímicos inconcientes, en general se inclinan más por tomar a afrenta que no se las reconozca, y por eso no se las salude en la calle, que a dar crédito a las consiguientes explicaciones: que el descuidado es miope o, ensimismado en sus pensamientos, no advirtió su presencia. Infieren que sin duda uno las habría advertido de «importarle algo de ellas».

[40] [*Nota agregada* en 1910:] Ferenczi informa, acerca de sí mismo, que ha sido un «distraído», famoso entre sus conocidos por la frecuencia y rareza de sus acciones fallidas. Ahora bien, los signos de esa «distracción» le desaparecieron casi por completo después que empezó a practicar el tratamiento psicoanalítico de enfermos y se vio precisado a prestar atención también al análisis de su propio yo. Opina Ferenczi que uno renuncia a las acciones fallidas en la misma medida en que aprende a ampliar su propia responsabilidad. Por eso sostiene, acertadamente, que la distracción es un estado que

sonas ni he tenido oportunidad de analizar las acciones de una de ellas como para descubrir, por la selección de sus olvidos, su motivación. Empero, no puedo dejar de conjeturar, *per analogiam*, que es una medida insólitamente grande de inconfesado menosprecio por el otro el motivo que aquí explota para sus fines al factor constitucional.[41]

En otros casos, los motivos del olvido son de más difícil descubrimiento y, hallados, producen mayor extrañeza. Así, hace algunos años noté que entre el gran número de mis visitas a enfermos sólo olvidaba las que debía hacer a algún paciente gratuito o a un colega. Abochornado por ello, me había habituado a anotar ya desde la mañana, como designio, las visitas del día. No sé si otros médicos han llegado a adoptar igual práctica por el mismo camino, pero así uno vislumbra lo que mueve a los llamados «neurasténicos» a anotar en sus célebres «papelitos» las comunicaciones que quieren hacer al médico. En apariencia, no confían en la capacidad reproductora de su memoria. Esto sin duda es cierto, pero las más de las veces[42] la escena se desarrolla así: El enfermo ha expuesto con extremo detalle sus diversos pesares y demandas; al terminar, hace una pausa, tras ella saca a relucir el papelito y dice, a modo de disculpa: «Me he anotado algo porque no retengo nada». Por lo general, no halla en el papelito nada nuevo. Repite cada punto, y él mismo responde: «Sí, ya he preguntado sobre eso». Es probable que con el papelito sólo nos esté demostrando uno de sus síntomas, a saber, la frecuencia con que son perturbados sus designios por injerencia de motivos oscuros.

Toco sin duda una afección que padecen la mayor parte de las personas sanas de mi conocimiento si confieso que, sobre todo en mi juventud, olvidaba con facilidad y por largo tiempo devolver libros prestados, o que por olvido solía dilatar el pago de deudas. Cierta mañana, no hace mucho, abandoné sin pagar la tabaquería donde había hecho mi

depende de complejos inconcientes y es curable por el psicoanálisis. Pues bien, cierto día estaba dominado por autorreproches de haber cometido un error de método en el psicoanálisis de un paciente. Y ese día se le reinstalaron todas las antiguas «distracciones». Tropezó varias veces por la calle (figuración de aquel *paso en falso* en el tratamiento), olvidó su cartera en casa, quiso pagar un centavo de menos en el tranvía, no había abotonado como es debido su ropa, etc.

[41] [*Nota agregada* en 1912:] En este sentido, Ernest Jones [1911*b*, pág. 483] señala: «A menudo la resistencia es de orden general. Así, un hombre ocupado olvida llevar al correo cartas que, causándole una leve molestia, su mujer le ha confiado, del mismo modo que "olvida" comprar cosas que ella le ha pedido».

[42] [«las más de las veces» fue agregado en 1904.]

compra cotidiana de cigarros. Omisión muy inocente, pues ya me conocen y por eso podía esperar que al día siguiente me recordarían la deuda. Empero, esa pequeña falta, el intento de contraer deudas, no dejaba de entramarse con las consideraciones presupuestarias que me habían ocupado durante toda la víspera. Sobre el tema del dinero y la propiedad, aun en las personas llamadas «honestas» no dejan de rastrearse las huellas de una conducta dual. Quizás en ningún caso la cultura y la educación hayan vencido más que de manera incompleta la codicia primitiva del lactante, que procura apoderarse de todos los objetos (para llevárselos a la boca).[43]

Temo que todos mis anteriores ejemplos hayan parecido simplemente triviales. Mas no puede sino favorecerme tropezar con cosas archisabidas y que todos comprenden de igual manera, pues sólo me propongo recopilar lo cotidiano

[43] En aras de la unidad temática, tengo derecho a infringir aquí el ordenamiento escogido y anudar, a lo dicho en el texto, que en asuntos de dinero la memoria de los seres humanos muestra una particular parcialidad. Los espejismos del recuerdo por haber pagado ya algo son a menudo muy tenaces, según me lo ha enseñado mi propia experiencia. Toda vez que, como en el juego de cartas, se da rienda suelta al espíritu de codicia sin rozar los grandes intereses de la conducta en la vida (y por ende, en verdad a modo de chanza), aun los hombres más honrados tienden a cometer errores, a tener fallas de memoria y en las cuentas, y se descubren a sí mismos, sin saber muy bien cómo, enredados en pequeñas trampas. En tales libertades se basa, en parte, la índole psíquicamente recreativa del juego. Es admisible la verdad del proverbio según el cual en el juego se descubre el carácter de un hombre, siempre que no se refiera a su carácter manifiesto. [En todas las ediciones anteriores a 1924, esta última cláusula rezaba: «siempre que estemos dispuestos a agregar: su carácter sofocado».] — Si es que realmente existen errores de cuenta no deliberados entre los camareros, es evidente que les cuadra idéntica apreciación. — Entre los comerciantes se observa a menudo cierta dilación en el desembolso de dinero para el pago de cuentas de proveedores, etc., que no aporta ganancia alguna al propietario, sino que sólo se puede comprender psicológicamente, como manifestación de la renuencia a entregar dinero. — [*La siguiente oración fue agregada* en 1912:] Brill [1912] puntualiza acerca de esto, con epigramática agudeza: «*We are more apt to mislay letters containing bills than cheques*» {«Somos más propensos al extravío de cartas que contienen giros a pagar que cheques a cobrar»}. — A las más íntimas y menos aclaradas mociones se debe que las mujeres, en especial, muestren un particular desagrado a pagar los honorarios al médico. Lo usual es que olviden su portamonedas y no paguen, por ende, en la hora de consulta; luego, habitualmente olvidan remitir los honorarios desde su casa, y de ese modo consiguen que uno las haya tratado gratis —«por sus lindos ojos»—. Pagan, por así decir, con su mirada.

y apreciarlo científicamente. No entiendo por qué la sabiduría que es el precipitado de la experiencia común de vida debería estar proscrita de las adquisiciones de la ciencia. Lo que define el carácter esencial del trabajo científico no es la diversidad de los objetos, sino el método más riguroso en la comprobación, y la busca de más amplios nexos.

Para los designios de cierta gravedad hemos hallado, en general, que se los olvida cuando contra ellos se elevan unos oscuros motivos. En el caso de los que tienen importancia algo menor, se discierne un segundo mecanismo para el olvido: una voluntad contraria se trasfiere desde otra parte sobre el designio, después que se ha establecido una asociación extrínseca entre aquello otro y el contenido del designio. He aquí un ejemplo de esto último: Atribuyo valor a tener lindo papel secante {*Löschpapier*}, y a mi paso por el centro de la ciudad, hoy a la siesta, me propongo comprar papel secante nuevo. Pero durante cuatro días sucesivos olvido hacerlo, hasta que me pregunto por el motivo de esa omisión. Tras meditar sobre ello, descubro fácilmente que suelo escribir «*Löschpapier*», pero estoy habituado a decir «*Fliesspapier*» {otro modo de designar «papel secante»}. Y «Fliess» es el nombre de un amigo de Berlín[44] que por esos mismos días me había dado ocasión para un pensamiento martirizador y preocupante. De este pensamiento no puedo librarme, pero la inclinación defensiva (cf. *supra*, pág. 146) se exterioriza trasfiriéndose, a través de la identidad de palabra, sobre el designio indiferente y por eso poco resistente.

Una voluntad contraria directa y una motivación más distanciada se conjugan en el siguiente caso de demora: Yo había escrito un breve ensayo *Sobre el sueño*,[45] que resume el contenido de mi libro *La interpretación de los sueños*, para la colección *Grenzfragen des Nerven- und Seelenlebens* {Problemas fronterizos de la vida nerviosa y anímica}. Bergmann [el editor], de Wiesbaden, envía un juego de pruebas con el pedido de que se lo reintegre a vuelta de correo, pues quiere publicar la entrega antes de la Navidad. Esa misma noche hago las correcciones y las dejo sobre mi mesa de trabajo con el propósito de llevármelas a la mañana siguiente. Olvido hacerlo a la mañana; sólo me acuerdo pasado el mediodía, al ver sobre mi escritorio el paquete con la faja postal. Pero de nuevo olvido las pruebas a la siesta, al atardecer y a la mañana siguiente, hasta que junto ánimos y a

[44] [En 1901 y 1904: «de mi amigo de Berlín».]
[45] Freud, 1901*a*.

la siesta del segundo día las llevo a un buzón de correspondencia, perplejo sobre el motivo a que pudiera responder esa dilación. Es evidente que no quiero enviar las pruebas, pero no descubro por qué. Ahora bien, en esa misma caminata me topo con el editor de Viena que ha publicado mi libro sobre los sueños,[46] le hago un encargo y después, como pulsionado por una ocurrencia repentina, le digo: «¿Sabe que he escrito por segunda vez el libro sobre el sueño?». — «¡Ah! ¿Qué me dice usted?». — «Tranquilícese, es sólo un breve ensayo para la colección de Löwenfeld-Kurella». Pero él no quedó satisfecho; le preocupaba que ese ensayo perjudicara la venta del libro. Lo contradije, y al fin le pregunté: «Si yo me hubiera dirigido a usted primero, ¿me habría negado la publicación?». — «No, de ninguna manera». Yo creo haber actuado en mi pleno derecho y haber procedido en todo como es usual; pero me parece indudable que un reparo como el manifestado por el editor fue el motivo de mi demora en enviar las pruebas. Este reparo se remonta a una oportunidad anterior, en que otro editor opuso dificultades cuando juzgué inevitable trascribir inmodificadas algunas páginas de un texto mío anterior sobre la parálisis cerebral infantil, publicado por otra editorial, en la elaboración de ese mismo tema para el manual de Nothnagel.[47] Pero tampoco en ese caso es legítimo el reproche; en efecto, en esa ocasión había comunicado lealmente mi intención a mi primer editor (el mismo que el de *La interpretación de los sueños*). Ahora bien: si esta serie de recuerdos se remonta aún más atrás, me traslada a una ocasión anterior, una traducción del francés en que yo realmente infringí los derechos de propiedad que rigen para toda publicación. Había agregado al texto traducido unas notas sin solicitar para ello el permiso del autor, y años después tuve motivos para suponer que a él no le gustó esa arbitrariedad mía.[48]

Hay un adagio que trasluce el saber popular de que el olvido de designios no es casual: «Si una vez se olvida hacer algo, luego se lo olvidará muchas veces».

Más todavía:[49] uno no puede sustraerse a veces de la im-

[46] [Franz Deuticke.]
[47] [Publicado por Hölder, de Viena (Freud, 1897a). Freud había escrito varios trabajos anteriores sobre ese tema, de los cuales uno de los más importantes (1893b, citado varias veces en la elaboración posterior) fue editado por Deuticke.]
[48] [Se refiere a las «lecciones» de Charcot traducidas por Freud (1892-94), a las que él agregó gran número de notas.]
[49] [Este párrafo fue agregado en 1910, y el último del capítulo en 1907.]

presión de que todo lo que pueda decir sobre el olvido y las acciones fallidas es ya consabido para los seres humanos como algo evidente. Es muy curioso, entonces, que sin embargo sea necesario llevar ante su conciencia eso tan resabido. ¡Cuántas veces hemos oído decir: «No me des ese encargo, pues sin duda lo olvidaré»! Y por cierto que el cumplimiento de esa profecía no contuvo nada místico. Quien así habló sentía en su interior el designio de no ejecutar el encargo, y sólo se rehusaba a confesárselo {*sich bekennen*}.

El olvido de designios es muy bien ilustrado, además, por algo que se podría llamar «formación de falsos designios». Había yo prometido a un joven autor escribir una reseña sobre un opúsculo suyo, pero lo pospuse a causa de unas resistencias interiores, no desconocidas por mí, hasta que un día su insistencia me movió a prometerle que esa misma tarde lo haría. Y en verdad tenía el firme propósito de hacerlo, pero había olvidado que esa misma tarde debía confeccionar un informe impostergable. Tras haber discernido así la falsedad de mi designio, resigné la lucha contra mi resistencia y me excusé ante el autor.

VIII. El trastrocar las cosas confundido[1]

De la ya citada obra[2] de Meringer y Mayer [pág. 57][3] tomo el siguiente pasaje:

«Las equivocaciones al hablar en modo alguno son un fenómeno aislado. Les corresponden las equivocaciones que tan a menudo sobrevienen en otras actividades del ser humano y que de manera bastante insensata son llamadas "desmemorias"».

O sea que no soy el primero en conjeturar un sentido y un propósito tras las pequeñas perturbaciones funcionales que aquejan a las personas sanas en su vida cotidiana.[4]

Si las equivocaciones al hablar, que es por cierto una operación motriz, han admitido esa concepción, parece evidente que podemos trasferir idéntica expectativa sobre las equivocaciones cometidas en nuestros demás desempeños motores. He formado aquí dos grupos de casos; a todos aquellos en que el efecto fallido, o sea, el no cumplimiento de la intención, parece lo esencial, los designo como «*trastrocar las cosas confundido*» {«*Vergreifen*»}; y a aquellos otros en que más bien la acción toda parece desacorde con el fin, los llamo «*acciones sintomáticas y contingentes*». Claro está que esta demarcación no se puede trazar netamente; bien echamos de ver, en efecto, que todas las clasificaciones utilizadas en este ensayo sólo poseen un valor descriptivo y contradicen la unidad interna del campo de fenómenos.

Es evidente que no avanzaremos mucho en la inteligencia psicológica del «trastrocar las cosas confundido» si lo subsumimos bajo la ataxia y, en especial, la «ataxia cortical». Intentemos, mejor, reconducir cada ejemplo a las condiciones que le son propias. Volveré a valerme de algunas obser-

---

[1] [Salvo indicación en contrario, la primera parte de este capítulo, hasta la pág. 166, data de 1901.]

[2] [En las ediciones anteriores a 1910 se la calificaba de «meritoria».]

[3] Meringer y Mayer, 1895, pág. 98.

[4] [*Nota agregada* en 1910:] Una segunda publicación de Meringer [1908] me ha mostrado después cuán injusto fui con este autor atribuyéndole tal discernimiento.

vaciones de mí mismo, aunque en mi caso las oportunidades de hacerlas no son muy frecuentes.

a. En años anteriores, cuando visitaba pacientes a domicilio más a menudo que hoy, solía acontecerme que, ante la puerta a la cual debía golpear o llamar, extraía del bolsillo las llaves de mi propia casa... para guardarlas luego casi avergonzado. Si recapacito sobre aquellos pacientes con quienes me sucedía, me veo llevado a suponer que esta acción fallida —sacar la llave en lugar de llamar— significaba un homenaje a la casa donde yo cometía ese desacierto. Era equivalente al pensamiento: «Aquí estoy como en casa», pues sólo ocurría donde me había encariñado con el enfermo. (Desde luego, nunca llamo a la puerta de mi propia casa.)

La acción fallida era, entonces, una figuración simbólica de un pensamiento que en verdad no estaba destinado a su admisión seria y conciente, pues de hecho el neurólogo sabe bien que el enfermo permanece apegado a él en tanto y en cuanto espera recibir un beneficio, y que sólo en aras del auxilio psíquico puede él permitirse sentir un interés desmedidamente cálido hacia sus pacientes.

Numerosas observaciones[5] que otros han hecho en sí mismos prueban que en ese equivocado, aunque provisto de sentido, manejo con las llaves no es en modo alguno una particularidad de mi persona.

A. Maeder[6] describe una repetición casi idéntica de mis experiencias: «*Il est arrivé à chacun de sortir son trousseau, en arrivant à la porte d'un ami particulièrement cher, de se surprendre pour ainsi dire, en train d'ouvrir avec sa clé comme chez soi. C'est un retard, puisqu'il faut sonner malgré tout, mais c'est une preuve qu'on se sent —ou qu'on voudrait se sentir— comme chez soi, auprès de cet ami*».*

E. Jones:[7] «*The use of keys is a fertile source of occurrences of this kind, of which two examples may be given. If I am disturbed in the midst of some engrossing work at*

[5] [Este párrafo y los cuatro siguientes fueron agregados en 1912.]

[6] Maeder, 1906-08.

* {«A todos les ha sucedido sacar su juego de llaves al llegar a la puerta de calle de un amigo particularmente querido, sorprendiéndose, por así decir, a punto de abrir con su llave como si fuera su propia casa. Es una demora, porque pese a todo hay que tocar el timbre, pero prueba que con ese amigo uno se siente —o querría sentirse— como en su casa».}

[7] Jones, 1911*b*, pág. 509.

*home by having to go to the hospital to carry out some
routine work, I am very apt to find myself trying to open
the door of my laboratory there with the key of my desk
at home, although the two keys are quite unlike each other.
The mistake unconsciously demonstrates where I would
rather be at the moment.*

*»Some years ago I was acting in a subordinate position at
a certain institution, the front door of which was kept
locked, so that it was necessary to ring for admission. On
several occasions I found myself making serious attempts
to open the door with my house key. Each one of the per-
manent visiting staff, of which I aspired to be a member,
was provided with a key to avoid the trouble of having to
wait at the door. My mistakes thus expressed my desire to
be on a similar footing, and to be quite "at home" there».* *

Un parecido informe del doctor Hanns Sachs: «Siempre
llevo conmigo dos llaves, una de las cuales abre la puerta
de mi oficina, y la otra, la de mi vivienda. No es fácil con-
fundirlas, pues la primera es por lo menos tres veces más
grande que la segunda. Además, llevo a aquella en el bolsillo
del pantalón, y a esta en el del chaleco. A pesar de ello, a
menudo me ocurría advertir, ya frente a la puerta, que por
la escalera había aprontado la llave que no correspondía. Me
resolví a hacer un experimento estadístico; puesto que cotidianamente llegaba a cada una de las puertas en similar estado de ánimo, era preciso que también la confusión de las
llaves, si es que respondía a un diverso determinismo psíquico, mostrara una tendencia regular. La observación de
posteriores casos arrojó este resultado: por regla general,
extraía la llave de mi casa ante la puerta de mi oficina, y
sólo una vez sucedió lo inverso, y era que llegaba cansado

---

* {«El uso de llaves es una fértil fuente de ocurrencias de esta
clase, de las cuales pueden darse dos ejemplos. Si en medio del cúmulo de trabajo que tengo en mi casa me veo perturbado por la necesidad de ir al hospital a cumplir con alguna tarea de rutina, es muy
probable que me encuentre tratando de abrir la puerta de mi laboratorio en el hospital con la llave del estudio de mi casa, aunque las
dos llaves son muy diferentes entre sí. El error demuestra inconcientemente dónde preferiría estar en ese momento.
»Años atrás ocupaba un cargo secundario en una cierta institución,
cuya puerta de calle se mantenía cerrada con llave, de modo tal que
para entrar había que tocar el timbre. En varias ocasiones me hallé
seriamente interesado en tratar de abrir la puerta con la llave de mi
casa. A cada uno de los miembros del personal permanente de esa
institución, del cual yo aspiraba a formar parte, se le había provisto
de una llave para evitarle la molestia de esperar en la puerta. Así
pues, mis errores expresaban el deseo de estar en un pie de igualdad
con ellos, y de sentirme en ese sitio "como en mi casa"».}

a casa, donde, según yo sabía, un huésped me esperaba. Hice un intento por abrir la puerta con la llave de la oficina, demasiado grande, naturalmente».

b. En una determinada casa, desde hace seis años, todos los días espero a una hora fija que me hagan pasar ante una puerta del segundo piso [cf. *infra*, pág. 174]; durante ese prolongado lapso me sucedió dos veces (con breve intervalo) que subiera un piso más, o sea que me «*remontara*» {«*ver-steigen*»}. Una de las veces me hallaba en medio de un sueño diurno de ambición, que me hacía «montar {*steigen*} alto y siempre más alto»; hasta dejé de oír que la puerta en cuestión se había abierto cuando yo ponía el pie en el primer escalón del tercer piso. La otra vez iba también demasiado «ensimismado en mis pensamientos»; cuando lo advertí, di la vuelta en sentido inverso y procuré atrapar la fantasía que me dominaba, hallando que me fastidiaba una crítica (fanta-seada) a mis escritos, en la que se me reprochaba que yo iba siempre «demasiado lejos», y en la que yo tenía que sustituir la expresión poco respetuosa de «remontado» {*verstiegen*; o «extravagante»}.

c. Sobre mi mesa de escribir están puestos uno junto al otro, desde hace muchos años, un martillo para examinar reflejos y un diapasón. Cierto día, concluido mi horario de consulta, me dispongo a salir a toda prisa porque quiero alcanzar determinado tren urbano. A plena luz del día guardo en el bolsillo del saco el diapasón en lugar del martillo, y sólo el excesivo peso del objeto que tira hacia abajo mi bol-sillo me hace advertir mi desacierto. Quien no tenga la cos-tumbre de atender a sucesos tan nimios sin duda explicará y disculpará por la prisa del momento ese yerro. Por mi parte, preferí preguntarme por qué, en verdad, había tomado el diapasón en vez del martillo. En efecto, la prisa podría haber sido de igual manera un motivo para tomar correcta-mente lo que era preciso, a fin de no perder tiempo en recti-ficar la acción.

«¿Quién ha tomado últimamente el diapasón?», era la pregunta que me asediaba. Y fue, pocos días antes, un niño *idiota* cuya atención para las impresiones sensoriales yo exa-miné, y quedó tan cautivado por el diapasón que a duras penas pude recuperarlo. ¿Significará aquello entonces que yo soy un idiota? Y en verdad así lo parece, pues la primera ocurrencia que se asocia a martillo {*Hamer*} dice «*chamer*» («asno», en hebreo).

Pero, ¿a qué viene este vituperio? Aquí es preciso indagar la situación. Mi prisa era para acudir a una consulta en un lugar situado en el trayecto del ferrocarril urbano del oeste, acerca de un enfermo que, según la anamnesis que me hicieron llegar por carta, unos meses atrás se había arrojado por el balcón y desde entonces no podía caminar. El médico que me pide la consulta escribe que, a pesar de ello, no sabe si hay lesión en la médula o se trata de una neurosis traumática —histeria—. Es lo que yo debo decidir. Aquí, pues, cabía una advertencia: yo debía proceder con particular cautela en el peliagudo diagnóstico diferencial. Es que los colegas opinan, de todos modos, que uno diagnostica muy a la ligera una histeria donde hay cosas más serias. ¡Pero el vituperio todavía no se justifica! Y sí, pues a esto se agrega que la pequeña estación ferroviaria pertenece a la misma zona donde hace años examiné a un joven que, tras sufrir una emoción, no pudo caminar correctamente. En ese momento diagnostiqué histeria y luego tomé al enfermo bajo tratamiento psíquico; resultó que mi diagnóstico no había sido incorrecto, sin duda, pero tampoco correcto. Todo un conjunto de síntomas del enfermo eran histéricos, y estos desaparecieron pronto en el curso del tratamiento. Pero entonces, detrás de ellos se hizo visible un resto inatacable para la terapia, y que sólo podía corresponder a una esclerosis múltiple. A los que examinaron al enfermo después les resultó fácil discernir la afección orgánica; en cuanto a mí, difícilmente habría podido obrar de otro modo y formular un juicio diverso; no obstante, la impresión fue la de un grave error; desde luego, la promesa de curación que yo le había hecho fue insostenible. El desacierto de tomar el diapasón por el martillo se podía entonces traducir a estas palabras: «¡Eh, tú, cretino, asno; cuídate de no volver a diagnosticar una histeria cuando estás frente a una enfermedad incurable, como hiciste con aquel pobre hombre hace años en ese mismo lugar!». Y por fortuna para este pequeño análisis, aunque no para mi talante, ese mismo hombre aquejado de una grave parálisis espástica había estado en mi consultorio pocos días antes y un día después que el niño idiota.

Como se advierte, es en este caso la voz de la autocrítica la que se hace oír a través del yerro. El desacierto de tomar una cosa por otra para ser así empleado como autorreproche es apropiadísimo. Aquí el desacierto actual quiere figurar el desacierto que uno cometió en otra parte.

d. Por supuesto que el tomar una cosa por otra puede ponerse también al servicio de toda una diversa serie de oscuros propósitos. He aquí un primer ejemplo. Es muy raro que yo rompa alguna cosa. No soy particularmente hábil, pero a consecuencia de la integridad anatómica de mi aparato nervioso-muscular, no hay en mí razones para tales movimientos torpes con indeseadas consecuencias. No me acuerdo, pues, de que yo rompiera algún objeto en mi casa. La falta de espacio en la habitación que me sirve de estudio me obliga a maniobrar en las posiciones más incómodas con unas obras antiguas de piedra y arcilla, de las que poseo una pequeña colección, tanto que personas que presenciaron mis manejos expresaron la preocupación de que pudiera yo tirar algo abajo y hacerlo añicos. Pero nunca sucedió. ¿Por qué, entonces, arrojé una vez[8] al piso la tapa de mármol de mi tintero simple, de modo tal que se quebró?

Mi tintero consta de una base de mármol de Untersberg, ahuecada para que calce el frasco de vidrio que contiene la tinta; y este lleva una tapa con remate de esa misma piedra. Detrás del conjunto, hay colocada una corona de estatuillas de bronce y figuritas de terracota. Me pongo a la mesa para escribir, y con la mano que sostiene la pluma hago un movimiento de singular torpeza, de amplio vuelo, y así arrojo al piso la tapa del tintero, que estaba sobre la mesa.

No es difícil hallar la explicación. Horas antes había estado en mi estudio mi hermana, para contemplar algunas nuevas adquisiciones. Las halló muy hermosas, y manifestó después: «Ahora tu mesa de escribir parece realmente bonita, sólo el tintero desentona. Es preciso que tengas uno más lindo». Salí acompañando a mi hermana, y regresé pasadas unas horas. Y entonces, al parecer, consumé la ejecución del tintero condenado. ¿Acaso inferí de sus palabras que mi hermana se había propuesto obsequiarme un tintero más bello en la próxima oportunidad de agasajo, e hice pedazos el viejo y feo para forzar la realización del insinuado propósito? De ser así, mi movimiento expansivo sólo fue torpe en apariencia; en realidad fue diestro en extremo y acorde al fin, y se las ingenió para esquivar a todos los objetos valiosos que se encontraban cerca.

Creo, realmente, que se debe apreciar así toda una serie de movimientos en apariencia producidos por una torpeza casual. Es cierto que exhiben algo de violento, expansivo, como espástico-atáctico, pero demuestran estar gobernados por una intención y alcanzan su meta con una seguridad de

[8] [En 1901 y 1904: «hace poco».]

la que no podrían gloriarse todos los movimientos voluntarios y concientes. Por lo demás, comparten ambos caracteres, el de ser violentos y el de ser certeros, con las manifestaciones motrices de la neurosis histérica y en parte también con las operaciones motrices del sonambulismo,[9] lo cual sin duda apunta, en uno y otro caso, a una idéntica modificación, desconocida, del proceso de inervación.

Otra autoobservación,[10] comunicada por la señora Lou Andreas-Salomé, puede aportar una prueba convincente del modo en que una «torpeza» tenazmente mantenida es, empero, hábil servidora de propósitos inconfesados:

«Justo por la época en que la leche se había vuelto una mercancía rara y costosa, me aconteció, para mi continuo espanto y enojo, que todas las veces la dejaba irse en el hervor. Y fue en vano empeñarme por dominar la situación, aunque en modo alguno pueda decir que también en otras circunstancias soy distraída o desatenta. Causa para tales distracciones habría tenido, sí, después que murió mi querido fox-terrier blanco (que con tanto derecho llevaba el nombre de "Amigo" ["*Drujok*", en ruso],* que sólo convendría a un ser humano). Pero —¡oh maravilla!— nunca más desde entonces se me escapó ni una gotita de leche al hervirla. El primer pensamiento que asocié a ello fue: "Es una suerte, pues lo derramado sobre la mesada de la cocina o el embaldosado del piso ya no sería útil a nadie". Y al mismo tiempo vi a mi "amigo" frente a mí, sentado ahí cerca, tenso en la observación de mis preparativos para el hervor: algo ladeada la cabeza, meneando ya la cola esperanzado, confiado y seguro de que se cumpliría el dichoso infortunio. Y bien, así quedaba todo en claro, y también esto: el percance *me gustaba más* de lo que yo misma sabía».

En los últimos años,[11] desde que recopilo estas observaciones, me ha ocurrido todavía algunas veces quebrar o hacer añicos objetos de cierto valor; y la indagación de estos casos me ha convencido de que ninguno fue fruto del azar o de una torpeza mía carente de propósito. Así, cierta mañana que estaba vestido con traje de baño, cubiertos los pies con unas pantuflas de paja, pasaba yo por una habitación y, obe-

[9] [Freud retoma la idea de la seguridad del sonámbulo hacia el final del libro, pág. 243. En ediciones posteriores, ella reapareció en dos ejemplos citados por él; cf. *supra*, págs. 140 y 141.]

[10] [Este ejemplo fue agregado en 1919.]

* {Los corchetes son de Freud.}

[11] [Este párrafo y los cuatro siguientes fueron agregados en 1907.]

deciendo a un impulso repentino, catapulté una de las pantuflas contra la pared, de suerte que eché abajo de su consola a una pequeña y linda Venus de mármol. Mientras se hacía pedazos, cité, con total despreocupación, los versos de Busch:

> «¡Ah! La Venus de Médici
> —¡cataplúm!— está perdida».[12]

Este loco obrar y mi indiferencia ante el daño se aclaran por la situación de ese momento. Teníamos en la familia una enferma grave,[13] de cuyo restablecimiento yo desesperaba ya entre mí. Aquella mañana me enteré de una gran mejoría; yo sé que me dije a mí mismo: «Entonces vivirá». Y el ataque de furia destructiva sirvió para expresar un talante de agradecimiento al destino y me permitió consumar una «*acción sacrificial*», como si yo hubiera hecho la promesa de ofrendar tal o cual objeto si ella sanaba. Y que eligiera para esa ofrenda a la Venus de Médici no quería ser otra cosa que un homenaje galante a la que convalecía. Pero tampoco esta vez pude entender mi decisión súbita, mi acierto tan diestro, y que no hubiera alcanzado a ningún otro de los objetos que tan próximos estaban.

Otra rotura para la cual me valí también de la pluma que se me fue de la mano tuvo, igualmente, el significado de un sacrificio, pero en este caso *propiciatorio* para conjurar un mal. Cierta vez me había permitido hacer a un amigo fiel y meritorio cierto reproche que se apoyaba en la interpretación de unos signos de su inconciente, y en nada más. Lo tomó a mal y me escribió una carta donde me rogaba que no tratara psicoanalíticamente a mis amigos. No pude menos que darle la razón y le respondí apaciguándolo. Mientras escribía esta carta, tenía ante mí mi última adquisición, una figurilla egipcia magníficamente esmaltada. La rompí de la manera descrita, y enseguida supe que había organizado ese infortunio para conjurar uno mayor. Por suerte, ambas cosas —la amistad y la figurilla— pudieron pegarse de modo que no se notara la resquebrajadura.

Una tercera rotura se conectó con cosas menos serias; fue sólo una «ejecución» enmascarada, para usar la expresión de Vischer (en *Auch Einer*),[14] de un objeto que ya no go-

---

[12] [Wilhelm Busch, *Die fromme Helene*, capítulo VIII.]
[13] [Se refiere a la enfermedad que contrajo su hija mayor en 1905. (Cf. Jones, 1957, pág. 409, y también *infra*, pág. 177.)]
[14] [Theodor Vischer (1807-1887), cuya novela citada se publicó

zaba de mi favor. Durante cierto lapso había usado un bastón con empuñadura de plata; cierta vez que sin culpa mía la delgada lámina de plata se dañó, fue mal reparada. Poco después que me devolvieron el bastón, utilicé su puño para atrapar, por travesura, la pierna de uno de mis hijos. Desde luego que al hacerlo se partió, y yo me libré de él.

La impasibilidad que en todos estos casos uno muestra frente al daño producido tiene títulos suficientes para ser aducida como prueba de que en la ejecución existió un propósito inconciente.

A veces,[15] cuando se exploran las razones de una de estas nimias operaciones fallidas, como lo es la rotura de un objeto, uno tropieza con nexos que, además de vincularse a la situación presente de un ser humano, se adentran profundamente en su prehistoria. Sirva de ejemplo el análisis que sigue, de L. Jekels:[16]

«Un médico posee un florero de terracota, no de alto precio, pero sí muy bonito. Le fue obsequiado en su momento, junto con muchos otros objetos, entre ellos algunos caros, por una paciente (casada). Cuando al fin se volvió en ella manifiesta la psicosis, restituyó a los familiares de la paciente todos los obsequios... salvo aquel vaso de mucho menor precio, del que no se pudo separar, supuestamente por su belleza. Empero, ese escamoteo costó a nuestro hombre, de escrupulosa conducta por lo demás, cierta lucha interior: con plena conciencia de la impropiedad de su acción, meramente sorteaba el remordimiento de su conciencia moral so pretexto de que el vaso carecía en verdad de todo valor material, era difícil embalarlo, etc. — Meses después, cuando se disponía a querellar por medio de un abogado a fin de percibir el resto de sus honorarios por asistir a la paciente, que le era negado, los autorreproches volvieron a asomar; por un breve lapso lo invadió la angustia de que los parientes descubrirían el supuesto escamoteo y lo aducirían en su contra en el procedimiento judicial. Pero, sobre todo, aquellos autorreproches fueron en cierto momento de tal intensidad que pensó en renunciar a su demanda, no obstante recaer esta sobre una suma quizá cien veces mayor

en 1878, era profesor de estética y fue repetidamente mencionado por Freud en su libro sobre el chiste (1905c). Volvió a aludir a esta novela, así como a otra de las obras menores de Vischer, en «Sobre psicoterapia» (1905a), *AE*, **7**, págs. 249 y 256. Cf. también *supra*, pág. 139, *n.* 7.]

[15] [Este párrafo y el ejemplo que sigue fueron agregados en 1917.]
[16] Jekels, 1913a.

—como resarcimiento, digamos así, por el objeto escamoteado—; empero, enseguida venció esa idea, desechándola por absurda.

»Estando de este talante, se puso a renovar el agua del florero; y pese a que él rarísima vez rompía algo y dominaba bien su aparato muscular, lo volteó con un movimiento que no formaba parte orgánica de esa acción, sino que fue de una rara torpeza, de suerte que el vaso se partió en cinco o seis grandes pedazos. Y ello después que la tarde anterior se había decidido, no sin grandes vacilaciones, a colocar ese vaso lleno de flores sobre la mesa del comedor y frente a sus convidados, pero poco antes de romperlo lo había echado de menos, lleno de angustia, en su sala de estar, y lo había traído por su propia mano de la otra habitación. Y cuando tras el primer desconcierto juntó los pedazos, y comprobó, al ensamblarlos, que aún se podría reconstruir el vaso casi por entero, los dos o tres fragmentos mayores se le deslizaron de la mano, haciéndose totalmente añicos, y con ellos también cualquier esperanza relacionada con el vaso.

»Sin ninguna duda, esta operación fallida respondió a la tendencia actual de posibilitar al médico la prosecución de su querella eliminando aquello que él había retenido, y que en alguna medida le estorbaba demandar lo que le habían retenido a él.

»Empero, para cualquier psicoanalista esta operación fallida posee, además de su determinismo directo, uno muchísimo más profundo e importante: un determinismo *simbólico*. El vaso, en efecto, es un indudable símbolo de la mujer.

»El héroe de esta pequeña historia había perdido de manera trágica a su bella, joven y ardientemente amada esposa; cayó presa de una neurosis cuya nota fundamental decía que él era el culpable de la desgracia (decía que "él había roto un bello vaso"). Ya no entabló ninguna relación con las mujeres y cobró aversión por el matrimonio o por relaciones amorosas duraderas, que eran apreciadas en lo inconciente como una infidelidad a su esposa muerta, pero que en lo conciente racionalizaba diciéndose que él traía desgracia a las mujeres, una mujer podría matarse por causa de él, etc. (Por eso, desde luego, no tenía permitido conservar duraderamente el vaso.)

»Y además, dada su fuerte libido, no es asombroso que vislumbrara como las más adecuadas unas relaciones —pasajeras por naturaleza— con mujeres casadas (de ahí el retener el vaso de otro).

»Una buena confirmación de este simbolismo se encuentra en los siguientes dos factores. A consecuencia de la neurosis se sometió al tratamiento psicoanalítico. En el curso de la sesión en que narró la rotura del vaso de "terracota", dio, al rato largo, en hablar de nuevo sobre su relación con las mujeres, y señaló que era exigente hasta lo absurdo. Por ejemplo, requería que ellas tuvieran una "belleza no terrena". Esto acentúa, nítidamente, que sigue apegado a su esposa (difunta, es decir, "no terrena"), y no quiere saber nada de una "belleza terrena"; de ahí la rotura del vaso "terreno" (de terracota).

»Y justo por la época en que dentro de la trasferencia creó la fantasía de casarse con la hija de su médico, obsequió a este… un vaso, como un indicio de la dirección en que desearía la revancha.

»Es previsible que el significado simbólico de esta operación fallida admita todavía múltiples variaciones; por ejemplo, no querer llenar el vaso, etc. Sin embargo, más interesante me parece este abordaje: que la presencia de varios motivos eficaces (dos por lo menos), probablemente separados entre el preconciente y el inconciente, se espeja en la duplicación de la operación fallida —volcar el vaso, y dejarlo deslizar—» [cf. *supra*, pág. 106, *b*].

e.[17] El dejar caer objetos, voltearlos, hacerlos añicos, parece emplearse muy a menudo para expresar unas ilaciones inconcientes de pensamiento, como en ocasiones se lo puede probar mediante el análisis, pero con mayor frecuencia puede colegírselo de las interpretaciones que a ello anuda el pueblo, y que en su boca se manifiestan como superstición o como chanza. Consabidas son las interpretaciones que se dan cuando se derrama sal, se vuelca un vaso de vino, un cuchillo que cae se clava en el piso, etc. Pospongo para un capítulo posterior [págs. 247 y sigs.] elucidar los títulos que poseen tales interpretaciones supersticiosas para ser tenidas en cuenta; aquí sólo cabe puntualizar que en modo alguno corresponde un sentido constante a cada manejo torpe, el cual, al contrario, se ofrece como medio figurativo a este o estotro propósito, según las circunstancias.

Hace poco hubo en mi casa un período en que se rompió vajilla de cristal y de porcelana en cantidad insólita; yo mismo contribuí a dañar varias piezas. Ahora bien, era fácil esclarecer esta pequeña endemia psíquica; estábamos en vísperas de la boda de mi hija mayor. En tales ceremonias, por

[17] [Los párrafos primero y tercero de esta sección datan de 1901; el segundo fue agregado en 1910.]

lo demás, se acostumbraba romper adrede una vasija y pronunciar al mismo tiempo unos deseos de buena ventura. Acaso esta costumbre tenga el significado de un sacrificio, y posea aún otro sentido simbólico.

Cuando personas de servicio aniquilan objetos frágiles dejándolos caer, no se acude en primer término a una explicación psicológica. Empero, no es improbable que a ello contribuyan algunos motivos oscuros. Nada más ajeno a los incultos que apreciar el arte y sus obras. Una sorda hostilidad contra sus producciones reina entre nuestros servidores domésticos, sobre todo porque estos objetos, cuyo valor no entienden, significan para ellos trabajo adicional. En cambio, gentes de ese mismo origen y grado de cultura a menudo se destacan en institutos científicos por una gran destreza y precisión en el manejo de objetos frágiles, tan pronto empiezan a identificarse con su patrón y a considerarse miembros del personal esencial del instituto.

Intercalo aquí [18] la comunicación de un joven técnico, que permite penetrar en el mecanismo de dañar cosas: «Desde hacía algún tiempo yo trabajaba con varios colegas, en el laboratorio de la escuela técnica, en una serie de complejos experimentos sobre elasticidad; habíamos emprendido este trabajo voluntariamente, pero ya empezaba a demandarnos más tiempo del que esperábamos. Yendo un día al laboratorio con mi colega F., él manifestó cuán desagradable le resultaba precisamente ese día perder tanto tiempo, pues tenía muchas cosas que hacer en su casa; no pude sino convenir en ello, y además manifesté medio en broma, aludiendo a un suceso de la semana anterior: "¡Espero que la máquina tenga otro desperfecto, así podremos interrumpir el trabajo y volvernos más temprano!".

»Dentro de la división del trabajo establecida, acertó a suceder que mi colega F. debía regular la válvula de la prensa, es decir, abriéndola con precaución, tenía que dejar que el fluido sometido a presión pasara poco a poco del acumulador al cilindro de la prensa hidráulica. El director del experimento atendía al manómetro y exclamó en alta voz, cuando se hubo alcanzado la presión justa: "¡Paren!". Al oír esta orden, F. tomó la válvula y la hizo girar con toda su fuerza... hacia la izquierda (¡todas las válvulas, sin excepción, se cierran haciéndolas girar hacia la derecha!). Tan pronto como lo hizo, toda la presión del acumulador accionó

<hr>

[18] [Este ejemplo, citado luego por Freud en sus *Conferencias de introducción* (1916-17), *AE*, **15**, págs. 69-70, fue agregado en 1912.]

dentro de la prensa; el tubo-guía no estaba preparado para ello. En el acto estalló una junta del tubo, un desperfecto totalmente inofensivo para la máquina, pero que nos forzó a interrumpir ese día el trabajo y regresar a casa.

»Cosa curiosa: algún tiempo después, conversando sobre este suceso, mi amigo F. no quiso acordarse de mis palabras, que yo recordaba con certeza».

De igual manera,[19] dejarse caer, dar un paso en falso, resbalar, no siempre se debe explicar como la falla casual de una acción motriz. Ya el doble sentido que la lengua atribuye a estas expresiones indica la clase de fantasías retenidas que se pueden figurar mediante ese abandono del equilibrio corporal. Guardo en la memoria cierto número de afecciones nerviosas leves de señoras y muchachas, que, sobrevenidas tras una caída sin lesiones, fueron concebidas como histeria traumática a consecuencia del susto recibido. Ya en aquel tiempo tenía la impresión de que las cosas podían entramarse de otra manera, como si la caída misma fuera ya una escenificación de la neurosis y una expresión de las mismas fantasías inconcientes de contenido sexual que, según es lícito conjeturar, son las fuerzas motrices por detrás de los síntomas. ¿Y no pretende significar eso un proverbio que reza: «Cuando una doncella cae, cae de espaldas»?

Como *trastrocar las cosas confundido* [20] se puede clasificar también el caso en que se da a un mendigo una moneda de oro por una de cobre o de plata de escaso valor. Es fácil esclarecer tales yerros; son acciones sacrificiales, consagradas a apaciguar al destino, ahuyentar la desgracia, etc. Si antes del paseo en que la tierna madre o la tía mostraron esa esplendidez tan a su pesar, uno les oyó manifestar temor por la salud de un niño, ya no podrá dudar del sentido de esa casualidad supuestamente lamentable. Es así como las operaciones fallidas nos permiten practicar todos aquellos usos piadosos y supersticiosos obligados a rehuir la luz de la conciencia a causa de la revuelta de nuestra razón, que se ha tornado incrédula.

f. El hecho de que unas acciones contingentes sean en verdad deliberadas [21] es cosa que en ningún ámbito hallará más creencia que en el del quehacer sexual, donde el límite

[19] [Este párrafo data de 1901.]
[20] [Agregado en 1907.]
[21] [Este párrafo y el siguiente datan de 1901.]

entre ambas clases de acciones parece borrarse realmente. Un movimiento en apariencia torpe puede ser explotado con refinamiento extremo para fines sexuales; yo mismo he vivenciado hace algunos años un buen ejemplo de ello. En una casa amiga me encontré con una joven allí invitada como huésped; excitó en mí una concupiscencia que yo consideraba hacía tiempo extinguida, a raíz de la cual me puse de un talante alegre, locuaz y solícito. En aquel momento hube de rastrear las vías por las cuales ello me sobrevino; un año antes, esa misma muchacha me había dejado frío. Pues bien, el tío de ella, un señor de edad muy avanzada, entró en la sala y ambos saltamos para alcanzarle una silla que estaba colocada en un rincón. Más ágil ella, y también más cerca del objeto, se apoderó primero de la silla y la traía frente a sí con el respaldo hacia atrás y ambas manos puestas sobre los lados del asiento. Llegué yo después y, no resignando mi derecho a acarrear la silla, de pronto me encontré de pie apretado detrás de ella, enlazando ambos brazos desde atrás en torno de la muchacha, y mis manos se tocaron por un momento delante de su regazo. Desde luego, deshice la situación tan rápido como se había producido. Nadie pareció advertir cuán diestramente había aprovechado yo ese movimiento inhábil.

En ocasiones he debido decirme también que los enojosos y torpes esguinces que por unos segundos[22] nos hacen dar pasos a derecha e izquierda, pero siempre en el mismo sentido que el otro o la otra con quien nos hemos topado por la calle, hasta que al fin ambos se quedan quietos frente a frente; que también esta acción de «atajar el paso», digo, repite una traviesa conducta provocadora de nuestros años juveniles y persigue propósitos sexuales bajo la máscara de la torpeza. Por mis psicoanálisis de neuróticos sé que la llamada ingenuidad de jóvenes y niños a menudo no es sino una máscara de esta índole, que permite declarar o hacer lo indecoroso sin embarazo.

Observaciones en un modo semejantes ha comunicado W. Stekel acerca de su propia persona:[23] «Entro en una casa y tiendo mi diestra a la dueña. Singularmente, desato al hacerlo el lazo que sujeta su suelto vestido matinal. No tengo conciencia de propósito alguno deshonesto, y sin embargo consumé ese torpe movimiento con la destreza de un escamoteador».

[22] [En 1901: «por medio minuto».]
[23] [Agregado en 1907.]

Ya he podido ofrecer [24] repetidas pruebas [cf. págs. 97 y 132] de que los poetas conciben las operaciones fallidas tal como aquí las entendemos, vale decir, como provistas de sentido y motivadas. Por eso no nos asombrará ver, en un nuevo ejemplo, cómo un literato dota de cabal sentido también a un movimiento torpe y lo convierte en signo anunciador de posteriores episodios.

En un pasaje de la novela de Theodor Fontane, *L'Adultera* [1882], leemos: «...y Melanie se levantó de un salto y arrojó a su marido, a modo de saludo, una de las grandes bolas. Pero no había apuntado bien: la bola salió torcida y Rubehn la apresó». Mientras regresaban a casa de la excursión que dio lugar a ese pequeño episodio, sobreviene una plática entre Melanie y Rubehn que delata el primer indicio de una simpatía en germen. Esta simpatía se acendra hasta la pasión, de suerte que Melanie termina por abandonar a su esposo para pertenecer por entero al hombre amado. (Comunicado por H. Sachs.)

g.[25] Los efectos producidos por yerros de hombres normales son en general inofensivos. Por eso mismo reviste particular interés averiguar si unos yerros de grave alcance, que puedan ser acompañados por consecuencias sustantivas (p. ej., si los comete un médico o un farmacéutico), se ajustan a nuestros puntos de vista en algún aspecto. [Cf. también *supra*, págs. 121-4.]

Como muy rara vez debo practicar intervenciones médicas, tengo para comunicar, de mi propia experiencia, un solo ejemplo de trastrocar las cosas confundido {*vergreifen*} en ese terreno. Con una dama muy anciana a quien visito desde hace años dos veces cada día,[26] toda mi actividad médica en la visita matinal se reduce a dos actos: le instilo algunas gotas de colirio en los ojos y le aplico una inyección de morfina. De ordinario ya hay preparados dos frasquitos, uno azul para el colirio y uno blanco para la solución de morfina. Mientras ejecuto ambas operaciones, las más de las veces mis pensamientos van hacia otra cosa; es que las he repetido tanto que la atención se libera. Una mañana reparé en que

---

[24] [Este párrafo y el siguiente fueron agregados en 1917.]

[25] [Los cuatro primeros párrafos de esta sección datan de 1901.]

[26] [Con esta anciana se relaciona el episodio narrado *supra*, pág. 163, *b*; vuelve a citársela *infra*, pág. 249, y aparece igualmente en *La interpretación de los sueños* (1900a), *AE*, **4**, págs. 138 y 250-1. Freud informó a Fliess de su muerte en una carta fechada el 8 de julio de 1901 (Freud, 1950a, Carta 145).]

el autómata había trabajado erradamente, había introducido el gotero en el frasquito blanco en lugar del azul, y entonces no había instilado colirio en el ojo, sino morfina. Me espanté mucho, pero luego me tranquilicé reflexionando en que algunas gotas de una solución de morfina al dos por ciento no podían producir daño alguno ni siquiera en el saco conjuntivo. La sensación de espanto, era evidente, debía derivarse de otra parte.

En el intento de analizar este pequeño yerro, se me ocurrió ante todo la frase: «*sich an der Alten vergreifen*» {«maltratar a la vieja»}, que pudo indicar el camino directo hacia la solución. Estaba yo bajo la impresión de un sueño que la tarde de la víspera me había comunicado un joven, y cuyo contenido no admitía otra referencia interpretativa que el comercio sexual con la propia madre.[27] La singularidad de que la saga no se escandalizase por la edad de la reina Yocasta me pareció muy acorde con la conclusión de que el objeto del enamoramiento nunca es la persona presente de la propia madre, sino su imagen mnémica juvenil, que se ha guardado de la infancia. Tales incongruencias se producen siempre que una fantasía fluctuante entre dos épocas se hace conciente y, en virtud de ello, se ata a una época determinada. Abismado en pensamientos de esta especie, acudí a mi paciente, cuya edad sobrepasaba ya los noventa años, y debo de haber estado en camino de aprehender el carácter humano universal de la fábula de Edipo como el correlato del destino que se exterioriza en el oráculo, pues enseguida «maltraté a la vieja» {«*sich an der Alten vergreifen*»} o «trastroqué las cosas confundido respecto de la vieja» {«*vergreifen sich bei der Alten*»}. Pero también este trastrocar las cosas confundido fue inocente; de los dos errores posibles —aplicar la solución de morfina a los ojos o inyectar el colirio— había escogido el que era mucho más inofensivo. Pero seguimos sin averiguar si en yerros capaces de provocar daño grave es lícito, como lo fue en este caso, tomar en consideración un propósito inconciente.

En este punto, como es de esperar, el material me deja en la estacada, y quedo reducido a conjeturas e inferencias. Es sabido que en casos graves de psiconeurosis suelen aparecer, como síntomas patológicos, unas lesiones autoinferidas, y nunca se puede excluir que un suicidio sea el desenlace

27 Un «sueño edípico», como suelo llamarlo, porque contiene la clave para entender la saga de Edipo Rey. En el texto de Sófocles, la referencia a un sueño así es puesta en boca de Yocasta [versos 982 y sigs.]. Cf. *La interpretación de los sueños* (1900a), *AE*, **4**, págs. 270-2.]

del conflicto psíquico. Ahora bien, yo tengo averiguado, y puedo documentarlo [28] con ejemplos convincentes, que muchos daños en apariencia casuales sufridos por estos enfermos son en verdad lesiones que ellos mismos se infligieron. Hay en permanente acecho una tendencia a la autopunición, que de ordinario se exterioriza como autorreproches, o presta su aporte a la formación de síntoma; ella saca hábil partido de una situación externa que por casualidad se le ofrece, o aun ayuda a crearla hasta alcanzar el efecto dañino deseado. Tales sucesos no son en modo alguno raros incluso en casos de relativa gravedad, y denuncian la participación del propósito inconciente mediante una serie de rasgos particulares —p. ej., la llamativa versión que los enfermos guardan del supuesto accidente—.[29]

Informaré en detalle sobre un solo ejemplo,[30] entre muchos, de mi experiencia médica: Una joven señora se quiebra los huesos de una pierna al volcar un carruaje, de modo que debe guardar cama durante semanas; llama la atención la falta de manifestaciones de dolor y la calma con la cual sobrelleva su desgracia. Ese accidente es el prólogo de una larga y grave neurosis, de la que finalmente sanó mediante psicoanálisis. En el tratamiento me enteré de las circunstancias concomitantes de aquel accidente, así como de ciertos sucesos que lo habían precedido. La joven señora se encontraba con su marido, hombre muy celoso, en la finca de una hermana casada y en compañía de sus restantes y numerosos hermanos y hermanas, con sus respectivos cónyuges. Cierta velada, hizo gala en ese círculo íntimo de una de sus habilidades: danzó el cancán de acuerdo con todas las reglas, con gran aplauso de sus parientes, pero escasa satisfacción de su marido, quien después le cuchicheó: «Has vuelto a portarte como una puta». La palabra dio en el blanco; si la causa fue el baile mismo o algo más, dejémoslo sin resolver. Esa noche durmió intranquila; a la mañana siguiente anhelaba dar un paseo en coche. Pero ella misma eligió los caballos, rechazó una yunta y pidió otra. La hermana más joven quiso que su bebé viajara en el coche en brazos de su nodriza; ella se opu-

[28] [En las ediciones anteriores a 1924 rezaba: «y podré un día documentarlo».]

[29] La autolesión que no apunte al total autoaniquilamiento no tiene más alternativa, en nuestro actual estado de cultura, que esconderse tras la casualidad o abrirse paso por simulación de una enfermedad espontánea. En tiempos antiguos era uno de los signos usuales del duelo, y en otras épocas pudo expresar tendencias piadosas y de retiro del mundo.

[30] [Este párrafo y los dos siguientes fueron agregados en 1907.]

so con energía. Durante el viaje se mostró nerviosa, avisó al cochero que los caballos se asustarían, y cuando los inquietos animales realmente opusieron en un momento algunas dificultades, aterrorizada saltó del carruaje y se quebró la pierna, en tanto que los que permanecieron dentro resultaron indemnes. Si tras descubrir estos detalles no podemos ya dudar de que este accidente fue en verdad una escenificación, no dejaremos de admirar la destreza con que el azar fue constreñido a impartir un castigo tan adecuado a la culpa: durante largo tiempo estuvo impedida de bailar cancán.

De lesiones que yo mismo me infiriera en épocas tranquilas poco puedo informar, pero no me sé incapaz de tales cosas en condiciones extraordinarias. Cuando un miembro de mi familia se queja de haberse mordido la lengua, cogido un dedo, etc., obtiene de mí, en vez de la preocupación que espera, la pregunta: «¿Por qué lo hiciste?». Pero yo mismo me cogí el pulgar de la manera más ridícula después que un joven paciente hubo confesado en la sesión su propósito (no para ser tomado en serio, desde luego) de casarse con mi hija mayor, en tanto yo sabía que ella justamente estaba en el sanatorio con extremo peligro de muerte. [Cf. pág. 167, *n. 13.*]

Uno de mis hijos varones, cuyo temperamento vivaz suele oponer dificultades al cuidado que se le debe dispensar cuando enferma, tuvo cierto día un ataque de cólera al ser instado a guardar cama durante la mañana, y amenazó con matarse, posibilidad de la cual tenía noticia por los periódicos. Al anochecer me mostró un moretón que el choque con un picaporte le había producido en un costado del pecho. A mi pregunta irónica sobre por qué lo hizo y qué buscaba con ello, respondió este niño de once años, como por súbita iluminación: «Fue mi intento de suicidio, con que amenacé hoy temprano». Por otra parte, no creo que en ese tiempo mis hijos conocieran mis puntos de vista sobre las lesiones que uno se inflige a sí mismo.

Quien crea [31] en la ocurrencia de unas autolesiones semideliberadas —si se nos permite esta torpe expresión—, estará preparado para suponer que junto al suicidio deliberado conciente existe también una autoaniquilación semideliberada —con propósito inconciente—, que sabe explotar hábilmente un riesgo mortal y enmascararlo como azaroso infortunio. Ella no es rara en absoluto. En efecto, la tendencia a

---

[31] [Este párrafo y el siguiente datan de 1901.]

la autoaniquilación está presente con cierta intensidad en un número de seres humanos mayor que el de aquellos en que se abre paso. Las lesiones infligidas a sí mismo son, por regla general, un compromiso entre esa pulsión y las fuerzas que todavía se le contraponen, y aun en los casos en que realmente se llega al suicidio, la inclinación a ello estuvo presente desde mucho tiempo antes con menor intensidad, o bien como una tendencia inconciente y sofocada.

También el propósito conciente de suicidio escoge su tiempo, sus medios y su oportunidad; y está en total armonía con ello que el propósito inconciente aguarde una ocasión que pueda tomar sobre sí una parte de la causación y, al reclamar las fuerzas defensivas de la persona, libere a aquel propósito de la presión de estas.[32] En modo alguno son ociosas estas consideraciones que presento; he tenido noticia de más de un caso en que una desgracia fatal (producida andando a caballo o en carruaje), en apariencia debida al azar, justifica, por las circunstancias de que estuvo rodeada, la sospecha de que fue un suicidio tolerado inconcientemente. Por ejemplo, durante un concurso hípico entre oficiales, uno de ellos cae del caballo y sus lesiones resultan tan graves que fallece unos días después. Su comportamiento al volver en sí es en muchos aspectos llamativo. Y todavía más singular fue su conducta anterior. Había caído en profunda desazón por la muerte de su querida madre, le sobrevenían crisis de llanto estando en compañía de sus camaradas, y a sus amigos íntimos les manifestó sentir hastío por la vida. Quiso abandonar el servicio para participar en una guerra en Africa, que sin embargo no lo atraía.[33] Había

[32] El caso no es diferente, en definitiva, al del atentado sexual cometido contra una mujer, en que el ataque del varón no puede ser rechazado con toda la fuerza muscular de esta porque es solicitado, propiciándolo, por una parte de las mociones inconcientes de la atacada. Se suele decir que una situación así *paraliza* las fuerzas de la mujer; sólo es preciso agregar las razones de esa paralización. En este sentido, es psicológicamente injusta la ingeniosa sentencia de Sancho Panza cuando era gobernador de su ínsula (*Don Quijote*, segunda parte, capítulo XLV). Una mujer arrastra ante el juez a un hombre que, según ella dice, le robó la honra violándola. Sancho la resarce con la bolsa repleta de monedas que quita al acusado y, cuando la mujer se ha retirado, da permiso a este para correr tras ella y recuperar su bolsa. Vuelven ambos trenzados en riña, y la mujer se ufana de que el malvado no ha sido capaz de apoderarse de la bolsa. Sobre eso dice Sancho: «Si el mismo aliento y valor que habéis mostrado para defender esta bolsa lo mostrárais, y aun la mitad menos, para defender vuestro cuerpo, las fuerzas de Hércules no os hicieran falta».

[33] Es evidente que la situación en el campo de batalla es solicitante para un propósito de suicidio conciente que, empero, rehúye el cami-

sido un arrojado jinete; ahora evitaba montar, toda vez que podía. Por último, antes del concurso hípico, del que no pudo excusarse, exteriorizó un mal presentimiento; dada nuestra concepción, no nos asombrará que ese presentimiento se haya cumplido. Me objetarán: es cosa obvia que un hombre con semejante depresión nerviosa no atinará a dominar el animal como lo hacía hallándose sano. Estoy totalmente de acuerdo; sólo que yo buscaría en el propósito de autoaniquilación que aquí hemos destacado el mecanismo de esa inhibición motriz por «nerviosismo».

Sándor Ferenczi, de Budapest,[34] me ha remitido para su publicación el análisis de un caso de herida de bala, en apariencia casual, que él declara un intento inconciente de suicidio. No puedo menos que coincidir con la concepción que expone:

«J. Ad., oficial carpintero, de 22 años, acudió a mí el 18 de enero de 1908. Quería saber si la bala que se le había alojado en la sien izquierda el 20 de marzo de 1907 debía o podía ser extraída mediante una operación. Salvo unos dolores de cabeza no muy fuertes que lo aquejaban de tanto en tanto, se sentía totalmente sano, y tampoco el examen objetivo descubrió otra cosa que la característica cicatriz ennegrecida por la pólvora en la sien izquierda, de suerte que desaconsejé la operación. Inquirido por las circunstancias del accidente, manifiesta haberse herido por casualidad. Jugaba con el revólver de su hermano, *creía que no estaba cargado*, se lo aplicó con la mano izquierda en la sien de ese lado (no es zurdo), puso el dedo en el gatillo, y se disparó una bala. *Había tres cartuchos en el tambor de seis balas*. Le pregunto cómo le vino la idea de tomar el revólver. Replica que fue para la época de su convocatoria al servicio militar; la noche anterior llevó consigo el arma a la posada porque temía riñas. En el examen médico fue declarado inepto a causa de unas várices, por lo cual se avergonzó mucho. Regresó a casa, jugó con el revólver, pero no tenía el propósito de hacerse daño; entonces sobrevino el accidente. A otra pregunta, sobre si en lo demás estaba satisfecho con su suerte, respondió con un suspiro y refirió su historia de amor con una muchacha; también ella lo amaba, pero lo abandonó: por pura codicia había emigrado a América. El quiso seguirla, pero sus padres se lo impidieron. Su

no directo. Véanse en *Wallensteins Tod* [de Schiller (acto IV, escena 11)] las palabras del capitán sueco acerca de la muerte de Max Piccolomini: «Se dice que quería morir».

[34] [Este ejemplo fue agregado en 1910.]

amada viajó el 20 de enero de 1907, o sea, dos meses antes del accidente. A pesar de todos estos detalles sospechosos, el paciente insiste en que el disparo fue un "accidente". Pero yo tengo la firme convicción de que la negligencia en cerciorarse de que el arma estuviera descargada antes de jugar con ella, como también la herida que luego se infligió, estuvieron bajo comando psicológico. El seguía por entero sujeto a la impresión deprimente de su infortunado amor, y era obvio que quería "olvidar" haciendo el servicio militar. Cuando también le quitaron esta esperanza, dio en jugar con el arma, vale decir, se entregó a un intento inconciente de suicidio. El hecho de que sostuviera el revólver con la mano izquierda, y no con la derecha, es prueba decisiva de que realmente sólo "jugaba" {"*spielen*", también "representar un papel"}, o sea que concientemente no quería perpetrar el suicidio».

Otro análisis,[35] que me fue remitido por el observador,[36] de una autolesión en apariencia casual, trae a la memoria el proverbio «Quien cava la tumba de otro, él mismo se entierra».[37]

«La señora X., de ambiente burgués acomodado, está casada y tiene tres hijos. Sin duda es nerviosa, pero nunca le hizo falta un tratamiento enérgico, pues está bien dotada para hacer frente a la vida. Cierto día se atrajo una desfiguración de su rostro, bastante impresionante, pero pasajera. Iba por una calle que estaban arreglando, tropezó con un montón de piedras y se golpeó en pleno rostro contra la pared de una casa. Toda la cara le quedó llena de rasguños, los párpados se le pusieron azulinos y edematosos, y temerosa de que algo le pasara en sus ojos mandó por el médico. Después de tranquilizarla sobre ese punto, le pregunté: "¿Pero por qué se accidentó usted así?". Replicó que un rato antes había advertido a su marido —quien tenía dificultades para caminar a consecuencia de una afección en la rodilla, que lo aquejaba desde hacía unos meses— que tuviera cuidado en esa calle; y ya muchas veces había hecho la experiencia de que en tales casos le sucedía a ella misma el percance del cual había prevenido a otra persona.

»No quedé satisfecho con este determinismo de su accidente, y le pregunté si acaso no podría contarme algo más. Y sí; momentos antes del accidente había visto en el lado

[35] [Agregado en 1912.]
[36] Van Emden, 1912.
[37] [Cf. *Eclesiastés*, 10: 8: «El que hiciere el hoyo caerá en él».]

opuesto de la calle un bonito cuadro; le entró el repentino deseo de poseerlo como adorno para el cuarto de los niños, y por eso quiso comprarlo enseguida: entonces fue en línea recta hacia el comercio sin prestar atención a la calle, tropezó con el montón de piedras y cayó dándose en pleno rostro contra la pared de una casa, sin hacer el menor intento por protegerse con las manos. Al punto olvidó su designio de comprar el cuadro, y a toda prisa regresó a casa. — "Pero, ¿por qué no miró usted mejor?", le pregunté. — "Y bien —replicó—, quizá fuera un *castigo*... a causa de la historia que ya le he referido a usted en confianza". — "¿Es que todavía esa historia sigue martirizándola hasta ese punto?". — "Sí... Después lo he lamentado mucho; me he hallado mala, criminal e inmoral, pero en aquel tiempo estaba casi loca por mi nerviosismo".

»Se trataba de un aborto que ella, de acuerdo con su marido (ya que debido a su situación pecuniaria ninguno de los dos quería tener más hijos), se hizo practicar por una curandera y que debió llevar a su término un médico especialista.

»"A menudo me hago el reproche: '¡Pero si has hecho matar a tu hijo!'. Y me angustiaba pensar que una cosa así no podía quedar sin castigo. Ahora que usted me ha asegurado que no me ocurre nada malo en los ojos, quedo totalmente tranquila: de todos modos ya he sido *suficientemente castigada*".

»Entonces este accidente fue una autopunición destinada, por una parte, a expiar su fechoría, pero, por la otra, a evitar un castigo desconocido, quizá mucho mayor, ante el cual durante meses había tenido continua angustia. En el instante en que ella se abalanzó sobre aquel comercio para comprar el cuadro, la avasalló el recuerdo de esa historia junto con todas sus aprensiones, historia que quizá ya se había movido con fuerza bastante en su inconciente mientras ella hacía aquella advertencia a su marido; bien pudo haber hallado expresión en un texto como este: "Pero, ¿para qué necesitas un adorno en el cuarto de los niños tú, que has hecho matar a tu hijo? ¡Eres una asesina! ¡Ahora te toca el gran castigo!".

»Este pensamiento no le devino conciente, pero en cambio ella aprovechó la situación, en ese momento que yo llamaría psicológico, para utilizar en su autopunición, como inadvertidamente, aquel montón de piedras que le pareció idóneo; por eso ni siquiera extendió las manos al caer y por eso tampoco la asaltó un susto violento. El segundo determinismo, aunque probablemente menos importante, de su accidente es sin duda la autopunición por el deseo *inconciente* de eliminación de su marido, en verdad cómplice en aquel asunto. Este deseo se había delatado en la advertencia que le hizo, por entero ociosa, de que tuviera cuidado con el montón de piedras de la calle; en efecto, él, justamente por tener dificultades en la marcha, andaba con mucha precaución».[38]

Si se sopesan las circunstancias [39] que rodearon al siguiente caso, de una autolesión por quemadura, casual en apariencia, uno se inclinará a concebirlo, siguiendo a J. Stärcke, [40] como una «acción sacrificial»:

«Una dama cuyo yerno tuvo que viajar a Alemania para cumplir allí con su servicio militar se escaldó un pie en las siguientes circunstancias. Su hija esperaba familia a breve plazo, y, como es natural, con el pensamiento puesto en los peligros de la guerra, la familia no estaba de talante muy alegre. El día anterior a la partida, la dama había invitado a comer a su yerno y a su hija. Ella misma preparó la comida, luego de haber trocado —cosa singular— sus altos borceguíes de taco bajo, con los que podía andar cómodamente y que solía usar entrecasa, por unas pantuflas grandes, abiertas en la parte superior, que eran de su marido. Pretendió sacar del fuego una gran olla de sopa hirviendo, la dejó caer y así se hizo una escaldadura bastante seria en un pie, sobre todo en el dorso, que las pantuflas abiertas no protegían. — Desde luego, este accidente fue atribuido por todos a su comprensible "nerviosismo". Los primeros días posteriores a este holocausto puso gran cautela al manejar objetos calientes, lo cual no le impidió poco después quemarse una muñeca con líquido hirviente».[41]

[38] [*Nota agregada* en 1920:] Sobre el tema de la «autopunición por medio de operaciones fallidas», un corresponsal me escribe: «Si uno observa el comportamiento de la gente por la calle puede comprobar cuán a menudo les sucede un pequeño accidente a los hombres que, como es tan usual, se dan vuelta para mirar a las mujeres que pasan. Uno se tuerce un pie —en suelo llano—, otro se da de bruces contra un farol de alumbrado o aun se hiere de alguna otra manera».

[39] [Agregado en 1917.]

[40] Stärcke, 1916.

[41] [*Nota agregada* en 1924:] Para toda una serie de estos casos de daño o muerte por accidente, su individualización es dudosa. Una persona ajena no hallará motivo alguno para ver en el accidente otra cosa que una casualidad, mientras que una persona próxima al accidentado, familiarizada con detalles íntimos, tendrá razones para conjeturar el propósito inconciente tras el azar. Sobre la índole de esta familiaridad y las circunstancias colaterales a ella pertinentes, nos

proporciona un buen ejemplo el siguiente informe de un joven cuya novia fue atropellada en la calle:

«En setiembre del año pasado conocí a una señorita Z., de treinta y cuatro años de edad. Vivía en una situación material holgada; antes de la guerra estuvo comprometida, pero su novio, oficial en el frente de combate, cayó en 1916. Nos conocimos y nos amamos, al comienzo sin idea de casarnos, pues las circunstancias —sobre todo nuestra diferencia de edad (yo tenía veintisiete años)— no parecían consentírnoslo. Como vivíamos calle por medio y estábamos juntos diariamente, nuestro trato fue haciéndose más íntimo con el paso del tiempo. Así se nos fue insinuando la idea de casarnos, y yo terminé por aceptarla. Los esponsales se proyectaron para las Pascuas de este año; no obstante, la señorita Z. se proponía emprender antes un viaje hasta M. a fin de visitar a unos parientes, viaje estorbado de pronto por una huelga ferroviaria provocada por el *putsch* de Kapp [intento de golpe de Estado contrarrevolucionario que tuvo lugar en Berlín en marzo de 1920]. Las sombrías perspectivas que parecían abrirse para el futuro con el triunfo del movimiento obrero y sus consecuencias pesaron un breve tiempo en nuestro ánimo, pero sobre todo en el de la señorita Z., quien de todos modos estaba muy expuesta a cambiantes estados de ánimo; ella creía divisar, en efecto, nuevos obstáculos para nuestro porvenir. El sábado 20 de marzo, sin embargo, se encontraba de un humor excepcionalmente alegre, circunstancia que me sorprendió y por la que me dejé llevar, de suerte que creíamos verlo todo de color de rosa. Días antes habíamos hablado de ir juntos a la iglesia en algún momento, pero sin fijar una fecha determinada. A la mañana siguiente, domingo 21 de marzo, hacia las nueve y cuarto, me llamó por teléfono pidiéndome que pasara a buscarla enseguida para ir a la iglesia, cosa a la que yo empero me rehusé, pues no habría llegado a tiempo y, además, quería hacer unos trabajos. La señorita Z. quedó notablemente desilusionada; luego, se puso sola en camino, y en la escalera de su casa se topó con un conocido, con el cual salvó el corto trecho que va de la Tauentzienstrasse a la Rankestrasse; y todo del mejor talante, sin que ella manifestara nada sobre nuestra conversación. Este señor se despidió con una chanza; [para llegar a la iglesia] la señorita Z. sólo tenía que cruzar la calzada, amplia y despejada en ese punto, pero junto a la acera fue atropellada por un coche de plaza. (Sufrió un estallido de hígado que a las pocas horas le provocó la muerte.) — Por ese lugar habíamos pasado centenares de veces; la señorita Z. era en extremo cautelosa, a mí mismo me reprochó a menudo mis imprudencias; esa mañana no había casi tránsito de carruajes, los tranvías, ómnibus, etc., estaban en huelga; justo en ese momento imperaba un *silencio casi absoluto*, y, si ella no vio al coche de plaza, sin duda alguna tuvo que oírlo. — Todo el mundo cree en una "fatalidad". Mi primer pensamiento fue: "Eso es imposible... aunque es cierto que no se puede ni hablar de un propósito deliberado". Intenté una explicación psicológica. Pasado algún tiempo creí haberla hallado en *Psicopatología de la vida cotidiana*, la obra de usted. Sobre todo porque la señorita Z. expresó en ocasiones cierta inclinación al suicidio, y también a mí procuraba moverme a ello; bastantes veces yo la había disuadido de esa idea. Por ejemplo, apenas dos días antes, tras regresar de un paseo, y sin motivo exterior alguno, empezó a hablar de su muerte y sus disposiciones testamentarias; a estas últimas, por otra parte, no las adoptó: signo de que esas manifestaciones no se pueden reconducir a ningún propósito. Si me es permitido formular mi incompetente juicio sobre todo esto, diría que en ese accidente yo no veo

Si de esta suerte,[42] tras una aparente torpeza casual y una insuficiencia motriz, puede esconderse una furia contra la propia integridad y la propia vida, no hará falta un gran paso para trasferir esta misma concepción a yerros que pongan en serio peligro la vida y la salud de otros. Los testimonios que puedo alegar en defensa de este punto de vista están tomados de mi experiencia con neuróticos, y por eso no llenan todos los requisitos. Comunicaré un caso en el cual lo que me puso sobre la pista que luego haría posible solucionar el conflicto en el paciente fue, más que un yerro, lo que llamaríamos una acción sintomática o casual. Acepté hacer algo por la vida conyugal de un hombre muy inteligente, cuyas desavenencias con su joven esposa, que lo amaba tiernamente, podían invocar unos fundamentos reales, si bien estos no las explicaban del todo, como él mismo admitía. Lo ocupaba sin cesar la idea de separarse, que tornaba a desestimar una y otra vez porque amaba con ternura a sus dos hijos pequeños. No obstante, siempre volvía sobre ese designio, y a todo esto no buscaba medio alguno de dar un sesgo más soportable a la situación. Este no-acabar con un conflicto vale para mí como prueba de que unos motivos inconcientes y reprimidos estuvieron ahí aprontados para reforzar a los motivos concientes en pugna, y en tales casos me propongo poner término al conflicto mediante el análisis psíquico. El hombre me narró cierto día un pequeño episodio que lo había aterrorizado en extremo. Andaba «correteando» {«*hetzen*»} con su hijo mayor, claramente su preferido, lo echaba por lo alto y lo dejaba caer; en una oportunidad lo hizo desde un sitio tal, y tan alto, que el niño casi se dio de cabeza contra la pesada lámpara de gas ahí colgada. ¡*Casi*, pero no de verdad; poco le faltó! Al niño no le pasó nada, pero se mareó con el susto. El padre, espantado, quedó de pie con el niño en los brazos, la madre tuvo un ataque histérico. La singular destreza de este movimiento impensado, la violencia de la reacción de los padres, me sugirieron considerar esta contingencia como una acción sintomática destinada a expresar un mal propósito hacia el hijo amado. Pude cancelar la contradicción que sig-

una casualidad ni el efecto de una obnubilación de conciencia, sino una autoaniquilación deliberada, que se ejecutó con un propósito inconciente y se enmascaró como accidente casual. Me corroboran esta concepción ciertas manifestaciones hechas por la señorita Z. a sus parientes, tanto antes como después de conocerme, y las que a mí mismo me hizo hasta los últimos días; todo ello aprehensible como un efecto de la pérdida de su anterior novio, que a sus ojos nada era capaz de sustituir».

[42] [Este párrafo data de 1901.]

nificaba la ternura actual de ese padre hacia su hijo retro-
trayendo el impulso que sentía a hacerle daño hasta la época
en que este hijo era el único, y tan pequeño que el padre
acaso no había cobrado un interés tierno por él. Entonces
me resultó fácil suponer que este hombre, poco satisfecho
de su esposa, tuvo en aquel tiempo la siguiente idea o designio: «Si este pequeño ser, de quien nada me importa,
muriera, yo quedaría libre y podría divorciarme de mi mujer». Por tanto, debía de persistir inconciente un deseo de
que este ser, ahora tan amado, muriera. Desde ahí era fácil
descubrir el camino hacia la fijación inconciente de ese deseo.
Un poderoso determinismo surgió realmente del recuerdo
infantil del paciente, sobre la muerte de un hermanito varón,
que la madre achacaba a desidia del padre y había provocado
unas violentas querellas entre los progenitores, con amenaza
de divorcio. El derrotero ulterior del matrimonio de mi paciente confirmó mi suposición también por el éxito tera-
péutico.

Stärcke[43, 44] ha aportado un ejemplo de que los poetas no
tienen reparos en remplazar una acción deliberada por un
trastrocar las cosas confundido, y en convertir a este último
en la fuente de las más serias consecuencias:
«En una de las piezas breves de Heijermans[45] aparece un
ejemplo de trastrocar las cosas confundido o, dicho más exactamente, de un yerro, utilizado por el autor como motivo
dramático.
»Es el boceto titulado "Tom y Teddie". Se trata de una
pareja de buceadores que actúa en un teatro de variedades,
donde, en una pileta de hierro con paredes de vidrio, permanece largo tiempo bajo el agua y hace toda clase de pruebas. La mujer simpatiza desde poco tiempo atrás con otro
hombre, un domador. Y justo antes de empezar la función,
el marido-buceador los ha pillado juntos en los camarines.
Callada escena, mirada amenazadora, y el buceador dice
"¡Más tarde!". — La función empieza. El buceador hará la
prueba más difícil, permanecerá "dos minutos y medio bajo
el agua, dentro de un baúl herméticamente cerrado". —
Ya la habían repetido muchas veces, el baúl era cerrado y
"Teddie enseña la llave al público, que controlaría el tiempo
con sus relojes". Además, un par de veces dejaba caer adrede
la llave dentro de la pileta y luego buceaba en pos de ella a

[43] Stärcke, 1916.
[44] [Este último ejemplo fue agregado en 1917.]
[45] Heijermans, 1914.

toda prisa para no llegar demasiado tarde en el momento en que era preciso abrir el baúl.

»"Esa velada del 31 de enero, Tom fue encerrado como de costumbre por los dedos pequeños de su alegre y fresca mujercita. Sonreía tras la mirilla, en tanto ella jugaba con la llave y esperaba el signo de advertencia que él le haría. De pie entre bambalinas estaba el 'otro hombre', el domador con su impecable frac, su corbata blanca y su fusta. Para llamar la atención de ella, el domador silbó brevemente. Ella miró en esa dirección, sonrió y, con el ademán torpe de alguien cuya atención ha sido desviada, arrojó la llave tan briosamente hacia lo alto que esta cayó junto a la pileta, entre los pliegues de la estameña que cubría su pedestal, cuando ya habían trascurrido exactamente dos minutos y veinte segundos desde que Tom fuera encerrado en el baúl. Nadie la había visto. Nadie pudo verla. Mirado desde la sala, la ilusión óptica fue tal que todo el mundo vio deslizarse la llave dentro del agua —y ninguno de los auxiliares del teatro reparó en ella, porque la estameña acalló el ruido—.

»"Sonriendo, sin vacilación alguna, Teddie trepó por el borde de la pileta. Sonriendo —él aguantaba bien— descendió por la escalera. Sonriendo desapareció bajo el pedestal para buscar allí, y al no encontrar la llave enseguida se inclinó hacia la parte frontera de la estameña con un gesto de mandar todo al diablo, mientras en su rostro se pintaba una expresión como si dijera: '¡Oh, caramba! ¡Cómo me fastidia esto!'.

»"Entretanto, Tom hacía sus jocosas morisquetas tras la mirilla, como si también él se inquietase. Se veía el blancor de su dentadura postiza, la agitación de sus labios bajo el tieso bigote, las cómicas burbujitas que se divisaron también cuando comió la manzana. La gente le vio engarabitar sus dedos pálidos y huesudos, y hacer como que arañaba; entonces se rió, como había reído tantas veces esa velada.

»"Dos minutos cincuenta y ocho segundos...

»"Tres minutos siete segundos... Tres minutos doce segundos...

»"¡Bravo! ¡Bravo! ¡Bravo!...

»"En ese momento se produjo una confusión en la sala y el público empezó a hacer ruido con los pies porque también los empleados y el domador empezaron a buscar, y el telón cayó antes que se levantara la tapa.

»"Seis bailarinas inglesas entraron en escena... después el hombre con los *ponies*, los perros y los monos. Y así se siguió.

»"Sólo a la mañana siguiente se enteró el público de que había ocurrido una desgracia, de que Teddie, viuda, quedaba sola en el mundo..."".

»La cita pone en evidencia cuán acabadamente tiene que haber comprendido este artista la esencia de la acción sintomática para presentarnos así, con tanto acierto, la causa más profunda de aquella mortal torpeza».

IX. Acciones casuales y sintomáticas[1]

Las acciones hasta aquí descritas, en las que discernimos la ejecución de un propósito inconciente, aparecían como perturbaciones de otras acciones deliberadas y se disimulaban con el manto de la torpeza. Las acciones casuales, que debemos considerar ahora, sólo se distinguen del trastrocar las cosas confundido por desdeñar apuntalarse en una intención conciente y no hacerles falta entonces aquel disimulo. Aparecen por sí, y se las acepta porque no se sospecha en ellas un fin ni un propósito. Se las ejecuta «sin intención alguna», de manera «puramente casual», «como para tener ocupadas las manos», y se da por sentado que con ese informe se pondrá término a toda busca de un significado de la acción. A fin de gozar de esa excepcionalidad, estas acciones, que ya no pueden apelar a la torpeza como disculpa, han de llenar obligatoriamente ciertas condiciones:[2] *no deben ser llamativas*, y es preciso que sus efectos sean desdeñables.

He recopilado gran número de estas acciones casuales observadas en mí mismo y en otros, y tras indagar a fondo cada uno de los ejemplos opino que merecen más bien el nombre de *acciones sintomáticas*. Expresan algo que el actor mismo ni sospecha en ellas y que por regla general no se propone comunicar, sino guardar para sí. Por ello, tal como todos los otros fenómenos considerados hasta aquí, desempeñan el papel de unos síntomas.

La más rica cosecha de tales acciones casuales o sintomáticas se recoge, en verdad, a raíz del tratamiento psicoanalítico de los neuróticos. No puedo abstenerme de mostrar, con dos ejemplos de este origen, cuán lejos llega, y cuán fino es, el determinismo de estos inaparentes sucesos desde unos pensamientos inconcientes. La frontera entre las acciones sintomáticas y el trastrocar las cosas confundido es tan borrosa que habría podido incluir estos ejemplos en el capítulo precedente.

---

[1] [La primera parte de este capítulo, hasta la pág. 191, data de 1901.]
[2] [En 1901: «una cierta condición».]

1. Una casada joven tiene una ocurrencia durante la sesión; me refiere que ayer, mientras se cortaba las uñas, «se lastimó la carne, empeñada en quitar del álveo de la uña la fina cutícula». Esto es tan poco interesante que uno se pregunta, con asombro, para qué en verdad se lo recuerda y menciona; así, uno da en conjeturar que está frente a una acción sintomática. Y, en efecto, fue el anular el dedo en el cual se cumplió esa pequeña torpeza; el dedo donde se lleva la alianza matrimonial. Era además su aniversario de boda, lo cual presta a la vulneración de la fina cutícula un sentido bien preciso, fácil de colegir. Al mismo tiempo, ella narra un sueño que alude a la torpeza de su marido y a su anestesia como esposa. Ahora bien, ¿por qué se lastimó el anular de la mano izquierda, puesto que la alianza matrimonial se lleva en la mano derecha {en el país de la paciente}? Su marido es jurista, «doctor en derecho», y de muchacha su inclinación secreta perteneció a un médico (se dice por chanza: «doctor en izquierdo»). Por otra parte, un matrimonio «de la mano izquierda» tiene su significado preciso.

2. Una joven soltera refiere: «Ayer, de manera totalmente involuntaria, desgarré en dos partes un billete de cien florines y entregué una de las mitades a una dama que me visitaba. ¿Será esta una acción sintomática?». La exploración más precisa descubrió los siguientes detalles. Sobre el billete de cien florines: Ella consagra parte de su tiempo y de su fortuna a obras caritativas. Junto con otra dama, vela por la educación de un niño huérfano. Los cien florines son el aporte de esa dama, quien se los acaba de enviar; ella los introdujo en un sobre y los puso provisionalmente encima de su escritorio.

La visitante era una dama distinguida a la que ella ayuda en otra obra benéfica. Esta dama quería una lista de personas a quienes se pudiera solicitar apoyo. Faltaba papel, y entonces mi paciente echó mano al sobre que estaba encima de su escritorio y lo partió, sin recordar su contenido, en dos pedazos; de ellos, conservó uno, para tener un duplicado de la lista, y entregó el otro a la visitante. Nótese lo inofensivo de este proceder desacorde con el fin. Como es sabido, un billete de cien florines no sufre menoscabo en su valor cuando está partido, siempre que se lo pueda recomponer en todos sus fragmentos. La importancia de los nombres anotados en aquel trozo garantizaba que la dama no habría de tirarlo, y tampoco había duda de que devolvería el valioso contenido tan pronto como reparara en él.

Ahora bien, ¿qué pensamiento inconciente pudo haber

hallado expresión en esta acción casual, posibilitada por un olvido? La dama visitante tenía una relación muy precisa con nuestra cura. Era la misma que en su momento me recomendó como médico a la muchacha sufriente y, si no me equivoco, mi paciente se considera reconocida hacia ella por ese consejo. ¿Figurará el billete partido por la mitad unos honorarios que retribuirían a la intermediadora? Pero seguiría siendo asaz extraño.

No obstante, se agrega otro material. Un día antes, una intermediadora de muy otra índole había averiguado en casa de una parienta si la graciosa señorita querría conocer a cierto señor, y hete ahí que por la mañana, algunas horas antes de la visita de la dama, ya estaba ahí la carta requisitoria del festejante, que dio mucha ocasión a la hilaridad. Y entonces, cuando la dama inició la plática interesándose por el estado de mi paciente, ella muy bien pudo haber pensado: «Sin duda me has recomendado el médico que me convenía; si pudieras procurarme el marido que me conviene (y se entiende: un hijo), te estaría aún más agradecida». Desde este pensamiento, que se mantuvo reprimido, las dos intermediadoras se le fusionaron en una, y pasó a la segunda visitante los honorarios que en su fantasía quería dar a la primera. Esta solución adquiere total fuerza probatoria si agrego que la víspera yo le había hablado de tales acciones casuales o sintomáticas. Entonces, se sirvió de la primera oportunidad para producir algo análogo.

Se podría intentar una clasificación de las acciones casuales y sintomáticas, de tan frecuente ocurrencia, según que ellas sobrevengan por hábito, o regularmente bajo ciertas circunstancias, o se produzcan de manera esporádica.[3] Las primeras (como jugar con la cadena del reloj, mesarse la barba, etc.), que casi pueden servir para caracterizar a la persona en cuestión, lindan con los múltiples movimientos de tic y merecen ser consideradas en el mismo contexto que estos últimos. En el segundo grupo incluyo el jugar con el bastón que se tiene en la mano, o borronear garabatos con la lapicera, hacer tintinear las monedas en el bolsillo, amasar una pasta o cualquier sustancia plástica, toda clase de manejos con la ropa, etc. Durante el tratamiento psíquico, detrás de estos quehaceres de juego se esconden de modo

[3] [El presente párrafo se ocupa de las dos primeras categorías. La tercera no se llega a tratar de manera expresa hasta la pág. 206; el material intermedio fue agregado en ediciones posteriores del libro, pese a que muchos de los ejemplos interpolados parecen pertenecer al orden de las acciones casuales o sintomáticas «esporádicas».]

regular un sentido y un significado a los que se les deniega otra expresión. Por lo común, la persona en cuestión no sabe que hace tales cosas, ni sabe que ha introducido ciertas modificaciones en sus jugueteos habituales, y tampoco ve ni oye los efectos de estas acciones. Por ejemplo, no oye el ruido que produce al tintinear con monedas, y se muestra asombrada e incrédula si se lo señalan. Igualmente significativo y digno de la atención del médico es todo cuanto uno emprenda con su vestimenta. Cualquier alteración en el atuendo habitual, cada pequeño descuido (como el de no abrocharse un botón), cualquier huella de desnudamiento, significa algo que el propietario de la vestimenta no quiere decir directamente, y las más de las veces ni sabe decir. Las interpretaciones de estas pequeñas acciones casuales, así como sus pruebas, se obtienen en cada caso, con seguridad creciente, a partir de las circunstancias que rodean a la sesión, del tema que en ella se trata y de las ocurrencias que advienen cuando se orienta la atención hacia esa aparente casualidad. Por esa causa omito corroborar mis tesis mediante una comunicación de ejemplos y su análisis; menciono, sin embargo, estas cosas porque creo que en las personas normales tienen el mismo significado que en mis pacientes.

No puedo abstenerme de mostrar,[4] con un ejemplo al menos, el íntimo enlace que una acción simbólica ejecutada a modo de hábito puede llegar a tener con lo más íntimo e importante en la vida de una persona sana:[5]

«Como el profesor Freud nos lo ha enseñado, el simbolismo desempeña en la vida infantil de los seres humanos normales un papel mayor del que hacían prever las experiencias psicoanalíticas anteriores; en relación con ello, acaso posea interés el siguiente análisis breve, en particular a causa de sus proyecciones médicas.

»Un médico, al reinstalar su mobiliario en una nueva morada, tropieza con un antiguo estetoscopio "simple" de madera. Tras meditar un instante sobre el lugar en que lo ubicaría, se sintió esforzado a ponerlo en uno de los lados de su escritorio, y de tal suerte que quedaba justamente entre su silla y la que solían utilizar sus pacientes. La acción como tal era un poco rara, por dos razones. En primer lugar,

---

[4] [Agregado en 1912.]
[5] Jones, 1910*d*. [El texto alemán es considerablemente más largo que el original inglés publicado, y presenta algunas diferencias con este.] {La presente traducción ha sido tomada del alemán.}

porque no solía hacerle falta un estetoscopio (es, en efecto, neurólogo), y toda vez que lo necesitaba se valía de uno doble, para ambos oídos. En segundo lugar, todos sus aparatos e instrumentos médicos estaban guardados en cajas, con la única excepción de este. Comoquiera que fuese, no pensó más en el asunto, hasta que un día cierta paciente, que nunca había visto un estetoscopio "simple", le preguntó qué era. Se lo dijo, y ella preguntó por qué lo había puesto ahí, a lo cual él replicó con prontitud que ese lugar era tan bueno como cualquier otro. No obstante, esto lo intrigó y empezó a reflexionar sobre si esta acción no escondería alguna motivación inconciente; familiarizado como estaba con el método psicoanalítico, resolvió explorar la cosa.

»Como primer recuerdo se le ocurrió que, siendo estudiante de medicina, le había impresionado un hábito de su jefe en el hospital, quien siempre llevaba en la mano un estetoscopio simple en sus visitas a las salas de enfermos, aunque nunca lo utilizaba. Había admirado mucho a este médico, y le tenía extraordinaria simpatía. Luego, cuando él mismo hizo práctica de hospital, adoptó igual hábito, y se habría sentido incómodo si por inadvertencia hubiera abandonado su cuarto sin blandir el instrumento. Ahora bien, la inutilidad de semejante costumbre no sólo se demostraba por el hecho de que el único estetoscopio que en realidad empleaba era uno para ambos oídos, que llevaba en el bolsillo, sino que, además, seguía con él cuando estaba en el pabellón de cirugía, donde no le era menester estetoscopio alguno. El significado de estas observaciones se vuelve claro tan pronto señalamos la naturaleza fálica de esta acción simbólica.

»Luego recordó que, siendo él pequeño, le había impresionado la costumbre que el médico de su familia tenía de llevar un estetoscopio simple dentro del sombrero; hallaba interesante que el doctor tuviera siempre a mano su instrumento capital cuando iba a visitar pacientes, y que sólo necesitara quitarse el sombrero (es decir, una parte de su vestimenta) y "sacarlo a relucir". De pequeño, había tenido él muchísimo apego a este médico, y me refiere que hace poco tiempo, por vía de autoanálisis, pudo descubrir que a la edad de tres años y medio había tenido una fantasía doble con relación al nacimiento de una hermanita, a saber: que la nena era en primer lugar de él mismo y de su madre, y en segundo lugar del doctor y de él mismo. Dentro de esta fantasía desempeñaba, pues, tanto el papel masculino como el femenino. Recordaba también haber sido examinado por este mismo médico a la edad de seis años, y guardaba nítida memoria de su sensación de voluptuosidad cuando

sintió cerca la cabeza del doctor, que le aplicaba el estetoscopio sobre el pecho, así como el movimiento rítmico de su
respiración que iba y volvía. A los tres años tuvo él una
afección al pecho y debió de haber sido examinado repetidas
veces, aunque ya no podía acordarse del hecho en sí.

»A los ocho años lo impresionó la comunicación de un
muchacho mayor que él: le dijo que era costumbre del
médico acostarse con sus pacientes mujeres. En verdad, él
mismo seguramente daba asidero a tales rumores, y en todo
caso las mujeres del vecindario, incluida su propia madre,
eran muy afectas a este médico joven y guapo. El propio
analizado había experimentado en diversas oportunidades
tentación sexual con relación a sus pacientes femeninas, por
dos veces se había enamorado, y al fin se casó con una.
Tampoco hay duda de que su identificación inconciente con
aquel doctor fue el motivo capital que lo movió a abrazar
la profesión de médico. Por otros análisis, se puede conjeturar que este es seguramente el motivo más frecuente (empero, es difícil determinar su frecuencia). En el presente caso
estaba condicionado doblemente: en primer lugar, por la
superioridad, en varias ocasiones demostrada, del médico
con respecto al padre, de quien el hijo estaba muy celoso;
y en segundo lugar, por el conocimiento que el doctor tenía
sobre cosas prohibidas, y sus oportunidades de satisfacción sexual.

»Acudió después un sueño, que ya he publicado en otro
lugar;[6] un sueño de naturaleza nítidamente homosexual-
masoquista, en que un hombre, que es una figura sustitutiva del médico, ataca al soñante con una "espada". La
espada le hizo acordar a una historia de la *Völsung-Nibe-
lungen-Sage*, donde Sigurd coloca una espada desnuda entre
él mismo y Brünhilde durmiente. La misma historia aparece
en la saga de Arturo, que nuestro hombre conoce igualmente bien.

»Ahora se vuelve claro el sentido de la acción sintomática.
El médico había puesto el estetoscopio simple entre él y
sus pacientes mujeres tal como Sigurd puso la espada entre
él mismo y la mujer que no debía tocar. La acción fue una
formación de compromiso; servía a unas mociones de dos
clases: ceder en su imaginación al deseo sofocado de mantener relaciones sexuales con alguna paciente atractiva, pero
al mismo tiempo recordarle que este deseo no podía ser realizado. Fue, por así decir, un ensalmo contra las tribulacio-
nes de la tentación.

[6] Jones, 1910*b*.

»Yo agregaría que sobre el muchacho hicieron gran impresión los versos del *Richelieu* de Lord Lytton:

> *"Beneath the rule of men entirely great*
> *The pen is mightier than the sword".* *[7]

»Añádase a ello que se ha convertido en un publicista fecundo y se vale de una pluma desacostumbradamente grande. Cuando le pregunté para qué necesitaba esto, me dio esta característica respuesta: "Es que tengo tanto que expresar...".

»Este análisis vuelve a mostrarnos cuán vastos panoramas sobre la vida anímica nos abren las acciones "inocentes" y "sin sentido", y también cuán temprano en la vida se desarrolla la tendencia a la simbolización».

Quizá convenga que refiera todavía un caso,[8] de mi experiencia psicoterapéutica, en que una mano que jugaba con una bolita de miga de pan depuso una elocuente declaración. Mi paciente era un muchacho que aún no había cumplido los trece años y llevaba casi dos padeciendo una histeria grave, y a quien al fin tomé bajo tratamiento psicoanalítico, después que una prolongada residencia en un instinto hidropático se hubo demostrado infructuosa. Yo partía de la premisa de que él debía de haber tenido experiencias sexuales y estar martirizado por preguntas de ese tenor, de acuerdo con su edad; pero me guardé de acudir en su auxilio con esclarecimientos, pues quería someter nuevamente a prueba mis premisas. Con curiosidad esperaba ver por qué camino se manifestaría en él lo buscado. Cierto día me llamó la atención que hiciera rodar algo entre los dedos de la mano derecha, se lo metiera después en el bolsillo, donde siguió el juego, volviera a sacarlo, etc. No pregunté qué tenía en la mano; pero él me lo enseñó abriéndola de pronto: era miga de pan, amasada en forma de una bolita. A la sesión siguiente volvió a traer una bolita así, pero mientras platicábamos plasmaba con ella, de un modo increíblemente rápido y a ojos cerrados, unas figuras que excitaban mi interés. Eran indudablemente hombrecillos con cabeza, dos

---

* {«Bajo el imperio de hombres de total grandeza / la pluma es más poderosa que la espada».}

[7] Compárese esta sentencia de Oldham: «*I wear my pen as others do their sword*» {«Uso mi pluma como otros su espada»}. [John Oldham (1653-1683), «Satire upon a Printer».]

[8] [Este ejemplo data de 1901.]

brazos, dos piernas, como los más toscos ídolos prehistóricos, y un apéndice entre las piernas que él estiraba en una larga punta. Apenas hubo acabado uno de esos hombrecitos, lo volvió a amasar; luego lo dejó estar, pero estiró un apéndice así desde la espalda y otros lugares, para encubrir el significado del primero. Yo quise mostrarle que lo había comprendido, pero coartándole al mismo tiempo la escapatoria de que esa actividad formadora de figuras humanas no perseguía intención alguna. Con ese fin, le pregunté de pronto si recordaba la historia de aquel rey romano que dio una respuesta pantomímica en el jardín al mensajero de su hijo. El muchacho pretendió no acordarse, pese a que por sus estudios debía de tenerla mucho más fresca que yo. Preguntó si era la historia del esclavo sobre cuyo rasurado cráneo se había escrito la respuesta.[9] «No, esa pertenece a la historia griega», le dije y le conté: El rey Tarquino el Soberbio[10] había instado a su hijo Sexto para que se introdujese furtivamente en una ciudad latina enemiga. El hijo, que entretanto había reclutado partidarios en esa ciudad, envió un emisario al rey para preguntarle qué debía hacer ahora. El rey no dio respuesta, sino que marchó hasta su jardín, se hizo repetir la pregunta ahí, y calladamente cortó la cabeza de adormidera más grande y hermosa. Al mensajero no le quedó otro partido que informar esto mismo a Sexto, quien comprendió a su padre y se aplicó a eliminar por la muerte a los ciudadanos más notables de aquella ciudad.

Mientras yo hablaba, el muchacho suspendió su amasar, y cuando pasé a narrar lo que hizo el rey en su jardín, ya a las palabras «calladamente cortó», con un movimiento rápido como el rayo arrancó la cabeza a su hombrecito. O sea, también él me había entendido y había tomado nota de que fue entendido por mí. Entonces pude pasar a las preguntas directas, le impartí las informaciones que a él le importaban, y poco tiempo después la neurosis llegaba a su término.

[9] [Esta historia figura en Herodoto, *Los nueve libros de la historia*, libro V, capítulo 35.]

[10] [En 1901 y 1904: «Tarquino Prisco» {o «Tarquino el Antiguo», padre de Lucio Tarquino o «Tarquino el Soberbio»}. En el ejemplar interfoliado de la edición de 1904 (cf. mi «Introducción», *supra*, pág. 6), Freud hizo una anotación poco legible en la que comenta este desliz. En esencia, dice que al sustituir el nombre del hijo por el del padre se estaba anticipando a sus puntualizaciones posteriores (pág. 213) acerca de una similar sustitución de Cronos por Zeus en *La interpretación de los sueños*. El tema de la castración obraba como nexo entre ambos ejemplos.]

Las acciones sintomáticas,[11] que pueden observarse en abundancia casi inagotable tanto en sanos como en enfermos, merecen nuestro interés por más de un motivo. Al médico suelen servirle como valiosos indicios para orientarse en constelaciones nuevas o en aquellas que le son poco familiares; al observador de los seres humanos le delatan a menudo todo cuanto desea saber, y a veces aún más. Aquel que se ha acostumbrado a apreciarlas tiene derecho a presentarse, en ocasiones, como el rey Salomón, quien, según la saga oriental, comprendía el lenguaje de los animales. Un día tuve que examinar a un joven para mí desconocido, en casa de su madre. Al venir hacia mí, me llamó la atención una gran mancha sobre su pantalón; era de clara de huevo, según se desprendía de la particular rigidez de sus bordes. Tras una breve turbación, el joven se disculpó: que se sintió ronco y por eso bebió un huevo crudo, y que probablemente había goteado sobre su ropa un poco de su untuosa clara; para corroborarlo, pudo señalar la cáscara, que aún se veía depositada sobre un platito en la misma habitación. Así se daba sobre la sospechosa mancha una explicación inocente; pero cuando su madre nos dejó solos, le agradecí que me hubiese facilitado hasta ese punto el diagnóstico, y tomé sin más como base de nuestra entrevista su confesión de que padecía bajo la pesadumbre de la masturbación. Otra vez visité a una dama tan rica como avara y extravagante, que solía imponer al médico la tarea de abrirse trabajoso paso entre una maraña de quejas antes de arribar al fundamento simple de sus estados. Cuando entré, estaba sentada ante una mesita, ocupada en apilar en montoncitos unos florines de plata, y mientras se ponía de pie arrojó al piso algunas piezas. La ayudé a recogerlas, pero enseguida la interrumpí en la pintura de sus males, con esta pregunta: «¿Le ha costado tanto dinero su digno yerno?». Una fastidiada negación fue la respuesta, pero a poco andar ya me narraba la miserable historia de la irritación que le causaba la prodigalidad de su yerno; cierto es que nunca más volvió a llamarme: no afirmaré que uno haya de granjearse siempre amigos entre aquellos a quienes comunique el significado de sus acciones sintomáticas.

Acerca de otra «confesión por acción fallida» nos informa el doctor J. E. G. van Emden, de La Haya:[12]

«Al disponerme yo a pagar la cuenta en un pequeño restaurante de Berlín, el camarero sostuvo que, a causa de la

[11] [Este párrafo fue agregado en 1907.]
[12] [Agregado en 1919.]

196

guerra, cierto plato se había encarecido en diez centavos; le pregunté por qué no se lo indicaba así en la lista de precios, obteniendo la réplica de que evidentemente se trataría de una omisión, pero era así con certeza. Al embolsar el monto se mostró torpe y dejó caer una moneda de diez centavos sobre la mesa, justo frente a mí.

»"Ahora sé con seguridad que usted me ha cobrado de más. ¿Quiere que me cerciore en la caja?".

»"Por favor, permítame usted... un momento...", y ya se alejaba.

»Por supuesto que le franqueé la retirada; minutos después se disculpaba alegando que inconcebiblemente se había confundido con otro plato. De ese modo obtuvo los diez centavos como recompensa por su contribución a la psicopatología de la vida cotidiana».

Quien[13] dé en observar a sus prójimos mientras comen podrá comprobar en ellos las más claras e instructivas acciones sintomáticas. Así, narra el doctor Hanns Sachs:

«Por casualidad llegué en el momento en que mis parientes, un matrimonio mayor, tomaban su cena. La dama sufría del estómago y debía observar una dieta muy estricta. Al marido acababan de presentarle un plato de carne asada y pidió la mostaza a su mujer, quien no podía compartir este manjar. La esposa abrió el aparador, metió dentro la mano y puso sobre la mesa, frente a su marido, el frasquito con las gotas para el estómago, de ella. Desde luego, no había parecido alguno entre el frasco de la mostaza, con forma de tonelito, y el pequeño gotero, que pudiera explicar el desacierto; no obstante, la señora sólo advirtió su confusión cuando el marido se la señaló riendo. El sentido de esta acción sintomática no necesita de explicación alguna».

Un precioso ejemplo de esta clase, muy hábilmente aprovechado por el observador mismo, lo debo al doctor B. Dattner, de Viena:

«Estaba almorzando en un restaurante con mi colega H., doctor en filosofía. Me contaba acerca de las dificultades para obtener el profesorado, y de paso mencionó que antes de terminar sus estudios tenía el empleo de secretario del embajador, mejor dicho, del ministro plenipotenciario de Chile. "Pero luego el ministro fue trasladado y yo no me presenté al funcionario entrante". Mientras pronuncia esta

[13] [Este párrafo y los cuatro ejemplos que siguen fueron agregados en 1912.]

última frase, se lleva a la boca un pedazo de torta, pero, como por torpeza, la deja escapar del cuchillo. Capturo enseguida el sentido secreto de esta acción sintomática y replico como al azar a mi colega, no familiarizado con el psicoanálisis: "Pero ha dejado escapar usted un buen bocado". El no repara en que mis palabras pueden referirse igualmente a su acción sintomática, y me repite, con una vivacidad extraña, sorprendente, como si yo literalmente le hubiera quitado la palabra de la boca, los mismos vocablos que yo había pronunciado: "Sí, era realmente un buen bocado el que dejé escapar", y después se desahoga con una exhaustiva exposición de su torpeza, que le ha hecho perder ese bien remunerado cargo.

»El sentido de la acción sintomática simbólica se ilumina si se tiene en cuenta que mi colega tenía escrúpulos en hablarme a mí, hasta cierto punto un extraño para él, sobre su precaria situación material; y luego, el pensamiento que esforzaba por salir se vistió con una acción sintomática que expresaba simbólicamente lo que habría debido permanecer oculto, y así procuró al hablante un aligeramiento desde lo inconciente».

Los ejemplos siguientes mostrarán cuánta riqueza de sentido puede resultar de una acción, en apariencia no deliberada, de quitar o de llevarse algo.

Doctor B. Dattner: «Un colega visita a una amiga, de quien fue admirador en su juventud; es la primera vez que lo hace después que ella se casó. Me cuenta acerca de esta visita y me expresa su asombro por no haber conseguido permanecer en esa casa sólo el breve tiempo que se había propuesto. Y luego informa sobre una rara operación fallida que ahí le sucedió. Dice que el marido de su amiga, que participaba de la plática, se puso a buscar una cajita de fósforos que con toda seguridad estaba sobre la mesa a la llegada de mi colega. También este revisó sus bolsillos para ver si por casualidad no se la había "guardado" ahí a "ella", pero en vano. Bastante tiempo después la descubrió a "ella" en su bolsillo, a raíz de lo cual le sorprendió que la cajita sólo contuviera un fósforo. — Algunos días más tarde, un sueño, que muestra con insistencia el simbolismo de la cajita y se ocupa de la amiga de juventud, corrobora mi explicación, a saber: que con su acción sintomática mi colega quiso reclamar unos derechos de prioridad y figurar la exclusividad de su posesión (un fósforo solo ahí dentro)».

Doctor Hanns Sachs: «A nuestra sirvienta le gusta mucho comer determinada torta. De esto no hay duda posible, pues es el único plato que siempre, sin excepción, prepara bien. Cierto domingo nos hizo esa misma torta, la puso sobre el aparador, tomó los platos y cubiertos usados y los apiló sobre la fuente en que había traído la torta; y coronando la pila volvió a colocar la torta, en lugar de servírnosla, y desapareció con ella en la cocina. Primero creímos que había hallado algo para corregir en la torta, pero como no reaparecía, mi mujer la llamó y le preguntó: "Betty, ¿qué fue de la torta?". La muchacha no entendía: "¿Cómo dice?". Tuvimos que explicarle que se había vuelto a llevar la torta: la puso sobre la fuente, la trajo y tornó a retirarla "sin darse cuenta". — Al día siguiente, cuando nos dispusimos a consumir el resto de esa torta, mi mujer reparó en que de ella quedaba tanto como habíamos dejado la víspera, o sea que la muchacha había desdeñado el trozo de su manjar predilecto que le tocaba en suerte. — La actitud infantil es en ambos casos asaz nítida; primero, la desmesura del niño que no quiere compartir con nadie la meta de sus deseos, y después, una reacción de desafío, igualmente infantil: "Si no puedo disfrutarla toda, que se la guarden ellos, yo no quiero nada"».

Las acciones casuales o sintomáticas[14] en asuntos relativos al casamiento suelen tener el más serio de los significados y acaso hagan creer en presagios al que no quiera considerar la psicología de lo inconciente. [Cf. págs. 250-1n.] No es un buen comienzo que una joven señora pierda su alianza durante el viaje de bodas, aunque las más de las veces sólo la haya extraviado y vuelva a encontrarla enseguida. — Conozco a una dama, hoy divorciada, que en la administración de su fortuna a menudo firmó documentos con su nombre de soltera, muchos años antes de que lo recuperase. — Cierta vez era yo huésped en casa de una pareja de recién casados, y escuché a la joven esposa contar riendo su última vivencia: el día siguiente a su regreso del viaje de bodas, fue a visitar a su hermana soltera a fin de salir de compras con ella, como en los viejos tiempos, mientras el marido acudía a sus ocupaciones. De pronto advirtió la presencia de un señor en el otro extremo de la calle y exclamó, codeando a su hermana: «¡Mira, ahí va el señor L.!». Había olvidado que ese señor desde hacía algunas semanas era su marido. Me quedé helado con este relato, pero no me atreví a extraer la inferencia. Esta pequeña historia sólo fue revivida por mí

[14] [Este párrafo fue agregado en 1907.]

años más tarde, después que ese matrimonio tuvo el desenlace más desdichado.[15]

De los notables trabajos de A. Maeder,[16] de Zurich, publicados en lengua francesa, tomo la siguiente observación,[17] que de igual modo habría podido clasificarse entre los «olvidos»:

«Une dame nous racontait récemment qu'elle avait oublié d'essayer sa robe de noce et s'en souvint la veille du mariage à huit heures du soir; la couturière désespérait de voir sa cliente. Ce détail suffit à montrer que la fiancée ne se sentait pas très heureuse de porter une robe d'épouse, elle cherchait à oublier cette représentation pénible. Elle est aujourd'hui... divorcée».[*]

Acerca de la gran actriz Eleonora Duse,[18] un amigo que ha aprendido a tomar nota de los signos me contó que en uno de sus papeles ella escenificaba una acción sintomática, muestra cierta de la profundidad desde la cual extraía su actuación. Es un drama de adulterio; acaba de tener un intercambio de palabras con su marido, y ahora, antes que el seductor se le acerque, permanece absorta en sus pensamientos. En ese breve intervalo juega con la alianza que lleva en el dedo, la quita, la vuelve a poner y torna a quitársela. Ahora está madura para el otro.

Con esto[19] se relaciona lo que Theodor Reik[20] nos refiere sobre otras acciones sintomáticas con anillos:

«Conocemos las acciones sintomáticas que las personas casadas suelen ejecutar quitándose el anillo de compromiso y volviéndoselo a poner. Una serie de acciones sintomáticas de esta índole produjo mi colega M. Una muchacha a quien amaba le había obsequiado un anillo, encomendándole que

---

[15] [Los dos últimos ejemplos y el que les sigue fueron luego incluidos por Freud en sus *Conferencias de introducción* (1916-17), *AE*, **15**, págs. 51-2.]
[16] Maeder, 1906-08.
[17] [Agregada en 1910.]
[*] {«Una dama nos contaba recientemente que se olvidó de probarse su vestido de novia, recordándolo la víspera de su casamiento a las ocho de la noche; la modista había perdido las esperanzas de ver a su clienta. Este detalle basta para mostrar que la novia no se sentía muy feliz de llevar un traje de esposa, que procuraba olvidar esta representación penosa. Hoy está... divorciada».}
[18] [Este párrafo fue agregado en 1907.]
[19] [Agregado en 1917.]
[20] Reik, 1915.

no lo perdiera, pues de lo contrario sabría que había dejado de amarla. En la época que siguió, él desarrolló una gran aprensión de que pudiera perder el anillo. Si se lo quitaba un momento, por ejemplo para lavarse, en general lo extraviaba, de suerte que a menudo debía buscar largo rato hasta recuperarlo. Cuando introducía una carta en el buzón, no podía sofocar la ligera angustia de que el anillo pudiera trabársele en la abertura de aquel; y, de hecho, una vez se manejó con tanta torpeza que el anillo cayó en el buzón. La carta que en esa oportunidad remitía era de despedida a una anterior querida, hacia la cual él se sentía culpable. Y al mismo tiempo despertó en su interior una añoranza por esa mujer, que entró en conflicto con su inclinación hacia su actual objeto de amor».

Con el tema del «anillo»[21] puede uno recibir, de nuevo, la impresión de lo difícil que es para el psicoanalista descubrir algo que un poeta no supiera ya antes que él. En la novela de Fontane *Vor dem Sturm* dice el consejero de justicia Turgany, durante un juego de prendas: «Crean ustedes, señoras, que los más profundos secretos de la naturaleza se revelan en el empeño de prendas». Entre los ejemplos con los cuales corrobora su afirmación, hay uno que merece nuestro particular interés: «Me acuerdo de la esposa de un profesor; estaba ella en la edad en que las redondeces caracterizan a la mujer; una y otra vez se quitaba el anillo de compromiso y lo ofrecía como prenda. Excúsenme de pintarles la dicha conyugal que reinaba en ese hogar». Y luego prosigue: «En la misma reunión había un señor que no se cansaba de depositar en el regazo de las damas su cortaplumas inglés, diez hojas con sacacorchos y eslabón, hasta que el filoso monstruo, tras desgarrar varios vestidos de seda, desapareció finalmente ante el indignado clamor general».

No nos asombrará que un objeto de tan rico significado simbólico como un anillo se emplee en acciones fallidas provistas de un sentido aun en los casos en que no defina un vínculo erótico como alianza matrimonial o anillo de compromiso. El doctor M. Kardos ha puesto a mi disposición el siguiente ejemplo de un episodio de esa índole:

«Hace varios años se apegó a mí un hombre mucho más joven, que comparte mis afanes intelectuales y mantiene conmigo la relación de un discípulo con su maestro. En determinada oportunidad le obsequié un anillo, que ya varias

[21] [Este párrafo y los dos siguientes fueron agregados en 1919.]

veces dio ocasión para acciones sintomáticas o fallidas cuando alguna cosa en nuestras relaciones le provocaba disconformidad. Hace poco tiempo supo él informarme del siguiente caso, muy lindo y trasparente: Bajo un pretexto cualquiera se disculpó de asistir a un encuentro semanal que solíamos tener para vernos y conversar, y era que le pareció más deseable tener cita con una joven dama. A la mañana siguiente notó, mas sólo cuando ya estaba lejos de su casa, que no llevaba el anillo en el dedo; pero no se inquietó, pues supuso que lo había dejado en casa sobre la mesa de luz, donde todas las noches lo colocaba, y ahí lo hallaría a su regreso. Y, en efecto, fue por él tan pronto volvió a su casa, pero en vano, y empezó a rebuscar por la habitación sin resultado alguno. Al fin recordó que el anillo estaba puesto —cosa que, por añadidura, ocurría desde hacía más de un año— junto a un cuchillito que él solía llevar en el bolsillo del chaleco; así dio en conjeturar que "por distracción" podía haber guardado el anillo junto con el cuchillo. Introdujo entonces la mano en el bolsillo, y ahí estaba la sortija buscada. — "La alianza matrimonial en el bolsillo del chaleco" es la fórmula proverbial para referirse a aquella cuando el hombre tiene el propósito de engañar a la mujer de quien la recibió. Entonces, su sentimiento de culpa lo ha movido, en primer lugar, a la autopunición ("Ya no mereces llevar ese anillo"), y, en segundo lugar, a confesar su infidelidad, es cierto que sólo bajo la forma de una acción fallida sin testigos. Unicamente por el rodeo de informar acerca de ello —por lo demás, era previsible que él informara— llegó a confesar la pequeña "infidelidad" cometida».

Sé también [22] de un señor mayor que tomó por esposa a una muchacha muy joven y en vez de partir con ella de viaje enseguida decidió pasar la noche de bodas en un hotel de la gran ciudad. Apenas llegaron, notó con espanto que no tenía su billetera, donde había guardado todo el dinero destinado a su luna de miel; la había extraviado, pues, o perdido. Pudo llamar a tiempo por teléfono a su criado, quien halló la billetera faltante en el traje que él se había mudado, y se la llevó al hotel al ansioso novio, que de esa manera había entrado en el matrimonio sin peculio {*Vermögen*, «potencia»}. A la mañana siguiente pudo, pues, partir de viaje con su joven esposa; pero esa noche, como lo había previsto su temor, había permanecido «impotente» {«*unvermögend*»}.

[22] [Este párrafo y el siguiente fueron agregados en 1907.]

Es consolador pensar que la acción de «perder» cosas es, con insospechada generalidad, una acción sintomática de los seres humanos, y es entonces bienvenida al menos para un propósito secreto del perdedor. A menudo no hace sino expresar el poco aprecio por el objeto perdido, o una secreta aversión a él o a la persona de quien proviene; también puede suceder que la inclinación a perderlo se haya trasferido sobre este objeto desde otro, más sustantivo, a través de una conexión simbólica de pensamiento. Perder cosas valiosas sirve a la expresión de múltiples mociones; está destinado a figurar simbólicamente un pensamiento reprimido —y por tanto a retomar una advertencia que uno preferiría trasoír—, o bien, sobre todo, a ofrendar un sacrificio en el altar de las oscuras potencias del destino, cuyo culto ni aun entre nosotros ha desaparecido.[23]

Daré sólo algunos ejemplos para ilustrar estas tesis sobre la pérdida de objetos:[24]

Doctor B. Dattner: «Un colega me informa que intempestivamente ha perdido el "Penkala" [25] que poseía desde hace dos años y al que apreciaba mucho por su gran calidad. El análisis arrojó el siguiente sumario de las cosas: el día anterior este colega había recibido de su cuñado una carta que le causó sensible desagrado y cuya frase final rezaba: "Por ahora no tengo ganas ni tiempo de solventar tu frivolidad y tu pereza". Tan poderoso fue el afecto que se anudó a esa carta que mi colega se apuró el siguiente día a sacrificar el Penkala, *un regalo de ese cuñado*, para que los favores de él no le pesasen demasiado».[26]

Una dama de mi amistad que guardaba duelo por su anciana madre se abstuvo durante ese período, como se comprende, de concurrir al teatro. Ahora le faltan unos pocos días para que expire el duelo, y se deja persuadir por sus amigos a comprar una entrada para una función particularmente interesante. Ya frente al teatro, descubre que ha per-

---

23 [Una nota al pie insertada en este punto en la edición de 1907, y ampliada en subsiguientes ediciones, contenía algunos ejemplos más breves de acciones sintomáticas. Fueron trasferidos al texto en la edición de 1924, y se los hallará en págs. 209-11.]

24 [Esta oración, el ejemplo de Dattner que sigue y el pasaje de la página siguiente sobre el artículo de Rank fueron agregados en 1912; los dos párrafos intermedios lo fueron en 1917 y 1920.]

25 [Marca de un tipo especial de lápiz.]

26 [Este ejemplo fue citado también en las *Conferencias de introducción* (1916-17), *AE*, **15**, pág. 48, donde al «Penkala» se lo llama simplemente «lápiz de mina».]

dido la entrada. Luego cree saber que la arrojó junto con el boleto del tranvía, cuando descendió de él. Esta misma dama se vanagloria de que nunca ha perdido nada por inadvertencia.

Es lícito suponer, entonces, que otro caso de pérdida por ella vivenciado no estuvo exento de una buena motivación. En una localidad de recreo a la que ha llegado, resuelve visitar cierta pensión donde se alojó una vez. Ahí la reciben como a una vieja conocida, le dan alojamiento y, cuando quiere pagar, se entera de que debe considerarse invitada, cosa que no le cae del todo bien. Le permiten que deje algo para la muchacha de servicio, y ella abre su bolsa para poner sobre la mesa un billete de un marco. Al anochecer, el criado de la pensión le trae un billete de cinco marcos que hallaron debajo de la mesa y que en opinión de la dueña debía de pertenecer a la señorita. Vale decir que lo había dejado caer de su bolsa cuando sacó la propina para la muchacha. Es probable que así quisiera pagar, pese a todo, su cuenta.

Otto Rank, en un trabajo de mayor extensión,[27] ha puesto en evidencia, por medio del análisis de sueños, el talante sacrificial que está en la base de tales actos, así como sus motivaciones de más profundo alcance.[28] Y es entonces interesante lo que agrega, a saber, que muchas veces no sólo la pérdida de objetos, sino su *hallazgo*, aparece como determinado [psicológicamente]. Una observación suya que ahora he de citar [29] pondrá en claro el sentido que debe dársele a ello. Naturalmente, si se pierde un objeto, esto quiere decir que antes se lo tenía, y para su hallazgo es preciso buscarlo primero. ·

«Una joven que en lo material depende de sus padres quiere comprarse una alhaja barata. Pregunta en la tienda por el precio del objeto que le gusta, pero, para su desdicha, se entera de que supera el monto de sus ahorros, aunque ciertamente sólo la falta de dos coronas le rehúsa esa pequeña alegría. Con ánimo abatido camina lentamente hacia su casa por las calles de la ciudad, muy concurridas al atardecer. En un sitio frecuentadísimo le llama la atención de pronto —y ello a pesar de que, según indica, iba profunda-

[27] Rank, 1911*d* [pág. 450].
[28] [*Nota agregada* en 1917:] Otros artículos del mismo contenido se hallarán en *Zentralblatt für Psychoanalyse*, **2** [1912], y en *Internationale Zeitschrift für Psychoanalyse*, **1** (1913). — [El resto del párrafo del texto, y el ejemplo que sigue, fueron agregados también en 1917.]
[29] Rank, 1915*a*.

mente ensimismada en sus pensamientos— una hojita tirada en el piso, junto a la cual acababa de pasar distraída. Se vuelve, la levanta y, para su asombro, comprueba que se trata de un billete de dos coronas plegado. Piensa entre sí: "El destino me lo ha enviado para que pueda comprarme la alhaja", y gozosa emprende la vuelta a fin de seguir ese indicio. Pero en el mismo momento se dice que no tiene derecho a hacerlo, porque el dinero hallado es dinero de la suerte, que no se debe gastar.

»El pequeño fragmento de análisis necesario para entender esta acción casual se puede deducir de la situación dada, aun sin indagación personal a su autora. Entre los pensamientos que entretenían a la muchacha mientras caminaba hacia su casa, sin duda ocuparían el primer plano los relativos a su pobreza y estrechez material, y tenemos derecho a conjeturar que imaginaría poder cumplir con su deseo subsanando su abatida condición. Es difícil que su interés, dirigido a satisfacer su modesto deseo, no diera en meditar sobre el modo más fácil de conseguir aquel monto de dinero faltante, llegando así al hallazgo como la solución más simple. De tal suerte, el inconciente (o el preconciente) de ella quedó acomodado al "hallar", aunque el pensamiento de hacerlo no le deviniera conciente de manera cabal —a causa de otros reclamos dirigidos a su atención ("ensimismada en sus pensamientos")—. Basados en el análisis de casos semejantes, podemos incluso afirmar que el "apronte de búsqueda" *inconciente* tiene una posibilidad de éxito mucho mayor que la atención guiada concientemente. De otro modo resultaría inexplicable cómo justamente esta persona, entre los varios centenares que por allí pasaron, y, además, bajo las condiciones poco propicias de la luz crepuscular y la apretada multitud, pudiera hacer el hallazgo, para ella misma sorprendente. La considerable envergadura que en efecto tenía este apronte inconciente o preconciente es demostrada por el raro hecho de que luego de aquel hallazgo —o sea, después que el acomodamiento ya se había vuelto superfluo y, con seguridad, se había sustraído de la atención conciente— la muchacha encontró un pañuelo de bolsillo en una oscura y solitaria calle suburbana mientras recorría el restante camino hasta su casa».

Es preciso decir [30] que estas acciones sintomáticas, justamente, suelen brindar el mejor abordaje para discernir la vida anímica íntima de los seres humanos.

[30] [Este párrafo fue agregado en 1912.]

En cuanto a las acciones casuales esporádicas [31] [cf. pág. 190n.], comunicaré un ejemplo que, aun sin mediar análisis, admitió una interpretación más profunda. Este ejemplo ilustra muy bien las condiciones bajo las cuales tales síntomas pueden producirse de una manera por completo inadvertida; además, cabe anudar a él una importante puntualización práctica. Durante un viaje de vacaciones, tuve que aguardar algunos días en cierta localidad la llegada de mi compañero de viaje. Entretanto, trabé relación con un joven que parecía sentirse igualmente solo y de buena gana buscaba mi compañía. Como residíamos en el mismo hotel, no fue sino natural que compartiésemos todas las comidas e hiciésemos algunos paseos juntos. A la siesta del tercer día me comunicó de pronto que al anochecer esperaba a su esposa, quien llegaría en el tren expreso. Así se despertó mi interés psicológico, pues ya por la mañana me había llamado la atención que mi compañero rechazase mi propuesta de hacer una excursión más larga, y que durante nuestro breve paseo no quisiera seguir cierto camino por considerarlo demasiado empinado y peligroso. Y durante el paseo de la siesta afirmó de pronto que yo sin duda tendría hambre, y no debía posponer mi cena por causa suya, pues él comería solamente después que llegara su mujer. Entendí la señal y me senté a la mesa, mientras él se iba a la estación de ferrocarril. A la mañana siguiente nos encontramos en el vestíbulo del hotel. Me presentó a su mujer y agregó: «¿Tomará usted el desayuno junto con nosotros?». Yo tenía una pequeña cosa que hacer a una cuadra de allí, y aseguré que volvería enseguida. Cuando luego entré en la sala donde se servía el desayuno, vi que la pareja había tomado asiento en una pequeña mesa situada junto a la ventana, y los dos ocupaban uno de sus lados. En el lado opuesto había una sola silla, pero sobre su respaldo estaba puesta, ocupando el sitio, la grande y pesada capa de paño tirolés del hombre. Comprendí muy bien el sentido de esa disposición, no deliberada, por cierto, pero tanto más expresiva por ello mismo. Quería decir: «Para ti no hay aquí ningún lugar; ahora sobras». El hombre no reparó en que yo permanecía de pie ante la mesa sin sentarme; no así la dama, que enseguida codeó a su marido susurrándole: «Le estás quitando su lugar al señor».

A raíz de esta experiencia y de otras parecidas, me he dicho que las acciones cumplidas de manera involuntaria han de convertirse inevitablemente en fuente de malentendidos

[31] [Este párrafo y el siguiente datan de 1901.]

en el trato entre los hombres. El actor, que nada sabe de un propósito que se les enlace, no se las imputa a sí mismo ni se considera responsable de ellas. En cambio, el otro, que por regla general valoriza también estas acciones de su copartícipe para extraer inferencias sobre sus propósitos e intenciones, discierne sobre los procesos psíquicos del extraño más de lo que este mismo está dispuesto a admitir y más de lo que cree haber comunicado. Pero este último se indigna cuando se le exponen las inferencias extraídas de sus acciones sintomáticas, las declara infundadas, puesto que a él le falta la conciencia de semejante propósito al ejecutarlas, y se queja de malentendido por parte del otro. Bien mirado, ese malentendido se basa en un comprender demasiado y con excesiva finura. Cuanto más «nerviosos» sean dos seres humanos, más serán las ocasiones de recíproca desinteligencia que ellos se ofrezcan; cada uno desconocerá, respecto de su persona propia, el fundamento de esas discrepancias tan terminantemente como lo juzgará cierto para la persona del otro. Es sin duda el castigo por la insinceridad interior que caracteriza a los seres humanos esto de expresar, so pretexto de olvido, de trastrocar las cosas confundido o de no obrar adrede, mociones que mejor habrían hecho en confesarse a sí mismos y declarar a los demás si no podían dominarlas. En verdad, se puede aseverar universalmente que cada persona practica de continuo un análisis psíquico de sus prójimos, y por eso los conoce mejor de lo que cada quien se conoce a sí mismo. El camino para obedecer al precepto «γνῶθι σεαυτόν»[32] pasa por el estudio de las propias acciones y omisiones de apariencia casual.

Entre los creadores literarios[33] que en ocasiones se han pronunciado sobre las pequeñas acciones sintomáticas y operaciones fallidas, o se han servido de ellas, ninguno ha discernido su naturaleza secreta con tanta claridad ni ha prestado al relato una tan ominosa animación como lo hizo Strindberg, cuyo genio para tal discernimiento era sustentado, ciertamente, por una profunda anormalidad psíquica.[34] El doctor Karl Weiss,[35] de Viena, me ha señalado el siguiente pasaje de una de sus obras:

[32] [«Conócete a ti mismo», la célebre inscripción del Templo de Apolo en Delfos.]
[33] [Este párrafo y el pasaje de Strindberg fueron agregados en 1917.]
[34] [Más adelante (págs. 248-9) se examina la facilidad con que los paranoicos pueden interpretar correctamente las acciones sintomáticas de otras personas.]
[35] Weiss, 1913.

«Después de un rato el conde llegó realmente y se acercó a Esther con calma, como si la hubiera convocado para un encuentro.

»—¿Has esperado mucho? —preguntó con voz apagada.

»—Seis meses, como tú sabes —respondió Esther—. Pero, ¿me has visto hoy?

»—Sí, hace un momento, en el tranvía; y te miré a los ojos, de suerte que creía hablar contigo.

»—Muchas cosas han "sucedido" desde la última vez.

»—Sí, y yo creí que todo había terminado entre nosotros.

»—¿Cómo es eso?

»—Todos los pequeños regalos que tenía de ti se hicieron pedazos, y de misteriosa manera. Y esta es una antigua advertencia.

»—¡Qué me dices! Ahora recuerdo una multitud de sucedidos que juzgué casuales. Cierta vez mi abuela, cuando éramos buenas amigas, me regaló unos quevedos. Eran de cristal de roca pulido, excelentes para las autopsias, una verdadera maravilla que yo guardaba con todo cuidado.[36] Cierto día *rompí* con la anciana, y ella me cobró inquina. Y entonces, en la autopsia siguiente, sucedió que los lentes se cayeran sin causa. Creí que simplemente se habían partido; los envié a reparar. Y no; siguieron rehusándome su servicio: fueron puestos dentro de un cajón y se han perdido.

»—¡Qué me dices! Es curioso que lo atinente a los ojos sea lo más sensible. Tenía unos prismáticos que me regaló un amigo; tanto se adecuaban a mis ojos, que usarlos era un goce para mí. Este amigo y yo nos enemistamos. Tú sabes, eso pasa sin causa visible; a uno le parece como si no estuviera de acuerdo consigo mismo. La vez siguiente que quise usar esos prismáticos de ópera no pude ver claro. El vástago era demasiado corto y yo veía dos imágenes. No necesito decirte que ni se había acortado el vástago, ni la distancia entre mis ojos había aumentado. He ahí un milagro que sucede todos los días, y que el mal observador no advierte. ¿La explicación? *La fuerza psíquica del odio es mucho mayor de lo que creemos.* — Por otra parte, el anillo que me regalaste ha perdido la piedra y no se deja reparar, él no se deja. ¿Quieres ahora separarte de mí?...».[37]

También en el campo de las acciones sintomáticas[38] debe la observación analítica ceder la prioridad a los poetas. No

[36] [En la novela de Strindberg, Esther Borg es médica.]

[37] *Die gotischen Zimmer* {Las habitaciones góticas}, págs. 258-9 {de la traducción al alemán}.

[38] [Este párrafo y la cita de Sterne fueron agregados en 1920.]

le queda más que repetir lo que ellos han dicho de antiguo. El señor Wilhelm Stross me ha señalado el siguiente pasaje de la famosa novela humorística *Tristram Shandy*, de Lavrence Sterne (volumen VI, capítulo 5):

«...y de ningún modo me maravilla que Gregorio Nacianceno, cuando percibió en Juliano los gestos ligeros y volubles, predijera que llegaría a ser un apóstata. — O que San Ambrosio echara a su amanuense por causa de un movimiento indecente que este hacía con la cabeza, que se le iba de un lado al otro como látigo de trillar. — O que Demócrito notara enseguida que Protágoras era un sabio viendo que, al liar un haz de leña, ponía en el medio las ramitas más delgadas. — Hay miles de inadvertidas aberturas, prosiguió mi padre, a través de las cuales un ojo agudo puede descubrir de un golpe el alma; y yo afirmo, continuó diciendo, que un hombre razonable no puede quitarse el sombrero cuando entra en una habitación, ni ponérselo cuando sale, sin que algo se le escape que lo delate».

Ofreceré todavía una pequeña colección de variadas acciones sintomáticas en sanos y neuróticos:[39]

Un colega de edad avanzada a quien no le gusta perder a las cartas desembolsó cierta velada una gran suma sin lamentarse, pero con un talante curiosamente envarado. Una vez que hubo partido, descubrió que había dejado sobre su asiento casi todo cuanto llevaba encima: anteojos, tabaquera y pañuelo. Esto pide la evidente traducción: «¡Eh, ustedes, ladrones! Me han desplumado bonitamente».

Un hombre afectado por una impotencia sexual que le sobreviene en ocasiones, y cuyas raíces se extienden a la intimidad de sus relaciones infantiles con la madre, informa tener la costumbre de signar escritos y apuntes con una S, la inicial del nombre de su madre. No soporta que las cartas que vienen de su casa entren en contacto sobre su escritorio con otra correspondencia no santa, y por eso se ve forzado a guardar separadamente las primeras.

Una dama joven abre con brusquedad la puerta del consultorio donde todavía se encuentra la paciente que le antecedió. Se disculpa aduciendo su «irreflexión»; pronto se ave-

---

[39] [Lo que sigue hasta el final del capítulo apareció en 1907 como nota al pie (cf. *supra*, pág. 203, *n.* 23), a la cual se le hicieron agregados en ediciones posteriores. Fue trasferida a este lugar del texto en 1924. — Salvo indicación en contrario, los ejemplos datan de 1907.]

rigua que ha manifestado la curiosidad que en su tiempo le hizo penetrar en el dormitorio de sus padres.

Muchachas orgullosas de sus hermosos cabellos saben manejar peinetas y prendedores tan diestramente que se sueltan el pelo en medio de la conversación.

Muchos hombres (estando acostados), durante la sesión misma, esparcen por el suelo monedas del bolsillo del pantalón, y así retribuyen el tratamiento según el monto en el cual lo tasan ellos.

Quien olvida en casa del médico objetos que trajo consigo, como lentes, guantes, cartera, indica con ello que no puede desprenderse y que le gustaría regresar pronto.

E. Jones [40] dice: «*One can almost measure the success with which a physician is practising psychotherapy, for instance, by the size of the collection of umbrellas, handkerchiefs, purses, and so on, that he could make in a month*».* [41]

Los desempeños habituales más triviales, y ejecutados con mínima atención, como dar cuerda al reloj antes de irse a dormir, apagar la luz al salir de una habitación, etc., están sometidos a veces a perturbaciones que demuestran el influjo de los complejos inconcientes sobre los «hábitos» supuestamente más arraigados. Maeder, en la revista *Coenobium*,[42] cuenta sobre un médico de hospital que a causa de un asunto importante resolvió ir cierta noche a la ciudad, aunque estaba de guardia y no habría debido abandonar el hospital. De regreso, le asombró ver luz en su habitación. Había olvidado apagarla al salir, cosa que antes nunca le había ocurrido. Pero pronto advirtió el motivo de ese olvido. El director del hospital, que residía en la casa, debió de deducir la presencia de su médico interno en ella por la luz de su habitación.

Un hombre abrumado por preocupaciones, y que de tiempo en tiempo caía en estados de desazón, me aseguró que como regla hallaba su reloj sin cuerda por la mañana cuando a la noche anterior la vida le había parecido demasiado dura y hostil. Así, mediante esa omisión de dar cuerda a su reloj, expresaba simbólicamente que no le importaba vivir el día siguiente.

Otro,[43] de quien no tengo conocimiento personal, escribe:

[40] [Jones, 1911*b*, pág. 508.]

* {«Uno casi puede medir el éxito con que un médico practica la psicoterapia, verbigracia, por la cantidad de paraguas, pañuelos, carteras, etc., que pudo reunir en un mes».}

[41] [La cita en inglés fue agregada en 1912, y los dos párrafos siguientes en 1910.]

[42] [Maeder, 1909.]

[43] [Este párrafo fue agregado en 1912.]

«Alcanzado por un duro golpe del destino, la vida me pareció tan dura y hostil que pensé que no hallaría fuerzas bastantes para vivir el siguiente día; entonces comencé a notar que casi todos los días olvidaba dar cuerda a mi reloj, cosa que antes nunca omitía, pues lo hacía regularmente, de una manera poco menos que mecánica e inconciente, antes de dormir. Ahora sólo me acordaba de hacerlo rara vez,[44] cuando al otro día me esperaba algo importante o muy cautivador. ¿Sería también esta una acción sintomática? Yo no pude explicármelo».

Quien quiera tomarse el trabajo, como lo han hecho Jung y Maeder,[45] de reparar en las melodías que uno canturrea entre sí sin proponérselo, y a menudo sin notarlo, podrá descubrir que su texto se vincula de manera asaz regular con un tema que da quehacer a la persona.

También [46] el determinismo más fino de la expresión del pensamiento en el habla y en la escritura merecería considerarse con cuidado. En general, uno cree que elige las palabras con las que viste sus pensamientos o la imagen con la cual quiere disfrazarlos. Una observación más atenta muestra que otros miramientos deciden sobre esa elección, y que en la forma del pensamiento se trasluce un sentido que suele no ser deliberado. Las imágenes y los giros predilectos de una persona casi nunca son indiferentes para la apreciación que de ella se haga, y, según suele comprobarse, algunos aluden a un tema que por el momento es mantenido en el trasfondo, pero que ha causado fuerte conmoción en el hablante. En cierta época oí repetir a alguien, en pláticas sobre cuestiones de teoría, este giro: «Si a uno de repente se le atraviesa algo por la cabeza...». Ahora bien, yo sabía que poco antes él había recibido la noticia de que un proyectil ruso atravesó de lado a lado la gorra de combate que su hijo llevaba puesta.[47]

---

44 [En 1912: «muy rara vez».]
45 Jung, 1907; Maeder, 1909. [La segunda referencia fue agregada en 1910.]
46 [Este último párrafo fue agregado en 1917.]
47 [Según escribió Freud a Lou Andreas-Salomé en carta del 30 de julio de 1915, esto le aconteció a su hijo mayor.]

X. Errores [1]

Los errores de la memoria se distinguen del olvido con recordar fallido por un solo rasgo: en aquellos, el error (el recordar fallido) no es discernido como tal, sino que recibe creencia. Ahora bien, el uso del término «error» parece depender además de otra condición. Hablamos de «errar», y no de «recordar falsamente», toda vez que en el material psíquico por reproducir se debe destacar el carácter de la realidad objetiva; por tanto, toda vez que se deba recordar algo diverso de un hecho de nuestra propia vida psíquica, y más bien algo que puede ser corroborado o refutado mediante el recuerdo de los demás. En este sentido, lo opuesto al error de memoria es la ignorancia.

En mi libro *La interpretación de los sueños* [2] incurrí en una serie de falseamientos del material histórico y, en general, fáctico, en los que reparé con asombro tras su publicación. [3] Examinados con detenimiento, hallé que no nacieron de mi ignorancia, sino que se remontaban a errores de la memoria que el análisis podía esclarecer.

1. En la pág. 266 (de la primera edición) [4] designo como el lugar de nacimiento de Schiller a la ciudad de *Marburgo*, nombre que se repite en la Estiria.* Este error se encuentra en el análisis de un sueño que tuve durante un viaje nocturno, del cual fui despertado por el guarda que anunciaba el nombre de la estación Marburgo. En el contenido del sueño se pregunta por un libro de Schiller. Ahora bien, Schiller no nació en la ciudad universitaria de Marburgo, sino en la

---

[1] [La primera parte de este capítulo, hasta la pág. 215, data de 1901.]

[2] Freud, 1900a.

[3] [Freud hizo referencia a los dos primeros de estos errores en las cartas que envió a Fliess el 5 y el 11 de noviembre de 1899 (Freud, 1950a, Cartas 123 y 124), inmediatamente después de la publicación de la obra.]

[4] [*AE*, **5**, pág. 454.]

* {*Marburg* designa en alemán tanto la ciudad alemana Marburgo como la yugoslava Maribor, en la región de Estiria.}

suaba de *Marbach*. Y sostengo, además, que siempre he sabido esto último.

2. En la página 135,[5] el padre de Aníbal es llamado *Asdrúbal*. Este error me resultó particularmente enojoso, pero al mismo tiempo fue el que más me fortaleció en mi concepción de tales errores. Acerca de la historia de los Barca, es posible que pocos entre los lectores del libro estén mejor enterados que el autor que puso ese error por escrito y lo vio equivocadamente en tres revisiones de pruebas. El *padre* de Aníbal se llamaba *Amílcar Barca*... *Asdrúbal* era el nombre del *hermano* de Aníbal, y también el de su cuñado y predecesor en el mando.

3. En las páginas 177 y 370,[6] afirmé que *Zeus* había castrado a su padre Cronos y lo había destronado. Pero erróneamente atrasé esa crueldad en una generación: la mitología griega la hace perpetrar por *Cronos* y la víctima es su padre *Uranos*.[7]

Ahora bien, ¿cómo se explica que mi memoria me fuera infiel en estos puntos, al par que, según puede comprobarlo el lector del libro, me brindaba el material más remoto e inusual? ¿Y, por añadidura, que en tres correcciones de pruebas, que realicé con cuidado, estos errores se me pasaran como si estuviera ciego?

Goethe ha dicho sobre Lichtenberg:[8] «Donde él hace una broma es que hay un problema oculto». Algo parecido se puede afirmar sobre los pasajes de mi libro aquí citados: donde aparece un error es que hay una represión {suplantación} oculta. Mejor dicho: hay una insinceridad, una desfiguración, que en definitiva se apoya sobre algo reprimido. En el análisis de los sueños que en aquella obra comunico me vi obligado, por la naturaleza misma de los temas a que los pensamientos oníricos se referían, a interrumpir el análisis en algún punto antes de redondearlo, por un lado, y por el otro a limar las asperezas de algún detalle indiscreto mediante una leve desfiguración. No podía proceder de otro modo, y tampoco tenía otra opción si en efecto quería pre-

[5] [*AE*, **4**, pág. 211.]
[6] [*AE*, **4**, pág. 266, y **5**, pág. 606.]
[7] ¡Pero no era un error total! Según la versión órfica del mito, Zeus repite la castración en su padre Cronos (Roscher, *Lexikon der Mythologie*). [Cf. *supra*, pág. 195, *n*. 10.]
[8] [En 1901 y 1904: «Se ha dicho sobre Lichtenberg». — La acotación de Goethe es también citada por Freud en su libro sobre el chiste (1905*c*), *AE*, **8**, pág. 88 —obra en la que examina muchos de los epigramas de Lichtenberg—, así como en sus *Conferencias de introducción* (1916-17), *AE*, **15**, pág. 35.]

sentar ejemplos y pruebas testimoniales; el aprieto en que me encontraba derivaba necesariamente de una propiedad de los sueños, a saber, que expresan lo reprimido, o sea, lo insusceptible de conciencia. Y a pesar de mi proceder, quedaría bastante para escandalizar a las almas más sensibles. El desfigurar o silenciar unos pensamientos cuya continuación me era consabida no era posible sin que quedaran rastros. A menudo, lo que yo quería sofocar consiguió entrar, contra mi voluntad, en lo que había aceptado, y en esto salió a la luz como un error inadvertido por mí. Por lo demás, un mismo tema está en el fondo de los tres ejemplos que he destacado: los errores son retoños de unos pensamientos reprimidos que se ocupaban de mi padre muerto.[9]

1. Quien lea todo el sueño analizado en la página 266 [10] sabrá, en parte porque está dicho sin disimulo y en parte porque podrá colegirlo basándose en otros indicios, que yo corté el hilo de unos pensamientos que habrían contenido una crítica inamistosa a mi padre. Ahora bien, en la continuación de este itinerario de pensamientos y de recuerdos hay una historia enojosa, en la que desempeñan cierto papel unos libros y un amigo de negocios de mi padre, que lleva el apellido *Marburgo*, el mismo nombre cuya exclamación me despertó en la estación homónima del ferrocarril del Sur. A este señor Marburgo quería yo escamotearlo a mí mismo y a los lectores en el análisis; se vengó entremetiéndose donde no le correspondía, y alteró, de *Marbach* en *Marburgo*, el nombre del lugar de nacimiento de Schiller.

2. El error de *Asdrúbal* por *Amílcar*, el nombre del hermano en remplazo del nombre del padre, se produjo justamente en un contexto referido a fantasías sobre Aníbal de mis tiempos de estudiante secundario y a mi descontento por el comportamiento de mi padre hacia los «enemigos de nuestro pueblo».[11] Habría podido continuar y narrar cómo mi relación con mi padre fue alterada por una visita que hice a Inglaterra, donde conocí a mi hermanastro —hijo de un matrimonio anterior de mi padre—, que allí vive. El hijo mayor de mi hermano tiene mi misma edad; por tanto,

[9] [En su «Prólogo a la segunda edición» de *La interpretación de los sueños* (1900a), escrito en 1908, Freud señala que al terminar ese libro pudo comprender que era «parte de mi autoanálisis, mi reacción frente a la muerte de mi padre» (*AE*, **4**, pág. 20).]

[10] [*AE*, **5**, págs. 453 y sigs.]

[11] [Cf. *La interpretación de los sueños* (1900a), *AE*, **4**, págs. 210 y sigs.]

las relaciones de edad no ponían ningún impedimento a las fantasías sobre lo diversas que habrían sido las cosas si yo hubiera venido al mundo, no como hijo de mi padre, sino de mi hermano. Y bien; estas fantasías sofocadas falsearon el texto de mi libro en el punto donde interrumpí el análisis, constriñéndome a poner el nombre del hermano por el del padre.

3. Al influjo del recuerdo de este mismo hermano atribuyo el haber adelantado una generación la crueldad mitológica de los dioses griegos. Entre las advertencias de mi hermano, durante largo tiempo guardé memoria de una. Me dijo: «Para la conducción de tu vida, no olvides que no perteneces en verdad a la segunda generación respecto de la de tu padre, sino a la tercera». Nuestro padre se había vuelto a casar en años posteriores, y era por eso mucho más viejo que sus hijos de segundas nupcias. Yo cometo el referido error en el libro justamente ahí donde trato de la piedad entre padres e hijos.

Asimismo, sucedió algunas veces que amigos y pacientes sobre cuyos sueños informé, o a los que aludí en los análisis de sueños, me hicieran notar que yo narraba inexactamente las circunstancias de los episodios vividos en común. Y también en estos casos se trataba de errores históricos. Tras la rectificación, reexaminé cada uno de los casos y de igual manera me convencí de que mi recuerdo sobre cuestiones de hecho sólo era infiel cuando yo adrede había desfigurado o disimulado algo en el análisis. De nuevo, había aquí *un error inadvertido como sustituto de una reticencia o represión* {suplantación} *deliberada.*[12]

De estos errores, que brotan de la represión, se diferencian claramente otros que se deben a una efectiva ignorancia. Así, fue por ignorancia que en una excursión a Wachau creí haber llegado a la morada del revolucionario Fischhof. Las dos localidades sólo tienen en común el nombre; el *Emmersdorf* de Fischhof está en Carintia. Pero yo no lo sabía.[13]

4.[14] He aquí otro error bochornoso e instructivo, un ejemplo de ignorancia temporaria, si es lícito decirlo así.

---

[12] [Otro posible ejemplo de esto se examina en el «Apéndice A» de *Estudios sobre la histeria* (1895*d*), *AE*, **2**, págs. 311-3. Un caso de idéntico mecanismo figura en «Una neurosis demoníaca en el siglo XVII» (1923*d*), *AE*, **19**, pág. 98*n*.]

[13] [Cf. *La interpretación de los sueños* (1900*a*), *AE*, **4**, págs. 224-5, *n.* 30.]

[14] [Lo que sigue hasta el ejemplo 5 inclusive, fue agregado en 1907.]

Cierto día un paciente me recordó que le prestase los dos libros prometidos sobre Venecia, con los que quería informarse para su viaje de Pascuas. «Ya los tengo preparados», le dije, y me dirigí, para buscarlos, a la sala donde está mi biblioteca. En verdad había olvidado sacarlos, pues no estaba muy de acuerdo con el viaje de mi paciente, en el que veía una innecesaria perturbación del tratamiento y un perjuicio material para el médico. Eché entonces un rápido vistazo por la biblioteca en procura de los dos libros que tenía en mente. «"Venecia, ciudad del arte"», leí; «aquí está uno; pero además debo tener una obra histórica en una colección parecida. Justo, este es: "Los Médici"». Lo tomo y se lo llevo al que espera, para luego tener que confesar, abochornado, el error. Es que yo sé bien, en realidad, que los Médici nada tienen que ver con Venecia; por un momento, sin embargo, eso no me pareció incorrecto. Ahora tengo que poner en práctica la equidad; si tan a menudo he enfrentado al paciente con sus propias acciones sintomáticas, sólo puedo salvar mi autoridad ante él mostrándole con toda sinceridad los motivos, que yo le había mantenido en secreto, de mi aversión a su viaje.

Puede uno pasmarse de que el esfuerzo de los seres humanos por decir la verdad sea mucho más fuerte de lo que se suele estimar. Además, quizá sea consecuencia de mi práctica del psicoanálisis que apenas pueda mentir ya. Tan pronto como intento una desfiguración, cometo un error u otra operación fallida por la que se denuncia mi insinceridad, como en este ejemplo y en los anteriores.

El mecanismo del error parece el más laxo entre todas las operaciones fallidas; vale decir: la ocurrencia del error indica en todos los casos que la actividad anímica en cuestión tuvo que luchar con algún influjo perturbador, pero ello sin que la cualidad misma del error esté determinada por la cualidad de la idea perturbadora que permaneció en la sombra. Sin embargo, en este punto agregamos, con posterioridad, que en muchos casos simples de desliz en el habla y en la escritura cabe suponer igual situación. Siempre que cometemos un desliz en el habla o en la escritura tenemos derecho a inferir una perturbación debida a procesos anímicos situados fuera de la intención; pero es preciso admitir que a menudo aquellos obedecen a las leyes de la semejanza, la comodidad o la inclinación a apurarse, sin que lo perturbador haya conseguido instalar un fragmento de su propio carácter en la equivocación resultante a raíz de aquel desliz.

Es sólo la solicitación del material lingüístico [15] la que posibilita el determinismo de la equivocación y le marca también sus límites.

Para no citar exclusivamente errores que yo mismo he cometido, comunicaré algunos ejemplos más, que, en verdad, de igual modo habrían podido incluirse en el trastrabarse y el trastrocar las cosas confundido —aunque esto no tiene mayor importancia, dado que todas estas modalidades de operación fallida son equivalentes—.

5. Prohíbo a un paciente llamar por teléfono a la amante con quien él mismo querría romper, pues cada plática le enciende una nueva lucha por desacostumbrarse a esa mujer. Le impongo comunicarle su última decisión por escrito, aunque tiene dificultades para dirigirle cartas. Ahora bien, me visita alrededor de la una de la tarde para decirme que ha encontrado un camino que permitiría salvar estas dificultades, y entre otras cosas me pregunta si puede invocar mi autoridad médica. Hacia las dos de la tarde ya se ocupa de redactar la carta de ruptura, pero de pronto se interrumpe y dice a su madre, que estaba presente: «¡Oh!, he olvidado preguntar al profesor si puedo mencionar su nombre en la carta»; se precipita al teléfono, pide la comunicación y lanza por el tubo la pregunta: «Por favor, ¿puedo hablar con el profesor si ya ha terminado de almorzar?». Como respuesta escucha un asombrado «Adolf, ¿te has vuelto loco?», y venía de la misma voz que por mi mandato no habría debido volver a oír. Meramente había «errado», y en lugar del número del médico indicó el de la amada.

6.[16] Una joven dama debe hacer una visita a una amiga recién casada, en la *Habsburgergasse* {calle Habsburgo}. Habla de ello en la mesa familiar, pero erróneamente dice que tiene que ir a la *Babenbergergasse* {calle Babenberg}. Algunos de los presentes le hacen notar, riendo, su error —o su trastrabarse, si se prefiere—, no notado por ella. Es que dos días antes se había proclamado en Viena la Repú-

---

[15] [Cf. también *infra*, pág. 265. Freud se refirió a esta característica del lenguaje en diversos lugares. En *La interpretación de los sueños* (1900a), aludiendo a la condensación, dice: «La palabra [...] está por así decir predestinada a la multivocidad» (*AE*, **5**, pág. 346). En el libro sobre el chiste (1905c) apunta: «Las palabras son un plástico material con el que puede emprenderse toda clase de cosas» (*AE*, **8**, pág. 34). Y en su estudio de *Gradiva* (1907a) afirma que el dicho de doble sentido «hartas veces es facilitado por la flexibilidad del material del dicho» (*AE*, **9**, pág. 71).]

[16] [Agregado en 1919.]

blica; el negro y amarillo habían desaparecido dejando sitio a los colores de la vieja Ostmark (rojo-blanco-rojo), y los Habsburgo fueron depuestos; la hablante incorporó esta sustitución a la dirección de su amiga. Por otra parte, es cierto que existe en Viena una muy conocida Babenberger*strasse*, pero ningún vienés la llamaría «*gasse*».[17]

7.[18] En una localidad veraniega, el maestro de escuela, un joven pobrísimo pero gallardo, tanto perseveró en cortejar a la hija del propietario de una casaquinta, oriundo de la gran ciudad, que la muchacha se enamoró apasionadamente de él y movió a su familia a consentir el casamiento, no obstante las diferencias existentes de estamento y de raza. Un buen día, el maestro le escribe a su hermano una carta donde le dice: «Linda no es la mocita, pero es amable, y hasta ahí todo iría bien. Pero en cuanto a si podré decidirme a tomar por esposa a una judía, aún no te lo puedo decir». Esta carta cayó en poder de la novia y allí terminó el noviazgo, mientras que al mismo tiempo el hermano no pasó de asombrarse con los juramentos de amor que le habían sido·dirigidos. Mi informante me aseguró que fue un error y no una astuta escenificación. He tenido conocimiento de otro caso en que una dama, descontenta con su viejo médico pero sin querer romper abiertamente con él, consiguió este fin por medio de una confusión de cartas; y al menos en este caso puedo aseverar que fue el error, y no la astucia conciente, el que se valió de este socorrido motivo de comedia.

8.[19] Brill[20] nos cuenta que una dama le preguntó cómo estaba una conocida de ambos, pero al hacerlo la mencionó erróneamente por su nombre de soltera. Advertida de ello, tuvo que confesar que el marido de esa dama no le gustaba y que le había descontentado mucho su casamiento.

[17] [En Viena se emplean dos términos para designar una calle: «*Strasse*» para las más importantes, «*Gasse*» para las secundarias. — Carlomagno dio el nombre de «Ostmark» (provincia oriental) a la región que luego se convirtió en Austria. Ésta adquirió relevancia bajo la dinastía de los Babenberg, la cual llegó a su fin en el siglo XIII y fue sucedida por la casa de los Habsburgo, quienes gobernaron hasta el término de la Primera Guerra Mundial. La nueva República adoptó para su bandera los colores de los Babenberg: rojo-blanco-rojo (en lugar de la enseña imperial amarilla y negra).]
[18] [Agregado en 1907.]
[19] [Agregado en 1912; se lo menciona también en las *Conferencias de introducción* (1916-17), *AE*, **15**, pág. 47.]
[20] [Brill, 1912, pág. 191.]

9.[21] Un caso de error que también se puede describir como «trastrabarse»: Un joven padre se dirige a la oficina de registro de las personas para inscribir a su segunda hija. Preguntado por el nombre que llevará, responde: «Hanna», y debió oír entonces al funcionario decirle: «¡Pero si ya tiene usted una niña de ese nombre!». Inferiremos que esta segunda hija no ha sido tan bien recibida como en su momento lo fue la primera.

Agrego algunas otras observaciones de confusión entre nombres, que, desde luego, con igual derecho habrían podido incluirse en otros capítulos de este libro.

10.[22] Una dama es madre de tres hijas; dos de ellas hace tiempo que están casadas, mientras que la más joven aguarda todavía su destino. Una dama amiga hizo en las dos bodas el mismo obsequio, una preciosa vajilla de plata para té. Y cada vez que se habla de este juego, la madre nombra erróneamente a la tercera hija como la poseedora. Este error declara, es evidente, el deseo de la madre de ver casada también a su última hija. Presupone que recibiría el mismo regalo de bodas.

Con igual facilidad se interpretan los frecuentes casos en que una madre confunde los nombres de sus hijas, hijos o yernos.

11. Tomo un lindo ejemplo de tenaz permutación entre nombres, fácilmente explicable, de una observación que el señor J. G. hizo de sí mismo durante su estadía en un sanatorio:

«En la *table d'hôte* (del sanatorio) empleo un giro muy amable con mi vecina de mesa, en el curso de una plática que me resulta poco interesante y que se desarrolla en un tono enteramente convencional. Esta señorita, algo entrada en años, no pudo dejar de señalarme que no estilo ser con ella tan amable y galante, réplica que contenía cierto reproche y, además, un claro alfilerazo a una señorita conocida de ambos, a quien suelo prestar mayor atención. Desde luego, yo comprendo al instante. Y en esa misma plática, mi vecina tiene que hacerme notar repetidas veces —lo cual me resulta enormemente penoso— que la he llamado por el

[21] [Agregado en 1907.]
[22] [Los ejemplos 10 y 11 fueron agregados en 1920.]

nombre de aquella señorita en quien, no sin razón, veía a su competidora más afortunada».

12.[23] Referiré como «error» también un episodio de serio trasfondo que me fue contado por un testigo presencial. Cierta dama ha pasado la tarde en el campo con su marido y en compañía de dos extraños. Uno de estos últimos es su amigo íntimo, de lo cual los otros nada saben ni deben saber. Los amigos acompañan a la pareja hasta la puerta de su casa. Mientras se aguarda que abran la puerta, es la despedida. La dama hace una inclinación al extraño, le ofrece la mano y le dirige algunas palabras de cumplido. Luego se toma del brazo de su amado secreto, se vuelve hacia su marido y hace ademán de despedirse de igual manera. El marido acepta la situación, se quita el sombrero y dice con extremada cortesía: «Beso su mano, estimada señora». La mujer, espantada, suelta el brazo del amante, y antes que aparezca el conserje aún tiene tiempo de suspirar: «¡Ah! Que le pase a una semejante cosa...». El hombre era uno de esos maridos que quieren desterrar del reino de lo posible una infidelidad de su mujer. Había jurado repetidas veces que en un caso así más de una vida peligraría. Por eso, los más poderosos estorbos interiores le impedían notar el desafío contenido en aquel yerro.

13.[24] Una equivocación de uno de mis pacientes, muy ilustrativa por repetirse luego en el sentido contrario: El joven, en extremo irresoluto, por fin se ha decidido, tras fatigosas luchas interiores, a dar palabra de casamiento a la muchacha que desde hace tiempo lo ama, lo mismo que él a ella. Acompaña a su prometida hasta la casa, se despide de ella, lleno de dicha sube a un tranvía y pide al guarda... *dos* boletos. Seis meses después ya está casado, pero no se acomoda bien a su dicha conyugal. Duda de si ha hecho bien en contraer matrimonio, echa de menos sus viejas amistades, pone a sus suegros toda clase de peros. Cierta tarde pasa a buscar a su joven esposa por la casa de los padres de ella, suben al tranvía y pide al guarda un solo boleto.

14.[25] Con un lindo ejemplo, Maeder [26] refiere cómo puede uno satisfacer por medio de un «error» un deseo malamente sofocado. Cierto colega querría gozar de un día fran-

[23] [Agregado en 1917.]
[24] [Agregado en 1919.]
[25] [Agregado en 1910.]
[26] Maeder, 1908*b*.

co sin que nada lo molestase, pero debe hacer una visita en Lucerna, cosa que no le regocija; tras larga reflexión, se resuelve a viajar hasta allí a pesar de todo. Para distraerse, lee los periódicos en el trayecto de Zurich a Arth-Goldau; en esta última estación trasborda de tren, y prosigue la lectura. En la continuación del viaje el guarda le revela que ha subido a un tren equivocado, a saber, al que regresa de Goldau a Zurich, cuando había tomado pasaje para Lucerna.

15.[27] El doctor Victor Tausk,[28] bajo el título «Dirección de viaje equivocada», nos informa sobre un intento análogo, si bien no del todo logrado, de procurar expresión a un deseo sofocado mediante igual mecanismo de extravío:

«Había llegado desde el frente a Viena, con permiso. Un antiguo paciente se enteró de mi presencia y me mandó a pedir que lo visitase, pues yacía enfermo en cama. Accedí al ruego y pasé dos horas en su casa. Al despedirme, el enfermo preguntó cuánto me debía. "Estoy aquí con permiso y no doy consultas", le respondí; "considere usted mi visita como un servicio amistoso". El paciente quedó perplejo, pues sin duda tenía la sensación de que no era justo de su parte reclamar una prestación profesional como servicio amistoso gratuito. Pero al fin se dio por satisfecho con mi respuesta, llevado por la opinión respetuosa —dictada por el placer de ahorrar dinero— de que yo como psicoanalista seguramente obraría de manera correcta. Pasados apenas unos instantes, me acudieron reparos sobre la sinceridad de mi nobleza; lleno de dudas —cuya solución era inequívoca—, subí a un tranvía de la línea X. Tras un viaje breve debía trasbordar a la línea Y. Mientras aguardaba hacerlo, olvidé el asunto de los honorarios y me puse a meditar sobre los síntomas patológicos de mi paciente. Entretanto, llegó el coche que yo esperaba, y subí a él. Pero en la parada siguiente debí descender. Es que por descuido e inadvertidamente había tomado, en lugar de un coche de la línea Y, uno de la línea X, y viajaba en la dirección de donde acababa de partir, o sea, de regreso hacia el paciente de quien no había querido aceptar honorarios. *Pero mi inconciente sí quería cobrarlos*».

16.[29] Yo mismo logré cierta vez [30] un artificio parecido al del ejemplo 14. Había prometido a mi severo hermano

[27] [Agregado en 1919.]
[28] Tausk, 1917.
[29] [Agregado en 1910.]
[30] [En 1910: «hace poco tiempo».]

mayor que ese verano le haría la visita que le debía de mucho tiempo atrás, en una playa marítima inglesa; y como el tiempo apremiaba, contraje además la obligación de viajar por el camino más corto y sin hacer estadía en ninguna parte. Le pedí dilatar la visita por un día, que yo pasaría en Holanda, pero él opinó que podría reservarlo para el regreso. Viajé entonces desde Munich, vía Colonia, hasta Rotterdam-Hoek, desde donde, a medianoche, salía el barco para Harwich. En Colonia debía trasbordar; allí abandoné mi tren para tomar el expreso a Rotterdam, pero no conseguía descubrirlo. Pregunté a diversos empleados ferroviarios, me enviaron de un andén a otro, me entró una exagerada desesperación y pronto pude comprobar que durante esa infructuosa busca, como era natural, había perdido el tren. Luego de que esto me fue confirmado, medité sobre si pernoctaría en Colonia, en favor de lo cual abogaba entre otras cosas la piedad, pues según una antigua tradición familiar mis antepasados habían huido antaño de esa ciudad por causa de una persecución a los judíos.[31] Pero resolví otra cosa, viajé con un tren posterior a Rotterdam, donde llegué ya entrada la noche, y así me vi obligado a pasar un día en Holanda. Y esa jornada me trajo el cumplimiento de un deseo que yo abrigaba de mucho tiempo atrás: ver en La Haya y en el Museo Real de Amsterdam los magníficos cuadros de Rembrandt.

Sólo a la mañana siguiente, cuando en el viaje en ferrocarril por Inglaterra pude recapacitar sobre mis impresiones, me afloró el indudable recuerdo de que en la estación de Colonia, a pocos pasos del lugar donde yo había descendido y sobre el mismo andén, había visto un gran letrero donde se leía «Rotterdam-Hoek van Holland». Ahí aguardaba el tren en el cual yo habría debido seguir viaje. Debería considerarse una inconcebible «ceguera» que, a pesar de esa buena indicación, yo me apresurara a salir de allí y me pusiera a buscar el tren en otra parte, si no se quisiera admitir que era justamente mi designio, contrario a lo decretado por mi hermano, admirar los cuadros de Rembrandt ya en el viaje de ida. Todo lo demás —mi bien escenificado desconcierto, el afloramiento del propósito piadoso de pernoctar en Colonia— no fue sino una teatralización para esconderme a mí mismo ese designio hasta que se cumpliera en forma acabada.

[31] [Cf. la *Presentación autobiográfica* (1925*d*), *AE*, **20**, pág. 8. En Jones, 1955, págs. 57-8, se hallará un amplio relato sobre el viaje de Freud.]

17.[32] Stärcke [33] refiere sobre sí una escenificación semejante, producida mediante «desmemoria», destinada a cumplir un deseo al que uno supuestamente ha renunciado.

«En una aldea tenía yo que pronunciar una conferencia ilustrada con diapositivas. Pero la habían pospuesto por una semana. Yo había respondido la carta donde se me comunicaba esa dilación, y tomado nota de ella en mi agenda. Me habría gustado salir para esa aldea enseguida después de almorzar; así tendría tiempo para visitar a un escritor de mi conocimiento que allí residía. Lamenté no disponer de la siesta ese día. De mala gana desistí de visitarlo.

»Llegada la tarde de la conferencia, me encaminé con la mayor prisa hacia la estación, llevando una valija repleta de diapositivas. Tuve que tomar un taxímetro para alcanzar el tren (a menudo me sucede dilatar tanto mi partida que me veo obligado a tomar un taxi para subir a tiempo al tren). Ya en el lugar, me asombró un poco que no me esperara nadie en la estación (como es costumbre en las pequeñas localidades cuando llega un conferencista). De pronto recordé que habían pospuesto la conferencia por una semana, y que acababa de hacer un viaje inútil, en la fecha que originariamente se había fijado. Tras maldecir de todo corazón mi desmemoria, reflexioné sobre si debía regresar a casa con el próximo tren. Pensándolo mejor, consideré que tenía una buena oportunidad para hacer aquella deseada visita, cosa que puse en obra. Sólo cuando ya estaba de regreso se me ocurrió que mi deseo incumplido de disponer del tiempo suficiente para esa visita había preparado primorosamente el complot. El llevar a cuestas la pesada valija llena de diapositivas y la prisa para alcanzar el tren sirvieron de notables artificios para ocultar mejor aún el propósito inconciente».

Uno [34] puede inclinarse a considerar poco numerosa o no muy significativa la clase de errores que aquí esclarezco. Pero dejo señalado, como problema para meditar, que quizás haya razones para extender los mismos puntos de vista a la apreciación de los *errores de juicio*, incomparablemente más importantes, que los seres humanos cometen en la vida y en la ciencia. Sólo a los espíritus más selectos y ecuánimes parece serles posible preservar la realidad exterior percibida de la deformación que ella suele experimentar al refractarse en la individualidad psíquica de quien percibe.

[32] [Agregado en 1917.]
[33] Stärcke, 1916.
[34] [Este párrafo data de 1901.]

XI. Operaciones fallidas combinadas[1]

Dos de los últimos ejemplos citados —mi error de trasladar a los Médici a Venecia [pág. 216] y el del joven que sabe desafiar la prohibición de hablar por teléfono con su amante [pág. 217]— fueron en verdad descritos inexactamente. Un abordaje más atento nos los muestra como reunión de un olvido con un error. Puedo señalar con más nitidez esta misma reunión en algunos otros ejemplos.[2]

1. Un amigo me comunica la siguiente vivencia: «Hace algunos años acepté ser elegido para integrar el comité directivo de una sociedad literaria porque suponía que esto podría ayudarme a conseguir que se representara mi pieza dramática, y participé regularmente, aunque sin mucho interés, en las sesiones que se realizaban todos los viernes. Ahora bien, hace unos meses recibí seguridades de que mi pieza se representaría en el teatro de F., y desde entonces me ocurrió *olvidar* habitualmente las reuniones de esa sociedad. Cuando leí su libro sobre estas cosas, me avergoncé de mi olvido, y me reproché que era una bajeza faltar ahora, cuando ya no podía servirme de esa gente; tomé entonces la resolución de no olvidar por nada del mundo la reunión del viernes siguiente. Mantuve continuamente en la memoria este designio hasta que lo cumplí y me encontré ante la puerta de la sala de sesiones. Para mi asombro, estaba cerrada. La reunión ya se había realizado; yo había errado el día: ¡ya era sábado!».

2. El siguiente ejemplo combina una acción sintomática con un extravío de objeto; me ha llegado por distantes rodeos, pero de fuente segura.

[1] [Este capítulo fue incluido por primera vez en la edición de 1907. Sólo constaba entonces de los cuatro primeros párrafos y del último. Los demás ejemplos fueron agregados en ediciones posteriores de la obra.]
[2] [Los tres primeros ejemplos que siguen se reprodujeron en las *Conferencias de introducción* (1916-17), *AE*, **15**, págs. 50-1, donde el segundo de ellos es atribuido a R. Reitler.]

Una dama viaja con su cuñado, un artista famoso, a Roma. El visitante es muy agasajado por los alemanes que viven en Roma, quienes le obsequian, entre otras cosas, una medalla de oro antigua. A la dama le mortifica que su cuñado no sepa apreciar suficientemente esa bella pieza. Llegada a su casa tras ser relevada por su hermana, al desempacar descubre que se ha traído consigo —no sabe cómo— la medalla. Enseguida se lo comunica por carta a su cuñado y le anuncia que al día siguiente reexpedirá a Roma lo sustraído. Pero al día siguiente la medalla se ha extraviado tan habilidosamente que no se la puede encontrar ni enviar, y entonces se le trasluce a la dama el significado de su «distracción», a saber, que quería quedarse con la pieza.

3.[3] Hay casos en que la acción fallida se repite con pertinacia, cambiando para ello sus recursos:

Dice Jones[4] que en una ocasión, por motivos que él ignoraba, había dejado estar una carta varios días sobre su escritorio. Al fin se decidió a enviarla, pero le fue devuelta por la «*Dead Letter Office*», pues había olvidado ponerle la dirección. Hizo esto último, la llevó al correo, pero esta vez sin sello postal. Y entonces tuvo que confesarse por fin su aversión a despachar la carta.

4. Una breve comunicación del doctor Karl Weiss,[5] de Viena, describe con plasticidad los vanos empeños por realizar una acción contra una resistencia interior:

«El siguiente episodio documenta la gran consecuencia con la cual lo inconciente sabe abrirse paso cuando tiene un motivo para no dejar que cierto designio se llegue a ejecutar, y lo difícil que es tomar recaudos contra esta tendencia. Un conocido me solicita que le preste un libro y se lo lleve al día siguiente. Ahí mismo se lo prometo, pero con un vivo sentimiento displacentero que al comienzo no logro explicarme. Luego se me hace la luz: la persona en cuestión me debe desde hace años una suma de dinero que al parecer no piensa devolverme. Por mi parte, dejo de pensar en el asunto, pero a la mañana siguiente me acuerdo de él con el mismo sentimiento de displacer, y me digo enseguida: "Tu inconciente se empeñará en que olvides el libro. Pero tú no quieres ser descortés, y por ende harás todo lo posible para no olvidarlo". Regreso a casa, envuelvo el libro con papel

[3] [Los ejemplos 3 a 5 fueron agregados en 1912.]
[4] Jones, 1911*b*, pág. 483.
[5] Weiss, 1912.

y lo coloco junto a mí sobre el escritorio donde redacto mi correspondencia. Pasado algún tiempo, salgo; a los pocos pasos me acuerdo de que he dejado sobre el escritorio la carta que quería llevar al correo. (Lo apunto de pasada: en ella me veía obligado a escribir algo desagradable a una persona que debía ayudarme en determinado asunto.) Doy la vuelta, recojo la carta y torno a salir. En el tranvía se me ocurre que he prometido a mi mujer encargarme de cierta compra, y me contenta pensar que será un paquete muy pequeño. En este punto se establece de pronto la asociación "paquetito-libro", y ahora noto que no traigo el libro. O sea que no lo olvidé sólo la primera vez que salí, sino que lo trasví consecuentemente cuando fui a buscar la carta, junto a la cual estaba».

5. Lo mismo en una observación de Otto Rank,[6] analizada en profundidad:

«Un hombre escrupulosamente ordenado y de una pedante exactitud refiere la siguiente vivencia, de todo punto extraordinaria para él. Una siesta, yendo por la calle, quiere mirar la hora y repara en que ha olvidado en casa su reloj, cosa que, por lo que él recordaba, no le había ocurrido nunca. Como esa tarde debía asistir puntualmente a una cita y ya no le quedaba tiempo para pasar a recoger su reloj, aprovechó su visita a casa de una dama amiga para pedirle prestado el reloj con aquel propósito; esto era tanto más viable cuanto que, a raíz de una cita convenida de antemano, debía visitar a esta dama a la mañana siguiente; así, prometió restituirle el reloj en esa oportunidad. Cuando al otro día quiere devolver a su propietaria el reloj prestado, advierte, para su asombro, que lo ha olvidado en casa; y esta vez se había puesto su propio reloj. Concibió el firme propósito de restituir el reloj de la dama esa misma siesta, y, en efecto, cumplió el designio. Pero cuando al partir quiso mirar la hora, su enojo y asombro no tuvieron límites al comprobar que había vuelto a olvidar su propio reloj.

»Hasta tal punto patológica se le antojó a este hombre, de ordinario tan amante del orden, dicha repetición de la operación fallida que quiso conocer su motivación psicológica; pronto se pudo averiguarla, mediante la inquisición psicoanalítica sobre si el día crítico del primer olvido había vivenciado él algo desagradable, y sobre el contexto dentro del cual ello aconteció. Contó, sin vacilar, que tras el almuerzo, poco antes que saliera y olvidara el reloj, había mante-

[6] Rank, 1912e.

nido una conversación con su madre; esta le refirió que un pariente atolondrado, que ya le había causado a él muchas preocupaciones y sacrificios de dinero, había empeñado su reloj propio; pero como este era necesario en la casa, le mandaba a pedir [al narrador] que le diera el dinero para rescatarlo. Esta manera casi conminatoria de pedir dinero prestado le produjo una penosísima impresión y volvió a evocarle todos los disgustos que desde hacía muchos años le causaba este pariente. Según esto, su acción sintomática demuestra ser de un determinismo múltiple: En primer lugar, expresa un pensamiento que tal vez dijera: "No me extorsionarán a dar mi dinero de ese modo, y si necesitan un reloj, pues dejo el mío en casa"; y como esa tarde le es preciso contar con él para asistir a una cita, ese propósito sólo puede abrirse paso por un camino inconciente, en la forma de una acción sintomática. En segundo lugar, el olvido quiere decir más o menos lo siguiente: "Los continuos sacrificios monetarios en favor de este inservible terminarán por arruinarme, de manera que tendré que entregarlo todo". Ahora bien, puesto que, según él indica, el enojo por aquella comunicación fue sólo momentáneo, la repetición de idéntica acción sintomática demuestra que siguió produciendo intensos efectos en lo inconciente, como si la conciencia dijera: "No puedo quitarme de la cabeza esa historia".[7] Y no habrá de maravillarnos, por este acomodamiento de lo inconciente, que luego corriera el mismo destino el reloj que tomó prestado a la dama. Acaso otros motivos especiales favorecieran esa trasferencia sobre el "inocente" reloj de la dama. El motivo más evidente es, claro está, que presuntamente le habría gustado guardarlo como sustituto de su propio reloj sacrificado, y por eso olvidó devolverlo al otro día; quizá también le habría gustado poseerlo como recuerdo de la dama. Además, el olvido del reloj de ella le brinda una oportunidad para visitar por segunda vez a esta mujer, a quien admira; es cierto que por la mañana tenía que ir a su casa por otro asunto, y con el olvido del reloj parece indicar, en cierto modo, que le da lástima aprovechar esa visita, fijada con mucha anterioridad, para devolver de paso el reloj. Por añadidura, el segundo olvido del propio y la restitución, así posibilitada, del reloj ajeno a cambio muestran que nuestro hombre inconcientemente procura no llevar los dos relojes al mismo tiempo. Es evidente que intenta evitar esa aparien-

---

[7] «Esta continua eficacia en lo inconciente se exterioriza unas veces en la forma de sueño que sigue a la acción fallida, otras veces en la repetición de esta última o en la omisión de rectificarla».

cia de abundancia que estaría en oposición demasiado flagrante con las penurias de su pariente; por otra parte, sin embargo, él logra atajar con esto su aparente propósito de casarse con la dama mediante la advertencia, dirigida a sí mismo, de que tiene insoslayables obligaciones hacia su familia (su madre). Por último, otra razón para el olvido de un reloj de dama se podría buscar en que la tarde anterior se sintió molesto, siendo él soltero, por tener que mirar la hora en un reloj de mujer, cosa que hizo a hurtadillas, y entonces, para evitar que tal penosa situación se repitiera, no quería llevar consigo otra vez ese reloj. Pero como tenía que devolverlo, también en este caso el resultado fue la acción sintomática inconcientemente cumplida, que se revela como una formación de compromiso entre mociones de sentimiento contrarias, y como un triunfo de la instancia inconciente, conquistado a alto precio».

Veamos a continuación tres observaciones efectuadas por J. Stärcke:[8]

6.[9] *Extravío, rotura, olvido, como expresión de una voluntad contraria refrenada:* «De una colección de ilustraciones para un trabajo científico, cierto día tuve que prestar algunas a mi hermano, quien las quería pasar como diapositivas en una conferencia. Aunque por un instante registré en mi interior el pensamiento de que preferiría no ver presentadas ni publicadas en modo alguno, antes que yo mismo pudiese hacerlo, esas reproducciones que tanto esfuerzo me había costado reunir, le prometí buscar los negativos de las imágenes deseadas y confeccionar con ellos unas diapositivas. Ahora bien, no pude hallar esos negativos. Revisé la pila íntegra de cajitas llenas de negativos relacionados con el tema en cuestión, tomé y examiné uno por uno no menos de doscientos negativos, pero no estaban los buscados. Conjeturé que, en verdad, parecía que yo no quisiera prestar a mi hermano esas imágenes. Después que me hube hecho conciente este pensamiento desfavorable y lo hube cuestionado, noté que la cajita colocada encima de las otras en la pila había sido puesta a un lado, y a esta no la había revisado: en ella se hallaban los negativos buscados. Sobre su tapa se leía una breve anotación relativa a su contenido, y es probable que yo hubiese posado en ella una furtiva mirada antes de dejarla de lado. El pensamiento desfavorable, entretanto,

---

[8] Stärcke, 1916, págs. 108-9.
[9] [Los ejemplos 6 a 8 fueron agregados en 1917.]

no parecía del todo vencido, pues aún habrían de suceder toda clase de cosas antes que las diapositivas quedaran listas. Arruiné una de ellas apretándola, mientras la sostenía con una mano para limpiar el lado de vidrio (nunca he roto una diapositiva de ese modo). Cuando hice confeccionar un nuevo ejemplar de esta misma placa, se me cayó de la mano, y si no se rompió fue debido a que adelanté el pie para detenerla. Cuando montaba las diapositivas, toda la pila se me volvió a caer al suelo, felizmente sin que se debieran lamentar roturas. Por último, pasaron varios días hasta que realmente las embalara y remitiera, pues cada día me formaba el propósito de hacerlo y tornaba a olvidarme».

7. *Olvido repetido, trastrocar las cosas confundido en la ejecución final:* «Tenía que enviar una tarjeta postal a un conocido, pero durante varios días lo fui posponiendo, a raíz de lo cual concebí la fuerte conjetura de que la causa era esta: En una carta, ese individuo me había comunicado que en el curso de aquella semana quería visitarme alguien por cuya presencia yo no me desvivía mucho. Cuando pasó esa semana y aminoraron así las perspectivas de la indeseada visita, le escribí por fin la tarjeta postal, donde le comunicaba los momentos en que yo estaría libre. Al escribir esas líneas, en un comienzo quise agregar que un *"druk werk"* ("un trabajo ímprobo, esforzado o asiduo" {en lengua holandesa}) me había impedido contestarle antes, pero al fin desistí, considerando que ninguna persona razonable cree ya en ese usual pretexto. No sé si esta mentirita estaba empero destinada a expresarse, pero cuando eché la tarjeta postal en el buzón, la deposité por error en su abertura inferior: *"Drukwerk"* ("Impresos" {en lengua holandesa})».

8. *Olvido y error.* «Una muchacha se encamina cierta mañana de hermoso tiempo al Ryksmuseum para dibujar ahí unos modelos de yeso. Aunque con ese bello día hubiera preferido irse a pasear, se resolvió a mostrarse diligente una vez más y dibujar. Primero tiene que comprar papel. Va a un negocio (a diez minutos de distancia del museo, más o menos), compra lápices y otros útiles de dibujo, pero olvida adquirir justamente el papel; se dirige entonces al museo, y cuando se sienta en su banquito, lista para principiar, hete ahí que no tiene papel, de suerte que se ve obligada a encaminarse de nuevo al negocio. Adquirido el papel, empieza realmente a dibujar; el trabajo marcha bien y, pasado algún tiempo, oye que de la torre del museo dan un gran número de campanadas. Piensa: "Han de ser ya las doce"; sigue tra-

bajando un poco hasta que la campana de la torre toca el cuarto de hora ("Son las doce y cuarto", piensa), ahora guarda sus útiles de dibujo y resuelve ir paseando por el Vondelpark[10] hasta la casa de su hermana, para beber allí café (en Holanda, es la segunda comida del día). En el Suasso Museum ve, para su asombro, que en lugar de las doce y media son apenas las doce. El hermoso tiempo tentador había prevalecido sobre su celo, y por eso, cuando a las once y media la campana de la torre dio doce campanadas, no se le ocurrió pensar que, como todas las de su tipo, marcaba también la media hora».

9.[11] Como algunas de las observaciones precedentes lo muestran ya, la tendencia perturbadora inconciente puede alcanzar también su propósito repitiendo con pertinacia la misma variedad de operación fallida. Tomo un divertido ejemplo de un pequeño volumen, *Frank Wedekind und das Theater*, publicado por Drei Masken Verlag, en Munich, pero debo dejar por cuenta del autor la responsabilidad de esta pequeña historia, contada a la manera de Mark Twain:

«En la comedia en un acto *Die Zensur* {La censura}, de Wedekind, se declara en el pasaje más serio de la pieza: "El miedo a la muerte es una *Denkfehler* {falacia lógica}". El autor, que estaba encariñado con este pasaje, pidió en el ensayo al actor que hiciera una breve pausa antes de la palabra "*Denkfehler*". Y esa velada... el actor se mostró en un todo compenetrado con su papel, hasta observó con exactitud aquella pausa, pero, involuntariamente y en el más solemne de los tonos, dijo: "El miedo a la muerte es un *Druckfehler* {error de imprenta}". Concluida la función, y en respuesta a la pregunta del artista, el autor le aseguró que no tenía absolutamente nada que reprocharle, salvo que en el pasaje de marras no rezaba que el miedo a la muerte fuese un error de imprenta, sino que era una falacia lógica. — A la siguiente velada se repitió *Die Zensur*, y el actor dijo en el consabido pasaje —desde luego que con el tono más solemne—: "El temor a la muerte es una... *Denkzettel* {advertencia}". Wedekind volvió a prodigar al comediante ilimitados elogios, conformándose con señalarle, como al pasar, que no decía que el miedo a la muerte fuera una advertencia, sino que era una falacia lógica. — A la velada siguiente, de nuevo se representó *Die Zensur*, y el actor, con

[10] [El gran parque principal de Amsterdam. El Suasso Museum forma parte del Museo Municipal.]
[11] [Agregado en 1919.]

230

quien entretanto el autor había trabado amistad e intercambiado opiniones en materia de arte, dijo, en llegando a aquel pasaje y con el ademán más solemne del mundo: "El miedo a la muerte es una... *Druckzettel* {cédula impresa}". El artista recibió del autor una alabanza sin reservas, el drama fue repetido muchas veces aún, pero el autor tuvo que dar por liquidado para siempre el concepto de "falacia lógica"».

Rank[12, 13] ha prestado atención también a los muy interesantes vínculos entre «operación fallida y sueño», vínculos que, empero, es imposible seguir sin un detallado análisis del sueño que se anuda a la acción fallida. Soñé cierta vez, dentro de un contexto más vasto, que había perdido mi portamonedas. Y por la mañana lo eché de menos realmente al vestirme; la noche anterior, al desvestirme, había olvidado sacarlo del bolsillo del pantalón y colocarlo en su sitio habitual. O sea que ese olvido no me era desconocido, probablemente estuviera destinado a expresar un pensamiento inconciente que estaba preparado para aflorar en el contenido del sueño.[14]

No quiero insinuar que tales casos de operaciones fallidas combinadas puedan enseñar algo nuevo, algo que no se averiguara por los casos simples; pero es cierto que este cambio de vía de la operación fallida entre diversas formas, pero con un mismo resultado, produce la impresión plástica de una voluntad que procura alcanzar una meta determinada, y por lo mismo contradice, de manera incomparablemente más enérgica, la concepción según la cual la operación fallida sería algo contingente y no requeriría ser interpretada. También es lógico que nos resulte llamativo, en estos ejemplos,

---

[12] Rank, 1912*e* y 1915*b*.

[13] [Este párrafo fue agregado en 1912; la referencia al segundo trabajo de Rank se incorporó en 1917.]

[14] [*Nota agregada* en 1924:] Que una operación fallida como el perder o extraviar sea deshecha por un sueño —que uno se entere por el sueño dónde está el objeto que se echa de menos— no es un suceso tan raro, pero nada tiene de la naturaleza de los fenómenos ocultos, toda vez que el soñante y el que perdió el objeto sean la misma persona. [Cf. *infra*, págs. 254-5.] Una joven dama escribe: «Hace unos cuatro meses, en el banco, perdí [me apercibí de que había perdido] un anillo muy hermoso. Rebusqué por todos los rincones de mi habitación, pero no lo encontré. Hace una semana, soñé que él estaba junto al radiador de la calefacción. Desde luego, este sueño me dejó intranquila, y a la mañana siguiente hallé el anillo realmente en el lugar indicado». Ella se asombra por esto, asegura que a menudo le sucede que se le cumplen así sus pensamientos y deseos, pero omite preguntarse qué alteración se produjo en su vida entre la pérdida y el reencuentro del anillo.

que un designio conciente fracase de manera tan radical en atajar el resultado de la operación fallida. Mi amigo no consigue asistir a la reunión de aquella sociedad, y la dama no es capaz de separarse de la medalla. Aquello no consabido {*Unbekannte*; «ignoto», «no confesado»} encuentra otra vía de escape después que le bloquearon la primera. Es que para vencer al motivo ignorado se precisaría algo diverso del designio contrario conciente; haría falta un trabajo psíquico que hiciera consabido a la conciencia lo no consabido {*das Unbekannte dem Bewusstsein bekannt machen*}.

XII. Determinismo, creencia en el azar y superstición: puntos de vista [1]

Como resultado general de las diversas elucidaciones que preceden, se puede apuntar la siguiente intelección: *Si a ciertas insuficiencias de nuestras operaciones psíquicas —cuyo carácter común precisaremos enseguida— y a ciertos desempeños que parecen desprovistos de propósito se les aplica el procedimiento de la indagación psicoanalítica, demuestran estar bien motivados y determinados por unos motivos no consabidos a la conciencia.*

Para clasificarse entre los fenómenos que admiten tal explicación, una operación psíquica fallida tiene que reunir las siguientes condiciones:

a. No puede rebasar cierta medida, que es establecida por nuestra estimación y definida por la frase «dentro del campo de variación de lo normal».

b. Debe poseer el carácter de una perturbación momentánea y pasajera. Es preciso que hayamos ejecutado antes de manera más correcta la misma operación o nos creamos capaces de cumplirla de manera más correcta en cualquier momento. Y si otro nos corrige, es preciso que discernamos al punto lo correcto de esa rectificación y lo incorrecto de nuestro propio proceso psíquico.

c. Si llegamos a percibir la operación fallida, no registraremos en nuestro interior nada de una motivación de ella; más bien estaremos tentados de explicarla como una «desatención» o una «casualidad».

Dadas estas condiciones, permanecen en este grupo los casos de olvido {*Vergessen*} y los errores que uno comete no obstante poseer un mejor saber, el desliz en el habla {*Versprechen*}, en la lectura {*Verlesen*} y en la escritura {*Verschreiben*}, el trastrocar las cosas confundido {*Vergreifen*} y las llamadas acciones casuales.

La propia lengua {alemana} indica la homogeneidad inte-

---

[1] [Salvo indicación en contrario, la primera parte de este capítulo, hasta la pág. 237, data de 1901.]

rior de la mayoría de estos fenómenos componiendo sus designaciones con el mismo prefijo, «*ver-*».

Ahora bien, al esclarecimiento de estos procesos psíquicos así definidos se anudan una serie de puntualizaciones que, en parte, pueden despertar un interés de mayor alcance.

A. Cuando desdeñamos una parte de nuestras operaciones psíquicas por considerar que es imposible esclarecerlas mediante representaciones-meta, estamos desconociendo el alcance del determinismo en la vida anímica. En este ámbito, como en otros, tiene más alcance del que sospechamos. En un artículo del historiador de la literatura R. M. Meyer, publicado en 1900 en *Die Zeit*,[2] hallé expuesta e ilustrada con ejemplos la tesis de que no se puede componer deliberadamente y mediante el libre albedrío un absurdo. Y desde hace más tiempo yo sé que lo mismo es cierto para las ocurrencias de números o de nombres. Si se indaga un número en apariencia formado según el propio albedrío, por ejemplo uno de varias cifras y declarado como en chanza o por travesura, se comprueba que obedece a un estricto determinismo que realmente no se habría creído posible. Elucidaré primero con brevedad un ejemplo de nombre de pila arbitrariamente escogido, y luego analizaré con más detalle un ejemplo análogo de un número «arrojado sin pensar».

1. Mientras preparo para su publicación el historial clínico de una de mis pacientes,[3] me pongo a considerar el nombre de pila que debo darle en el trabajo. Aparentemente tengo un amplio margen de elección; es cierto que algunos nombres quedan excluidos de antemano: en primer lugar, el nombre auténtico; luego, los de integrantes de mi propia familia, pues ello me resultaría chocante, y acaso otros nombres femeninos de sonido particularmente raro; pero, por lo demás, no tendría por qué desconcertarme en la elección del nombre. Uno esperaría —y de hecho yo lo espero— contar con un cúmulo de nombres femeninos. En lugar de ello afloró uno solo, y ninguno más: el nombre «Dora».

Me pregunto por su determinismo. Y bien, ¿quién más se llama Dora? Quisiera rechazar, por increíble, la primera

---

[2] [El periódico de Viena.]

[3] [Se trataba del «Fragmento de análisis de un caso de histeria» (1905*e*). Aunque este fue escrito en su mayor parte en enero de 1901 (vale decir, antes de que apareciera la presente obra), Freud no lo dio a publicidad hasta el otoño de 1905. Cf. mi «Nota introductoria» a dicho historial (*AE*, **7**, págs. 3 y sigs.).]

ocurrencia; ella reza que así se llama la niñera de mi hermana. Pero poseo tanta disciplina o tanta práctica para el análisis que retengo la ocurrencia y sigo devanando ese hilo. Enseguida se me ocurre un pequeño episodio de la tarde anterior, que proporciona el determinismo buscado. Sobre la mesa de comedor de mi hermana vi una carta con el sobrescrito: «Para la señorita Rosa W.». Asombrado, pregunto quién se llama así, y me entero de que la supuesta Dora en verdad se llama Rosa, y debió resignar su nombre al emplearse en la casa porque también mi hermana puede considerarse aludida por la interpelación de «Rosa». Dije conmiserativamente: «¡Pobre gente, ni siquiera su nombre puede conservar!». Según ahora me acuerdo, callé entonces por un momento y me puse a pensar en toda clase de cosas serias que se perdían en lo oscuro, pero que ahora podría hacer concientes con facilidad. Y cuando al día siguiente buscaba un nombre para una persona *que no podía conservar el suyo*, no se me ocurrió otro que el de «Dora». La exclusividad de este nombre descansa aquí en un sólido enlace de contenido, pues en la historia de mi paciente un influjo decisivo —también para el derrotero de la cura— provino de la persona de servicio en casa ajena, una gobernanta.

Este pequeño episodio[4] tuvo años después una continuación inesperada. Cierta vez que exponía en unas conferencias el historial clínico de la muchacha ahora llamada «Dora», publicado hacía ya mucho tiempo, se me ocurrió que una de las dos mujeres que estaban entre el auditorio llevaba ese mismo nombre, «Dora», que yo había pronunciado con tanta frecuencia y en los más diversos enlaces; me dirigí entonces a la joven colega, a quien además conocía personalmente, presentándole la disculpa de que en realidad no había pensado en que también ella se llamaba así; y le ofrecí sustituir en las conferencias ese nombre por otro. Se me planteó entonces la tarea de elegir a toda prisa otro, y a raíz de ello reflexioné en que una cosa no debía hacer, y era caer en el nombre de pila de la otra oyente, pues así daría pésimo ejemplo a mi colega, ya instruida en el psicoanálisis. Por eso me puse muy contento cuando en sustitución de *Dora* se me ocurrió el nombre *Erna*, del cual me valí en la conferencia. Terminada esta, me pregunté de dónde provendría el nombre «Erna», y no pude menos que reír cuando advertí que la temida posibilidad se había abierto paso, al menos en parte, en la elección del nombre sustitutivo. La

4 [Este párrafo fue agregado en 1907.]

otra dama llevaba el apellido *Lucerna*, del cual *Erna* es un fragmento.

2. En una carta a un amigo le anuncio que he concluido las correcciones de pruebas de *La interpretación de los sueños*, y ya no quiero modificar nada en la obra «aunque contuviera todavía *2467* errores».[5] Enseguida ensayo esclarecerme ese número, y aún tengo tiempo de agregar el pequeño análisis como posdata. Lo mejor será citar ahora lo que entonces escribí, en el momento de pillarme en flagrante: «De prisa, todavía, una contribución a la psicopatología de la vida cotidiana. Hallas en la carta el número 2467 como estimación libre y traviesa de los errores que contendrá el libro de los sueños. Eso quiso decir: un número grande cualquiera, y entonces sobrevino este. Ahora bien, no hay en lo psíquico nada que sea producto de un libre albedrío, que no obedezca a un determinismo. Esperarás entonces, y con derecho, que lo inconciente se haya apresurado a determinar lo que se dejó a su merced desde lo conciente.[6] Y bien, acababa de leer en los periódicos que un general E. M. había pasado a retiro como comandante de artillería. Has de saber que este hombre me interesa. Mientras yo servía como aspirante médico militar, se presentó cierta vez —era por entonces coronel— en la enfermería y dijo al médico: "Usted debe curarme sin falta en ocho días, pues tengo que llevar a buen término un trabajo de interés para el Emperador". Desde ese momento me propuse seguir la carrera de este hombre, y hete ahí que hoy (1899) la ha terminado, es comandante de artillería y ya se jubila. Quise calcular el tiempo en que él había recorrido ese camino, sobre la base de que yo lo había visto en el hospital en 1882. Serían, pues, 17 años. Se lo conté a mi mujer, y ella observó: "Entonces, ¿tú también deberías jubilarte ahora?". Y yo protesté: "¡Dios me guarde!". Tras esa plática me senté a la mesa para escribirte. Pero la anterior ilación de pensamiento prosiguió, y con buen derecho. La cuenta estaba equivocada; para saberlo, tengo en mi recuerdo un punto de apoyo firme. Mi mayoría de edad, vale decir, mi 24º cumpleaños, lo festejé estando bajo arresto militar (por haberme ausentado sin permiso). Fue, pues, en 1880; han pasado desde enton-

[5] [El amigo era Wilhelm Fliess, a quien Freud envió este análisis como posdata a su carta del 27 de agosto de 1899 (Freud, 1950*a*, Carta 116).]
[6] [Se hallará una breve referencia de Freud a esta concepción del determinismo de los números en *La interpretación de los sueños* (1900*a*), *AE*, **5**, pág. 509.]

ces 19 años. ¡Ahí tienes el número *24* que aparece en 2467! Toma ahora el número de mi edad, 43, y agrégale 24 años: ¡obtendrás *67*! O sea que a la pregunta sobre si yo también quiero jubilarme, me he concedido en el deseo 24 años más de trabajo. Evidentemente me mortifica que en el intervalo durante el cual he seguido al coronel M. yo no haya adelantado tanto, pese a sentir una especie de triunfo por estar él ya acabado, mientras que yo lo tengo todo por delante. Entonces puedo decirme con derecho que ni siquiera este número 2467, que yo arrojé al azar, carece de su determinación desde lo inconciente».

3.[7] Desde que esclarecí este primer ejemplo de número escogido al parecer por libre albedrío, repetí el experimento muchas veces y con el mismo resultado; pero el contenido de la mayoría de los casos atañe a cosas tan íntimas que impiden la comunicación.

Por eso justamente no dejaré de citar aquí un análisis muy interesante de «ocurrencia de números», que el doctor Alfred Adler,[8] de Viena, recibió de un informante «por completo sano», conocido de él. He aquí ese informe:

«Ayer a la noche arremetí sobre *Psicopatología de la vida cotidiana*, y habría acabado con el libro de no estorbármelo un raro episodio. Cuando leí que todo número que evocamos en la conciencia, al parecer con total libre albedrío, tiene un sentido preciso, decidí hacer un experimento. Se me ocurrió el número 1734. Y entonces se precipitaron las siguientes ocurrencias: $1734 \div 17 = 102$; $102 \div 17 = 6$. Luego separo el número en 17 y 34. Yo tengo 34 años. Considero, como creo haberle escuchado decir a usted una vez, que los 34 años son el final de la juventud, y por eso me sentí miserablemente en mi último cumpleaños. Al cumplir 17 años, empezó para mí un período muy hermoso e interesante de mi desarrollo. Divido mi vida en períodos de 17 años. Ahora bien, ¿que significan estas divisiones? Respecto del número 102, se me ocurre que el número 102 de la Universalbibliothek {U.B.} de Reclam es el drama de Kotzebue, *Menschenhass und Reue* {Misantropía y arrepentimiento}.[9]

---

[7] [Aparte de este primer párrafo, que data de 1901, el ejemplo 3 fue agregado en 1907.]

[8] Adler, 1905.

[9] [La Universalbibliothek de Reclam era una amplia y antigua colección de obras reimpresas en rústica. Kotzebue (1761-1819) es aún conocido en Inglaterra por otra de sus piezas, *Lover's Vows* {Los votos de los amantes}.]

»Mi estado psíquico presente es de misantropia y arrepentimiento. El número 6 de la U.B. (sé de memoria muchos de sus títulos) es *Die Schuld* {La culpa}, de Müllner.[10] Me martiriza de continuo el pensamiento de que por mi culpa no llegué a ser lo que mis aptitudes prometían. Además, el número 34 de la U.B. es un relato del mismo Müllner, titulado *Der Kaliber* {El calibre}. Separo la palabra en "Ka-liber". Luego se me ocurre que contiene las palabras "Ali" y "Kali" {"potasio"}. Esto me recuerda que una vez hice rimas con mi hijo Ali (de seis años). Lo insté a buscar una palabra que rimase con Ali. No se le ocurrió ninguna, y entonces yo le dije: "*Ali reinigt den Mund mit hypermangansaurem Kali*" {"Ali se limpia la boca con permanganato de potasio"}. Reímos mucho, y Ali estuvo muy *lieb* {bueno}. En los últimos días debí comprobar con disgusto que él "*ka (kein) lieber Ali sei*" {"no era un buen Ali"; pronunciándose "*ka lieber*" como "*Ka-liber*"}.

»Entonces me pregunté: ¿Cuál es el número 17 de la U.B.? Pero no pude sacar nada en limpio. Como antes lo sabía con toda precisión, supongo que quise olvidar ese número. Pensé y pensé, mas en vano. Quise entonces seguir leyendo, pero lo hacía mecánicamente, sin entender palabra, pues me martirizaba ese 17. Apagué la luz y seguí buscando. Al fin se me ocurre que el número 17 tiene que ser una pieza de Shakespeare. Pero, ¿cuál? Se me ocurre: *Hero and Leander*. Con toda evidencia, un estúpido intento de mi voluntad por distraerme. Por último me levanto y busco el catálogo de la U.B. El número 17 es *Macbeth*. Me veo forzado a comprobar, para mi confusión, que no sé casi nada de ese drama, a pesar de haberme ocupado no menos de esta obra que de las otras de Shakespeare. Sólo se me ocurre: asesino, Lady Macbeth, brujas, "lo bello es vil", y que en su tiempo había hallado muy hermosa la traducción de Macbeth por Schiller. Sin duda he querido olvidar esta pieza. Se me ocurre, aún, que 17 y 34 divididos por 17 dan 1 y 2. Los números 1 y 2 de la U.B. son el *Fausto*, de Goethe. Antes he hallado en mí mucho de fáustico».

Tenemos que lamentar que la discreción del médico no nos permita vislumbrar el significado de esta serie de ocurrencias. Adler señala que este hombre no alcanzó la síntesis de sus explicitaciones. En cuanto a estas, no nos parecerían merecedoras de ser comunicadas si en su continuación no

[10] [Adolf Müllner (1774-1829).]

aflorara algo que nos pone en la mano la llave para entender el número 1734 y toda la serie de ocurrencias.

«Hoy por cierto tuve una vivencia que habla mucho en favor de la justeza de la concepción de Freud. Mi esposa, a quien yo había despertado al levantarme por la noche, me preguntó qué hacía con el catálogo de la U.B. Le conté la historia. Halló todo demasiado rabulístico; sólo admitió —muy interesante— a *Macbeth*, drama contra el cual yo tanto me había defendido. Dijo que a ella no se le ocurría nada si pensaba un número. Yo respondí: "Hagamos la prueba". Nombró el número 117. Le repliqué enseguida: "El 17 es una referencia a lo que te acabo de narrar; además, ayer te dije que si una esposa tiene 82 años, y su marido 35, es una enojosa desproporción". Desde hace algunos días embromo a mi mujer diciéndole que es una abuelita de 82 años. 82 + 35 = 117».

El marido, que no supo hallar el determinismo de su propio número, enseguida descubrió la solución cuando su mujer escogió un número supuestamente por libre albedrío. En realidad, la esposa había capturado muy bien el complejo de donde provenía el número de su marido, y escogió su propio número desde el mismo complejo, común por cierto a ambas personas, pues se trataba de la relación entre sus respectivas edades. Ahora nos resulta fácil traducir el número que se le ocurrió al marido. Expresa, como lo indica Adler, un deseo suyo sofocado, que, desarrollado por entero, rezaría: «A un hombre de 34 años, como yo tengo, sólo le conviene una esposa de 17 años».

Para que no se tenga en excesivo menosprecio estos «jugueteos», quiero agregar lo que hace poco he sabido por el doctor Adler: un año después de la publicación de este análisis, el hombre se divorció de su esposa.[11]

Parecidos esclarecimientos da Adler para la génesis de los números obsedentes.

4.[12] Tampoco la elección de los llamados «números predilectos» carece de nexos con la vida de la persona en cues-

---

[11] Para el esclarecimiento de *Macbeth*, n.º 17 de la U.B., Adler me comunica que cuando la persona en cuestión tenía diecisiete años ingresó en una sociedad anarquista que se había fijado como meta el regicidio. Fue por eso, sin duda, que el contenido de *Macbeth* cayó en el olvido. En aquella época, esta misma persona inventó una escritura secreta en que las letras eran sustituidas por números.

[12] [Agregado en 1910.]

tión, ni deja de tener cierto interés psicológico. Un hombre que confiesa particular predilección por los números 17 y 19, tras meditar un poco supo indicar que a los 17 años llegó a la universidad y así consiguió la libertad académica ansiada por él desde mucho tiempo atrás, y a los 19 años hizo su primer gran viaje y poco después su primer descubrimiento científico. Pero la fijación de esa preferencia sólo se produjo dos lustros después, cuando esos mismos números alcanzaron significatividad para su vida amorosa. — También números que uno usa con particular frecuencia en cierto contexto, aparentemente llevado por el libre albedrío, admiten ser reconducidos mediante el análisis a un sentido inesperado. Así, a uno de mis pacientes le resultó llamativa un día su costumbre de afirmar, malhumorado: «Ya te lo he dicho de 17 a 36 veces», y se preguntó si habría también una motivación para ello. Enseguida se le ocurrió que había nacido un día 27, y en cambio su hermano menor un día 26, y tenía razones para quejarse de que el destino le robara tantos dones de la vida para dárselos a ese hermano menor. Figuraba entonces este favoritismo del destino restando 10 de su día de nacimiento y sumándolos al de su hermano. «Aunque soy el mayor, me han reducido así».

5.[13] Me demoraré un poco más en los análisis de ocurrencias de un número, pues no conozco otras observaciones que prueben de manera tan terminante la existencia de procesos de pensamiento en extremo complejos, de los cuales la conciencia carece de toda noticia, y, por otra parte, tampoco conozco un ejemplo mejor de análisis en que quede eliminada con tanta certeza la colaboración que se suele achacar al médico (la sugestión). Por eso comunicaré, de uno de mis pacientes, y con su consentimiento, la ocurrencia que él tuvo acerca de un número. Sólo necesito indicar que era el menor de una larga serie de hijos y que siendo muy joven había perdido a su admirado padre. Encontrándose de un talante particularmente alegre, se le ocurre el número 426718, y se pregunta: «Bueno; ¿qué se me ocurre sobre esto? Primero, un chiste que he oído: "Si un resfriado recibe tratamiento médico, dura 42 días; pero si lo pasa sin tratarlo, sólo dura 6 semanas"». Esto corresponde a las primeras cifras del número ($42 = 6 \times 7$). En la parálisis que le sobreviene tras esta primera solución, le hago notar que el número por él escogido, de seis cifras, contiene los primeros dígitos salvo el 3 y el 5. Descubre enseguida por dónde

[13] [Agregado en 1912.]

sigue la interpretación. «Somos 7 hermanos, y yo soy el menor; el 3 corresponde, en la serie de los hijos, a mi hermana A.; el 5, a mi hermano L., y ambos eran mis enemigos. De niño, solía rogar a Dios todas las noches que llamara a su lado a estos dos espíritus que me martirizaban. Paréceme ahora que por mí mismo me cumplo aquí ese deseo; 3 y 5, el hermano malo y la hermana odiada, son pasados por alto». — Pero si el número significa la serie de sus hermanos, ¿qué quiere decir el 18 del final? Porque ustedes sólo eran 7. — «A menudo he pensado que si mi padre hubiera vivido más, no habría quedado yo como el menor de los hijos. De haber llegado 1 más, habríamos sido 8, y yo habría tenido un niño más pequeño detrás de mí, frente a quien hacer el papel del mayor».

Así quedaba esclarecido el número, pero aún debíamos establecer el nexo entre el primer fragmento de la interpretación y el siguiente. Fue fácil averiguarlo a partir de la oración condicional requerida para las últimas cifras: «Si mi padre hubiera vivido más...». Es que $42 = 6 \times 7$ significaba burlarse de los médicos que no habían sido capaces de auxiliar al padre, y bajo esta forma expresaba el deseo de que el padre siguiera con vida. El número íntegro [426718] correspondía, en verdad, al cumplimiento de sus deseos infantiles con respecto a su núcleo familiar; es decir, que los dos hermanitos malos murieran y que un nuevo hermanito llegara después que él, o, expresado más sucintamente: «¡Ojalá se hubieran muerto esos dos en lugar del padre querido!».[14]

6.[15] Un pequeño ejemplo tomado de mi correspondencia. Un director de telégrafos de L. escribe que su hijo de 18½ años quiere estudiar medicina; ya ha comenzado a interesarse por la psicopatología de la vida cotidiana y hace experimentos con sus padres para convencerse de lo correcto de mis concepciones. Reproduzco a continuación uno de los experimentos por él realizados, sin pronunciarme sobre la discusión conexa.

«Mi hijo dialoga con mi mujer acerca de la llamada "casualidad", y le explica que ninguna canción o cifra que a ella se le ocurran será elegida realmente "al azar". Se desarrolla entonces la siguiente plática. Hijo: "Dime un número cualquiera". — Madre: "79". — Hijo: "¿Qué se te

---

[14] Para simplificar, he omitido algunas ocurrencias incidentales del paciente, que también venían al caso.

[15] [Agregado en 1920.]

ocurre acerca de él?". — Madre: "Pienso en el lindo sombrero que miré ayer". — Hijo: "¿Cuánto costaba?". — Madre: "158 marcos". — Hijo: "Ahí lo tenemos: 158 ÷ ÷ 2 = 79. El sombrero te pareció demasiado caro y sin duda pensaste: 'Si costara la mitad, lo compraría' ".

»Contra estas puntualizaciones de mi hijo elevé ante todo la objeción de que, en general, las damas no saben calcular bien, y que sin duda su madre no había establecido con claridad que 79 era la mitad de 158. Y que entonces su teoría presuponía el hecho, bastante improbable, de que la subconciencia calcula mejor que la conciencia normal. "De ninguna manera —me respondió—; suponiendo que mamá no haya hecho el cálculo 158 ÷ 2 = 79, muy bien puede haber visto esa igualdad en alguna oportunidad; y hasta puede haberse ocupado del sombrero durante el sueño, y ahí establecer con claridad cuánto costaría si sólo valiera la mitad"».

7.[16] Tomo de Jones [17] * otro análisis de número. Un caballero conocido de él tuvo por ocurrencia el número 986, y lo desafió entonces a entramarlo con alguna cosa que él llegara a pensar. «Recurriendo al método de asociación libre, lo primero que se le ocurrió fue un recuerdo que antes no le había venido a la mente. Seis años atrás, el día más caluroso de que tuviera memoria, un periódico informó que el termómetro había marcado 986 grados Fahrenheit, evidentemente una exageración grotesca de 98.6 grados. Durante la plática estábamos sentados frente al hogar, donde ardía un intenso fuego, del cual él se alejó señalando, probablemente con razón, que el gran calor le había traído ese recuerdo. Pero yo estaba intrigado por saber el motivo por el cual le había quedado grabado con tanta firmeza ese recuerdo, que la mayoría de las personas habrían echado en el olvido, a menos que estuviera asociado a alguna otra vivencia más significativa. Refirió haberse reído a rabiar con aquella chanza, y siempre que tornaba a pasársele por la mente lo volvía a divertir. Pero como yo no la encontraba tan graciosa, esto no hizo sino reforzar mi expectativa de hallar detrás algo más. Su siguiente pensamiento fue que la representación del calor siempre significó mucho para él. Dijo que el calor es lo más importante en el mundo, la fuente

16 [Agregado en 1912.]
17 Jones, 1911b, pág. 478. [La versión de Freud tiene algunas diferencias con el texto original de Jones.]
* {Traducimos del texto original en inglés de Jones, tal como lo transcribe la *Standard Edition*.}

de toda vida, etc. Semejante actitud en un joven tan prosaico en todo lo demás exigía forzosamente una explicación; le rogué que siguiera con sus asociaciones. Su siguiente ocurrencia fue la chimenea de una fábrica, que podía ver desde su dormitorio. Al anochecer solía quedarse con la mirada fija en el humo y el fuego que de ahí salía, reflexionando sobre el lamentable despilfarro de energía. Calor, fuego, la fuente de toda vida, el despilfarro de energía desde un alto tubo hueco... No era difícil colegir desde estas asociaciones que las representaciones del calor y el fuego estaban enlazadas en él con la del amor, como es tan común en el pensar simbólico, y que había presente un fuerte complejo de masturbación. El confirmó mi conjetura».

Quien quiera recoger[18] una cabal impresión sobre la manera en que el material de los números es procesado dentro del pensar inconciente, puede remitirse a los trabajos de Jung y de Jones.[19]

En análisis propios de esta índole, dos cosas me han llamado sobre todo la atención: en primer lugar, la seguridad directamente sonámbula [cf. *supra*, pág. 166, *n.* 9] con que me lanzo hacia la meta para mí desconocida y me enfrasco en unas ilaciones de pensamientos aritméticos que de pronto recalan en el número buscado, y la rapidez con que se consuma ese trabajo de repaso {*Nacharbeit*}; en segundo lugar, la circunstancia de que los números de mi pensar inconciente se ofrezcan tan prestos, no obstante ser yo un mal calculador y tener la mayor dificultad para conservar concientemente años, números de direcciones y cosas similares. Por otra parte, en estas operaciones inconcientes con números descubro una inclinación a la superstición, cuyo origen siguió siendo durante largo tiempo extraño para mí.[20] [Cf. pág. 253, *n.* 38.]

[18] [Este párrafo fue agregado también en 1912; el siguiente data de 1901.]

[19] Jung, 1911; Jones, 1912a.

[20] [En 1901 y 1904, esta oración finalizaba así: «...cuyo origen sigue siendo extraño para mí». Y el párrafo continuaba: «Generalmente doy en especular acerca de la duración de mi vida y la de las personas que me son caras; y la circunstancia de que mi amigo de B. [Berlín] haya sometido a sus cálculos, basados en unidades biológicas, los períodos de la vida humana debe de haber actuado como determinante de este escamoteo inconciente. Discrepo con una de las premisas en las que basa su trabajo; por motivos sumamente egoístas, me gustaría hacer valer mi opinión contra él, y sin embargo parezco estar imitando sus cálculos a mi manera». A partir de 1907 se omitió todo este pasaje y se modificó, asimismo, la oración precedente. El

pasaje eliminado hace referencia a Wilhelm Fliess, amigo y corresponsal de Freud en Berlín, y al análisis del número 2467 (*supra*, pág. 236), que en las ediciones de 1901 y 1904 lo antecedía inmediatamente. La hipótesis de Fliess con la cual Freud tenía «motivos egoístas» para discrepar era, sin lugar a dudas, la que predecía su muerte a los 51 años, en 1907 (fecha en que el pasaje fue suprimido). Cf. *La interpretación de los sueño* (1900a), *AE*, **5**, págs. 437*n*. y 508, y la biografía de Freud por Ernest Jones, 1953, pág 341.]

[*Nota agregada* en 1920:] El señor Rudolf Schneider, de Munich, ha planteado una interesante objeción contra la fuerza probatoria de tales análisis de números (1920). Tomaba él números dados (p. ej., el primero que le saltaba a la vista al abrir una obra de historia), o proponía a otra persona un número por él escogido, y examinaba entonces si respecto de esta cifra impuesta acudían también unas ocurrencias en apariencia determinantes. Y, en efecto, así sucedía; en un ejemplo experimentado en él mismo, que comunica, las ocurrencias arrojaron un determinismo tan abundante y significativo como en nuestros análisis de números de emergencia espontánea, en tanto que en el experimento de Schneider la cifra no exigía determinismo alguno, por ser dada desde afuera. En un segundo experimento con un extraño, es evidente que facilitó demasiado la tarea, pues le impuso el número dos, para el cual existirá sin duda en cada quien algún material que le marque un determinismo. — Schneider infiere dos cosas de sus experiencias: en primer término, que «lo psíquico posee respecto de los números las mismas posibilidades asociativas que respecto de los conceptos», y, en segundo término, que el afloramiento de ocurrencias determinantes de otras ocurrencias espontáneas de números no prueba que estos se originasen desde los pensamientos hallados en su «análisis». Así, nos encontraríamos simplemente en la situación del llamado «experimento de la asociación», que la escuela de Bleuler-Jung ha estudiado desde los más diversos ángulos. En esta situación, la ocurrencia (reacción) es determinada por la palabra dada (palabra estímulo). Ahora bien, esta reacción podría ser de muy diversa índole, pero los experimentos de Jung han demostrado que tampoco la ulterior diversidad está librada al «azar», sino que unos «complejos» inconcientes participan en el determinismo cuando son tocados por la palabra-estímulo. — La segunda conclusión de Schneider va demasiado lejos. Del hecho de que para cifras (o palabras) *dadas* afloren ocurrencias que vienen al caso no se sigue, en cuanto a la derivación de unas cifras (o palabras) de emergencia *espontánea*, nada que no entrara en cuenta ya antes de tomar conocimiento de ese hecho. Estas últimas ocurrencias (palabras o cifras) podrían carecer de determinismo, o estar determinadas por los pensamientos que se obtienen en el análisis, o por otros pensamientos que en este no se revelaron, en cuyo caso el análisis nos habría llevado por una senda equivocada. Ahora bien, es preciso librarse de la impresión de que este problema sería diverso para las cifras que para las ocurrencias de palabras. No está en los propósitos de este libro hacer una indagacióι. crítica del problema, ni, por ende, una justificación de la técnica psicoanalítica de las ocurrencias. En la práctica analítica se parte de la premisa de que la segunda de las posibilidades mencionadas en efecto se verifica, y es aplicable en la mayoría de los casos. Las indagaciones de un psicólogo experimental (Poppelreuter [1914]) han enseñado que es, de lejos, la más probable. Véanse además, sobre esto, las muy notables puntualizaciones de Bleuler en el capítulo 9 de su libro sobre el pensamiento autista (1919).

No nos sorprenderá hallar [21] que no sólo números, sino también ocurrencias de palabras de otro tenor, por regla general prueban, tras la indagación analítica, estar bien determinadas.

8. Un buen ejemplo de derivación de una palabra obsedente (o sea, persecutoria) hallamos en Jung:[22] «Una dama me contó que desde unos días atrás le venía a los labios de continuo la palabra "Taganrog",* sin que ella supiera de dónde. Inquirí a la dama por los sucesos teñidos de afecto y los deseos reprimidos de su pasado reciente. Tras alguna vacilación, me informó que a ella le gustaba mucho una "*Morgenrock*" {"bata mañanera"}, pero su marido no tomaba el deseado interés. "*Morgenrock: Tag-an-rock*" {"bata mañanera: traje-de-día"}; se ve el parcial parentesco de sentido y de sonido. La determinación de la forma rusa proviene de que por esa misma época la dama había conocido a una personalidad de Taganrog».

9. Al doctor E. Hitschmann debo la resolución de otro caso en que, estando una persona en determinado lugar, un verso se le impuso repetidamente como ocurrencia sin que se divisaran su origen ni sus nexos.

«Relato del doctor en jurisprudencia E.: Hace seis años viajaba de Biarritz a San Sebastián. La línea ferroviaria pasa por el río Bidasoa, que aquí es limítrofe entre Francia y España. Sobre el puente se ve un hermoso paisaje; de un lado, un ancho valle y los Pirineos; del otro, la lejanía del mar. Era un bello y resplandeciente día de verano, todo inundado de sol y de luz; iba yo en viaje de vacaciones, me alegraba llegar a España... y se me ocurrieron los versos:

"¡Ah!, ya está libre el alma,
vuela por el mar de luz".

»Recuerdo que en ese momento me puse a pensar de dónde eran los versos, y no lo pude desentrañar; por su ritmo, esas palabras debían de provenir de un poema, pero este escapaba por completo de mi recuerdo. Creo haber preguntado luego a varias personas, después que repetidas veces los versos me volvieron a pasar por la mente, sin poder averiguar nada de cierto.

»El año pasado, de regreso de una excursión a España,

---

21 [Esta oración y los ejemplos 8 y 9 fueron agregados en 1912.]
22 Jung, 1906, 1909.
* {Nombre de un puerto de Rusia meridional.}

viajaba por la misma línea ferroviaria. La noche era una boca de lobo, y llovía. Yo miraba por la ventanilla para ver si nos aproximábamos a la estación fronteriza, y advertí que ya estábamos sobre el puente del Bidasoa. Enseguida me acudieron a la memoria los versos ya citados, y tampoco esta vez pude acordarme de su origen.

»Varios meses después, en casa, cayeron en mis manos los poemas de Uhland. Abrí el volumen, y mi mirada dio con estos versos: "¡Ah!, ya está libre el alma, vuela por el mar de luz", que cierran el poema "Der Waller" {El peregrino}. Lo leí entero, y muy oscuramente recordé haberlo conocido años atrás. La acción tiene por escenario a España, y me pareció ser este el único vínculo con el sitio descrito de la línea ferroviaria. Quedé sólo a medias satisfecho con mi descubrimiento, y seguí hojeando mecánicamente el libro. Los versos "¡Ah!, ya está libre...", etc., eran los últimos de una página. Al dar vuelta la hoja, me encontré con una poesía cuyo título era «Die Bidassoabrücke» {El puente sobre el Bidasoa}.

»Agregaré que el contenido de este último poema me pareció casi más ajeno que el del primero, y que sus versos iniciales rezaban:

"Sobre el puente del Bidasoa se yergue un santo anciano,
a derecha bendice los montes de España,
y bendice a izquierda el país de Francia"».

B.[23] Esta intelección del determinismo de unos nombres y números en apariencia elegidos por libre albedrío acaso contribuya a esclarecer otro problema. Como es notorio, muchas personas invocan, contra el supuesto de un total determinismo psíquico, un particular sentimiento de convicción en favor de la existencia de una voluntad libre.[24] Este sentimiento de convicción existe, y no cede a la creencia en el determinismo. Como sucede con todos los sentimientos normales, es fuerza que tenga una justificación. Ahora bien, hasta donde yo he podido observarlo, no se exterioriza a raíz de las grandes e importantes decisiones de la voluntad; en estas oportunidades, se tiene más bien la sensación de la compulsión psíquica y de buena gana se la

[23] [Salvo indicación en contrario, las secciones B y C datan de 1901.]
[24] [Se hallarán breves referencias al libre albedrío en «Lo ominoso» (1919*h*), *AE*, **17**, pág. 236, y en las *Conferencias de introducción* (1916-17), *AE*, **15**, págs. 43 y 96.]

invoca («A esto me atengo, otra cosa no puedo»).[25] En cambio, en las decisiones triviales e indiferentes uno preferiría asegurar que igualmente habría podido obrar de otro modo, que uno ha actuado por una voluntad libre, no motivada. Pues bien; de acuerdo con nuestros análisis, no hace falta cuestionar la legitimidad del sentimiento de convicción de la voluntad libre. Si uno introduce el distingo entre una motivación desde lo conciente y una motivación desde lo inconciente, ese sentimiento de convicción nos anoticia de que la motivación conciente no se extiende a todas nuestras decisiones motrices. *«Minima non curat praetor».** Pero lo que así se deja libre desde un lado, recibe su motivación desde otro lado, desde lo inconciente, y de este modo se verifica sin lagunas el determinismo en el interior de lo psíquico.[26]

C. Aunque, por la índole de la situación, es imposible que el pensar conciente tenga noticia de la motivación de las operaciones fallidas a que nos referimos, sería deseable descubrir una prueba psicológica de la existencia de esa motivación; y aun es probable, por razones dimanadas de un conocimiento más preciso de lo inconciente, que tales pruebas se descubran en alguna parte. Y, efectivamente, en dos ámbitos se pueden descubrir fenómenos que parecen corresponder a una noticia inconciente, y por eso desplazada {descentrada}, de esta motivación:

25 [Declaración de Martín Lutero en la Dieta de Worms.]

* {En su forma más corriente, esta sentencia reza: «*De minimis non curat lex*» («La ley no se ocupa de nimiedades»).}

26 [*Nota agregada* en 1907:] Estas intuiciones sobre el determinismo estricto de acciones psíquicas en apariencia producidas con libre albedrío han brindado ya abundantes frutos para la psicología —y quizá también para la práctica del derecho—. Bleuler y Jung han vuelto inteligibles, en este sentido, las reacciones producidas en el llamado «experimento de la asociación», en el cual el sujeto responde a una palabra que se le dirige (palabra-estímulo) con otra que sobre esa se le ocurre (reacción), y se mide el tiempo trascurrido (tiempo de reacción). Jung (1906, 1909) mostró cuán fino reactivo para estados psíquicos poseemos en el experimento de la asociación así interpretado. Wertheimer y Klein [1904], dos discípulos del profesor de derecho penal Hans Gross, de Praga, han desarrollado, partiendo de estos experimentos, una técnica para la «indagatoria forense» en casos penales, cuyo examen ocupa a psicólogos y juristas. [El propio Freud había escrito poco tiempo atrás un trabajo acerca de este tema (1906c). En mi «Nota introductoria» a ese trabajo hago otras consideraciones sobre los experimentos de la asociación de Jung (*AE*, **9**, pág. 84). — Hans Gross (1847-1915) es apreciado como uno de los fundadores de la moderna criminología científica.]

a. Un rasgo llamativo y universalmente señalado en la conducta de los paranoicos es que otorgan la máxima significación a los pequeños detalles, en que ordinariamente no reparamos, del comportamiento de los demás; de ellos extraen interpretaciones y las convierten en base de unos extensos razonamientos. Por ejemplo, el último paranoico que examiné infería que todos cuantos lo rodeaban se habían puesto de acuerdo, pues en la estación, cuando él partía de viaje, habían hecho cierto movimiento con la mano. Otro tomaba nota de la manera de andar la gente por la calle, cómo manejaban el bastón, etc.[27]

Vale decir que el paranoico desestima, en su aplicación a las exteriorizaciones psíquicas de los demás, la categoría de lo contingente, de lo que no exige motivación, que el hombre normal considera una parte de sus propias operaciones psíquicas y actos fallidos. Todo cuanto nota en los otros es significativo, todo es interpretable. ¿Cómo llega a esto? Probablemente —aquí como en tantísimos casos parecidos— proyectando a la vida anímica de los demás lo que inconcientemente está presente en la suya propia. En la paranoia, esfuerza su paso hasta la conciencia mucho de aquello cuya presencia inconciente en normales y neuróticos sólo por medio del psicoanálisis se puede demostrar.[28] Entonces, en cierto sentido el paranoico tiene razón en esto; discierne algo que al normal se le escapa, su visión es más aguda que la capacidad de pensar normal, pero el desplazamiento sobre los otros del estado de cosas así discernido quita validez a su discernimiento. Por eso, no se espere de mí que justifique las diversas interpretaciones paranoicas. Sin embargo, la parte de justificación que concedemos a la paranoia con esta concepción nuestra de las acciones casuales nos facilitará el entendimiento psicológico del sentimiento de convicción que, en el paranoico, se anuda a todas estas interpretaciones. *Es que hay algo verdadero en ello;*[29] del mismo modo ad-

---

[27] Desde otros puntos de vista, se ha imputado al «delirio de referencia a sí propio» este modo de apreciar manifestaciones inesenciales y casuales de otras personas.

[28] Las fantasías de los histéricos acerca de unos maltratos sexuales y crueles, que el análisis tiene que hacer concientes, coinciden a veces hasta en los detalles con las quejas de los que padecen de paranoia persecutoria. Y es notable, pero no ininteligible, que idéntico contenido nos salga al paso también como realidad objetiva en las escenificaciones que efectúan los perversos para satisfacer sus concupiscencias. [Esto se discute en el historial de «Dora» (1905e), *AE*, **7**, págs. 43-7, y en sus aspectos esenciales se lo repite en una nota al pie de *Tres ensayos de teoría sexual* (1905d), *AE*, **7**, págs. 150-1.]

[29] [La idea de que hay un núcleo de verdad en los delirios de los paranoicos siguió un largo derrotero en los escritos de Freud. Bajo

quieren el sentimiento de convicción que les es inherente aquellos errores de juicio nuestros que no se pueden calificar de patológicos. Ese sentimiento se justifica para cierta parte de la ilación errónea de pensamiento, o para la fuente de donde proviene; y nosotros lo extendemos luego a lo restante del nexo.

b. Otra referencia a la noticia inconciente y desplazada {descentrada} de la motivación en el caso de operaciones casuales y fallidas se encuentra en el fenómeno de la superstición. Aclararé mi punto de vista mediante el examen de la pequeña vivencia que constituyó para mí el punto de partida de estas reflexiones.

De regreso de las vacaciones, mis pensamientos se dirigen enseguida a los enfermos que habré de tratar en el año de trabajo que ahora empieza. Mi primera visita es a una dama muy anciana en quien desde hace años (cf. *supra*, pág. 163 [y 174]) ejecuto dos veces al día las mismas manipulaciones médicas. Por causa de esta monótona regularidad, muy a menudo unos pensamientos inconcientes se procuraron su expresión tanto al encaminarme hacia la casa de la enferma como durante el tiempo en que la atendía. Tiene más de noventa años de edad; es natural, pues, que uno se pregunte al comienzo de cada año cuánto le restará de vida. El día a que me estoy refiriendo, yo tengo prisa; tomo entonces un coche que debe llevarme ante su puerta. Todos los cocheros de la parada de carruajes situada frente a mi casa conocen la dirección de la anciana señora, pues ya me han llevado varias veces hasta allí cada uno de ellos. Pero véase lo que hoy sucede: el cochero no se detiene ante la casa de

una forma algo distinta, ya había aparecido en la correspondencia con Fliess; véase el Manuscrito K, del 1º de enero de 1896, y la Carta 57, del 24 de enero de 1897 (Freud, 1950a), *AE*, **1**, págs. 266-8 y 284-5. Volvió a presentarse en «Nuevas puntualizaciones sobre las neuropsicosis de defensa» (1896b), *AE*, **3**, págs. 183 y sigs. Entre las menciones posteriores merecen ser citadas la del estudio sobre *Gradiva* (1907a), *AE*, **9**, págs. 66-7, y una que parece seguir de cerca el examen aquí expuesto, en «Sobre algunos mecanismos neuróticos en los celos, la paranoia y la homosexualidad» (1922b), *AE*, **18**, págs. 219-20. En escritos posteriores, esa idea fue ampliada; la existencia de un núcleo de verdad histórica fue postulada primero en relación con los mitos, en «Sobre la conquista del fuego» (1932a), *AE*, **22**, págs. 176-7, y luego esa misma noción se aplicó a la religión, en *Moisés y la religión monoteísta* (1939a), *AE*, **23**, págs. 124-5. El tema es tratado también, con una perspectiva más clínica, en «Construcciones en el análisis» (1937d), *AE*, **23**, págs. 269 y sigs. En estos últimos exámenes del tema, Freud establece un distingo entre la verdad «histórica» y la verdad «material».]

ella, sino ante una que lleva el mismo número, pero de una calle cercana, paralela, y que realmente se le parece mucho por su aspecto. Noto el error y se lo reprocho al cochero, quien se disculpa. Ahora bien, ¿tiene algún significado que me hayan llevado a una casa donde no hallaré a la anciana dama? Para mí ciertamente que no, pero si yo fuera *supersticioso* vería en este episodio un presagio, un indicio del destino, de que es este el último año para la anciana señora. Hartos son los presagios que la historia nos conserva y que no tuvieron por fundamento un simbolismo mejor. Por cierto que yo considero este episodio una casualidad sin otro sentido.

Por completo diverso sería el caso si, haciendo el mismo camino a pie, «ensimismado», «distraído», hubiera llegado ante la casa de la calle paralela, y no ante la casa correcta. Yo no lo declararía una casualidad, sino una acción con propósito inconciente que requiere ser interpretada. Probablemente interpretara ese «extravío» diciendo que tengo la expectativa de que pronto ya no encontraré a la dama.

Por tanto, me diferencio de un supersticioso por lo siguiente:

No creo que un suceso en cuya producción mi vida anímica no ha participado pueda enseñarme algo oculto sobre el perfil futuro de la realidad. Sí creo que una exteriorización no deliberada de mi propia actividad anímica me revela algo oculto, pero algo que sólo a mi vida anímica pertenece; por cierto que creo en una casualidad externa (real), pero no en una contingencia interna (psíquica). Con el supersticioso sucede a la inversa: no sabe nada sobre la motivación de sus acciones casuales y sus operaciones fallidas, cree que existen contingencias psíquicas; en cambio, se inclina a atribuir al azar exterior un significado que se manifestará en el acontecer real, a ver en el azar un medio por el cual se expresa algo que para él está oculto afuera. Son dos las diferencias entre mi posición y la del supersticioso: en primer lugar, él proyecta hacia afuera una motivación que yo busco adentro; en segundo lugar, él interpreta mediante un acaecer real el azar que yo reconduzco a un pensamiento. No obstante, lo oculto de él corresponde a lo inconciente mío, y es común a ambos la compulsión a no considerar el azar como azar, sino interpretarlo.[30]

---

[30] [*Nota agregada* en 1924:] Apunto aquí un buen ejemplo, en torno del cual N. Ossipow (1922) elucida la diferencia entre concepción supersticiosa, psicoanalítica y mística. El se había casado en un pequeño pueblo provinciano de Rusia, y enseguida emprendió viaje con su joven esposa hacia Moscú. En cierta estación, dos horas antes

Ahora bien, yo adopto el supuesto de que esta falta de noticia conciente y esta noticia inconciente de la motivación de las casualidades psíquicas es una de las raíces psíquicas de la superstición. *Porque* el supersticioso nada sabe de la motivación de sus propias acciones casuales, y *porque* esta motivación esfuerza por obtener un sitio en su reconocimiento, él está constreñido a colocarla en el mundo exterior por desplazamiento {descentramiento}. Si semejante nexo existe, difícilmente se limite a este caso singular. Creo, de hecho, que buena parte de la concepción mitológica del mundo, que penetra hasta en las religiones más modernas, no es otra cosa que *psicología proyectada al mundo exterior.* El oscuro discernimiento [31] (una percepción endopsíquica, por así decir) [32] de factores psíquicos y constelaciones de lo inconciente se espeja —es difícil decirlo de otro modo, hay que ayudarse aquí con la analogía que la paranoia ofrece— en la construcción de una *realidad suprasensible* que la ciencia debe volver a mudar en *psicología de lo inconciente.* Podría osarse resolver de esta manera los mitos del paraíso y del pecado original, de Dios, del bien y el mal, de la inmortalidad, y otros similares: trasponer la *metafísica* a *metapsicología.*[33] El abismo entre el descentramiento {despla-

de llegar a destino, le entró el deseo de salir de allí y echar un vistazo por la ciudad. Según su expectativa, el tren se quedaría el tiempo suficiente, pero cuando regresó, a los pocos minutos, ya había partido con su joven esposa a bordo. Cuando su vieja aya se enteró en casa de ese accidente, manifestó, meneando la cabeza: «De ese matrimonio no saldrá nada bueno». Ossipow se rió entonces de esa profecía. Pero cuando cinco meses después se separó de su mujer no pudo dejar de comprender, con posterioridad, su abandono del tren como una «protesta inconciente» contra su casamiento. La ciudad donde le sucedió esta operación fallida cobró luego gran significado para él, pues en ella vivía una persona con quien el destino lo enlazó estrechamente. Esta persona, y el hecho mismo de su existencia, le eran por completo desconocidos en aquella época. Pero la explicación *mística* de su conducta diría que dejó en aquella ciudad el tren a Moscú, y abandonó a su esposa, porque quiso anunciársele el futuro que el vínculo con aquella persona habría de depararle.

[31] Que, desde luego, no posee en absoluto el carácter de un [verdadero] discernimiento.

[32] [Las palabras entre paréntesis fueron agregadas en 1907. Freud remite a este pasaje en la sección teórica del historial del «Hombre de las Ratas» (1909*d*), *AE*, **10**, pág. 181. Había hecho una sugerencia análoga, empleando la frase «mitos endopsíquicos», en una carta a Fliess del 12 de diciembre de 1897 (Freud, 1950*a*, Carta 78).]

[33] [Primera vez que apareció esta palabra en una publicación de Freud, quien no volvió a emplearla durante catorce años, hasta «Lo inconciente» (1915*e*), *AE*, **14**, pág. 178. No obstante, ya la había acuñado en una carta a Fliess del 13 de febrero de 1896 (Freud, 1950*a*, Carta 41).]

zamiento} del paranoico y el del supersticioso es menor de
lo que a primera vista parece. Cuando los hombres comenzaron a pensar, se vieron constreñidos, según es notorio, a
resolver antropomórficamente el mundo exterior en una
multiplicidad de personalidades concebidas a su semejanza;
entonces, aquellas contingencias que ellos interpretaban de
manera supersticiosa eran acciones, exteriorizaciones de personas, y en esto se comportaban como lo hacen los paranoicos, quienes extraen conclusiones de los indicios nimios que
los otros les ofrecen, y también como todas las personas sanas, quienes, con derecho, toman las acciones casuales y no
deliberadas de sus prójimos como base para estimar su carácter. La superstición aparece muy fuera de lugar {deplacieren} sólo en nuestra moderna —pero en modo alguno
redondeada por completo todavía— cosmovisión científiconatural; en cambio, estaba justificada y era consecuente en
la cosmovisión de épocas y de pueblos precientíficos.[34]

Por tanto, el romano que desistía de una empresa importante si el vuelo de los pájaros le era adverso tenía relativamente razón; obraba de manera consecuente con sus
premisas. Pero cuando renunciaba a la empresa por haber
tropezado con el umbral de su puerta («*un Romain retournerait*»),[35] era también absolutamente superior a nosotros,
incrédulos; era un mejor conocedor del alma de cuanto
nosotros nos empeñamos en serlo. Porque ese tropezón no
podía menos que probarle la existencia de una duda, de una
corriente contraria en su interioridad, cuya fuerza, en el
momento de la ejecución, podría restarse de la fuerza de la
intención que a él lo animaba. En efecto, sólo se está seguro
del éxito pleno cuando todas las fuerzas del alma se aúnan
en la aspiración a la meta deseada. ¿Cómo responde el Guillermo Tell de Schiller, quien titubea tanto en tirar a la
manzana puesta sobre la cabeza de su hijo, cuando el alcalde
le pregunta por qué ha aprontado una segunda flecha?:

«Con esa flecha a usted lo atravesara
si a mi hijo amado lastimaba;
y a *usted*, ciertamente, *no* le errara».[36]

[34] [Las concepciones de Freud sobre el papel que desempeña la
proyección en la superstición, la paranoia y los orígenes de la religión
fueron desarrolladas en los historiales clínicos del «Hombre de las
Ratas» (1909*d*), *AE*, **10**, págs. 179-84, y de Schreber (1911*c*), *AE*,
12, págs. 61-2, así como en *Tótem y tabú* (1912-13), *AE*, **13**, págs.
67, y 94 y sigs.]
[35] [No se ha podido encontrar el origen de esta aparente cita.]
[36] [Schiller, *Guillermo Tell*, acto III, escena 3.]

D.[37] Quien ha tenido la oportunidad de estudiar por medio del psicoanálisis las mociones anímicas escondidas de los seres humanos puede decir también algo nuevo sobre la cualidad de los motivos inconcientes que se expresan en la superstición. En los neuróticos —con frecuencia muy inte-ligentes— aquejados de estados obsesivos y de un pensar obsesivo, se discierne de la manera más nítida que la superstición proviene de unas mociones hostiles y crueles sofocadas.[38] La superstición es en buena parte una expectativa de infortunio, y quien ha deseado a menudo el mal a otros, pero a consecuencia de haber sido educado para el bien reprimió {desalojó} a lo inconciente tales deseos, se inclinará particularmente a esperar el castigo de esa maldad·inconciente como un infortunio que lo amenaza del exterior.

Al paso que admitimos no haber agotado en modo alguno la psicología de la superstición con estas puntualizaciones, estamos obligados a rozar al menos este problema: si han de ponerse en cabal tela de juicio las raíces reales y objetivas de la superstición, si no existen de verdad premoniciones, sueños proféticos, experiencias telepáticas, exteriorizaciones de fuerzas suprasensibles y cosas semejantes. Pues bien; lejos estoy de pretender condenar sin apelación todos estos fenómenos, sobre los cuales aun hombres de sobresaliente intelecto nos presentan tantas observaciones detalladas, y que deberían ser preferente objeto de ulteriores indagaciones. Cabe esperar, por cierto, que una parte de estas observaciones llegue a ser esclarecida por nuestro incipiente discernimiento de los procesos anímicos inconcientes, sin constreñirnos a introducir variaciones radicales en las opiniones que hoy sustentamos.[39] Y aun si hubieran de probarse otros fenómenos —p. ej., los aseverados por los espiritistas—, emprenderíamos·las modificaciones que de nuestras «leyes»

[37] [La sección D apareció por primera vez en 1907, constando entonces de los seis primeros párrafos; fue ampliada en subsiguientes ediciones.]

[38] [Véase, por ejemplo, el historial del «Hombre de las Ratas» (1909*d*), *AE*, **10**, pág. 182. — En el ejemplar interfoliado de la edición de 1904 (cf. mi «Introducción», *supra*, pág. 6) se encuentran estas anotaciones de Freud, correspondientes a un lugar algo anterior del texto: «La ira, la furia y la consecuente moción asesina son la fuente de la superstición en los neuróticos obsesivos: un componente sádico, que es adscrito al amor y por ende dirigido contra la persona amada y reprimido precisamente a causa de ese nexo y a causa de su intensidad. — Mi propia superstición tiene sus raíces en una ambición sofocada (inmortalidad), y en mi caso ocupa el lugar de esa angustia de muerte que emana de la incertidumbre normal en la vida...».]

[39] [*Nota agregada* en 1924:] Cf. Hitschmann, 1910 y 1916.

demandare la experiencia nueva, sin que se nos desconcertara por eso la trama de las cosas dentro del mundo.

En el marco de estas consideraciones, sólo puedo responder de manera subjetiva, vale decir, según mi experiencia personal, estas cuestiones que acabamos de plantear. Por desdicha, debo confesarlo, me encuentro entre aquellos indignos individuos ante quienes los espíritus suspenden su actividad y lo suprasensible huye, de suerte que nunca fui puesto en la situación de vivenciar por mí mismo algo que me incitara a creer en milagros. Como todos los seres humanos, he tenido premoniciones y he experimentado infortunios, pero unas y otros no coincidieron entre sí, o sea que a las premoniciones no les siguió nada y el infortunio se abatió sobre mí sin anuncio previo. En tiempos en que yo, de joven, vivía solo en una ciudad extranjera,[40] a menudo oía a una voz querida, inconfundible, llamarme por mi nombre; decidí anotar entonces el momento en que me sobrevenía la alucinación para preguntar luego, inquieto, a quienes permanecían en mi hogar, lo ocurrido en ese mismo instante. Y no había nada. En cambio, después, trabajaba imperturbable y sin premoniciones con mis pacientes en momentos en que mi hija corría riesgo de muerte a causa de una hemorragia. Por otra parte, en ninguna de las premoniciones de que mis pacientes me informaron pude llegar a reconocer un fenómeno objetivo. — Empero, debo confesar que en los últimos años he hecho algunas experiencias asombrosas que hallarían fácil esclarecimiento si se admitiese una trasferencia telepática del pensamiento.[41]

La creencia en sueños proféticos tiene muchos partidarios porque puede invocar en su apoyo el hecho de que muchas cosas se plasman en el futuro realmente como el deseo las había construido en el sueño.[42] Sólo que ahí hay poco espacio para maravillarse, y entre el sueño y el cumplimiento se puede comprobar por regla general una gran divergencia, que la credulidad del soñante no gusta de anotar. Un

40 [Alude a su estadía en París en 1885-86.]
41 [La última oración fue agregada en 1924. — Más o menos por esta época, Freud escribió mucho acerca de la telepatía: el trabajo póstumo «Psicoanálisis y telepatía» (1941d [1921]), el capítulo sobre «El significado ocultista del sueño» incluido en «Algunas notas adicionales a la interpretación de los sueños en su conjunto» (1925i), y el capítulo sobre «Sueño y ocultismo» de las *Nuevas conferencias de introducción al psicoanálisis* (1933a), además del trabajo mencionado en la nota siguiente.]
42 [*Nota agregada* en 1924:] Véase mi trabajo «Sueño y telepatía» (1922a).

buen ejemplo de un sueño que con justicia se llamaría profético me lo ofreció cierta vez una paciente inteligente y veraz para su análisis exacto. Contó haber soñado que se topaba con su viejo amigo y médico de su familia ante una determinada tienda en cierta calle, y cuando a la mañana siguiente fue al centro de la ciudad lo encontró realmente en el lugar mencionado en el sueño. Hago notar que este milagroso encuentro no probó su significación por ninguna vivencia subsiguiente, vale decir, que no se la podía justificar desde lo venidero.

Un examen cuidadoso estableció que no había pruebas de que la dama recordara el sueño ya a la mañana que siguió a la noche del sueño, o sea, antes de salir de paseo y tener el encuentro. No pudo objetar nada a una relación de las cosas que quitaba al episodio todo lo maravilloso y sólo dejaba en pie un interesante problema psicológico. Ella caminaba una mañana por la calle de marras, ante una tienda se topó con el viejo médico de su familia, y entonces, al verlo, le sobrevino el convencimiento de que la noche anterior había soñado con ese encuentro en el mismo lugar. Después, el análisis pudo indicar con gran probabilidad cómo habría llegado ella a ese convencimiento, al cual, según reglas universales, no es lícito denegarle ciertos títulos de credibilidad. Un encuentro en determinado lugar tras una espera previa; de hecho, esa es la situación de una cita. El viejo médico de su familia despertaba en ella el recuerdo de antiguas épocas en que citas con una *tercera* persona, amiga también del médico, habían sido sustantivas para ella. Desde entonces ella había mantenido trato con este señor, y el día anterior al presunto sueño lo había esperado en vano. Si yo pudiera comunicar en detalle los vínculos aquí presentes, me resultaría fácil mostrar que la ilusión del sueño profético a la vista del amigo de los viejos tiempos es equivalente, por ejemplo, al siguiente dicho: «¡Ah, doctor! Usted me hace acordar ahora a tiempos pasados, cuando nunca habría esperado en vano a N. si habíamos convenido una cita».[43]

Del consabido «milagroso encuentro» con una persona en quien uno precisamente estaba pensando, he observado en mí mismo un ejemplo simple y de fácil interpretación, acaso un buen arquetipo para sucesos parecidos. Pocos días después que me hubieron concedido el título de profesor,[44] que

[43] [Este episodio se narra con mucho más detalle en el trabajo póstumo «Una premonición onírica cumplida» (1941c), *AE*, **5**, págs. 609-11, cuyo manuscrito data del 10 de noviembre de 1899.]
[44] [En marzo de 1902.]

255

tanta autoridad confiere en países de organización monárquica, iba yo dando un paseo por el centro de la ciudad y de pronto mis pensamientos se orientaron hacia una pueril fantasía de venganza dirigida contra cierta pareja de cónyuges. Meses antes, ellos me habían llamado para examinar a su hijita, a quien le había sobrevenido un interesante fenómeno obsesivo a la zaga de un sueño. Presté gran interés al caso, cuya génesis creía penetrar; empero, los padres desautorizaron mi tratamiento y me dieron a entender su intención de acudir a una autoridad extranjera, que curaba mediante hipnotismo. Yo fantaseé, pues, que tras el total fracaso de este intento los padres me rogaban que interviniera con mi tratamiento diciéndome que ahora tenían plena confianza en mí, etc. Pero yo respondía: «¡Ah... claro! Ahora que yo también soy profesor ustedes me tienen confianza. Pero el título no ha hecho variar en nada mis aptitudes; si ustedes no podían utilizar mis servicios siendo yo encargado de cursos, también pueden prescindir de mí como profesor». — En este punto mi fantasía fue interrumpida por un saludo en voz alta: «¡Adiós, señor profesor!», y cuando miré de quién provenía vi que pasaba junto a mí la pareja de la que acababa de vengarme rechazando su ruego. Una somera reflexión destruyó la apariencia de lo milagroso. Yo marchaba en sentido contrario a la pareja por una calle recta y ancha, casi vacía de gente, y a distancia quizá de unos veinte pasos había distinguido con una mirada fugitiva sus importantes personalidades, reconociéndolos, pero eliminé esa percepción —siguiendo el modelo de una alucinación negativa— por los mismos motivos de sentimiento que se hicieron valer luego en esa fantasía de aparente emergencia espontánea.[45]

Siguiendo a Otto Rank,[46] informaré sobre otra «resolución de una aparente premonición»:

«Hace algún tiempo yo mismo vivencié una rara variante de aquel "milagroso encuentro" en que uno se topa con la persona en quien, justamente, estaba pensando. En vísperas de Navidad, voy al Banco Austrohúngaro para cambiar diez coronas nuevas de plata que me proponía obsequiar. Ensimismado en fantasías de ambición, que se anudan a la oposición entre mi escaso peculio y las pilas de dinero almacenadas en el edificio del banco, doblo por la estrecha calle donde tiene aquel su sede. Veo estacionado ante la puerta

[45] [Véanse los sucesos similares mencionados en el historial del «Hombre de las Ratas» (1909d), AE, **10**, págs. 180-1 y 211-2.]
[46] Rank, 1912e. [Agregado en 1912.]

un automóvil, y mucha gente que entra y sale. Pienso, entre mí, que los empleados tendrán tiempo justamente para mis poquitas coronas; con seguridad me despacharán enseguida, entregaré los billetes que quiero cambiar y diré: "Por favor, deme usted *oro* {*Gold*}". En el acto noto mi error —yo debía pedir *plata*— y despierto de mis fantasías. Estoy ya a unos pocos pasos de la puerta de entrada, y veo a un joven que viene en dirección contraria; se me antoja conocido, pero a causa de mi miopía no puedo discernirlo con seguridad. Cuando se aproxima, lo reconozco como un condiscípulo de mi *hermano*, de nombre *Gold* {oro}, de cuyo *hermano*, un escritor famoso, yo había esperado al comienzo de mi carrera literaria el generoso patrocinio. Pero este no sobrevino, y entonces tampoco el esperado éxito material de que se ocupaba mi fantasía en el camino al banco. Por tanto, ensimismado yo en mis fantasías, debo de haber apercibido al señor Gold, que se aproximaba, y para mi conciencia, que soñaba con éxitos materiales, ello se figuró en la forma de pedir yo al cajero oro —en lugar de plata, de menor valor—. Pero, por otro lado, el hecho paradójico de que mi inconciente pueda percibir un objeto que mi vista sólo después es capaz de reconocer parece explicable, en parte, en virtud del "apronte de complejo" {"*Complexbereitschaft*"} (Bleuler);[47] como vimos, este se hallaba dirigido a lo material, y desde el comienzo, contra mi mejor saber, había guiado mis pasos hacia aquel edificio, el único en el cual se cambia papel moneda y oro».

A la categoría[48] de lo maravilloso y ominoso pertenece también la singular sensación, que uno registra en diversos momentos y circunstancias, de que uno ya habría vivenciado exactamente eso mismo, que habría estado alguna vez en idéntica situación, y sin que ningún empeño permita recordar con nitidez aquello anterior que así se manifiesta. Sé que no hago sino seguir el uso lingüístico laxo si llamo «sensación» a aquello que nos mueve en todos esos momentos; sin duda se trata de un juicio, y en verdad de un juicio de discernimiento, pero estos casos poseen un carácter particularísimo, y no debe descuidarse el hecho de que nunca se recuerde lo buscado. Yo no sé si este fenómeno de lo «*déjà vu*» puede tomarse en serio como prueba de una existencia psíquica anterior del individuo; lo cierto es que los psi-

[47] [Bleuler, 1910*a*.]
[48] [Lo que sigue, hasta la frase «un deseo de mejorar la situación» (pág. 259), data de 1907.]

cólogos le han dedicado su interés y pretendieron solucionar el enigma por los más diversos caminos especulativos. Ninguno de los intentos de explicación presentados me parece correcto, porque todos ellos se limitan a considerar los fenómenos concomitantes y las condiciones favorecedoras del fenómeno. En efecto, los psicólogos en general todavía hoy siguen omitiendo aquellos procesos psíquicos que, de acuerdo con mis observaciones, son los únicos pertinentes para explicar lo «*déjà vu*»: las fantasías inconcientes.

Creo que se hace mal en definir como una ilusión la sensación de haber vivenciado eso alguna vez. Antes bien, en tales momentos se toca realmente algo que uno ya vivenció, sólo que esto no puede ser recordado de manera conciente porque nunca fue conciente. En suma: la sensación de lo «*déjà vu*» corresponde al recuerdo de una fantasía inconciente. Existen fantasías inconcientes (o sueños diurnos), así como hay creaciones concientes de esa índole, de las que cada cual tiene noticia por experiencia propia.

Sé que este asunto merecería el más exhaustivo tratamiento, pero sólo he de traer aquí el análisis de un caso de «*déjà vu*» cuya sensación se caracterizó por una intensidad y una persistencia particulares. Una dama que ahora tiene treinta y siete años asevera recordarlo de la manera más neta: a la edad de doce años y medio visitó por primera vez a unas amigas de escuela en el campo, y cuando entró en la huerta tuvo inmediatamente la sensación de haber estado allí antes; y esa sensación se le repitió al entrar en las habitaciones, a punto tal que creía saber cuál sería la siguiente, qué aspecto tendría, etc. Ahora bien, está por completo excluido, y refutado por la averiguación que ella hizo a sus padres, que este sentimiento de familiaridad pudiera tener su fuente en una visita anterior a la casa y a la huerta, por ejemplo de niñita. La dama que esto informaba no andaba en busca de una explicación psicológica, sino que veía en la emergencia de esa sensación un indicio profético de la significatividad que justamente estas amigas cobrarían luego para su vida de sentimientos. Sin embargo, sopesando las circunstancias en que este fenómeno afloró en ella, se nos abre el camino hacia otra concepción. Cuando hizo aquella visita, sabía que esas muchachas tenían un único hermano, enfermo de gravedad; y en su trascurso llegó a verlo, lo halló de muy mal aspecto y pensó entre sí que pronto moriría. Y bien, pocos meses antes su único hermano varón había corrido riesgo mortal a causa de una difteria; mientras él estuvo enfermo, la alejaron de la casa paterna y durante varias semanas vivió con unos parientes. Cree que su hermano la acompañaba en esa visita al campo, y hasta opina que habría sido la primera excursión de alguna importancia que él hizo tras su enfermedad; no obstante, su recuerdo es curiosamente impreciso en estos puntos, mientras que tiene ante los ojos, hipernítidos, los demás detalles [cf. pág. 20, *n.* 7], sobre todo el vestido que llevaba ella ese día.[49] Al experto no le resultará difícil inferir, de estos indicios, que la expectativa de que su hermano muriera había desempeñado un gran papel en la muchacha por aquel tiempo, y que nunca le había devenido conciente, o bien cayó bajo una enérgica represión tras el feliz desenlace de la enfermedad. Si el curso de los acontecimientos hubiera sido distinto, ella habría debido llevar otro vestido, a saber, ropa de luto. Y entre sus amigas halló una situación análoga: su único hermano corría peligro de morir pronto, cosa que poco después sucedió en efecto. Habría debido recordar concientemente que ella misma vivió esa situación pocos meses antes; pero como la represión le estorbaba ese recuerdo, trasfirió el sentimiento de recordar sobre los lugares, la huerta y la casa, y cayó presa del «*fausse reconnaissance*» {«reconocimiento falso»} de haber visto todo eso ya una vez tal cual. Del hecho de la represión estamos autorizados a inferir que la expectativa de muerte de su hermano, que ella tuvo en su momento, no estaría muy lejos del carácter de una fantasía de deseo. Así, habría quedado como hija única. En su posterior neurosis sufría de la manera más intensa la angustia de perder a sus padres, angustia tras la cual el análisis, como es usual, pudo descubrir el deseo inconciente de igual contenido.

En cuanto a mis propias, fugaces, vivencias de «*déjà vu*» pude de parecida manera derivarlas de la constelación momentánea de sentimientos. «Sería una nueva ocasión para despertar aquellas fantasías (inconcientes e ignotas) que se formaron en mí antaño, y antaño lo hicieron como un deseo de mejorar la situación». — Hasta ahora,[50] esta explicación de lo «*déjà vu*» sólo ha sido apreciada por un único observador. El doctor Ferenczi, a quien la tercera edición de este libro [la de 1910] debe tantos aportes valiosos, me escribe sobre esto: «Me he convencido, así en mí mismo como en otros, de que el inexplicable sentimiento de familiaridad se

---

[49] [Véase un examen de este punto en «Construcciones en el análisis» (1937*d*), *AE*, **23**, págs. 267-8.]

[50] [El resto de este párrafo fue agregado como nota al pie en 1910, y lo mismo sucedió con el párrafo siguiente en 1917. Ambas notas fueron trasferidas al texto en 1924.]

debe reconducir a unas fantasías inconcientes que a uno le son inconcientemente evocadas dentro de una situación actual. En uno de mis pacientes el proceso parecía ocurrir de otro modo, aunque en verdad era análogo: este sentimiento retornaba en él asaz a menudo, pero por lo común pudo demostrarse que provenía de un *fragmento de sueño olvidado (reprimido)* de la noche pasada. Parece, entonces, que lo *"déjà vu"* puede provenir no sólo de sueños diurnos, sino también de sueños nocturnos».

Supe después que Grasset [51] ha dado del fenómeno una explicación que se aproxima mucho a la mía.[52]

En 1913 [53] describí en un breve ensayo otro fenómeno muy vecino al de lo «*déjà vu*»: es el de lo «*déjà raconté*» {«ya contado»},[54] la ilusión de haber comunicado ya algo particularmente interesante que aflora en el curso del tratamiento analítico. El paciente asevera en tales casos, con todos los indicios de una certeza subjetiva, haber contado ya cierto recuerdo hace mucho tiempo. Pero el médico está seguro de lo contrario y por regla general puede convencer al paciente de su error. Esta interesante operación fallida se explica, sin duda, por el hecho de que el paciente ha tenido el impulso y el designio de comunicar aquello, pero omitió hacerlo, no lo llevó a cabo, y ahora sitúa el recuerdo de lo primero como sustituto de lo segundo, la ejecución del designio.

Un parecido sumario de las cosas, y es probable que idéntico mecanismo, muestran las llamadas por Ferenczi [55] «operaciones fallidas presuntas». Uno cree haber olvidado, extraviado, perdido algo —un objeto—, y puede convencerse de no haber hecho nada de eso, pues todo está en orden. Por ejemplo, una paciente regresa a la sala del médico con la motivación de recoger su paraguas, que debe de haber quedado ahí, pero el médico nota que ese paraguas... ella lo tiene en la mano.[56] Hubo entonces el impulso hacia tal operación fallida, y bastó para sustituir a su realización. Salvo

[51] Grasset, 1904.

[52] [Se menciona un caso especial de «*déjà vu*», del que se da una explicación muy diferente, en un pasaje agregado en 1909 a *La interpretación de los sueños* (1900a), *AE*, **5**, pág. 401. Freud examinó un fenómeno afín a este, el de la «despersonalización», en su «Carta a Romain Rolland (Una perturbación del recuerdo en la Acrópolis)» (1936a), *AE*, **22**, pág. 218.]

[53] [Los dos últimos párrafos de la sección D fueron agregados en 1924.]

[54] [Freud, 1914a.]

[55] Ferenczi, 1915a.

[56] [Este ejemplo fue tomado del trabajo de Ferenczi.]

esa diferencia, la operación fallida presunta es equiparable a la real. Pero es, por así decir, más barata.

E.[57] Cuando no hace mucho tuve ocasión de presentar a un colega de formación filosófica algunos ejemplos de olvido de nombres con su análisis, se apresuró a objetar: «Todo está muy lindo, pero en mí el olvido de nombres se produce de otro modo». Evidentemente no es lícito despachar el asunto tan a la ligera; yo no creo que a mi colega se le hubiera pasado antes por la cabeza someter a análisis un olvido de nombre, y tampoco podría decir cuál era ese otro modo que en él se verificaba. Pero su puntualización toca un problema que acaso muchos se inclinen a situar en el primer plano. ¿Tiene validez general la solución que aquí hemos dado para las acciones fallidas y casuales, o se aplica sólo a casos aislados? Y si sucede esto último, ¿cuáles son las condiciones en que es lícito aducirla para explicar estos fenómenos, que también podrían ocurrir de otro modo? Mis experiencias me dejan en la estacada para responder estas preguntas. Sólo puedo desaconsejar que se tenga por raro el nexo que señalamos, pues tantas veces como en mí mismo y en mis pacientes lo puse a prueba, lo he podido demostrar con igual certeza que en los ejemplos aquí comunicados, o al menos surgieron buenas razones para conjeturarlo. No es asombroso que no siempre se consiga descubrir el sentido oculto de la acción sintomática, pues en ello cuenta como factor decisivo la magnitud de las resistencias interiores que contrarían la solución. Tampoco uno es capaz de interpretar cada sueño de sí mismo o de los pacientes; para corroborar la validez universal de la teoría basta que se pueda penetrar cierto trecho en la escondida trama. El sueño que se muestra refractario al ensayo de solucionarlo al día siguiente, a menudo se deja arrancar su secreto una semana o un mes después, cuando una alteración objetiva {real}, sobrevenida entretanto, ha rebajado las valencias psíquicas en pugna recíproca.[58] Lo mismo vale para la solución de las acciones fallidas y sintomáticas; el ejemplo de desliz en la lectura «En tonel a través de Europa» (pág. 108) me dio oportuni-

---

[57] [Los dos primeros párrafos de esta sección datan de 1901.]

[58] [Véanse las puntualizaciones contenidas en *La interpretación de los sueños* (1900*a*), *AE*, **5**, págs. 518-9, y en dos trabajos posteriores: «El uso de la interpretación de los sueños en el psicoanálisis» (1911*e*), *AE*, **12**, págs. 89-90, y el capítulo titulado «Los límites de la interpretabilidad», en «Algunas notas adicionales a la interpretación de los sueños en su conjunto» (1925*i*), *AE*, **19**, págs. 129-32.]

dad de mostrar cómo un síntoma al comienzo insoluble se vuelve asequible al análisis cuando se ha relajado el *interés objetivo* {*real*} por el pensamiento reprimido.[59] Mientras existió la posibilidad de que mi hermano recibiera antes el codiciado título, aquel desliz de lectura resistió a los repetidos empeños de análisis; cuando esa precedencia resultó improbable, se me iluminó de pronto el camino que llevaba a su resolución. Sería incorrecto, entonces, aseverar que todos los casos que resisten al análisis se generaron por un mecanismo psíquico diverso del aquí descubierto; para ese supuesto haría falta algo más que unas pruebas negativas. También carece de toda virtud probatoria la proclividad, quizá presente en todas las personas sanas, a creer en otra explicación para las acciones fallidas y sintomáticas; ella es, obviamente, una exteriorización de las mismas fuerzas anímicas que crearon el misterio y por eso propenden a su persistencia y se revuelven contra su iluminación.

Por otro lado, no debemos descuidar que los pensamientos y las mociones reprimidos no se crean de una manera autónoma su expresión en acciones fallidas y sintomáticas. La posibilidad técnica para ese descarrilamiento de las inervaciones tiene que estar dada con independencia de ellos; y luego será explotada de buen grado por el propósito de lo reprimido de cobrar una vigencia conciente. En el caso de la operación fallida lingüística, prolijas indagaciones de los filósofos y filólogos se han empeñado en comprobar qué relaciones estructurales y funcionales son las que se ofrecen a aquel propósito. Si de tal suerte distinguimos, en las condiciones de la acción fallida y sintomática, el motivo inconciente de las relaciones psicofísicas y fisiológicas que lo solicitan {*entgegenkommen*}, se plantea esta cuestión: si dentro del campo de variación de la salud existen todavía otros factores capaces de producir, como lo hace el motivo inconciente y en lugar de este, las acciones fallidas y sintomáticas por el camino de esas relaciones. No es mi tarea responder a esto.

[59] [*Nota agregada* en 1924:] A este punto se anudan cuestiones muy interesantes de naturaleza *económica*, cuestiones que consideran el hecho de que los decursos psíquicos tienen por meta una ganancia de placer y una cancelación de displacer. Es ya un problema económico saber cómo se vuelve posible recuperar, por el camino de unas asociaciones sustitutivas, un nombre que se olvidó por un motivo de displacer. Un excelente trabajo de Tausk (1913*a*) muestra con buenos ejemplos cómo el nombre olvidado se vuelve otra vez asequible si se consigue incorporarlo a una asociación teñida de placer, capaz de contrabalancear el displacer que se espera de la reproducción.

No tengo [60] ciertamente el propósito de exagerar aún más las diferencias, bastante grandes ya, entre la concepción psicoanalítica y la usual de las operaciones fallidas. Preferiría señalar casos en que esas diferencias pierden buena parte de su agudeza. En los casos más simples e inaparentes de desliz en el habla y la escritura (p. ej., aquellos en que sólo se contraen unas palabras, o se omiten palabras y letras), son improcedentes las interpretaciones más complejas. Desde el punto de vista del psicoanálisis, uno debe aseverar que son el indicio de que algo perturbó la intención, pero sin poder averiguar de dónde provino la perturbación, ni qué se proponía. Es que ella no consiguió otra cosa sino anunciar su presencia. Y en estos mismos casos, pues, vemos entrar en acción los favorecimientos (que jamás hemos cuestionado) de la operación fallida por unas constelaciones de valores fonéticos y unas asociaciones psicológicas próximas. Sin embargo, una justa exigencia científica nos ordena aplicar a estos casos rudimentarios de desliz en el habla o en la escritura el rasero de los otros, más acusados, cuya indagación proporciona conclusiones tan indubitables sobre la causación de estos fenómenos.

F.[61] Desde nuestras elucidaciones sobre el trastrabarse, venimos limitándonos a demostrar que las operaciones fallidas poseen una motivación oculta, y nos valimos del psicoanálisis para anoticiarnos de la respectiva motivación. Hasta ahora hemos dejado casi sin considerar la naturaleza general y las particularidades de los factores psíquicos que obtienen expresión en las operaciones fallidas; al menos no intentamos definirlos mejor ni examinamos su legalidad. Tampoco ahora ensayaremos abordar el tema a fondo, pues ya los primeros pasos que diéramos para ello nos enseñarían que a este campo es mejor entrar desde otro lado.[62] Uno puede plantearse aquí varias preguntas, que al menos quiero consignar y circunscribir en su alcance: 1) ¿De qué contenido y origen son los pensamientos y las mociones que se insinúan por medio de acciones fallidas y casuales? 2) ¿Cuáles son

[60] [Este párrafo fue agregado en 1917.]
[61] [Con excepción de las notas 62 y 64, el resto de este capítulo data de 1901.]
[62] [*Nota agregada* en 1924:] Este escrito tiene enteramente el carácter de un trabajo de divulgación; sólo se propone, por acumulación de ejemplos, allanar el camino al necesario supuesto de unos procesos anímicos *inconcientes y, no obstante, eficientes*; pero evita toda consideración teórica sobre la naturaleza de eso inconciente.

las condiciones que constriñen y habilitan a un pensamiento o a una moción para servirse de tales episodios como medio expresivo? 3) ¿Se pueden demostrar unos vínculos constantes y unívocos entre la modalidad de las operaciones fallidas y las cualidades de lo que ha de expresarse a través de ellas?

Empezaré por reunir algún material para responder la última de esas preguntas. Cuando elucidábamos los ejemplos de trastrabarse [págs. 57 y sigs.], nos vimos precisados a ir más allá del contenido del dicho intentado, y debimos buscar la causa de su perturbación fuera de la intención. Y esta causa, en una serie de casos, era evidente y notoria para la conciencia del hablante. En los ejemplos en apariencia más simples y trasparentes, era una versión diversa del mismo pensamiento, una que sonaba igualmente justificada [para exteriorizarlo], la que perturbaba la expresión de este, sin que fuera posible indicar por qué una caía derrotada en tanto se abría paso la otra (las «contaminaciones» de Meringer y Mayer [pág. 58]). En un segundo grupo de casos, el motivo para que una de las versiones sucumbiese era un miramiento que, empero, no demostraba poseer fuerza bastante para conseguir una contención total («salir a *Vorschwein*» [pág. 60]). También aquí la versión retenida era claramente conciente. Sólo con respecto al tercer grupo se puede afirmar de manera irrestricta que el pensamiento perturbador era diferente del intentado; aquí parece posible, pues, trazar un distingo capital. El pensamiento perturbador se conecta con el perturbado a través de unas asociaciones de pensamiento (perturbación por contradicción interior), o bien le es esencialmente ajeno, y sólo a través de una insólita asociación *extrínseca* se enlaza la palabra perturbada con el pensamiento perturbador, que *a menudo* es inconciente. En los ejemplos que he traído de mis psicoanálisis, el dicho entero está bajo el influjo de unos pensamientos que han devenido activos de manera simultánea, pero son por completo inconcientes, y ellos se denuncian a través de la perturbación misma (serpiente de *Klapper — Kleopatra* [pág. 68]), o bien exteriorizan un influjo indirecto posibilitando que las diversas partes del dicho concientemente intentado se perturben unas a otras («*Ase natmen*», tras lo cual están la calle *Hasenauer* y reminiscencias de una gobernanta [pág. 66]). Los pensamientos retenidos o inconcientes, de los cuales parte la perturbación del habla, son del más diverso origen. Por tanto, este abordaje panorámico no nos revela ninguna ley general.

El examen comparativo de los ejemplos de desliz en la lectura y en la escritura lleva a los mismos resultados. Como en el trastrabarse al hablar, algunos casos parecen tener su origen en un trabajo condensador sin otra motivación (p. ej., el «*Apfe*» [pág. 64]). Empero, a uno le gustaría averiguar si no tendrán que llenarse unas condiciones particulares para que sobrevenga una condensación así, que, si tiene cabida en el trabajo onírico, es una deficiencia en nuestro pensar de vigilia; y de los ejemplos mismos no extraemos conclusión alguna sobre esto. Pero yo desautorizaría que de ahí se infiriera que sólo existen condiciones como la relajación de la atención conciente, pues además sé que justamente unos desempeños automáticos [cf. pág. 131] se singularizan por lo correcto y confiable de su ejecución. Preferiría destacar que aquí, como tan a menudo sucede en la biología, las constelaciones normales o próximas a lo normal son unos objetos menos propicios para la investigación que las constelaciones patológicas. Tengo esta expectativa: lo que permanece oscuro en la explicación de estas perturbaciones más leves se iluminará mediante el esclarecimiento de perturbaciones graves.

Tampoco en los deslices de lectura y de escritura faltan ejemplos que permitan discernir una motivación más distante y compleja. «En tonel a través de Europa» [pág. 108] es una perturbación de lectura que se esclarece por el influjo de un pensamiento remoto, esencialmente ajeno, que brota de una moción reprimida de celos y de ambición, y que explota el «cambio de vía» {«*Wechsel*»} de la palabra «*Beförderung*» para enlazarse con el tema indiferente e inocente acerca del cual se leía. En el caso de «*Burckhard*» [pág. 117], el nombre mismo es un «cambio de vía» de esa índole.[63]

Es innegable que las perturbaciones en las funciones del habla sobrevienen con mayor facilidad y demandan de las fuerzas perturbadoras menores requerimientos que las otras operaciones psíquicas. [Cf. págs. 216-7.]

Nos situamos en otro terreno con el examen del olvido en sentido estricto, vale decir, el olvido de vivencias del pasado (el de nombres propios y palabras extranjeras, según lo expusimos en los capítulos I y II, y el de designios, se podrían separar de este olvido *sensu strictiori* como «pasársele a uno algo de la memoria» y «omisión», respectivamen-

[63] [Esta misma expresión «cambio de vía» es empleada varias veces en el contemporáneo historial clínico de «Dora» (1905*e*); p. ej., *AE*, **7**, pág. 58*n*. Freud emplea también «palabra-puente» {«*Wortbrücke*»} —cf. *supra*, pág. 53, y el historial del «Hombre de las Ratas» (1909*d*), *AE*, **10**, pág. 167— y «puente asociativo» {«*Assoziationsbrücke*»}, *supra*, pág. 110.]

te). Las condiciones básicas del proceso normal del olvido son desconocidas.[64] Además, uno aprende que no todo cuanto considera olvidado lo está en efecto. Nuestra explicación sólo se refiere aquí a los casos en que el olvido nos provoca extrañeza por infringir la regla según la cual se olvida lo que carece de importancia, en tanto que la memoria guarda lo importante. El análisis de los ejemplos de olvido que parecen demandar un particular esclarecimiento arroja como su motivo, en todos los casos, un displacer de recordar algo que puede despertar sensaciones penosas. Llegamos a la conjetura de que ese motivo aspira a exteriorizarse universalmente dentro de la vida psíquica, pero otras fuerzas que

[64] [*Nota agregada* en 1907:] Sobre el mecanismo del olvido en sentido estricto puedo dar las siguientes indicaciones: El material mnémico está sometido en general a dos influjos: la condensación y la desfiguración {dislocación}. Esta última es obra de las tendencias que gobiernan dentro de la vida anímica, y se dirige sobre todo contra las huellas mnémicas que han conservado eficiencia afectiva y se mostraron más resistentes a la condensación. Las huellas devenidas indiferentes caen bajo el proceso condensador sin defenderse contra este; no obstante, se puede observar que, además de ello, unas tendencias desfiguradoras se sacian en el material indiferente toda vez que quedaron insatisfechas allí donde querían exteriorizarse. Como estos procesos de la condensación y la desfiguración se extienden por largos períodos, durante los cuales todas las vivencias frescas contribuyen a la replasmación del contenido de la memoria, suele creerse que es el tiempo el que vuelve inciertos y deslié los recuerdos. Muy probablemente respecto del olvido no se pueda hablar de una función directa del tiempo. [Un bosquejo previo de estas ideas aparece *supra*, pág. 134, *n.* 2. Lo esencial de estas puntualizaciones ya había sido expuesto en una breve nota al pie del libro sobre el chiste (1905*c*), *AE*, **8**, págs. 161-2*n*. Un interesante examen del proceso mediante el cual son olvidados los recuerdos cargados de afecto se hallará en el «Proyecto de psicología» de 1895 (Freud, 1950*a*), *AE*, **1**, págs. 430-1.] — En el caso de las huellas mnémicas reprimidas, se puede comprobar que no han experimentado alteraciones durante los más largos lapsos. Lo inconciente es totalmente atemporal. El carácter más importante, y también el más asombroso, de la fijación psíquica es que todas las impresiones se conservan, por un lado, de la misma manera como fueron recibidas, pero, además de ello, en todas las formas que han cobrado a raíz de ulteriores desarrollos, relación esta que no se puede ilustrar con ninguna comparación tomada de otra esfera. Teóricamente, entonces, cada estado anterior del contenido de la memoria se podrá restablecer para el recuerdo aunque todos sus elementos hayan trocado de antiguo sus vínculos originarios por otros nuevos. [Esta parece ser la primera mención explícita de la «atemporalidad» de lo inconciente; véase una nota mía en «Lo inconciente» (1915*e*), *AE*, **14**, pág. 184, *n.* 4. — En el capítulo I de *El malestar en la cultura* (1930*a*), *AE*, **21**, págs. 70-1, Freud quiso ilustrar esto mediante una comparación con las etapas del desarrollo histórico de Roma, demostrando finalmente que la analogía no es aplicable. En ese capítulo hay también un detenido examen de la naturaleza de la memoria y el olvido.]

ejercen su efecto en sentido contrario le impiden abrirse paso de una manera regular. El alcance y la significatividad de este displacer del recuerdo de impresiones penosas parecen merecedores del más ceñido examen psicológico; y de esta trama más amplia no se podría separar la averiguación de las particulares condiciones que en el caso singular posibilitan ese olvido, que es un afán universal.

En el olvido de designios pasa a primer plano otro factor; el conflicto, que sólo se conjeturaba en la represión de lo que era penoso recordar, se vuelve aquí palpable, y en el análisis de los ejemplos se discierne, por lo general, una voluntad contraria que se opone al designio sin cancelarlo. Como en las operaciones fallidas que llevamos consideradas, también aquí se distinguen dos tipos de proceso psíquico [cf. pág. 264]: la voluntad contraria se vuelve directamente contra el designio (en propósitos de alguna monta), o bien es por completo ajena a este y establece conexión con él por medio de una asociación *extrínseca* (en designios casi indiferentes).

Este mismo conflicto gobierna los fenómenos del trastrocar las cosas confundido. El impulso que se exterioriza perturbando la acción es a menudo un impulso contrario, pero con mayor frecuencia todavía es uno absolutamente ajeno, que no hace sino aprovechar la oportunidad de que la acción se ejecute para expresarse perturbándola. Los casos en que la perturbación sobreviene en virtud de una contradicción interior son los más significativos y atañen, por añadidura, a los desempeños más importantes.

En las acciones casuales o sintomáticas, el conflicto interno pasa a un segundo plano. Estas exteriorizaciones motrices que la conciencia estima en poco o ignora por completo sirven a la expresión de muchísimas mociones inconcientes o contenidas; las más de las veces figuran de manera simbólica unas fantasías o deseos.

Sobre la primera pregunta, acerca del origen que tendrían los pensamientos y mociones que se expresan en las operaciones fallidas [pág. 263], se puede decir que en una serie de casos se demuestra fácilmente que los pensamientos perturbadores provienen de unas mociones sofocadas de la vida anímica. Sentimientos e impulsos egoístas, celosos, hostiles, sobre los que gravita el peso de la educación moral, no rara vez se valen, en las personas sanas, de las operaciones fallidas como el camino para exteriorizar de algún modo su poder, un poder cuya presencia es innegable, pero que no es admitido por unas instancias anímicas superiores. El consentir estas acciones fallidas y casuales equivale en buena medida a una cómoda tolerancia de lo inmoral. Entre estas mociones sofocadas, las diversas corrientes sexuales no desempeñan un papel desdeñable. Se debe a lo fortuito del material que justamente en mis ejemplos aparezcan tan rara vez entre los pensamientos que el análisis descubre. Como debí someter al análisis ejemplos tomados sobre todo de mi propia vida anímica, la selección fue parcial de antemano, y estuvo dirigida a excluir lo sexual. En otros casos, los pensamientos perturbadores parecen brotar de unas objeciones y unos miramientos de extrema inocencia.

Tócanos ahora responder la segunda pregunta, acerca de las condiciones psicológicas que constriñen a un pensamiento a no expresarse en forma cabal, sino por así decir parasitariamente, como modificación y perturbación de otro [págs. 263-4]. Los casos más llamativos de acción fallida sugieren que aquellas han de buscarse en un vínculo con la condición de susceptible de conciencia, en el carácter, más o menos marcado, de lo «reprimido». Pero si perseguimos este carácter en la serie de los ejemplos, se nos va resolviendo en unos indicios más y más nebulosos. La inclinación a pasar por alto algo que nos hace perder el tiempo —la ponderación de que ese pensamiento no viene al caso, en verdad, para el asunto intentado— parece desempeñar, como motivo para refrenar un pensamiento que luego está destinado a expresarse perturbando otro, el mismo papel que la condena moral de una rebelde moción de sentimiento o la proveniencia desde unos itinerarios de pensamiento totalmente inconcientes. Pero de esta manera no llegamos a inteligir la naturaleza universal del condicionamiento de las operaciones fallidas y casuales. En esas indagaciones se aprehenderá un único hecho significativo: mientras más inocente sea la motivación de la operación fallida, menos chocante y, por eso, menos insusceptible de conciencia será el pensamiento que en ella se exprese, y con mayor facilidad se podrá resolver el fenómeno toda vez que uno le preste atención; los casos más leves de trastrabarse se notan enseguida y son corregidos de manera espontánea. Cuando en la motivación están en juego unas mociones efectivamente reprimidas, para la solución hace falta un análisis cuidadoso que en ocasiones hasta puede tropezar con dificultades o fracasar.

Está de todo punto justificado, pues, tomar el resultado de esta última indagación como indicio de que el esclarecimiento satisfactorio de las condiciones psicológicas de las acciones fallidas y casuales se obtendrá por otro camino y desde otro lado. Quiera entonces el paciente lector ver en estas consideraciones la demostración de las líneas de fractura siguiendo las cuales este tema fue arrancado, de manera bastante artificiosa, de un nexo más vasto.

G. Algunas palabras para señalar al menos el rumbo de ese nexo más amplio. El mecanismo de las acciones fallidas y casuales, según lo hemos conocido mediante la aplicación del análisis, exhibe, en los puntos más esenciales, una coincidencia con el mecanismo de la formación de los sueños, que yo expuse en el capítulo «El trabajo del sueño» de mi obra referida a ese tema. Aquí como allí, uno halla condensaciones y formaciones de compromiso (contaminaciones); la situación es la misma, a saber: unos pensamientos inconcientes logran expresarse por caminos insólitos, a través de asociaciones extrínsecas, como modificación de otros pensamientos. Los dislates, absurdos y errores del contenido del sueño, a consecuencia de los cuales es difícil reconocer en el sueño el producto de una operación psíquica, se generan del mismo modo —si bien con un aprovechamiento más libre de los recursos preexistentes— que las equivocaciones vulgares de nuestra vida cotidiana; aquí como allí, *la apariencia de una función incorrecta se resuelve en la peculiar interferencia de dos o más operaciones correctas.*

Y de esta coincidencia cabe extraer una importante conclusión: No es lícito reconducir al estado del dormir de la vida anímica los peculiares modos de trabajo cuya operación más llamativa discernimos en el contenido del sueño, puesto que en las acciones fallidas poseemos tan abundantes testimonios de su acción eficaz durante la vida despierta. Y ese mismo nexo nos prohíbe ver en una profunda fragmentación de la actividad anímica, en unos estados patológicos de la función, la condición de estos procesos psíquicos que nos parecen anormales y ajenos.[65]

Sólo podremos apreciar de manera correcta el raro trabajo psíquico que engendra tanto a la operación fallida como a las imágenes del sueño cuando sepamos que los síntomas psiconeuróticos, en especial las formaciones psíquicas de la histeria y de la neurosis obsesiva, recapitulan en su mecanismo todos los rasgos esenciales de ese modo de trabajo. A este cabo, pues, se anudaría la continuación de nuestras indagaciones. Pero para nosotros tiene además un particular interés considerar las acciones fallidas, casuales y sintomáticas a la luz de

[65] Cf. *La interpretación de los sueños* (1900a) [*AE*, **5**, págs. 596-7].

esta última analogía. Si las equiparamos a las operaciones de las psiconeurosis, a los síntomas neuróticos, dos tesis que a menudo retornan —a saber, que la frontera entre norma y anormalidad nerviosas es fluctuante, y que todos nosotros somos un poco neuróticos {nervös}— cobran un sentido y un fundamento. Aun *antes* de toda experiencia médica es posible construir diversos tipos de esa nerviosidad meramente insinuada —diversos tipos de *formes frustes*[66] de las neurosis—, casos en que afloran sólo unos pocos síntomas, o en que estos lo hacen rara vez o sin violencia; vale decir, casos cuyo aminoramiento recae sobre el número, la intensidad o la dispersión temporal de los fenómenos patológicos. Pero tal vez no se colegiría justamente el tipo que con mayor frecuencia parece mediar el pasaje entre salud y enfermedad. En efecto, el tipo que abordamos, cuyas exteriorizaciones patológicas son las acciones fallidas y sintomáticas, se singulariza por trasladar los síntomas a las operaciones psíquicas de importancia mínima, mientras que todo cuanto puede reclamar un valor psíquico superior se produce exento de perturbación. Una ubicación de los síntomas contraria a esta, su emergencia en las operaciones individuales y sociales más importantes, de suerte que sean capaces de perturbar la recepción de alimento y el comercio sexual, el trabajo profesional y la socialidad, corresponde a los casos graves de neurosis y los caracteriza mejor que la diversidad o vivacidad de las exteriorizaciones patológicas.

Ahora bien, el carácter común a todos los casos, tanto los más leves como los más graves, carácter del que participan también las acciones fallidas y casuales, reside en que *los fenómenos se pueden reconducir a un material psíquico incompletamente sofocado, un material que, esforzado a apartarse {abdrängen} de la conciencia, no ha sido despojado de toda su capacidad de exteriorizarse.*

---

[66] [«Formas desdibujadas» o «poco definidas»; en francés, el término *«fruste»* se emplea principalmente para designar las monedas o medallas gastadas por el uso o por el paso del tiempo.]

Bibliografía e índice de autores

[Los títulos de libros y de publicaciones periódicas se dan en bastardilla, y los de artículos, entre comillas. Las abreviaturas utilizadas para las publicaciones periódicas fueron tomadas de la *World List of Scientific Periodicals* (Londres, 1952; 4ª ed., 1963-65). Otras abreviaturas empleadas en este libro figuran *supra*, pág. xii. Los números en negrita corresponden a los volúmenes en el caso de las revistas y otras publicaciones, y a los tomos en el caso de libros. Las cifras entre paréntesis al final de cada entrada indican la página o páginas de este libro en que se menciona la obra en cuestión. Las letras en bastardilla anexas a las fechas de publicación (tanto de obras de Freud como de otros autores) concuerdan con las correspondientes entradas de la «Bibliografía general» que será incluida en el volumen 24 de estas *Obras completas*.

Esta bibliografía cumple las veces de índice onomástico para los autores de trabajos especializados que se mencionan a lo largo del volumen. Para los autores no especializados, y para aquellos autores especializados de los que no se menciona ninguna obra en particular, consúltese el «Indice alfabético».

{En las obras de Freud se han agregado entre llaves las referencias a la *Studienausgabe* (*SA*), así como a las versiones castellanas de Santiago Rueda (*SR*) o Biblioteca Nueva (*BN*, 1972-75, 9 vols.), y a las incluidas en los volúmenes correspondientes a esta versión de Amorrortu editores (*AE*). En las obras de otros autores se consignan, también entre llaves, las versiones castellanas que han podido verificarse con las fuentes de consulta bibliográfica disponibles.}]

Abraham, K. (1922*a*) «Vaterrettung und Vatermord in den neurotischen Phantasiegebilden», *Int. Z. Psychoanal.*, **8**, pág. 71. {«La salvación y el asesinato del padre en las formaciones de la fantasía neurótica», en *Estudios sobre psicoanálisis y psiquiatría*, Buenos Aires: Hormé, 1ª parte, cap. 15, pág. 65.} (149)

(1922*b*) «Über Fehlleistungen mit überkompensierender Tendenz», *Int. Z. Psychoanal.*, **8**, pág. 345. {«Errores con tendencia a una hipercompensación», en *Estudios sobre psicoanálisis y psiquiatría*, Buenos Aires: Hormé, 1ª parte, cap. 16, pág. 73.} (84)

Adler, A. (1905) «Drei Psycho-Analysen von Zahleneinfällen und obsedierenden Zahlen», *Psychiat.-neurol. Wschr.*, **7**, pág. 263. (237-9)

Bernheim, H. (1891) *Hypnotisme, suggestion, psychothérapie: études nouvelles*, París. (151)

Bleuler, E. (1906*b*) *Affektivität, Suggestibilität, Paranoia*, Halle. {*Afectividad, sugestibilidad, paranoia*, Barcelona: Científico-Médica.} (111)

—— (1910*a*) «Die Psychoanalyse Freuds. Verteidigung und kritische Bemerkungen», *Jb. psychoanalyt. psychopath. Forsch.*, **2**, pág. 623. (257)

—— (1919) *Das autistisch-undisziplinierte Denken in der Medizin und seine Überwindung*, Berlín. (19, 244)

Breuer, J. y Freud, S. (1895): *véase* Freud, S. (1895*d*).

Brill, A. A. (1909) «A Contribution to the Psychology of Everyday Life», *Psychotherapy*, **2**, pág. 5. (102)

—— (1912) *Psychanalysis: its Theories and Practical Application*, Filadelfia y Londres. (2ª ed., 1914; 3ª ed., 1922.) (90-1, 141, 156, 218)

Darwin, C. (1958) *The Autobiography of Charles Darwin, 1809-1882. With Original Omissions Restored* (ed. por N. Barlow), Londres. (1ª ed., incompleta, en *The Life and Letters of Charles Darwin*, ed. por F. Darwin, 3 vols., Londres, 1887.) {*Autobiografía*, Buenos Aires: Nova.} (147)

Dattner, B. (1911) «Eine historische Fehlleistung», *Zbl. Psychoanal.*, **1**, pág. 550. (128)

Eibenschütz, M. (1911) «Ein Fall von Verlesen im Betrieb der philologischen Wissenschaft», *Zbl. Psychoanal.*, **1**, pág. 242. (111)

Eitingon, M. (1915) «Ein Fall von Verlesen», *Int. Z. ärztl. Psychoanal.*, **3**, pág. 349. (114)

Emden, J. E. G. van (1912) «Selbstbestrafung wegen Abortus», *Zbl. Psychoanal.*, **2**, pág. 647. (180)

Ferenczi, S. (1915*a*) «Über vermeintliche Fehlandlungen», *Int. Z. ärztl. Psychoanal.*, **3**, pág. 338. {«El análisis de las comparaciones», en *Teoría y técnica del psicoanálisis*, Buenos Aires: Paidós, cap. 58, pág. 328.} (260)

Freud, S. (1891*b*) *Zur Auffassung der Aphasien* {*La concepción de las afasias*}, Viena. {*Véase* Freud (1897*b*).} (57, 131)

Freud, S. *(cont.)*

(1892*a*) Traducción de H. Bernheim, *Hypnotisme, suggestion, psychothérapie: études nouvelles*, París, 1891, con el título *Neue Studien über Hypnotismus, Suggestion und Psychotheräpie* {Nuevos estudios sobre hipnotismo, sugestión, psicoterapia}, Viena. (151)

(1892-93) «Ein Fall von hypnotischer Heilung nebst Bemerkungen über die Entstehung hysterischer Symptome durch den "Gegenwillen"» {«Un caso de curación por hipnosis, con algunas puntualizaciones sobre la génesis de síntomas histéricos por obra de la "voluntad contraria"»}, *GS*, **1**, pág. 258; *GW*, **1**, pág. 3; *SE*, **1**, pág. 117. {*SR*, **10**, pág. 207; *BN*, **1**, pág. 22; *AE*, **1**, pág. 147.} (153)

(1892-94) Traducción, con prólogo y notas complementarios, de J.-M. Charcot, *Leçons du mardi à la Salpêtrière (1887-8)*, París, 1888, con el título *Poliklinische Vorträge* {Lecciones policlínicas}, **1**, Viena. (Vol 2, trad. por M. Kahane, Viena, 1895.) *SE*, **1**, pág. 131 (prólogo y notas complementarios). {*AE*, **1**, pág. 163.} (158)

(1893*b*) *Zur Kenntnis der cerebralen Diplegien des Kindesalters (im Anschluss an die Little'sche Krankheit)* {Relato sobre las diplejías cerebrales de la infancia (en conexión con la enfermedad de Little)}, en M. Kassowitz, ed., *Beiträge zur Kinderheilkunde* {Contribuciones a la pediatría}, Heft III, N. F., Viena. {*Véase* Freud (1897*b*).} (158)

(1895*d*) En colaboración con Breuer, J., *Studien über Hysterie* {*Estudios sobre la histeria*}, Viena; reimpresión, Francfort, 1970. *GS*, **1**, pág. 3; *GW*, **1**, pág. 77 (estas ediciones no incluyen las contribuciones de Breuer); *SE*, **2** (incluye las contribuciones de Breuer). {*SA*, «Ergänzungsband» (Volumen complementario), pág. 37 (sólo la parte IV: «Zur Psychotherapie der Hysterie»); *SR*, **10**, pág. 7; *BN*, **1**, pág. 39 (estas ediciones no incluyen las contribuciones de Breuer); *AE*, **2** (incluye las contribuciones de Breuer).} (64, 215)

(1896*b*) «Weitere Bemerkungen über die Abwehr-Neuropsychosen» {«Nuevas puntualizaciones sobre las neuropsicosis de defensa»}, *GS*, **1**, pág. 363; *GW*, **1**, pág. 379; *SE*, **3**, pág. 159. {*SR*, **11**, pág. 175; *BN*, **1**, pág. 286; *AE*, **3**, pág. 157.} (249)

(1897*a*) *Die infantile Cerebrallähmung* {*La parálisis cerebral infantil*}, teil II, abt. II, en H. Nothnagel, ed., *Handbuch der speziellen Pathologie und Therapie*

Freud, S. *(cont.)*

{Manual de patología especial y terapia}, **9**, Viena. {*Véase* Freud (1897*b*).} (158)

(1897*b*) *Inhaltsangaben der wissenschaftlichen Arbeiten des Privatdozenten Dr. Sigm. Freud (1877-1897)* {*Sumario de los trabajos científicos del docente adscrito Dr. Sigmund Freud*}, Viena. *GW*, **1**, pág. 463; *SE*, **3**, pág. 225. {*SR*, **22**, pág. 457; *AE*, **3**, pág. 219.}

(1898*b*) «Zum psychischen Mechanismus der Vergesslichkeit» {«Sobre el mecanismo psíquico de la desmemoria»}, *GW*, **1**, pág. 519; *SE*, **3**, pág. 289. {*SR*, **22**, pág. 477; *AE*, **3**, pág. 277.} (6, 9-13, 21)

(1899*a*) «Über Deckerinnerungen» {«Sobre los recuerdos encubridores»}, *GS*, **1**, pág. 465; *GW*, **1**, pág. 531; *SE*, **3**, pág. 301. {*SR*, **12**, pág. 205; *BN*, **1**, pág. 330; *AE*, **3**, pág. 291.} (6, 48-9, 54)

(1900*a* [1899]) *Die Traumdeutung* {*La interpretación de los sueños*}, Viena. *GS*, **2-3**; *GW*, **2-3**; *SE*, **4-5**. {*SA*, **2**; *SR*, **6-7**, y **19**, pág. 217; *BN*, **2**, pág. 343; *AE*, **4-5**.} (4, 6-7, 17, 20-1, 54, 62, 102, 107-10, 117, 129, 147-8, 151, 157-8, 174-5, 195, 212-5, 217, 236, 244, 260-1, 269)

(1900*b*) «Cerebrale Kinderlähmung [III]» {«La parálisis cerebral infantil»} (22 reseñas y resúmenes), *Jbr. Leist. Neurol.*, **3** (1899), pág. 611. (117)

(1901*a*) *Über den Traum* {*Sobre el sueño*}, Wiesbaden. *GS*, **3**, pág. 189; *GW*, **2-3**, pág. 643; *SE*, **5**, pág. 629. {*SR*, **2**, pág. 159; *BN*, **2**, pág. 721; *AE*, **5**, pág. 613.} (6, 120, 136, 157-8)

(1905*a* [1904]) «Über Psychotherapie» {«Sobre psicoterapia»}, *GS*, **6**, pág. 11; *GW*, **5**, pág. 13; *SE*, **7**, pág. 257. {*SA*, «Ergänzungsband» (Volumen complementario), pág. 107; *SR*, **14**, pág. 63; *BN*, **3**, pág. 1007; *AE*, **7**, pág. 243.} (168)

(1905*c*) *Der Witz und seine Beziehung zum Unbewussten* {*El chiste y su relación con lo inconciente*}, Viena. *GS*, **9**, pág. 5; *GW*, **6**; *SE*, **8**. {*SA*, **4**, pág. 9; *SR*, **3**, pág. 7; *BN*, **3**, pág. 1029; *AE*, **8**.} (4, 31, 113, 131, 168, 213, 217, 266)

(1905*d*) *Drei Abhandlungen zur Sexualtheorie* {*Tres ensayos de teoría sexual*}, Viena. *GS*, **5**, pág. 3; *GW*, **5**, pág. 29; *SE*, **7**, pág. 125. {*SA*, **5**, pág. 37; *SR*, **2**, pág. 7, y **20**, pág. 187; *BN*, **4**, pág. 1169; *AE*, **7**, pág. 109.} (4, 51, 248)

(1905*e* [1901]) «Bruchstück einer Hysterie-Analyse» {«Fragmento de análisis de un caso de histeria»}, *GS*,

Freud, S. (*cont.*)
8, pág. 3; *GW*, **5**, pág. 163; *SE*, **7**, pág. 3. {*SA*, **6**, pág. 83; *SR*, **15**, pág. 7; *BN*, **3**, pág. 933; *AE*, **7**, pág. 1.} (6, 234, 248, 265)

(1906*c*) «Tatbestandsdiagnostik und Psychoanalyse» {«La indagatoria forense y el psicoanálisis»}, *GS*, **10**, pág. 197; *GW*, **7**, pág. 3; *SE*, **9**, pág. 99. {*SR*, **18**, pág. 23; *BN*, **4**, pág. 1277; *AE*, **9**, pág. 81.} (29, 247)

(1907*a* [1906]) *Der Wahn und die Träume in W. Jensens «Gradiva»* {*El delirio y los sueños en la «Gradiva» de W. Jensen*}, Viena. *GS*, **9**, pág. 273; *GW*, **7**, pág. 31; *SE*, **9**, pág. 3. {*SA*, **10**, pág. 9; *SR*, **3**, pág. 209; *BN*, **4**, pág. 1285; *AE*, **9**, pág. 1.} (217, 249)

(1909*d*) «Bemerkungen über einen Fall von Zwangsneurose» {«A propósito de un caso de neurosis obsesiva»}, *GS*, **8**, pág. 269; *GW*, **7**, pág. 381; *SE*, **10**, pág. 155. {*SA*, **7**, pág. 31; *SR*, **16**, pág. 7; *BN*, **4**, pág. 1441; *AE*, **10**, pág. 119.} (146, 251-3, 256, 265)

(1910*c*) *Eine Kindheitserinnerung des Leonardo da Vinci* {*Un recuerdo infantil de Leonardo da Vinci*}, Viena. *GS*, **9**, pág. 371; *GW*, **8**, pág. 128; *SE*, **11**, pág. 59. {*SA*, **10**, pág. 87; *SR*, **8**, pág. 167; *BN*, **5**, pág. 1577; *AE*, **11**, pág. 53.} (52, 56)

(1910*e*) «Über den Gegensinn der Urworte» {«Sobre el sentido antitético de las palabras primitivas»}, *GS*, **10**, pág. 221; *GW*, **8**, pág. 214; *SE*, **11**, pág. 155. {*SA*, **4**, pág. 227; *SR*, **18**, pág. 59; *BN*, **5**, pág. 1620; *AE*, **11**, pág. 143.} (62)

(1911*c* [1910]) «Psychoanalytische Bemerkungen über einen autobiographisch beschriebenen Fall von Paranoia (Dementia paranoides)» {«Puntualizaciones psicoanalíticas sobre un caso de paranoia (dementia paranoides) descrito autobiográficamente»}, *GS*, **8**, pág. 355; *GW*, **8**, pág. 240; *SE*, **12**, pág. 3. {*SA*, **7**, pág. 133; *SR*, **16**, pág. 77; *BN*, **4**, pág. 1487; *AE*, **12**, pág. 1.} (252)

(1911*e*) «Die Handhabung der Traumdeutung in der Psychoanalyse» {«El uso de la interpretación de los sueños en el psicoanálisis»}, *GS*, **6**, pág. 45; *GW*, **8**, pág. 350; *SE*, **12**, pág. 91. {*SA*, «Ergänzungsband» (Volumen complementario), pág. 149; *SR*, **14**, pág. 89; *BN*, **5**, pág. 1644; *AE*, **12**, pág. 83.} (261)

(1911*i*) «Ein Beitrag zum Vergessen von Eigennamen» {«Contribución al estudio sobre el olvido de nombres propios»} (contenida en 1901*b*, desde la 4ª ed. en adelante), *Zbl. Psychoanal.*, **1**, pág. 407; *GS*, **4**, pág. 37;

Freud, S. *(cont.)*
    GW, **4**, pág. 37; *SE*, **6**, pág. 30. {*SR*, **1**, pág. 43; *BN*, **3**, pág. 773; *AE*, **6**, pág. 36.} (36)
(1911*j*) Traducción (con una nota al pie) de James J. Putnam, «On the Etiology and Treatment of the Psychoneuroses», con el título «Über Ätiologie und Behandlung der Psychoneurosen» {Sobre la etiología y el tratamiento de las psiconeurosis}, *Zbl. Psychoanal.*, **1**, pág. 137; *SE*, **17**, pág. 271*n*. {*AE*, **17**, pág. 265.} (37)
(1912-13) *Totem und Tabu* {*Tótem y tabú*}, Viena, 1913. *GS*, **10**, pág. 3; *GW*, **9**; *SE*, **13**, pág. 1. {*SA*, **9**, pág. 287; *SR*, **8**, pág. 7; *BN*, **5**, pág. 1745; *AE*, **13**, pág. 1.} (252)
(1913*j*) «Das Interesse an der Psychoanalyse» {«El interés por el psicoanálisis»}, *GS*, **4**, pág. 313; *GW*, **8**, pág. 390; *SE*, **13**, pág. 165. {*SR*, **12**, pág. 73; *BN*, **5**, pág. 1851; *AE*, **13**, pág. 165.} (7)
(1914*a*) «Über *fausse reconnaissance* (*"déjà raconté"*) während der psychoanalytischen Arbeit» {«Acerca del *fausse reconnaissance* (*"déjà raconté"*) en el curso del trabajo psicoanalítico»}, *GS*, **6**, pág. 76; *GW*, **10**, pág. 116; *SE*, **13**, pág. 201. {*SA*, «Ergänzungsband» (Volumen complementario), pág. 231; *SR*, **14**, pág. 113; *BN*, **5**, pág. 1679; *AE*, **13**, pág. 203.} (260)
(1915*e*) «Das Unbewusste» {«Lo inconciente»}, *GS*, **5**, pág. 480; *GW*, **10**, pág. 264; *SE*, **14**, pág. 161. {*SA*, **3**, pág. 119; *SR*, **9**, pág. 133; *BN*, **6**, pág. 2061; *AE*, **14**, pág. 153.} (131, 251, 266)
(1916-17 [1915-17]) *Vorlesungen zur Einführung in die Psychoanalyse* {*Conferencias de introducción al psicoanálisis*}, Viena. *GS*, **7**; *GW*, **11**; *SE*, **15-16**. {*SA*, **1**, pág. 33; *SR*, **4-5**; *BN*, **6**, pág. 2123; *AE*, **15-16**.} (4, 7, 29, 32, 40, 59, 62, 67, 70, 72, 80, 89, 96, 98-9, 113-4, 121, 140, 152, 171, 200, 203, 213, 218, 224, 246)
(1917*b*) «Eine Kindheitserinnerung aus *Dichtung und Wahrheit*» {«Un recuerdo de infancia en *Poesía y verdad*»}, *GS*, **10**, pág. 357; *GW*, **12**, pág. 15; *SE*, **17**, pág. 147. {*SA*, **10**, pág. 255; *SR*, **18**, pág. 139; *BN*, **7**, pág. 2437; *AE*, **17**, pág. 137.} (56)
(1919*b*) «James J. Putnam» {Nota necrológica}, *GS*, **11**, pág. 276; *GW*, **12**, pág. 315; *SE*, **17**, pág. 271. {*SR*, **20**, pág. 199; *BN*, **7**, pág. 2822; *AE*, **17**, pág. 264.} (37)
(1919*h*) «Das Unheimliche» {«Lo ominoso»}, *GS*, **10**,

Freud, S. *(cont.)*
 pág. 369; *GW*, **12**, pág. 229; *SE*, **17**, pág. 219. {*SA*,
 4, pág. 241; *SR*, **18**, pág. 151; *BN*, **7**, pág. 2483; *AE*,
 17, pág. 215.} (246)
 (1922*a*) «Traum und Telepathie» {«Sueño y telepatía»},
 GS, **3**, pág. 278; *GW*, **13**, pág. 165; *SE*, **18**, pág. 197.
 {*SR*, **19**, pág. 139; *BN*, **7**, pág. 2631; *AE*, **18**, pág.
 185.} (254)
 (1922*b* [1921]) «Über einige neurotische Mechanismen
 bei Eifersucht, Paranoia und Homosexualität» {«Sobre algunos mecanismos neuróticos en los celos, la paranoia y la homosexualidad»}, *GS*, **5**, pág. 387; *GW*,
 13, pág. 195; *SE*, **18**, pág. 223. {*SA*, **7**, pág. 217; *SR*,
 13, pág. 219; *BN*, **7**, pág. 2611; *AE*, **18**, pág. 213.}
 (249)
 (1923*a* [1922]) «"Psychoanalyse" und "Libidotheorie"»
 {«Dos artículos de enciclopedia: "Psicoanálisis" y
 "Teoría de la libido"»}, *GS*, **11**, pág. 201; *GW*, **13**,
 pág. 211; *SE*, **18**, pág. 235. {*SR*, **17**, pág. 183; *BN*,
 7, pág. 2661; *AE*, **18**, pág. 227.} (7)
 (1923*d* [1922]) «Eine Teufelsneurose im siebzehnten
 Jahrhundert» {«Una neurosis demoníaca en el siglo
 XVII»}, *GS*, **10**, pág. 409; *GW*, **13**, pág. 317; *SE*,
 19, pág. 69. {*SA*, **7**, pág. 283; *SR*, **18**, pág. 187; *BN*,
 7, pág. 2677; *AE*, **19**, pág. 67.} (215)
 (1925*d* [1924]) *Selbstdarstellung* {*Presentación autobiográfica*}, Viena, 1934. *GS*, **11**, pág. 119; *GW*, **14**,
 pág. 33; *SE*, **20**, pág. 3. {*SR*, **9**, pág. 239; *BN*, **7**, pág.
 2761; *AE*, **20**, pág. 1.} (222)
 (1925*i*) «Einige Nachträge zum Ganzen der Traumdeutung» {«Algunas notas adicionales a la interpretación
 de los sueños en su conjunto»}, *GS*, **3**, pág. 172; *GW*,
 1, pág. 561; *SE*, **19**, pág. 125. {*SR*, **19**, pág. 185; *BN*,
 8, pág. 2887; *AE*, **19**, pág. 123.} (254, 261)
 (1930*a* [1929]) *Das Unbehagen in der Kultur* {*El malestar en la cultura*}, Viena. *GS*, **12**, pág. 29; *GW*,
 14, pág. 421; *SE*, **21**, pág. 59. {*SA*, **9**, pág. 191;
 SR, **19**, pág. 11; *BN*, **8**, pág. 3017; *AE*, **21**, pág. 57.}
 (266)
 (1932*a* [1931]) «Zur Gewinnung des Feuers» {«Sobre
 la conquista del fuego»}, *GS*, **12**, pág. 141; *GW*, **16**,
 pág. 3; *SE*, **22**, pág. 185. {*SA*, **9**, pág. 445; *SR*, **19**,
 pág. 91; *BN*, **8**, pág. 3090; *AE*, **22**, pág. 169.} (249)
 (1933*a* [1932]) *Neue Folge der Vorlesungen zur Einführung in die Psychoanalyse* {*Nuevas conferencias de
 introducción al psicoanálisis*}, Viena. *GS*, **12**, pág. 151;

Freud, S. *(cont.)*
　　GW, **15**; *SE*, **22**, pág. 3. {*SA*, **1**, pág. 447; *SR*, **17**,
　　pág. 7; *BN*, **8**, pág. 3101; *AE*, **22**, pág. 1.} (254)
　(1935*b*) «Die Feinheit einer Fehlhandlung» {«La suti-
　　leza de un acto fallido»}, *GW*, **16**, pág. 37; *SE*, **22**,
　　pág. 233. {*SR*, **21**, pág. 311; *BN*, **9**, pág. 3325; *AE*,
　　22, pág. 230.} (7)
　(1936*a*) «Brief an Romain Rolland (Eine Erinnerungs-
　　störung auf der Akropolis)» {«Carta a Romain Rolland
　　(Una perturbación del recuerdo en la Acrópolis)»},
　　GW, **16**, pág. 250; *SE*, **22**, pág. 239. {*SA*, **4**, pág. 283;
　　SR, **20**, pág. 241; *BN*, **9**, pág. 3328; *AE*, **22**, pág.
　　209.} (260)
　(1937*d*) «Konstruktionen in der Analyse» {«Construc-
　　ciones en el análisis»}, *GW*, **16**, pág. 43; *SE*, **23**,
　　pág. 257. {*SA*, «Ergänzungsband» (Volumen comple-
　　mentario), pág. 393; *SR*, **21**, pág. 353; *BN*, **9**, pág.
　　3365; *AE*, **23**, pág. 255.} (95, 249, 259)
　(1939*a* [1934-38]) *Der Mann Moses und die monotheis-
　　tische Religion* {*Moisés y la religión monoteísta*}, Ams-
　　terdam. *GW*, **16**, pág. 103; *SE*, **23**, pág. 3. {*SA*, **9**,
　　pág. 455; *SR*, **20**, pág. 7; *BN*, **9**, pág. 3241; *AE*, **23**,
　　pág. 1.} (249)
　(1940*b* [1938]) «Some Elementary Lessons in Psycho-
　　Analysis» {«Algunas lecciones elementales sobre psi-
　　coanálisis»} (título en inglés; texto en alemán), *GW*,
　　17, pág. 141; *SE*, **23**, pág. 281. {*SR*, **21**, pág. 127;
　　BN, **9**, pág. 3419; *AE*, **23**, pág. 279.} (62)
　(1941*c* [1899]) «Eine erfüllte Traumahnung» {«Una
　　premonición onírica cumplida»}, *GW*, **17**, pág. 21;
　　SE, **5**, pág. 623. {*SR*, **21**, pág. 27; *BN*, **2**, pág. 753;
　　AE, **5**, pág. 609.} (255)
　(1941*d* [1921]) «Psychoanalyse und Telepathie» {«Psi-
　　coanálisis y telepatía»}, *GW*, **17**, pág. 27; *SE*, **18**, pág.
　　177. {*SR*, **21**, pág. 33; *BN*, **7**, pág. 2648; *AE*, **18**,
　　pág. 165.} (254)
　(1950*a* [1887-1902]) *Aus den Anfängen der Psycho-
　　analyse* {*Los orígenes del psicoanálisis*}, Londres. Abar-
　　ca las cartas a Wilhelm Fliess, manuscritos inéditos y el
　　«Entwurf einer Psychologie» {«Proyecto de psicolo-
　　gía»}, 1895, *SE*, **1**, pág. 175 (incluye 29 cartas, 13
　　manuscritos y el «Proyecto de psicología». *SR*, **22**,
　　pág. 13; *BN*, **9**, pág. 3433, y **1**, pág. 209; incluyen 153
　　cartas, 14 manuscritos y el «Proyecto de psicología»;
　　AE, **1**, pág. 211 (el mismo contenido que *SE*)}. (5-
　　6, 15, 51, 54, 102, 117, 174, 212, 236, 249, 251, 266)

Grasset, J. (1904) «La sensation du déjà vu; sensation du déjà entendu; du déjà éprouvé; illusion de fausse reconnaissance», *J. psychol. norm. et path.*, **1**, pág. 17. (262)

Gross, H. (1898) *Kriminalpsychologie*, Graz. (146)

Haiman, H. (1917) «Eine Fehlhandlung im Felde», *Int. Z. ärztl. Psychoanal.*, **4**, pág. 269. (74)

Haupt, J. (1872) «Über das mittelhochdeutsche Buch der Märterer», *Sitzb. kais. Akad. Wiss. Wien*, **70**. (112)

Heijermans, H. (1914) *Schetsen van Samuel Falkland*, **18**, Amsterdam. (185)

Henri, V. y C. (1897) «Enquête sur les premiers souvenirs de l'enfance», *L'année psychologique*, **3**, pág. 184. (50, 54)

Herodoto, *Historia*. Trad. al alemán de F. Lange, *Die Geschichten des Herodotos* (nueva ed. de O. Güthling), Leipzig (um 1885). {*Los nueve libros de la historia*, Buenos Aires: El Ateneo.} (195)

Hitschmann, E. (1910) «Zur Kritik des Hellsehens», *Wien. klin. Rundsch.*, **24**, pág. 94. (253)

(1913*a*) «Zwei Fälle von Namenvergessen», *Int. Z. ärztl. Psychoanal.*, **1**, pág. 266. (38)

(1913*b*) «Ein wiederholter Fall von Verschreiben bei der Rezeptierung», *Int. Z. ärztl. Psychoanal.*, **1**, pág. 265. (122-4)

(1916) «Ein Dichter und sein Vater, Beitrag zur Psychologie religiöser Bekehrung und telepathischer Phänomene», *Imago*, **4**, pág. 337. (253)

Hug-Hellmuth, H. von (1912) «Beiträge zum Kapitel "Verschreiben" und "Verlesen"», *Zbl. Psychoanal.*, **2**, pág. 277. (126)

Jekels, L. (1913*a*) «Ein Fall von Versprechen», *Int. Z. ärztl. Psychoanal.*, **1**, pág. 258. (103-6, 168)

Jones, E. (1910*b*) «Freud's Theory of Dreams», *Amer. J. Psychol.*, **21**, pág. 283; *Papers on Psycho-Analysis*, todas las eds. (véase 1913*a*). (193)

(1910*d*) «Beitrag zur Symbolik im Alltagsleben», *Zbl. Psychoanal.*, **1**, pág. 96. (191-4)

(1911*a*) «Analyse eines Falles von Namenvergessen», *Zbl. Psychoanal.*, **2**, pág. 84. (44)

(1911*b*) «The Psychopathology of Everyday Life», *Amer. J. Psychol.*, **22**, pág. 477; *Papers on Psycho-Analysis*, todas las eds. (véase 1913*a*). (86, 99-101, 117, 122, 125, 128, 142, 144, 147, 152, 155, 161-2, 210, 225, 242-3)

(1912a) «Unbewusste Zahlenbehandlung», *Zbl. Psycho-anal.*, **2**, pág. 241. (243)

(1913a) *Papers on Psycho-Analysis*, Londres y Nueva York (2ª ed., 1918, y 3ª ed., 1923, Londres y Nueva York; 4ª ed., 1938, y 5ª ed., 1948, Londres y Baltimore.)

(1953) *Sigmund Freud: Life and Work*, **1**, Londres y Nueva York. (Las páginas que se mencionan en el texto remiten a la edición inglesa.) {*Vida y obra de Sigmund Freud*, Buenos Aires: Hormé, **1**.} (28, 109, 143, 244)

(1955) *Sigmund Freud: Life and Work*, **2**, Londres y Nueva York. (Las páginas que se mencionan en el texto remiten a la edición inglesa.) {*Vida y obra de Sigmund Freud*, Buenos Aires: Hormé, **2**.) (37, 53, 87, 222)

(1957) *Sigmund Freud: Life and Work*, **3**, Londres y Nueva York. (Las páginas que se mencionan en el texto remiten a la edición inglesa.) {*Vida y obra de Sigmund Freud*, Buenos Aires: Hormé, **3**.} (167)

Jung, C. G. (1906, 1909) (ed.) *Diagnostische Assoziations-studien* (2 vols.), Leipzig. (245, 247)

(1907) *Über die Psychologie der Dementia praecox*, Halle. (25-6, 32, 211)

(1911) «Ein Beitrag zur Kenntnis des Zahlentraumes», *Zbl. Psychoanal.*, **1**, pág. 567. (243)

Klein, J. y Wertheimer, M. (1904): *véase* Wertheimer, M. (1904).

Kleinpaul, R. (1892) *Menschenopfer und Ritualmorde*, Leipzig. (17)

Lichtenberg, G. C. von (el Viejo) (1853) *Witzige und satirische Einfälle*, vol. 2 de la nueva ed. aumentada, Gotinga. (113)

Maeder, A. (1906-08) «Contributions à la psychopathologie de la vie quotidienne», *Archs. Psychol.*, *Genève*, **6**, pág. 148. (161, 200)

(1908b) «Nouvelles contributions à la psychopathologie de la vie quotidienne», *Archs. Psychol.*, *Genève*, **7**, pág. 283. (220)

(1909) «Une voie nouvelle en psychologie—Freud et son école», *Coenobium*, **3**, pág. 100. (210-1)

Mayer, C. y Meringer, R. (1895): *véase* Meringer, R. y Mayer, C. (1895).

Meringer, R. (1900) «Wie man sich versprechen kann», *Neue Freie Presse*, 23 de agosto. (62)

(1908) *Aus dem Leben der Sprache*, Berlín. (160)

Meringer, R. y Mayer, C. (1895) *Versprechen und Verlesen. Eine psychologisch-linguistische Studie*, Viena. (57-61, 63, 65, 67, 83-5, 131, 160, 264)

Müller, D. (1915) «Automatische Handlungen im Dienste bewusster, jedoch nicht durchführbarer Strebungen», *Int. Z. ärztl. Psychoanal.*, **3**, pág. 41. (142)

Ossipow, N. (1922) «Psychoanalyse und Aberglaube», *Int. Z. Psychoanal.*, **8**, pág. 348. (250)

Pick, A. (1905) «Zur Psychologie des Vergessens bei Geistes- und Nervenkranken», *Arch. Krim. Anthrop.*, **18**, pág. 251. (145-6)

Poppelreuter, W. (1914) «Bemerkungen zu dem Aufsatz von G. Frings "Über den Einfluss der Komplexbildung auf die effektuelle und generative Hemmung"», *Arch. ges. Psychol.*, **32**, pág. 491. (244)

Potwin, E. (1901) «Study of Early Memories», *Psychol. Rev.*, **8**, pág. 596. (50)

Putnam, J. J. (1909) «Personal Impressions of Sigmund Freud and his Work», *J. abnorm. Psychol.*, **4**, pág. 293; *Addresses on Psycho-Analysis*, Londres, Viena y Nueva York, 1921, cap. I. (37)

— (1910) «On the Etiology and Treatment of the Psychoneuroses», *Boston med. surg. J.*, **163**, pág. 65; *Addresses on Psycho-Analysis*, Londres, Viena y Nueva York, 1921, cap. III. (37)

Rank, O. (1907) *Der Künstler, Ansätze zu einer Sexualpsychologie*, Leipzig y Viena. (149)

— (1910c) «Ein Beispiel von poetischer Verwertung des Versprechens», *Zbl. Psychoanal.*, **1**, pág. 109. (98)

— (1911d) «Das Verlieren als Symptomhandlung», *Zbl. Psychoanal.*, **1**, pág. 450. (204)

— (1912e) «Fehlleistungen aus dem Alltagsleben», *Zbl. Psychoanal.*, **2**, pág. 265. (226-8, 231, 256-7)

— (1913b) «Zwei witzige Beispiele von Versprechen», *Int. Z. ärztl. Psychoanal.*, **1**, pág. 267. (79, 93)

— (1915a) «Ein determinierter Fall von Finden», *Int. Z. ärztl. Psychoanal.*, **3**, pág. 157. (204-5)

— (1915b) «Fehlhandlung und Traum», *Int. Z. ärztl. Psychoanal.*, **3**, pág. 158. (231)

Reik, T. (1915a) «Fehlleistungen im Alltagsleben», *Int. Z. ärztl. Psychoanal.*, **3**, pág. 43. (73, 93, 200-1)

— (1920a) «Über kollektives Vergessen», *Int. Z. Psychoanal.*, **6**, pág. 202. (46-7)

Roscher, W. H. (ed.) (1884-1937) *Ausführliches Lexikon der griechischen und römischen Mythologie*, Leipzig. (213)

Ruths, W. (1898) *Experimentaluntersuchungen über Musik-phantome*, Darmstadt. (107-8)

Sachs, H. (1917) «Drei Fälle von "Kriegs"-Verlesen», *Int. Z. ärztl. Psychoanal.*, 4, pág. 159. (115-6)

Schneider, R. (1920) «Zu Freuds Untersuchungsmethode des Zahleneinfalls», *Int. Z. Psychoanal.*, 6, pág. 75. (244)

Silberer, H. (1922) «Tendenziöse Druckfehler», *Int. Z. Psychoanal.*, 8, pág. 350. (129)

Spitzer, D. (1912) *Wiener Sparziergänge I y II, Gesammelte Schriften*, vols. 1 y 2, Munich. (31)

Stärcke, J. (1916) «Aus dem Alltagsleben», *Int. Z. ärztl. Psychoanal.*, 4, págs. 21 y 98. (42, 92, 140, 182-3, 185-7, 223, 228-30)

Stekel, W. (1904) «Unbewusste Geständnisse», *Berliner Tageblatt*, 4 de enero. (71-2)
— (1910) «Ein Beispiel von Versprechen», *Zbl. Psychoanal.*, 1, pág. 40. (103)

Storfer, A. J. (1914a) «Zur Psychopathologie des Alltagsleben», *Int. Z. ärztl. Psychoanal.*, 2, pág. 170. (40, 118, 129)
— (1915) «Ein politischer Druckfehler», *Int. Z. ärztl. Psychoanal.*, 3, pág. 45. (129)

Stout, G. F. (1938) *A Manual of Psychology*, 5ª ed., Londres. (1ª ed., 1899.) (13)

Tausk, V. (1913a) «Entwertung des Verdrängungsmotivs durch Rekompense», *Int. Z. ärztl. Psychoanal.*, 1, pág. 230. {«Desvalorización de la razón de la represión por recompensa», en *Obras psicoanalíticas*, Buenos Aires: Editorial Morel, pág. 75.} (262)
— (1917) «Zur Psychopathologie des Alltagslebens», *Int. Z. ärztl. Psychoanal.*, 4, pág. 156. {«Contribución a la psicopatología de la vida cotidiana», en *Obras psicoanalíticas*, Buenos Aires: Editorial Morel, pág. 119.} (93, 221)

Wagner, R. (1911) «Ein kleiner Beitrag zur "Psychopathologie des Alltagslebens"», *Zbl. Psychoanal.*, 1, pág. 594. (126)

Weiss, K. (1912) «Über einen Fall von Vergessen», *Zbl. Psychoanal.*, 2, pág. 532. (225-6)
— (1913) «Strindberg über Fehlleistungen», *Int. Z. ärztl. Psychoanal.*, 1, pág. 268. (207-8)

Wertheimer, M. y Klein, J. (1904) «Psychologische Tatbestandsdiagnostik», *Arch. Krim. Anthrop.*, 15, pág. 72. (247)

Wilson, P. (1922) «The Imperceptible Obvious», *Rev. Psi-quiat.*, Lima, **5**. (20)

Wundt, W. (1900) *Völkerpsychologie*, **1**, parte I, Leipzig. (63-4, 83, 131-2)

Indice de operaciones fallidas

En esta lista no se ha adoptado exactamente el agrupamiento que hizo Freud de las operaciones fallidas según los títulos de los diversos capítulos. Cada ítem ha sido clasificado más bien dentro del grupo que pareció más apropiado, sin tener en cuenta el lugar en que aparece dentro de la obra. En los casos en que el ejemplo de operación fallida no es de Freud, se da la fuente entre paréntesis.

«Alabüsterbachse» por *«Alabasterbüchse»* {«caja de alabastro»}, 84

«Angora» por «angina» (Abraham), 84 *n.* 47

«Apfe» por *«Apfel»* {«manzana»}, 64, 124, 265

«apopos» por *«à propos»*, 84

«après-midis» {«tardes»} por *«avant-midis»* {«mañanas»} (Stekel), 71

Ascoli y Peloni (Stekel), 72

«Ase natmen» por *«Nase atmen»* {«respirar por la nariz»}, 66, 264

«aufgepatzt» por *«aufgeputzt»* {«arreglado»} (Reitler), 89

«aufzustossen» {«eructar»} por *«anzustossen»* {«brindar»} (Meringer y Mayer), 58, 84

«Berglende» {«cadera del monte»} por *«Berglehne»* {«ladera del monte»}, 66

«Breuer y yo» por «Breuer y Freud», 87-8

«Briefkasten» {«buzón»} por *«Brütkasten»* {«incubadora»} (Meringer y Mayer), 58

«cinco miembros derechos», 78-9

«con un dedo» por «con los dedos de una mano», 81

«contante» por «contacto» (Stärcke), 92

«dablei» por *«dabei»* {«en él»} (Stekel), 103

«dahinscheidend» {«fallecido»} por *«ausscheidend»* {«despedido»} (Storfer), 97

«declaro *cerrada* la sesión» (Meringer), 62

«descotada» por «decorada» (Reik), 73

«devuelto» por «contado» (Rank), 93

«Diebsstellung» {«puesto de ladrón»} por *«Dienstellung»* {«puesto de servicio»} (magistrado), 95

«diez y diez minutos» por «diez menos diez minutos», 101

«doce dedos» (Jekels), 103-6

«draut» por *«dauert»* {«durará»} (Meringer y Mayer), 61

«durable» por «curable» (Brill), 102-3

«durch die Bluse» {«a través de la blusa»} por *«durch die Blume»* {«metafóricamente»} (Storfer), 82

«einlagen» por *«einjagen»* {«infundir»} (Meringer y Mayer), 61-2

«Eischeissweibchen» por *«Eiweissscheibchen»* {«trocitos de clara de huevo»}, 84

«él obtuvo el divorcio» (Brill), 90-1

«empolvarme con tu brocha» por «empolvarte con mi brocha» (Rank), 79-80

«espero que *no* abandone el lecho» (Stekel), 71

«espero verlos más *raramente»*, 88

«Ferenczi» por «Petöfi» (Ferenczi), 87

«Geiz» {«avaro»} por *«Geist»* {«espiritual»}, 67

«geneigt» {«inclinado»} por *«geeignet»* {«calificado»}, 72

«geschminkt» {«maquillada»} por *«geschwind»* {«rápido»} (Ferenczi), 89 *n.* 59

«Gespeckstücke» por *«Gepäckstücke»* {«paquetes»}, 74

«Grab» {«tumba»} por *«Gras»* {«hierba»} (capitán T.), 76-8

«hacia ella» por «hacia el duque» (Schiller), 97-8

«Hausschuhe» {«pantuflas hogareñas»} por *«Halbschube»* {zapatos bajos»} (Sachs), 73-4

«Hinterkopf» (Meringer y Mayer), 58

«hornverbrannt» por *«hirnverbrannt»* {«completamente loca»}, 90

«Hose» {«calzón»} por *«Hause»* {«casa»}, 67

«idiota» por «patriota» (Rank), 92

«in flagranti» por *«en passant»* {«de tiempo en tiempo»}, 66-7

«jewagt» por *«gewagt»* {«aventurado»}, 95

«Juden» {«judíos»} por *«Jungen»* {«jóvenes»} (Tausk), 94

286

cooperación «discontinua» de los aliados (Kata Levy), 121
«438» coronas por «380», 119-20
«*Edithel*» por «*Epithel*» {«epitelio»} (Wagner), 126
«*ethyl*» {«alcohol etílico»} por «*Ethel*» (Brill), 122
«*Hintschmann*» {«hombre apestado»} por «Hitschmann» (Storfer), 119
«*ihren Sohn*» {«hijo de ella»} por «*Ihren Sohn*» {«hijo de ustedes»}, 125
«insultar» por «consultar» (señor J. G.), 127-8
«interesadamente» por «desinteresadamente» (Stekel), 120-1
«Lusitania» por «Mauretania», 121
«octubre» por «setiembre», 116-7
omisión en el tratado austro-húngaro (Dattner), 128
prescripción de dosis mayores (Hitschmann), 122-4
«rumano» por «ruso», 130
sobre con dirección incorrecta, 125
«*stürzen*» {«caerse»} por «*stützen*» {«apoyarse»} (Storfer), 129
telegrafista hambriento, 129
«*wife*» {«esposa»} por «*wave*» {«ola»} (Brill), 126
«*zuviel*» {«demasiado»} por «*zufiel*» {«tocó en suerte»}, 130

Deslices en la lectura

«*Agamemnon*» por «*angenommen*» {«supuesto»} (Lichtenberg), 113
«antigüedades», 111
«año 1350» por «año 1850» (Eibenschütz), 111-2
«Bleuler» por «*Blutkörperchen*» {«corpúsculos de la sangre»}, (Bleuler), 111
«*Brotkarte*» {«cartilla de racionamiento de pan»} por «*Brokate*» {«brocado»}, 113
«constitución de hierro» por «construcción de hierro» (Sachs), 116
«*Der Friede von Görz*» {«La paz de Gorizia»} por «*Die Feinde vor Görz*» {«El enemigo ante Gorizia»}, 113
«*Drückeberger*» {«desertor»} por «*Druckbogen*» {«pliegos»} (Sachs), 116
«en tonel a través de Europa», 108-10, 261-2, 265
«*Klosetthaus*» {«baños»} por «*Korsetthaus*» {«corsetería»}, 114
«la pobre W. M.» por «el pobre W. M.», 110, 114
«*Odyssee*» {«Odisea»} por «*Ostsee*» {«Báltico»}, 107
«¿Por qué no?» por «¿Por qué yo?» (Eitingon), 114-5
«*Schundleder*» {«cuero de descarte»} por «*Seehundleder*» {«cuero de foca»}, 113
«*Sprachstrategie*» {«estrategia lingüística»} por «*Schachstrategie*» {«estrategia ajedrecística»}, 114
«*Steifleinenheit*» {«tiesura»} por «*Stilfeinheit*» {«fineza de estilo»} (Sachs), 111
«Universidad de Bonn» por «Universidad Brown» (Sachs), 116

Errores

ademán de despedida para el amante. y el marido, 220
amiga designada por su nombre de soltera (Brill), 218
asistencia a la reunión de la sociedad literaria en otra fecha, 224
asistencia a una conferencia en fecha equivocada (Stärcke), 223
Babenbergergasse por Habsburgergasse, 217-8
campanadas del reloj del museo (Stärcke), 229-30

288

Extravío de objetos

Olvido de impresiones y de designios (*véase también* Extravío de objetos)

Indice alfabético

El presente índice incluye los nombres de autores no especializados, y también los de autores especializados cuando en el texto no se menciona una obra en particular. Para remisiones a obras especializadas, consúltese la «Bibliografía». Este índice fue preparado {para la *Standard Edition*} por la señora R. S. Partridge. {El de la presente versión castellana se confeccionó sobre la base de aquel.}

Angustia de muerte, 253 *n.* 38
Aníbal, 213
Anticipaciones del sonido en los
    deslices en el habla, 57, 83,
    131 y *n.* 71
Anticonceptivos, 65 *n.* 17
Antisemitismo (*véase* Judíos)
Antítesis, 54 *n.* 11
Anzengruber, L., 88 *n.* 57
Aparato psíquico, estratificación
    del, 146
«Apronte de complejo» (*Bleuler*),
    257
Art poétique (de *Boileau*), 102
    n. 87
Arturo, saga del rey, 193
Arrepentimiento (*véase* Remordi-
    miento)
Arria und Messalina (de *Wil-
    brandt*), 69
Aschaffenburg, G., 87 *n.* 55
Asdrúbal, 213-5
Asociación de representaciones
    (*véase también* Ocurrencias
    sustitutivas), 10-3, 21, 31,
    63-4, 263
    a través de una poesía, 245-6
    de números (*véase* Números
    elegidos «con libre albedrío»)
    experimentos de la, 100, 244
    n. 20, 247 *n.* 26
    extrínseca, 13-4, 20 *n.* 7, 21,
    28-31, 34-5, 45, 50, 61-2, 245,
    264-9
    interna, 21*n.*, 264
Asociación libre, 17, 61, 82, 242,
    244 *n.* 20
Ataxia, 160, 165
Atención
    dividida (*véase también* Accio-
    nes automáticas), 57 *n.* 2
    relajación de la, y operaciones
    fallidas, 63-4, 68, 83, 131-2,
    150, 233, 265
    y chistes, 131 *n.* 73
Atentado sexual, 178 *n.* 32
Auch Einer (de *Vischer*), 167
«Aus der Ferne» (de *Petöfi*), 87
«Aus der Matratzengruft» (de
    Heine), 32 *n.* 20
«Ausziehenden, Den» (de *Hey-
    mann*), 114 *n.* 20
Autoanálisis de *Freud*, 54 y *n.* 12
Autodelación mediante deslices en
    el habla, 90-101
Autoerotismo (*véase* Masturba-
    ción)

Autolesión (*véase también* Accio-
    nes sacrificiales; Masoquis-
    mo; Suicidio), 177, 180-2
    como acción sintomática, 189
    como signo de duelo, 176 *n.* 29
    neurótica, 175-7
Autorreproches (*véase también*
    Culpa, sentimiento de), 88-
    90, 164-70, 176-7, 180-4
Avaricia, 132
Azar
    y determinismo, 234-47
    y superstición, 250-2

Babenberg, dinastía de los, 217-8
    y *n.* 17
Basedow, enfermedad de, 72
Bassanio (en *El mercader de Ve-
    necia*, de *Shakespeare*), 98-9
Bazarov (en *Padres e hijos*, de
    Turgenev), 86 *n.* 52
Ben Hur (de *Wallace*), 46-7
Benedicto, San, 18
Bernheim, H. (*véase* la «Biblio-
    grafía»)
Beyond the Tweed (de *Fontane*),
    130 *n.* 68
Biblia (*véase* Eclesiastés)
«Bidassoabrücke, Die» (de *Uh-
    land*), 246
Biología, 265
Bleuler, E. (*véase también* la «Bi-
    bliografía»), 29, 244 *n.* 20
Boileau, N., 102 *n.* 87
Boltraffio, G. A., 10-2, 33
Borg, E. (en *Die gotischen Zim-
    mer*, de *Strindberg*), 208 y
    n. 36
Bosnia y Herzegovina, costumbres
    de los turcos en, 10-1
Botticelli, S., 10-2, 33, 59
Brantôme, P. de, 81
«Braut von Korinth, Die» (de
    Goethe), 23-5, 28, 42
Breuer, J. (*véase también* la «Bi-
    bliografía»), 85, 87-8
Brill, A. A. (*véase también* la «Bi-
    bliografía»), 5 y *n.**, 122,
    125
Brünhilde (en *Völsung Nibelun-
    gen-Sage*), 193
Bruun, L., 39
Bülow, príncipe, 95-6
Burckhard, M., 117 y *n.* 26, 118,
    137
Busch, W., 167
Bussy, de, 86 *n.* 52